新文科建设教材
物流与供应链系列

E-COMMERCE LOGISTICS MANAGEMENT

电子商务物流管理

（第3版）

方磊◎主编　　高怡　李元钰◎副主编

清华大学出版社
北京

内 容 简 介

随着网络信息技术的不断进步,电子商务的发展日新月异,逐渐成为现代生产生活不可或缺的重要组成部分。本书介绍了当前背景下电子商务物流管理现象、特征、发展主流与发展趋势,并佐以实际案例进行阐述分析。

全书共 12 章:第一章为现代物流基本理论,第二章为电子商务与现代物流,第三章为电子商务物流运作模式,第四章为电子商务采购与库存管理模式,第五章为电子商务配送模式,第六章为电子商务供应链管理,第七章为电子商务物流的优化与控制,第八章为电子商务环境下的物流外包管理,第九章为包装与流通加工,第十章为电子商务与物流信息管理,第十一章、十二章则依次介绍了近几年备受关注的跨境电子商务物流管理和农村电子商务物流管理。

本书可作为高等院校相关专业本科生或研究生的教材和科研工具书,也可为相关行业人士提供参考。

图书在版编目(CIP)数据

电子商务物流管理/方磊主编. —3 版. —北京:清华大学出版社,2024.5
新文科建设教材. 物流与供应链系列
ISBN 978-7-302-66216-7

Ⅰ. ①电… Ⅱ. ①方… Ⅲ. ①电子商务-物流-物资管理-高等学校-教材 Ⅳ. ①F713.36
②F252

中国国家版本馆 CIP 数据核字(2024)第 085344 号

责任编辑:张 伟
封面设计:李召霞
责任校对:王荣静
责任印制:沈 露

出版发行:清华大学出版社
      网 址:https://www.tup.com.cn,https://www.wqxuetang.com
      地 址:北京清华大学学研大厦 A 座 邮 编:100084
      社 总 机:010-83470000 邮 购:010-62786544
      投稿与读者服务:010-62776969,c-service@tup.tsinghua.edu.cn
      质量反馈:010-62772015,zhiliang@tup.tsinghua.edu.cn
      课件下载:https://www.tup.com.cn,010-83470332
印 装 者:三河市少明印务有限公司
经 销:全国新华书店
开 本:185mm×260mm 印 张:21 字 数:492 千字
版 次:2011 年 8 月第 1 版 2024 年 5 月第 3 版 印 次:2024 年 5 月第 1 次印刷
定 价:59.80 元

产品编号:104080-01

第3版 前言

　　本书是南开大学"十四五"规划核心课程精品教材。自第1版与第2版出版以来，本书被许多高等院校选作本科生教材，得到了广大读者的认可和好评。随着现代科技的进步、信息与互联网技术的不断发展，电子商务早已成为生产生活中不可或缺的一部分，客户对物流服务也提出了更高的要求，使得电子商务物流领域不断扩大与完善。此外，为满足客户需求，与跨境电商物流和农村电商物流相关的问题也越发受到相关从业者及学者的重视。在此背景下，我们再次对本书进行修订与补充。

　　本书在第2版的基础上，更新了大部分章节的先导案例，如第二章、第四章、第五章、第七章、第九章、第十章等；新增了第十一章"跨境电子商务物流管理"与第十二章"农村电子商务物流管理"；新增了教材配套的补充资料以供读者参考。

　　本书第3版由方磊担任主编，高怡、李元钰担任副主编，并由高怡负责定稿工作。具体各章节编写分工如下：第一、二、三章由高怡、杨月明、申宁编写，第四、五、六章由高怡、邱奕超、尹远编写，第七、八章由李元钰、杨月明、邱奕超编写，第九、十章由高怡、李元钰、王凯歌编写，第十一章由高怡、李彦霖、欧阳颖编写，第十二章由李元钰、朝曾、李雪溶编写。教材配套补充资料由李元钰、李彦霖、欧阳颖、朝曾、李雪溶、张皓铭编写。本书在编写过程中，参考了许多国内外学者与专家的论文、书籍和资料，谨向他们致以衷心的感谢！

　　电子商务物流领域一直处于不断的发展与变化中。由于编者水平有限，难免有疏漏之处，恳请广大读者给予批评、指正。

编　者

2024 年 2 月

目 录

第一章

现代物流基本理论

【本章导读】

1. 物流的定义及现代物流的概念。
2. 现代物流相关理论。
3. 现代物流系统的概念及现代物流系统的构成要素。
4. 现代物流的特点。
5. 现代物流业的发展趋势。

中储从传统储运企业向现代物流企业转变

中国物资储运集团有限公司（以下简称"中储"）占地面积 1 300 万平方米，货场 450 万平方米，库房 200 万平方米，仓储面积总量居全国同类企业之首。与新建物流企业相比，中储的成本极其低廉，具有大批量中转和多批次、小批量配送的先天优势，具备将仓库转变成大型物流中心的条件，便于各类企业物流业务的集中管理，形成规模效益，降低成本。

一、中储的传统优势

中储的各物流中心共有铁路专用线 129 条，总长 144 千米，与全国各铁路车站可对发货物，存放在中储仓库，无论是从产地出货，还是在消费地进货，客户都能获得铁路运输直接入库的经济、安全和便利。这是形成中储全国物流与区域配送相结合的服务特色的重要基础。

中储在推行现代企业制度的过程中，建立了以资产为纽带的母子公司体制，理顺了产权关系，形成了集团公司的框架。中储所属 64 个仓库分布在全国各大经济圈中心和港口，形成了覆盖全国、紧密相连的庞大网络。中储利用这一网络，不仅提供仓储运输等物流服务，还有效地整合商流资源，成为金属材料、纸制品、化肥等生产企业的代理分销商。物流重在网络，没有网络，就没有统一的服务标准、单证和结算体系，就不能真正做到门到门服务。中储有一个天然的网络，这是跻身市场、建立现代物流配送中心的基础。

二、中储的增值服务

（一）现货交易及市场行情即时发布

中储的 20 多个仓库根据区域经济的需要，成为前店后库式的商品交易市场，包括金属材料、汽车、建材、木材、塑料、机电产品、纸制品、农副产品、蔬菜水果、日用百货等市场,并在中储网站上发布全国各大生产资料市场的实时行情。

(二) 物流的中间加工

中储的各大金属材料配送中心都配有剪切加工设备,如在天津与上海宝钢、日本三菱商社合资兴建的天津宝钢储菱物资配送有限公司,总投资1.3亿元人民币,从日本引进具有国际先进水平的钢材横剪、纵剪生产线,年加工能力10万～12万吨。

(三) 全过程物流组织

中储凭借40年的储运经验和专业的物流管理队伍,运用现代信息技术,为用户设计经济、合理的物流方案,整合内外部资源,包括不同运输方式的整合、仓储资源和运输资源的整合、跨地区资源整合等,组织全程代理和门到门服务,实现全过程物流的总成本最低。

(四) 形式多样的配送服务

第一,生产配送。作为生产企业的产成品配送基地,中储为生产企业提供产前、产中、产后的原材料及产成品配送到生产线及全国市场的配送服务。如中储的天津唐家口仓库、陕西咸阳仓库等为周边的彩电生产厂提供配送服务。

第二,销售配送。在生产企业产品出厂到销往全国市场途中,中储扮演其地区配送中心的角色。生产企业将产品大批量运至中储各地的物流中心,由中储提供保管及其众多销售网点的配送服务。如海尔、澳柯玛、长虹等产品已通过中储各地的物流中心销往全国市场。

第三,连锁店配送。中储为超级市场和连锁商店提供上千种商品的分拣、配送服务。

第四,加工配送。中储的许多物流中心为用户提供交易、仓储、加工、配送及信息的"一条龙"服务。

三、运用现代物流技术

面对新经济给传统产业带来的严峻挑战和物流市场发展的巨大潜力,传统储运业务将退居从属地位,具备现代物流组织管理条件和实现内部信息化管理的新兴物流企业将成为行业的中坚。中储的目标是充分发挥中储股份的龙头作用,利用国内外资源及中储的内部资源,采取收购、兼并等手段,实现全国合理布局,建成一批与现代物流需求相适应的物流中心,进而推动中储整体向现代物流企业转变,与国际接轨,把中储建成服务一流的现代物流企业。为此,中储加快了系统信息化建设,投资成立"中储物流在线有限责任公司",目的是将虚拟的电子网络和有形的物流网络有机结合,整合国内外资源,提升传统业务;在实施过程中,充分发挥自身的优势,首先完成系统内部物流网建设,包括数据源、单证和业务流程(business process)的标准化,再造业务流程,通过对传统企业的电子化改造,使之成为能够满足现代物流需求的数码仓库;实现以电子化配送中心、仓库、运输网络为基础,以数码仓库完备的现代物流组织为纽带,以中储电子商务物流平台为核心,横向联合运输网络系统、纵向连接行业分销系统,建立布局合理、运转高效的现代物流配送和分销电子商务网络体系。中储通过运用现代物流技术实现了从传统储运企业向现代物流企业的跨越。

资料来源:闵顺物流.中储发展股份有限公司西安分公司从仓储企业到现代物流中心的嬗变[EB/OL].(2021-09-01).https://www.sohu.com/a/487113675_121214995.

第一节　现代物流的概念

一、物流的由来

物流的概念萌芽于20世纪初的美国，于20世纪70年代由日本引入中国。它是随商品生产的出现而出现、随商品生产的发展而发展的，所以物流是一种古老传统的经济活动。阿奇·W. 萧（Arch W. Shaw）被认为是最早提出物流（physical distribution）概念并进行实际探讨的学者。他在1915年出版的《市场流通中的若干问题》一书中，明确将企业的流通分为创造需求的活动和物流活动。

1918年，英国的利费哈姆（Lifeham）勋爵成立了"即时送货股份有限公司"。其公司的宗旨是在全国范围内把商品及时送到批发商、零售商以及用户的手中，这一举动被一些物流学者称为有关"物流活动的早期文献记载"。

将物流真正上升到理论高度是1920年由弗莱德·E. 克拉克（Fred E. Clark）在《市场营销的原则》一书中提出的，其将物流纳入市场营销的研究范畴，明确指出市场营销是商品所有权转移所发生的各种活动及包括物流在内的各种活动。这是迄今为止最早的现代意义上的物流理论研究。

1935年，美国销售协会正式定义了"physical distribution"：产品分销包含在销售中，是指物质资料和服务从生产场所到消费场所的流动过程中所伴随的种种经济活动。

与"physical distribution"相对应的另一个非常重要的名词是"logistics"。在第二次世界大战期间，美国对军火等物资进行的战时供应中，首先采取了"后勤管理"（logistics management）这一名词，对军火的运输、补给、屯驻等进行全面管理。从此，后勤逐渐形成了独立的学科，并不断发展为后勤工程（logistics engineering）、后勤管理和后勤分配（logistics of distribution）。后勤管理的方法后被引入商业部门，被称为商业后勤（business logistics）。

在20世纪50—70年代，人们研究的对象主要是狭义的物流，是与商品销售有关的物流活动，它是货物流通过程中的商品实体运动。因此，通常使用的仍是"physical distribution"一词。

1986年，美国物流管理协会由NCPDM（National Council of Physical Distribution Management）改名为CLM（Council of Logistics Management），因为"physical distribution"的领域较狭窄，而"logistics"的概念较宽广，于是将"physical distribution"改为"logistics"。

"logistics"与"physical distribution"的区别在于"logistics"已突破商品流通的范畴，把物流活动扩大到生产领域。物流已不仅仅从产品出厂开始，而是包括从原材料的采购、加工生产到产品销售、售后服务，直到废旧物品的回收等整个物理性的流通过程。这是因为，随着生产的发展，社会分工越来越细，大型的制造商往往把产品零部件的生产任务包给其他专业性制造商，自己只是对零部件进行组装，而这些专业性制造商可能位于世界上劳动力比较便宜的地方。在这种情况下，物流不但与流通系统维持密切关系，与生产系统也产生了密切的关系。

我国开始使用"物流"一词始于1979年（有人认为，孙中山主张"贸畅其流"，可以说是我国"物流思想的起源"）。1979年6月，我国物资工作者代表团赴日本参加第三届国际物流会议,回国后在考察报告中第一次引用和使用"物流"这一术语。当时,相关部门提出建立"物流中心"的问题时,曾有人认为"物流"一词来自日本,有崇洋媚外之嫌,于是改为建立"储运中心"。其实储存和运输虽是物流的主体,但物流有更广的外延。而且物流是日本引用的汉语。物流作为"实物流通"的简称,提法既科学、合理,又确切、易懂,不久后便恢复称为"物流中心"。

二、现代物流的概念

传统物流指的是物质的存储与运输,主要包括运输、包装、仓储、加工、配送等。进入20世纪90年代,随着信息技术的发展,传统物流已向现代物流转变。现代物流指的是以现代信息技术为基础,整合运输、包装、装卸、搬运、发货、仓储、流通加工、配送、回收加工及信息处理等各种功能而形成的综合性物流活动模式。现代物流通过对物流信息进行科学的管理,可以加快物流速度、提高准确率、减少库存并且降低成本。

近年来,关于现代物流的概念,产生了很多具有代表性的观点。

美国物流管理协会将现代物流定义为:以满足顾客需求为目的,对原材料、半成品、成品以及与此相关的信息由产出地到消费地的有效且成本效果最佳的流动与保管进行计划、执行与控制。

美国后勤管理协会认为现代物流是:有计划地将原材料、半成品及产成品由产地送至消费地的所有流通活动。它包括为用户服务、需求预测、信息联系、物料搬运、订单处理、选址、采购、包装、运输、装卸、废料处理及仓库管理等。

日本物流系统协会(Japan Institute of Logistics Systems)将现代物流定义为:对原材料、半成品和成品的有效流动进行规划、实施和管理的思路,它同时协调供应、生产和销售各部门的利益,最终达到满足顾客的需求。

欧洲物流协会(European Logistics Association)将现代物流定义为:在一个系统内对人员或商品的运输、安排以及与此相关的支持活动的计划、执行与控制,以达到特定的目的。

我国许多专家学者则认为:"现代"物流是根据客户的需求,以最经济的费用,将物流从供给地向需求地转移的过程。它主要包括运输、储存、加工、包装、装卸、配送和信息处理等活动。

我国六部委(国家经贸委、铁道部、交通部、信息产业部、外经贸部、民航总局)于2001年3月在《关于加快我国现代物流发展的若干意见》的通知中,对现代物流的定义是这样表述的:"原材料、产成品从起点至终点及相关信息有效流动的全过程。它将运输、仓储、装卸、加工、整理、配送、信息等方面有机结合,形成完整的供应链,为用户提供多功能、一体化的综合性服务。"

综上所述,现代物流非常强调顾客满意度以及物流的效率,并且物流不仅是指销售物流,还包括采购物流、企业内部物流;不仅包括生产前和生产过程中的物质、信息流通过程,还包括生产之后的市场营销活动、售后服务及市场组织等领域的发展;不仅包括销售预测、生产计划的制订、顾客订货等处理相关的生产物流,还包括与顾客满意度相关联的各种营销物流活动。从以上对现代物流的定义可以看出其具有以下特征。

（一）现代物流是利用现代信息技术对多种物流活动进行有机整合的集成性活动

物流过程包括运输、仓储、装卸搬运、流通加工、包装、配送等实物处理过程，要实现对这一过程的计划、控制和组织，并且以满足顾客需要和实现自身利润为目的，在物流的过程中，要靠信息技术来进行统一和协调，借助信息技术来实现对物的流动过程的控制和科学化，降低物流的成本，提高物流的效率。

（二）现代物流是指有关"物"的流通的经济活动

现代物流是将货物从供应地向需求地移动的过程，它包括运输、仓储、包装、装卸搬运、流通加工以及配送等活动，是原材料从供应地开始，经过各个环节的加工及运输，最终到达消费者手中的过程。

（三）现代物流以提高顾客满意度为目的

现代物流的目的是为顾客提供良好的服务及在提供服务的同时提高企业的利润。为此，企业需要更好地了解顾客的需求，利用更先进和更科学的技术手段，为顾客提供更好的服务，从而达到企业与顾客共赢的目的。

总之，传统的物流功能比较单一，涉及的系统比较简单；现代物流在传统物流的基础上拓宽了功能和服务范围，它强调的是整个系统的优化。

第二节　现代物流相关理论

自物流概念出现以来，围绕物流理论的研究越来越引起学者的兴趣。近几十年来，国内外关于物流理论的研究，归纳起来，主要有以下几类。

一、"黑大陆"理论和物流冰山理论

（一）"黑大陆"理论

管理学家彼得·德鲁克（Peter Drucker）说过："流通是经济领域里的黑暗大陆。"因为流通领域中物流活动比较模糊，是流通领域很难认清的部分，所以"黑大陆"主要是指流通领域中的物流活动，它强调应高度重视流通及流通过程中的物流管理。

"黑大陆"理论主要是指尚未认识、尚未了解、尚未开垦的领域。按照"黑大陆"理论观点，如果理论研究和实践探索照亮了这块"黑大陆"，那么摆在人们面前的可能是一片不毛之地，也可能是一片宝藏之地。"黑大陆"理论是对 20 世纪经济学界存在的愚昧的一种反对和批判，指出在当时资本主义繁荣和发达的状况下，科学技术也好，经济发展也好，都没有止境；同时，"黑大陆"理论也是对物流本身的正确评价和高度重视。

这个领域未知的东西很多，理论和实践都还不成熟。物流领域的很多方面还是不清楚的，有待开发，这也是物流的未来发展方向。从某种意义上说，"黑大陆"理论是一种未来学的研究结论，属于战略分析的结论。同时我们也应该注意到，该理论对于之后的研究和探索也起到了积极的启迪和动员作用。

（二）物流冰山理论

日本早稻田大学教授西泽修提出了"物流冰山说"。他指出,现行的财务会计制度和会计核算方法都不能很好地掌握物流费用的实际情况,对物流费用的了解还是一片空白,他将此形象地比喻为"物流冰山"。冰山的特点是大部分沉在水面之下,而露出水面的只是冰山的一角。也就是说,物流的很大一部分还是我们不了解、看不到的,我们看到的只是物流的一部分。

西泽修通过对物流成本的具体分析论证了德鲁克的"黑大陆"理论,并对"黑大陆"理论加以丰富。实践也证明了物流行业作为一个年轻的行业还有很多不为人掌握的方面,"黑大陆"理论中的"黑大陆"以及物流冰山理论中的"冰山"水下部分都是物流领域尚待开发的部分,也是物流行业的潜力所在,这无疑容易激起人们对物流成本的关注,推动了企业物流的发展。

二、管理中心理论

人们在实践过程中对现代物流系统在经济活动中起什么作用,为了达到什么目的的不同认识、不同观念,由此派生出不同的管理方法,经过总结提炼之后形成了管理中心理论。管理中心理论根据人们的不同观念和看法具体又分为物流成本中心理论、利润中心理论、物流服务中心理论、物流战略中心理论。下面我们分别关注各个理论的侧重点。

（一）物流成本中心理论

物流成本中心理论认为,物流在整个企业战略中,只对企业营销活动的成本产生影响,物流是企业成本的重要产生点,是降低成本的重要途径。因此,解决物流问题,不仅要实现合理化、现代化,支持保障其他活动,而且要通过物流管理和物流的一系列活动降低成本。物流成本中心理论表明:物流既是成本的产生点,又是降低成本的主要关注点。物流是"降低成本的宝库"等说法正是这种认识的形象描述。

但是,物流成本中心理论过分强调物流的成本这一方面,将物流的目标认定为只是在于减少物流成本,导致物流在企业发展战略中的主体地位没法得到认可,进而限制了物流本身的合理发展。

（二）利润中心理论

利润中心理论是指企业可以提供大量直接或者间接的利润,这是形成企业经营利润的主要活动。人们把物流资源的节约和劳动消耗的降低分别称为"第一利润源"和"第二利润源"。第一利润源是利用资源领域获得的利润,这里的资源领域开始是廉价原材料、燃料的掠夺或获得,其后则是依靠科技进步、节约消耗、节约代用、综合利用、回收利用乃至大量人工合成资源而获取高额利润;第二利润源是利用人力领域获得的利润,这里的人力领域开始是廉价劳动力,其后则是依靠科技进步提高劳动生产率,降低人力消耗或采用机械化、自动化来降低劳动耗用,从而降低成本、增加利润。

由于受到科技和管理水平的限制,第一、二利润源已近枯竭,有待科技的重大突破,物流是国民经济的主要创利活动,物流的这一作用,也被表述为"第三利润源"。第一利润源挖掘的是生产力中的劳动对象,第二利润源挖掘的是生产力中的劳动者,第三利润源既挖掘生产力要素中的劳动工具的潜力,又挖掘劳动对象和劳动者的潜力,因此存在潜在的利润空间。

(三)物流服务中心理论

物流服务中心理论代表了美国和欧洲的一些学者对物流的认识。他们认为,物流活动的最大作用并不在于为企业节约成本或者增加利润,而在于企业提高对客户的服务水平,进而提高企业的竞争力。物流服务中心理论特别强调物流的服务保障功能,借助物流的服务保障功能,企业可以通过整体能力的加强来压缩成本、增加利润。

(四)物流战略中心理论

物流战略中心理论是当前非常流行的一种理论。学术界和企业界已经逐渐认识到物流更具有战略性。物流会影响企业的总体生存与发展,是企业发展的战略,而不仅仅是一项具体可操作的任务。

现在的物流管理,已不再是仅仅追求节约成本费用问题,而是建立在高技术基础上的更加深层的管理追求。企业不再追求物流一时一事的效益,而是着眼于全局、着眼于长远,物流本身的战略性发展、战略性规划、战略性投资逐渐成为促进其发展的重要原因。

三、物流效益背反理论

物流系统有一个最明显的特点就是效益背反,效益背反是物流领域很普遍的现象。物流效益背反是指物流的若干要素之间存在损益的矛盾,即某一个功能要素的优化和利润发生的同时,必然存在另一个或者另几个功能要素的利益损失;反之亦然。其具体包括物流成本与服务水平的效益背反和物流各功能活动的效益背反。这是一种此消彼长、此赢彼亏的现象,因此物流效益应该是一种整体效益。如果物流的各个环节都是不同的利润主体,每个主体都只追求自身的利益最大化,它就会阻碍整个系统效益最优的实现。比如包装问题,在产品销售市场和销售价格不变的前提下,包装成本越低,则利润越高,但是一旦商品进入流通领域,如果因为包装的节省降低了产品的防护效果,则必然造成大量的损失,进而造成储存、装卸、运输等功能要素的工作劣化和效益降低。显然,包装活动的效益是以其他活动的损失为代价的。在我国的流通领域,每年因包装出现问题而造成的上百亿元的商品损失,就是效益背反的典型实例。

以上这些都表明,在设计物流系统时,要综合考虑各方面因素的影响,使整个物流系统达到最优,任何片面强调某种物流功能的企业都将蒙受不必要的损失。由此可见,物流系统就是以成本为核心,按最低成本的要求,使整个物流系统化。它强调的是协调各要素之间的矛盾,把它们有机地结合起来,使成本最小,以追求和实现部门的最佳效益。

第三节　现代物流系统与构成

基于系统的观点来研究现代物流活动是现代物流学的核心思想。物流系统是社会大系统的一个子系统。物流系统作用的发挥,不仅受到内部各要素的制约和环境的影响,而且这些要素和环境也是不断变化的。因此,用系统工程的原理来研究物流系统,对提高物流质量、提高物流效率以及降低物流成本、满足社会需要等方面都是非常重要的。

一、系统的概念和一般模式

(一)系统的概念

系统,是指为达到共同目的,具有特殊功能、相互间具有有机联系的许多要素构成的一个整体。通俗地讲,系统就是为了达到某一目的,把人力、物力、财力、信息等资源作为输入(input),通过转换,使其产生某种结果(output)的功能。

系统具有以下五个基本特征。

1. 整体性

系统是由两个或两个以上既有区别又有联系的元素组成的整体。系统的功能不是各要素功能的简单相加,系统中任何一个要素的功能都不能代替系统的整体功能。

2. 目的性

任何一个系统都是以实现某种功能为目的而存在的。

3. 相关性

构成系统的各要素之间是相互联系和相互影响的,系统中任何一个要素的变化都会引起其他要素的变化。

4. 动态性

系统一直处在不断的变化和运动之中,并且在运动变化中生存和发展。

5. 适应性

系统处在环境中并且受环境的影响和制约。当环境发生变化时,系统的功能也会受到相应的影响,系统通过进行自我调节来适应外在环境的变化。

(二)系统的一般模式

输入、处理和输出是系统的三要素。外部环境向系统提供原材料、劳动力、设备、资金,称为"输入"。系统以自身所具有的特定功能,对"输入"进行必要的转化处理,使之成为有用的产成品,如各种劳务、产品和信息情报等,称为系统的"输出"。

系统的一般模式如图 1-1 所示。

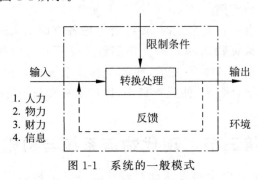

图 1-1　系统的一般模式

系统的形成应具备一些条件:①系统是由两个或两个以上的要素组成的;②系统的各要

素之间相互联系、相互影响,使系统保持稳定;③系统具有一定的结构,从而具有特殊的功能。

二、物流系统

(一)物流系统的定义

物流系统,是指为提供高质量的物流服务由各个相关要素有机结合而成的一个整体。它由运输、仓储、包装、装卸搬运、配送、流通加工、物流信息等各个环节组成(物流子系统),系统的输入是各个环节所消耗的劳务、设备、材料等资源,经过处理转化,变成系统的输出,即物流服务。

物流系统是现代科技和现代观念的产物,它既有一般系统所共有的特点,即整体性、目的性、相关性、动态性和适应性,也有自身的特点。一般来说,物流系统具有以下特点。

1.是一个"人机系统"

物流系统是由人和形成劳动手段的设备、工具所组成的。它表现为物流劳动者运用运输设备、装卸搬运机械、仓库、港口、车站等设施,作用于物资的一系列生产活动。在这一系列的生产活动中,人是系统的主体。因此,在研究物流系统的各个方面时,应把人和物有机地结合起来,作为不可分割的整体加以观察和分析,而且始终把如何发挥人的主观能动作用放在首位。

2.是一个大跨度系统

这反映在两个方面:一是地域跨度大,二是时间跨度大。企业间物流经常会跨越不同的地域,尤其对于全球性企业来说,需要在全世界范围内进行配送。大跨度系统带来的主要是管理难度较大、对信息的依赖程度较高。

3.动态性很强

物流系统和生产系统的一个重大区别在于,生产系统按照固定的产品、生产方式连续或者不连续生产,少有变化,系统稳定的时间较长。而一般的物流系统,总是联结多个生产企业和用户,随需求、供应、渠道、价格的变化,系统内的要素及系统的运行经常发生变化,难以长期稳定。因此,物流系统必须具有相应的柔性和灵活性。

4.属于中间层次系统,具有可分性

物流系统可以分解为若干个子系统,如库存子系统、运输子系统等。同时,物流系统在整个社会中主要处于流通环节,处于整个社会环境中,它必然受到企业和社会系统的约束。

5.是一个复杂性系统

物流系统的要素众多,本身非常复杂。如物流系统的运行对象"物"包括全部社会物质资源,资金的大量化和多样化也带来了物流系统的复杂化。此外,物流系统要素间的关系也不如某些生产系统那样简单而明晰,这就增强了系统的复杂性。

6.要素间具有非常明显的背反现象

通常,对物流的数量,人们希望最大;对物流时间,人们希望最短;对物流成本,人们希望最低。显然,要满足上述所有要求是很难的。例如,"零库存"的实施可使库存子系统成本降低,但会增加运输次数、提高运输成本。所以,必须综合考虑各子系统的相互影响,以取得系统内部的均衡。

物流系统中存在以下关系。

（1）物流服务质量和物流成本之间的制约关系。

（2）构成物流服务的子系统之间的约束关系。

（3）构成物流成本的各个环节费用之间的关系。

（4）各子系统的功能和费用的关系。

（二）物流系统的构成

物流系统由基础要素、功能要素和支撑要素构成。

1．基础要素

基础要素是维系物流活动运行的基本条件，没有这些基本条件，物流活动就无法发生，也无法进行，这些基础要素就是与物流活动有关的人、财、物。

（1）劳动者。劳动者是现代物流系统的核心要素、第一要素。提升劳动者的素质，是建立一个合理化的现代物流系统并使它有效运转的根本。

（2）资金。交换是以货币为媒介的。实现交换的现代物流过程，实际也是资金运动过程。同时，物流服务本身也需要以货币为媒介，现代物流系统建设是资本投入的一大领域，离开资金这一要素，现代物流不可能实现。

（3）物。物的要素包括物流系统的劳动对象，即各种实物，现代物流的物的要素还包括劳动工具、劳动手段，如各种物流设施、工具、各种消耗材料（燃料、保护材料）等。

2．功能要素

物流的功能要素指的是物流系统所具有的基本能力。这些基本能力有效地组合、联结在一起，便成了物流的总功能，能合理、有效地实现物流系统的总目标。在这里，我们将物流的功能要素分为主要功能要素和辅助性功能要素。

1）主要功能要素

主要功能要素包括以下几项。

（1）运输。运输是指利用运输工具对货物实行空间位移，是由供应方向需求方的移动，是创造空间价值的过程。运输方式主要有铁路运输、水路运输、公路运输、航空运输和管道运输。

运输是物流的核心业务之一，选择何种运输方式对物流效率具有重要影响。

铁路运输的优点是：运送速度快，载运量大，不大受自然条件的影响，长距离运输分摊到单位运输成本的费用较低。它的缺点是：投入大，只能在固定线路上行驶，灵活性差，短距离运输成本很高。

水路运输能进行低成本、远距离、大批量的运输，但运输速度慢，且受自然条件影响较大，需要其他运输方式的配合与衔接。

公路运输主要承担近距离、小批量货运，承担铁路及水路难以到达地区的长途、大批量货运，以及铁路、水路优势难以发挥的短途运输，是铁路运输、水路运输不可缺少的工具。其特点是灵活性好，便于实现"门到门"运送，但单位运输成本相对较高。

航空运输主要承担价值高或赶时间的货物运输。其特点是速度快，但单位运输成本高，且有货物的重量限制。

管道运输是用管道运送气体、液体和粉状固体货物，其运输形式是靠压力推动物体在管道内移动来实现的。管道设备与其他运输的最大区别在于是静止不动的。该运输方式的特点是：封闭运输,可避免货损货差,连续性强,运量大、机械化程度高,运输费用低,但灵活性较差,对运输货物有特定要求和限制。

各种物流运输方式的比较如表 1-1 所示。

表 1-1　各种物流运输方式的比较

方　式	优　点	缺　点
铁路运输	当代最重要的运输方式之一。运量大,速度快,长距离运输费用较低,受自然因素影响小,连续性好	修筑铁路造价高,消耗金属材料多,占地面积广,短途运输成本高
公路运输	发展最快、应用最广、地位日趋重要的运输方式。机动灵活,周转速度快,装卸方便,对各种自然条件适应性强	运量小,耗能多,成本高,运费较贵
水路运输	历史最悠久的运输方式。运量大,投资少,成本低	速度慢,灵活性和连续性差,受航道水文状况和气象等自然条件影响大
航空运输	飞行速度快,运输速率高,是最快捷的现代化运输方式	运量小,能耗大,运费高,且设备投资大,技术要求严格
管道运输	用管道运输货物(主要是原油和成品油、天然气、煤浆以及其他矿浆),气体不挥发,液体不外流,损耗小,连续性强,平稳安全,管理方便,而且可以昼夜不停地运输,运量很大	要铺设专门管道,设备投资大,灵活性差

对运输方式的选择,要权衡运输成本及运输服务,以满足安全、迅速、准时、廉价的要求。

（2）仓储。仓储是仓库储存和保管的简称,它和运输一起构成了物流过程的两大支柱,是物流的主要功能要素之一。仓储管理是物流系统的重要功能,其作用在于消除物品生产与消费在时间上的差异,以提供物流的时间效用,通过储存,增加了物品的时间价值,产生了商品的时间效用。

现代"仓储"不是我们传统意义上的"仓库",它表示一项活动或者一个过程,从概念上来看,仓储主要包含以下基本内涵。

仓储首先是一项物流活动。仓储不是生产,也不是销售,而是生产与销售服务的物流活动中的一项,这表明,仓储是物流活动的一种,物流还有其他活动,仓储应该与其他物流活动相联系、相配合。这一点与过去的"仓库"有很大的区别。

仓储的目的是满足供应链上下游的需求。这与过去我们强调满足"客户"需求有很大的区别。仓储的客户可能是上游的生产者,也可能是下游的零售商,还可能是企业内部,仓储不仅仅是满足直接客户的需求,也应满足间接客户即客户的客户的需求。

仓储活动或者说仓储的基本功能包括物品的进出、库存、分拣、包装、配送及其信息处理六个方面,其中,物品的出入库与在库管理是仓储最基本的活动,也是传统仓储的基本功能,只不过管理手段与管理水平得到了改善和提升;物品的分拣与包装,过去也有,只不过现在更普遍、更深入、更精细,甚至已经与物品的出入库及在库管理相结合,共同构成现代仓储的基本功能。

（3）配送。配送是物流的最终阶段。

配送以配送中心为起始点,而配送中心本身具有储存的功能,配送的最终实现离不开运输,过去一直将配送看作运输派生出来的一种功能。配送是"配"与"送"的有机结合。只有有组织、有计划地"配",才能实现现代物流管理中低成本、快速度的"送",进而有效满足顾客的需求。而且配送是在合理区域范围内的送货,通常局限在一个城市或地区范围内进行。目前,配送在电子商务物流中的作用非常突出,已经成为一种现代流通方式。

2）辅助性功能要素

物流活动的辅助性功能要素包括包装、流通加工、装卸搬运及信息处理。

（1）包装。包装是物流的重要职能之一。不仅商品销售,在物流的各个环节过程都需要包装。它可以分为工业包装和商业包装。在包装的时候要全面考虑包装对产品的保护作用,避免商品破损,以充分发挥包装对提高装运效率以及促进销售的作用。

（2）流通加工。中华人民共和国国家标准《物流术语》对流通加工的定义为：根据顾客的需要,在流通过程中对产品实施的简单加工作业活动的总称。它是在流通过程中对商品进行的辅助性加工,可以弥补企业、物资部门、商业部门生产过程中加工程度的不足,更有效地满足用户的需求,更好地衔接生产和需求环节。它是生产过程在流通领域内的继续,是物流职能的一个重要发展。

（3）装卸搬运。装卸搬运在整个物流业务活动中是一项很重要的职能。在同一地域范围内(如车站范围、工厂范围、仓库内部等)以改变"物"的存放、支撑状态的活动称为装卸,以改变"物"的空间位置的活动称为搬运,两者合称装卸搬运。无论是生产物流,还是销售物流,以及其他物流,都离不开装卸搬运。在物流活动的全过程中,装卸搬运是频繁发生的。对装卸活动的管理,主要是确定最恰当的装卸方式,力求减少装卸次数,做到省时、省力,减少损失,以获得较好的经济效果。

在物流成本中,装卸搬运费用也占有较大的比重,装卸搬运的合理化对于物流整体的合理化至关重要。

（4）信息处理。信息处理也是整个物流业务活动中一项很重要的职能,包括处理与上述各项功能有关的计划、预测、动态(运量、收、发、存数)的信息,以及有关的费用信息、生产信息、市场信息活动等。物流信息活动的管理,要求建立信息系统和信息渠道,正确选定信息的科目和信息的收集、汇总、统计、使用方式,以保证其可靠性和及时性。

3. 支撑要素

现代物流有许多支撑手段,尤其是处于复杂的社会经济中,要确定现代物流的地位,协调与其他系统的关系,这些要素必不可少。支撑要素主要包括体制、制度、法律、规章、行政、命令和标准化系统。

第四节　现代物流业发展历程

人们对物流的认识是随着社会的发展而不断深化的。现代物流首先在北美、欧洲和日本等发达国家与地区得到发展,代表了物流发展的主要方向。

一、国外物流业发展历程

物流业的发展与社会经济和生产力发展有关，也与科学技术发展的水平有关。在社会经济和生产力的大背景下，国外物流业的发展按照时间顺序，先后经历了萌芽阶段、快速发展阶段、合理化阶段和现代物流阶段。

（一）萌芽阶段

20世纪初，在北美和西欧的一些国家，随着工业化进程以及大批量生产和销售的实现，人们逐渐意识到降低物资采购及产品销售成本的重要性。美国是最早提出"物流"概念并将其付诸实践的国家之一。1901年，约翰·F.克罗威尔（John F. Crowell）在美国政府报告"关于农产品的配送"中，第一次论述了对农产品配送成本产生影响的各种因素，揭开了人们对物流认识的序幕。1941—1945年第二次世界大战期间，美国军事部门的"后勤管理"对军需物资的采购、运输、仓储、分发进行统筹安排和全面管理，取得了显著效果。

早在20世纪中期，欧洲各国为了降低产品成本，便开始重视企业范围内物流过程的信息传递，对传统的物料搬运进行变革，对企业内的物流进行必要的规划，以寻求物流合理化的途径。当时制造业（工厂）还处于加工车间模式，工厂内的物资由厂内设置的仓库提供。企业为了实现客户当月供货的服务目标，在内部实现密切的流程管理。这一时期的管理技术还相对落后：信息交换通过邮件，产品跟踪采用贴标签的方式，信息处理的软硬件平台是纸带穿孔式的计算机及相应的软件。这一阶段，储存与运输是分离的，各自独立经营，可以说是欧洲物流的初级阶段。

日本自1956年从美国引入物流概念以来，把物流看成一种综合行为，将物流称为"物的流通"，它包含运输、配送、装卸、仓储、包装、流通加工和信息传递等多种活动。

（二）快速发展阶段

20世纪60年代以来，世界经济环境发生了深刻的变化，科学技术的发展，尤其是管理科学的进步，生产方式、组织规模化生产的改变，大大促进了物流业的发展。管理界逐渐重视物流的发展。物流在经济发展中的作用也逐渐受到重视，成为企业提高生产率的重要手段。

在物流概念形成后，20世纪60年代，随着世界经济环境的变化，美国现代市场营销的观念逐步形成，顾客服务成为企业经营管理的核心要素，物流在为顾客提供服务上起到了重要的作用。物流，特别是配送，得到了快速的发展。1960年，美国的雷神公司建立了最早的配送中心，结合航空运输系统为美国市场提供物流服务。

20世纪70年代是欧洲经济快速发展时期。随着商品生产和销售的进一步扩大，多家企业联合的企业集团和大公司出现，成组技术（GT）广泛采用，物流需求增多，客户期望实现当周供货或服务，工厂内部的物流已不能满足企业集团对物流的要求，因而形成了基于工厂集成的物流。仓库已不再是静止封闭的储存式设施，而是动态的物流配送中心。信息不只是凭订单，而主要是根据配置中心的装运情况获取。这一时期信息交换采用电话方式，通过产品本身的标记（product tags）实现产品的跟踪，进行信息处理的硬件平台是小型计算机,企业(工厂)一般都使用自己开发的软件。

20 世纪 60 年代中期至 70 年代初期是日本经济高速增长、商品大量生产和大量销售的时期。这一时期,生产技术逐渐向机械化、自动化方向发展,并且销售体制不断完善,物流成为企业发展的制约因素。日本投资建设了大量的物流基础设施,社会各界对发展物流有了进一步的认识。

(三) 合理化阶段

这一阶段,物流管理的内容逐渐从企业内部延伸到企业外部,物流管理也不仅是简单的物流操作的管理,而是上升到战略层次。企业开始关注外部关系的管理,将供货商、分销商以及用户等纳入管理的范围,利用物流管理来建立同厂商和客户的稳定、良好的合作关系,达到双赢。

这一阶段,美国出现综合物流管理的概念并得到广泛的认可和应用,它使企业内部逐渐改变传统的财务、采购、销售、市场、研发等企业分散式管理的思维方式,代之以系统、整合的思想,物流协作化与专业化成为今后物流业发展的主要方向。

20 世纪 80 年代,欧洲开始探索一种新的联盟型或合作式的物流新体系,即综合物流供应链管理(supply chain management)。它的目的是实现最终消费者和最初供应商之间的物流与信息流的整合,即在商品流通过程中加强企业间的合作,改变原先各企业分散的物流管理方式,通过合作形式来实现原来不可能达到的物流效率,创造的成果由参与的企业分享。这一时期,欧洲的制造业已采用准时制生产(just-in-time,JIT),客户的物流服务需求已发展到当天供货或服务。因此,综合物流的供应链管理进一步得到加强,如组织好港站库的交叉与衔接、零售商管理控制总库存量、产品物流总量的分配、实现供应的合理化等。这一时期物流需求的信息直接从仓库出货获取,通过传真方式进行信息交换,产品跟踪采用条形码扫描,信息处理的软硬件平台是客户机/服务器模式和购买商品化的软件包。值得一提的是,这一时期欧洲第三方物流开始兴起。

汽车制造工业的发展为日本物流管理手段提供了用武之地。"零库存"管理、准时制生产管理等新的物流管理方式不断涌现;物流中心、中央物流中心等各种物流管理系统不断增加;物流联网系统、物流配车系统等物流软件不断运用。日本堪称世界上物流管理手段与工业化生产结合最为成功的国家之一。

(四) 现代物流阶段

20 世纪 90 年代,随着科学技术的发展以及经济的发展,物流也在不断发展和完善。物流业逐渐向信息化、网络化、智能化方向发展。

20 世纪 90 年代,电子商务在美国如火如荼地发展,促使现代物流上升到前所未有的重要地位。目前的发展表明,电子商务交易额中 80% 是企业对企业(business to business,B2B)交易。据统计,1999 年美国物流电子商务的营业额在 80 亿美元以上。电子商务是在互联网络开放环境下一种基于网络的电子交易、在线电子支付的新型商业运营方式。电子商务带来的这种交易方式的变革,使物流向信息化并进一步向网络化方向发展。此外,专家系统和决策支持系统的推广使美国的物流管理更加趋于智能化。

20 世纪 90 年代以来,欧洲一些跨国公司纷纷在国外,特别是在劳动力比较低廉的亚洲地区建立生产基地,故欧洲物流企业的需求信息直接从消费地获取,采用在运输链上实现组装的方式,使库存量实现极小化。信息交换采用电子数据交换(electronic data interchange,EDI)系统,产品跟踪应用了射频标识(RF)技术,信息处理广泛采用了互联网和物流服务方提供的软件。目前,基于互联网和电子商务的电子物流在欧洲兴起,以满足客户越来越苛刻的物流需求。

物流企业为客户提供更高质量的物流服务,这就是现代物流的发展趋势。

二、中国物流业发展历程

与发达国家和地区相比,我国物流业起步比较晚,与其具有一定的差距,但是随着新中国成立特别是改革开放,我国物流业得到了长足的发展。中国物流业的发展大致可以分为五个阶段。

(一)初步发展阶段

在这一阶段,我国的物流业获得初步发展,国民经济尚处于恢复期,工业生产能力也很弱,经济基础比较薄弱。物流刚刚起步,只是一些生产和流通部门建立了以仓储、运输为主的粗放型物流管理模式。仓储也仅是数量不多的储运公司以及功能单一简单的仓库。运输无论是公路、水路还是铁路,都处于恢复和初步阶段,远远不能满足生产发展的需要。

(二)停滞阶段

这一阶段正好赶上"文化大革命",我国经济、政治、文化等各个方面都受到了严重的破坏。在这一阶段,物流基础设施建设基本处于停滞阶段,甚至受到了一定程度的破坏。

(三)较快发展阶段

这一阶段,我国进入改革开放时期,国民经济和工业生产都得到了较快的发展,物流业也得到了较快的发展,运输业、仓储业、包装业发展较快,兴建了大量的铁路、公路、港口、仓库及机场等,不仅增加了物流设施,而且提高了物流技术装备水平,如水泥和粮食的散装运输、集装箱运输,并且开始建立自动化仓库。我国积极参与国际物流学术交流活动,从而吸收了国际上先进的物流技术和管理理念。

(四)高速发展阶段

1993年,党的十四届三中全会后,我国掀起了经济建设的浪潮。经济的持续健康发展迫切需要物流水平的显著提高。为了改变国内经济的快速发展与物流业发展十分落后这一极不协调的现状,我国从20世纪90年代初开始积极借鉴发达国家物流发展的成功经验,推动物流业在国内的迅速发展。1992年,商业提出了《关于商品物流中心发展建设的意见》,在上海、广东确定了试点企业。为了进一步推动物流业的发展,1996年,国内贸易部草拟了《物流配送中心发展建设规划》,提出了发展建设物流配送中心的指导思想和原则,确定商业储运企业向现代物流配送中心转变,建设社会化的物流配送中心,以发展现代物流网络为主要的发展方向,并对物流配送中心的发展建设提出了总体构想。在这一阶段,中国物流业取得了重大成就：物流理论研究工作更加深入,物流基础设施日趋完善,社会产品供应日益丰富,综合运输体系初步形成,国内市场出现了种类繁多的物流服务企业。

(五)现代化发展阶段

经过多年的积累,中国物流水平在经济增长的大环境下有了很大的改善。在基础设施方面,我国的公路大幅度增加,水运、航运方面也得到了改善。例如,华东地区国有大型物流企业,中国外运、中远、中铁快运、中储、中集等都发展了较为完善的全国网络,且规模庞大,发展资金雄厚。物流技术日益先进,应用日趋广泛,互联网信息平台、电子数据交换、全球卫星定位系统、无线射频识别技术和条码(BC)等现代信息技术手段在物流管理和物流技术中的广泛应用,使现代化物流达到一个新的水平。

思考题

1. 现代物流的概念是什么?
2. 现代物流和传统物流的区别有哪些?
3. 概述现代物流相关理论。
4. 现代物流系统的构成要素有哪些?
5. 现代物流的特点是什么?

即测即练

第二章

电子商务与现代物流

【本章导读】

1. 电子商务的产生、概念、分类、特征及发展。
2. 电子商务与物流的关系。
3. 电子商务物流的一般过程。
4. 电子商务环境下的物流管理。

玉林物流行业：被电子商务逼入困境，靠电子商务蝶变

走在玉林工业品市场，大大小小的"物流"招牌比比皆是，但面对电子商务异军突起，不少玉林中小物流企业面临运营成本较高的发展瓶颈，盈利越来越微薄，靠价格竞争已难以为继。玉林物流行业如何借电子商务实现转型？又该如何实现"蝶变"与重生？

玉林物流企业众多，面临的竞争也十分激烈。要在最短的时间把握有效的物流信息，这就意味着更高的市场敏感度、更高的利润额。不少中小物流企业面临运作成本较高、信息化水平较低、供应链上企业利益不平衡、物流体制落后等发展瓶颈。

电子商务的发展改变着人们传统的消费方式，也深刻影响着物流业的发展。玉林市商务局相关负责人表示，电子商务的异军突起，一方面打破了实体店经营一统天下的格局，对传统线下交易模式产生了很大冲击；另一方面，促使玉林传统物流快递业努力推进变革，以适应现代电子商务的发展需求。对于传统的中小物流企业来说，突飞猛进的电子商务大潮无疑让其一时难以适应。但电子商务时代的到来，也宣告了玉林中小物流企业未来的命运：思变才是出路，中小物流企业转型中的投资机遇已到来。

电商领域有句话：得物流者得天下。现代物流的基本特色是一体化运作、网络化经营、专业化服务、信息化管理。技术能将传统物流企业提升到一个更高效和更具规模效益的高度，使其逐步向现代物流企业转型升级。传统的中小物流企业正在"突围自救"，向现代物流转型升级，虽然发力艰难，但并非了无生机。传统企业经历了对电子商务"看不见—看不起—看不懂—学不会—挡不住"的过程，如果其转型多数是出于风险把控而非主动投入，则很难实现"突围"。

电子商务和互联网技术为现代物流的发展插上了高科技的翅膀，使现代物流业呈现出规模化、多元化、集成化和效益化的特点。传统物流业插上电子商务和互联网技术的翅膀之后,呈现出非常深厚的内涵和快速发展。其升级之道,很大程度上取决于物流技术的成型。如电子商务、互联网等技术运用到现代物流产业上来,并取得发展。

将现代物流和电子商务、信息技术完美融合,利用全球物流定位系统、电子监控系统、商品信息化采集与配送系统等多项技术体系,打造一座数字流通商城,为产品制造商和经营商提供国际化的物流与信息流平台,通过减少商品流通环节,降低商品价格以惠及消费者,从而提高物流企业的核心竞争力。

资料来源:玉林物流行业:被电子商务逼入困境,靠电子商务蝶变[EB/OL]. (2015-06-29). http://www.chinawuliu.com.cn/zixun/201506/29/302736.shtml.

第一节　电子商务概述

一、电子商务的产生

电子商务是人类社会经济和技术水平发展到一定阶段的产物,它是由商务的发展和信息技术的进步两个动力驱动完成的。它的发展与进步离不开一定的经济和技术基础条件,离不开与之配套的商业流通环境、金融环境、政策环境和法律环境。

电子商务源于企业和政府等对技术能力与信息技术的利用,目的是改善与客户的互动、企业流程、企业内和企业间信息的交换。

电子商务产生于20世纪60年代末,发展于90年代,其产生和迅速发展不是偶然的,而是有着重要的社会、经济原因,具体表现在以下几个方面。

(一) 计算机的广泛应用

近30年来,计算机的处理速度越来越快、处理能力越来越强、价格越来越低、应用越来越广泛,这为电子商务的应用提供了基础。

(二) 网络的普及和成熟

由于互联逐渐成为全球通信与交易的媒体,全球上网用户呈几何级数增长趋势。其快捷、安全、低成本的特点为电子商务的发展提供了应用条件。

(三) 信用卡的普及应用

信用卡以其方便、快捷、安全等优点而成为人们消费支付的重要手段,并由此形成了完善的全球性信用卡计算机网络支付与结算系统,使"一卡在手,走遍全球"成为可能,同时为电子商务中的网上支付提供重要的手段。

(四) 政府的支持与推动

1997年欧盟发布《欧洲电子商务协议》,美国随后也发布《全球电子商务纲要》,电子商务受到世界各国政府的重视,许多国家的政府开始尝试"网上采购",这为电子商务的发展提供了有力的支持。

（五）电子商务较传统商务有着巨大的优势

这是电子商务快速发展的基本原因。电子商务的突出标志在于它能增加贸易机会、降低贸易成本、简化交易流程、提高贸易效率。电子商务作为一种新的商业模式，突破地域和时间的限制，使处于不同地区的人们自由地传递信息，互通有无，开展贸易。它的快捷、迅速、自由和交换的低成本为人们所乐道。

二、电子商务的概念

电子商务是经济发展和信息技术发展且相互作用的必然产物。但电子商务作为一种新兴的商业模式，至今仍没有一个较全面且能为大多数人接受的定义。下面介绍电子商务的各种定义，以帮助我们更好地理解电子商务的内涵。

（一）国际组织对电子商务的定义

经济合作与发展组织（OECD）在有关电子商务的报告中对电子商务的定义为：电子商务是发生在开放网络上的包含企业之间、企业和消费者之间的商业交易。

世界电子商务会议（World Business Agenda For Electronic）于 1997 年 11 月 6 日至 7 日在法国首都巴黎召开，它对电子商务概念的权威阐述如下：电子商务，是指对整个贸易活动实现电子化。从涵盖范围方面，其可以定义为：交易各方以电子交易方式而不是通过当面交换或直接面谈方式进行的任何形式的商业交易；从技术方面，其可以定义为：电子商务是一种多技术的集合体，包括交换数据（如电子数据交换、电子邮件）、获得数据（如共享数据库、电子公告牌）以及自动捕获数据（条形码）等。

全球信息基础设施委员会（GIIC）在电子商务工作委员会报告草案中将"电子商务"定义如下：电子商务是运用电子通信作为手段的经济活动，通过这种方式，人们可以对带有经济价值的产品和服务进行宣传、购买和结算。这种交易方式不受地理位置、资金多少或零售渠道所有权的影响，国有企业、私营企业、政府组织、各种社会团体、一般公民、企业家都能自由地参加广泛的经济活动，其中包括农业、林业、渔业、工业、私营和政府的服务业。电子商务能使产品在世界范围内进行交易，并向消费者提供多种多样的选择。

欧洲议会关于"电子商务"给出的定义是：电子商务是通过电子方式进行的商务活动。它通过电子方式处理和传递数据，包括文本、声音和图像。它涉及许多方面的活动，包括货物电子贸易和服务、在线数据传递、电子资金划拨、电子证券交易、电子货运单证、商业拍卖、合作设计和工程、在线资料、公共产品获得。它包括产品（如消费品、专门设备）和服务（如信息服务、金融和法律服务）、传统活动（如健身、体育）和新型活动（如虚拟购物、虚拟训练）。

（二）美国、加拿大相关机构对电子商务的定义

美国政府在其《全球电子商务纲要》中比较笼统地指出，电子商务是通过互联网进行的各项商务活动，包括广告、交易、支付、服务等活动，全球电子商务将涉及世界各国。

加拿大电子商务协会给出了较为严格的电子商务定义：电子商务是通过数字通信进行商品和服务的买卖以及资金的转账，它还包括公司间和公司内利用电子邮件(E-mail)、电子数据交换、文件传输、传真、电视会议、远程计算机联网所能实现的全部功能(如市场营销、金融核算、销售以及商务谈判)。

(三) 世界著名公司对电子商务的定义

IBM(国际商用机器公司)的电子业务(e-business，EB)是在网络计算环境下的商业化应用，它既是硬件和软件的结合，又是通常情况下所说的狭义的电子商务，还是把买方、卖方、厂商及其合作伙伴在互联网、企业内部网和企业外部网结合起来的应用。

惠普公司对电子商务的定义是：通过电子化手段来完成商品的交易，使我们能够以电子交易为手段完成商品和服务的交换，是联系商家和客户的纽带。它包括两种基本形式：商家之间的电子商务和商家与最终消费者之间的电子商务。它对电子业务的定义是：一种新型的业务开展手段，利用互联网的信息结构，使公司、供应商、合作伙伴和客户之间，通过电子业务共享信息。

(四) 学者对电子商务的定义

美国学者瑞维·卡拉科塔(Revi Karakota)在其编著的《电子商务前沿》中提道：广义地讲，电子商务是一种现代商业方法。这种方法通过改善产品、服务质量及提高服务传递速度，满足政府组织、厂商和消费者的低成本需求。这一概念也用于通过计算机网络(computer network)寻找信息以支持决策。一般地讲，今天的电子商务通过计算机网络将买方和卖方的信息、产品和服务器联系起来，而未来的电子商务则通过成为信息高速公路的无数计算机网络中的一条，将买方和卖方联系起来。

我国学者李琪教授在其编著的《电子商务概论》中提道：电子商务是在技术、经济高度发达的现代社会里，掌握信息技术和商务规则的人，系统化地运用电子工具，高效率、低成本地从事以商品交换为中心的各种活动的总称。他将电子商务划分为广义和狭义两种。广义的电子商务是指使用电话、电报、网络以及国家资讯通信基本建设(NII)、全球信息基础设施(GII)等电子工具从事的商务活动。狭义的电子商务，是指利用互联网从事的商务或活动。

综上所述，通过对电子商务的各种定义的理解，我们可以从两方面谈电子商务：从宏观上讲，电子商务是计算机网络带来的又一次商业革命，其利用电子手段建立了一种新的商业模式。它不仅很好地使电子技术和商业交易结合起来，而且影响诸如金融、税务、教育等其他社会各个层面。而从微观上讲，电子商务是指各种具有商业活动的主体(如生产企业、商贸企业、金融机构、个人消费者等)利用网络和先进的信息技术所进行的各种商业贸易活动。

三、电子商务的分类

电子商务的业务涵盖十分广泛，从不同角度可将电子商务划分为不同的类型。

（一）按参与交易的主体划分

按参与交易的主体，电子商务主要可以分为 B2C（business to customer，指电子商务中企业对消费者的交易方式）、B2B、B2G（business to government，指电子商务中企业对政府的交易方式）等类型，下面介绍几种主要的类型。

1. B2C

B2C 是消费者利用互联网直接参与经济活动的形式，类同于商业电子化的零售商务。随着互联网的出现，网上销售迅速发展起来。目前，在互联网上遍布各种类型的商业中心，提供的商品有实体化的商品（如书籍、服装、鲜花、食品、汽车、电视等）、数字化的商品（如新闻、音乐、电影、软件及各类基于知识的商品），还有各类服务（如旅游服务、在线医疗诊断和远程教育等）。

2. B2B

B2B 是电子商务应用最多和最受企业重视的形式，企业可以使用互联网或其他网络为每笔交易寻找最佳的合作伙伴，完成从订购到结算的全部交易行为，包括向供应商订货、签约、接受发票和使用电子资金转账、信用证、银行托收等方式进行付款，以及在商贸过程中发生的其他问题（如索赔、商品发送管理和运输跟踪）等。企业对企业的电子商务经营额大，所需的各种硬软件环境较复杂，但在电子数据交换商务的基础上发展最快。

3. B2G

B2G 商务活动覆盖企业与政府组织间的各项事务。例如，企业与政府之间进行的各种手续的报批，政府通过互联网发布采购清单，企业以电子化方式响应，政府在网上以电子交换方式来完成对企业和电子交易的征税等，这些成为政府机关政务公开的手段和方法。

4. C2C

C2C（customer to customer，指电子商务中消费者对消费者的交易方式）电子商务是消费者之间通过某个电子商务平台直接进行交易的电子商务模式，通过 C2C 商务平台，个人消费者可以直接把商品或服务卖给其他消费者。现在互联网上很多拍卖网站允许个人拍卖商品就属于 C2C 模式。

5. B2E

B2E（business to employee，指电子商务中企业对企业员工的交易方式）电子商务属于企业内部的电子商务，企业通过互联网及时地给员工提供企业产品信息和企业的各项决策信息，并通过此平台给员工提供培训、学习的机会。这种模式作为一种综合性的商务工具，一方面可以改善传统的领导模式，实施新型的领导，增强其领导力，并有利于提升员工的技能，加强员工之间的合作；另一方面有助于提高企业的管理效率，降低企业的经营成本，有利于企业综合竞争力的提高。

（二）按商务活动内容划分

按商务活动的内容，电子商务主要包括两类商务活动。

1. 间接电子商务

间接电子商务，即有形货物的电子订货，如书籍、鲜花、食品、汽车等，交易的商品仍然需要利用传统渠道（如邮政业的服务和商业快递服务）来完成送货。因此，间接电子商务要依靠一些外部要素,如运输系统的效率等。

2．直接电子商务

直接电子商务,即无形货物和服务,如计算机软件、娱乐内容的联机订购、付款和交付,或者是全球规模的信息服务。直接电子商务能使双方越过地理界限直接进行交易,充分挖掘全球市场的潜力。

（三）按开展电子商务业务的企业所使用的网络类型划分

按开展电子商务业务的企业所使用的网络类型,电子商务可以分为以下三种形式。

1．电子数据交换网络电子商务

按照国际标准化组织的定义,EDI 商务是"将商务或行政事务按照一个公认的标准,形成结构化的事务处理或文档数据格式,从计算机到计算机的电子传输方式"。简单地说,EDI 商务就是按照协议,将商业文件标准化和格式化,并通过计算机网络,在贸易伙伴的计算机网络系统之间进行数据交换和自动处理。

EDI 主要应用于企业与企业、企业与批发商、批发商与零售商之间的批发业务。相对于传统的订货和付款方式,EDI 大大节约了时间和费用。相对互联网,EDI 较好地解决了安全保障问题。EDI 商务在 20 世纪 90 年代已得到较大的发展,技术也较为成熟,但是,由于开展 EDI 需要租用网络专线,费用较高,对企业的管理、资金和技术有较高要求,因此其至今尚不太普及。

2．互联网电子商务

互联网(Internet)电子商务是指利用连通全球的互联网开展的电子商务活动。它突破了传统商业生产、批发、零售及进、销、存、调的流转程序与营销模式,真正实现了少投入、低成本、零库存、高效率,避免了商品的无效搬运,从而实现了社会资源的高效运转和最大结余。互联网电子商务涉及领域广泛,全世界各个企业和个人都可以参与,正以飞快的速度发展,前景十分诱人,是目前电子商务的主要形式。

3．内部网络电子商务

内部网络(Intranet)是在互联网的基础上发展起来的企业内网。它在原有的局域网上附加了一些特定的软件,将局域网与互联网连接起来,从而形成企业内部的虚拟网络。内部网络将大中型企业分布在各地的分支机构及企业内部有关部门和各种信息通过网络予以连通,使企业各级管理人员能够通过网络读取自己所需的信息,利用在线业务的申请和注册代替纸张贸易和内部流通的形式,从而有效地降低交易成本、提高经营效益。

四、电子商务的特征

电子商务之所以得到广泛运用,在于它相对于传统的商务活动有许多特征和优势。

（一）全球性

电子商务突破地理界限,利用网络工具使世界各地的商业资源得到有效利用。互联网几乎遍及全世界的各个角落,在互联网上没有明显的地域界限和国家界限,通过任何一台联网的计算机都可以访问世界任何一个角度的服务器。商家可以在互联网所到之处搜寻资源,也可以向互联网所到之处推销产品。互联网使远距离的交易不仅成为可能,而且可以经常发生。于是,电子商务主体面对的就不仅仅是一个地区的市场,而是全球的大市场。全球性的市场不仅一改封闭的交易形式,超越了空间概念,而且使交易的效率大大提高,节约了时间成本。

(二) 经济性

电子商务使买卖双方的交易成本大大降低,具体表现在以下几个方面。

(1) 买卖双方通过网络进行商务活动,无须中介参加,减少了有关交易的环节。

(2) 卖方可通过互联网进行产品介绍、宣传,节省了在传统方式下做广告、发印刷品等大量的费用。

(3) 电子商务实行"无纸贸易",可减少文件处理费用。

(4) 信息传递在网络上进行,其成本相对于信件、电话、传真更低。

(5) 互联网使得买卖双方即时沟通供需信息,使无库存生产和无库存销售成为可能,从而使库存成本降为零。

(6) 通过互联网把公司总部、代理商以及分布在其他国家的子公司、分公司联系在一起,及时地对各地市场作出反应,即时生产,采用高效、快捷的配送公司提供交货服务,从而降低成本。

(7) 传统的贸易平台是地面店铺,而电子商务平台是网吧和办公室。

(三) 便捷性

电子商务是互联网商业应用的最高境界,从售前服务到售后支持的各个环节均实现电子化、自动化,为当前的商务活动提供了极大的便捷。在电子商务环境中,人们不再受地域的限制,客户能以非常简捷的方式完成过去较为繁杂的商务活动,如通过网络银行全天候地存取资金、查询信息等。电子商务的便捷性同样受到企业的欢迎:网络改善了企业内部的信息传递与沟通,能从市场快速获得信息,并对市场的变化迅速作出反应;企业可以通过外联网(Extranet)或互联网发布和寻找交易机会,通过电子单证交换、电子商务跟踪货物、电子资金转账等手段完成整个交易过程。

(四) 协调性

商务活动本身是一种协调过程,它需要客户与公司内部、生产商、批发商、零售商间的协调,在电子商务环境中,更需要银行、配送中心、通信部门、技术服务部门等多个部门的通力协作,电子商务的全过程往往是一气呵成的。

(五) 均等性

网络的应用,实现了信息资源的共享,其给大、中、小企业都带来了机遇与挑战,提供的机会是均等的。"入网"后的中、小企业能像大企业一样,通过网络及时地掌握市场供求状况及各种数据资料,并对原材料、市场、期货、汇率等诸多因素进行深入、全面、准确、快捷的分析、预测和判断,从而对企业的项目决策及经营战略迅速作出应变。中、小企业不仅能成为电子贸易的技术、产品、系统和软硬件的供应商,还能创造更多的网上就业机会和赢利机会,轻松地进行制造、营销、管理,从而更有效地参与竞争。

此外,电子商务能够弱化企业生产和销售所受地理限制,创造新的市场机会和新兴服务产业。

五、电子商务的发展和未来趋势

(一)电子商务的发展

按照各个时期代表性的技术不同,可以将电子商务的发展分为两个阶段。

1. 第一阶段:EDI 及之前阶段的电子商务

20 世纪 70 年代,银行间电子资金转账(EFT)开始在安全的专业网络上推出,它改变了金融业的业务流程。电子资金转账是指通过企业间通信网络进行的账户交易。它以电子方式提供汇款信息,从而使电子结算实现了最优化。这是电子商务最原始的形式之一,也是最普遍的形式。

从 20 世纪 70 年代后期到 80 年代早期,EDI 技术使电子商务在企业之间得到快速发展。电子数据交换技术减少了文字工作并提高了自动化水平,从而简化了业务流程。电子数据交换使企业能够用标准化的电子格式与供应商交换商业单证(如订单)。到了 20 世纪 80 年代晚期至 90 年代早期,电子数据交换技术成为工作流技术或协作计算系统(也称群件)不可分割的部分。

EDI 商务对技术、设备、人员要求较高,且 EDI 商务是在专用网络上实现的,其专用网络的使用费用昂贵。因此,EDI 商务仅仅局限于在发达国家和地区的大型企业中使用,难以在世界范围内普及发展,大多数中小型企业难以应用 EDI 参与电子商务活动。

2. 第二阶段:互联网电子商务

20 世纪 90 年代早期至今,商业化的互联网走向社会,互联网上出现了万维网的应用,这是电子商务的转折点,这时互联网不仅只是一个信息共享工具,而且成为信息传播工具,万维网为信息出版和传播方面的问题提供了简单易用的解决方案。万维网带来的规模效应降低了业务成本,它所带来的范围效应则增强了企业业务活动的多样性。万维网也为小企业创造了机会,使它们能够与资源雄厚的跨国公司在平等的技术基础上竞争。

基于此,20 世纪最后 10 年电子商务迅速膨胀,涌现出一大批著名的电子商务公司,诸如亚马逊、eBay、新浪、网易、阿里巴巴等,同时,很多传统企业也积极利用互联网开展电子商务业务,在电子商务给企业发展带来机遇和利益的同时,风险资本大量涌入电子商务领域,营造了巨大的互联网泡沫,2000 年以科技股为代表的纳斯达克股市崩盘使互联网泡沫破灭。

之后人们对互联网电子商务的发展进行理性的思考,认识到互联网电子商务仅仅是经济实体的一个工具,而不是经济实体的主体,电子商务开始被脚踏实地应用到各种经济组织中,并开始与科学、教育、医疗、卫生等领域结合应用,互联网电子商务的形式随着经济和技术的发展不断创新,互联网电子商务的交易额也呈几何级数增长。

(二)电子商务的未来趋势

近几年来,电子商务的总体发展趋势主要表现在以下几个方面。

1. 国际化

互联网最大的优势之一,就是超越时间和空间的限制,有效地打破了国家和地区之间各种有形和无形的障碍。这对促进每个国家和地区对外经济、技术、资金、信息等的交流,将起到重要作用。电子商务将有力地刺激对外贸易。

2. 纵深化

电子商务的基础设施将日益完善,支撑环境逐步趋向规范,企业发展电子商务的广度和深度将进一步拓展,个人参与电子商务的广度和深度也将得到拓展。图像通信网、多媒体通信网将建成使用,三网合一潮流势不可挡,高速宽带互联网将扮演越来越重要的角色。

3. 个性化

互联网的出现、发展和普及,本身就是对传统的经济、社会组织个性的一种解放,使个性的张扬和创造力的发挥有一个更加有利的平台,也使消费者主权的实现有一个更有效的技术基础。在这方面,个性化定制信息需求和个性化商品需求将成为发展方向,消费者可以把个人的爱好加入商品的设计和制造过程,实现消费与服务的双向选择。对所有面向个人消费者的电子商务活动来说,提供多样化的、比传统商业更具个性化的服务,是今后电子商务发展的关键。

4. 专业化

面向消费者的垂直型网站和专业化网站前景看好,面向行业的专业电子商务平台发展潜力很大。面向个人消费者的专业化趋势,要满足消费者个性化的需求,提供专业化的产品和具有专业水准的服务,这些至关重要。建立专业性较强、信息服务便利的行业电子商务交易网作为应用起步,将商务网站与行业优势特色业务紧密结合,这是一条中小企业发展电子商务容易成功的道路。

5. 多元化

随着像美国在线(AOL)与时代华纳的媒体互动合作形式的诞生,电子商务已朝多元化服务的方向发展。同时,电子商务的发展形成了一种传统产业与网络产业结合的新型发展模式。

第二节　电子商务与物流的关系

一、电子商务对物流的影响

(一)电子商务将改变人们传统的物流观念,物流业的地位将大大提高

电子商务是一次高科技和信息化的革命。它将商务、广告、订货、购买、支付、认证等实物和事务处理虚拟化、信息化,使它们变成脱离实体而能在计算机网络上处理的信息,又将信息处理电子化,强化了信息处理,弱化了实体处理,为物流创造了一个虚拟性的运动空间。在这种虚拟化的过程中,人们可以通过各种组合方式,寻求物流的合理化,使商品实体在实际的运动过程中,达到效率最高、费用最省、距离最短、时间最少的目的。

在电子商务时代,物流企业会越来越强化,因为它们必须承担更重要的任务:既要把虚拟商店的货物送到用户手中,又要从生产企业及时进货入库。物流企业既是生产企业的仓

库,又是用户的实物供应者。物流企业成为社会生产链条的领导者和协调者,为社会提供全方位的物流服务。可见,电子商务把物流提升到了前所未有的高度,为其提供了空前的发展机遇。

(二)电子商务将改变传统的物流运作方式

传统的物流活动在其运作过程中,不管是以生产为中心,还是以成本或利润为中心,其实质都是以商流为中心,从属于商流活动,因而物流是伴随着商流来运作的。而在电子商务下,物流的运作是以信息为中心的,信息不仅决定了物流的运动方向,而且决定了物流的运作方式。在实际运作过程中,通过网络上的信息传递,可以有效地实现对物流的实时控制,实现物流的合理化。

1. 电子商务可使物流实现网络的实时控制

传统物流活动的实质是以商流为中心,由于受到通信手段和管理模式的限制,信息流和物流都是逐级传递的,物流和供应信息是从供应商到制造商,再到分销商,最后到用户。而需求信息正好相反,是由用户逐级传到供应商。

传统的物流运作方式的缺点是容易产生需求变异放大效应,到最后一道环节时,已经与真实的顾客需求相差甚远了。产生这种放大效应的原因之一就是供应链中各企业对于不同需求的反应时间不同。由于反应时间延迟,企业在需求生产的前期,如果不能迅速生产或生产过多,也会导致丧失市场机会或库存积压。然而在电子商务环境下,物流是以信息为中心进行运作的,信息不仅决定了物流的运动方向,而且决定了物流的运作方式。在实际运作中,可以通过网络及时、准确地掌握产品销售信息和顾客信息,有效地实现对物流的实时控制,实现物流的合理化。

2. 电子商务将打破传统物流的分散状态

在传统的物流活动中,物流往往是基于某一企业来进行组织和管理的,而电子商务则要求物流从社会的角度来实行系统的组织和管理,以打破传统物流分散的状态。例如,在实施计算机管理的物流中心或仓储企业中,所实施的计算机管理信息系统(management information system,MIS),大都是以企业自身为中心来管理物流的。而在电子商务时代,网络化的特点可对物流在全球范围内实施整体的实时控制。

(三)电子商务将促进物流基础设施的改善、物流技术和物流管理水平的提高

1. 电子商务将促进物流基础设施的改善

电子商务全球性和高效率的特点,要求物流也必须实现这一目标。而物流要实现这一目标,良好的交通运输网络、通信网络等基础设施则是最基本的保证。

2. 电子商务将促进物流技术水平的提高

物流技术主要包括物流硬技术和物流软技术。物流硬技术是指在组织物流过程中所需的各种材料、机械和设施等;物流软技术是指组织高效率的物流所需的计划、管理、评价等方面的技术和管理方法。从物流环节来考察,物流技术包括运输技术、保管技术、装卸技术、包装技术等。物流技术水平是保证物流效率的一个重要因素。要建立一个适应电子商务运作的高效率的物流系统,加快提高物流的技术水平有着重要的作用。

3. 电子商务将促进物流管理水平的提高

物流管理水平的高低直接决定物流效率的高低,也影响电子商务高效率优势的实现。只有提高物流的管理水平,建立科学、合理的管理制度,将科学的管理手段和方法应用于物流管理当中,才能确保物流的畅通进行,实现物流的合理化和高效化,促进电子商务的发展。

(四)电子商务改变物流网络

物流网络是在网络经济和信息技术的条件下,适应物流系统化和社会化的要求发展起来的,由物流组织网络、物流基础设施网络和物流信息网络三者有机结合而形成的物流服务网络体系的总称。而电子商务的发展所带来的物流网络的变化也就可以从这三个方面的变化说起。

1. 物流组织网络的变化

电子商务的发展要求物流更加快捷地配合其实现交易活动,因此物流组织形式也必然处于动态发展中,每个物流组织都在同时进行两种模式的网络化扩张:一是自有网络的扩张,如 UPS(美国联合包裹运送服务公司)、中铁现代物流、邮政物流等,都是以扩张自有网络为主要竞争手段,这样可以更好地实现交付的快捷;二是积极寻求与其他物流企业的合作,如铁路和邮政的联盟等,联合其他企业的优势实现自身实力的扩充,更好地配合电子商务对物流的要求。

2. 物流基础设施网络的变化

物流基础设施网络可划分为线路和节点两部分,其交织连接,就形成了物流基础设施网络。电子商务使物流基础设施网络发生如下变化。

(1)实现库存集中化。配送的及时性及 JIT 的运用已使某些企业实现了零库存生产。而且由于物流配送中心将成为生产者的仓库与用户的实物供应者,工厂、商场等都将实现零库存,也就无再设仓库的必要。物流配送中心的库存将集中社会上千家万户的零散库存。

(2)未来的物流节点的主要形式是配送中心。现在,仓库的专业分工一般有两类:一类是"保管仓库",以长期储藏为主要功能;另一类是"流通仓库",以货物的流转为主要功能。在未来的电子商务环境下,物流管理以时间为基础,货物流转速度更快,制造业将实现"零库存",仓库将为第三方物流企业所经营。这些趋势决定了"保管仓库"将进一步减少,而"流通仓库"将发展为配送中心。

(3)综合物流中心将与大型配送中心合二为一。物流中心被认为是各种不同运输方式的货站、货场、仓库、转运站等演变和进化而成的一种物流节点,主要功能是衔接不同运输方式。综合物流中心一般设于大城市,数量极少,而且主要衔接铁路运输与公路运输。配送中心是集集货、分货、散货和流通加工等功能为一体的物流节点。物流中心和配送中心由于都处于相应的衔接点位置,且都有极强的货物集散功能,由此它们很可能合二为一。

3. 物流信息网络的变化

物流信息网络指以下两种情况:一是物流配送系统的信息网络化,物流配送中心与制造商或供货商要通过计算机网络联系,物流配送中心与下游顾客之间也通过计算机网络通信;二是组织的网络化,即内部网。例如,中国台湾地区的计算机早在 20 世纪 90 年代就创造了"全球运筹式产销模式",这种模式的基本特点就是按照客户订单组织生产,生产采取分散形式,即将全世界的计算机资源都利用起来,采取外包(outsourcing)的形式将一台计算机的所有零部件、元器件和芯片发往同一个物流配送中心进行组装,由该物流配送中心将组装的计算机迅速发给订户。这一过程需要高效的物流网络的支持,以及信息的及时传递和计算机网络的顺畅。物流信息网络也是物流信息化的必然,是电子商务下物流活动的主要特征之一。当今世界全球网络资源的可用性及网络技术的普及为物流信息网络的建设和发展提供了良好的外部环境。

(五)电子商务对顾客服务提出更多的要求

1. 保证企业与顾客的即时互动

网站主页的设计不仅要宣传企业和介绍产品,而且要与顾客一起就产品的设计、质量、包装、改装、交付条件、售后服务等进行一对一的交流,帮助顾客拟订产品的可得性解决方案,使其顺利下订单。这就要求得到物流系统中每一个功能环节即时的信息支持。

2. 顾客服务个性化

只有当企业对顾客需求的响应实现了某种程度的个性化时,企业才能获得更多的商机。因此要求:①企业网站的主页设计个性化。除了视觉感官的个性化特点外,最主要的是网站主页的结构设计应当是针对特定顾客群的。②企业经营的产品或服务个性化。企业只有专业化经营,方能突出其资源配置的比较优势,为向顾客提供更细致、更全面、更为个性化的服务提供保障。③企业对顾客追踪服务个性化。网络时代顾客需求的个性化增大了市场预测的离散度,因而发现顾客个性化服务需求的统计特征将主要依赖于对顾客资料的收集、统计、分析和追踪。虽然从技术层面讲并没有什么困难,但是要涉及文化、心理、法律等诸多方面,因此建立顾客档案并追踪服务本身,就是一项极富挑战性的工作。

(六)电子商务对物流人才提出更高的要求

电子商务在要求物流管理人员具有较高物流管理水平的同时,还要求他们具有丰富的电子商务知识,并在实际的运作过程中,有效地将二者有机地结合在一起。

二、物流在电子商务中的地位和作用

如果说电子商务能成为 21 世纪的商务工具,像杠杆一样撬起传统产业和新兴产业,那么在这一过程中,现代物流产业将成为这个杠杆的支点。

随着现代物流在国民经济中重要作用的体现,人们用了差不多一个世纪的时间在摸索挖掘物流这个利润源泉的办法,目前已积累了不少经验。由于电子商务的发展还处于成长期,人们对电子商务物流的认识尚处于起步阶段。但有一点可以明确,物流在电子商务中具有不可替代的重要地位,它的成功与否直接关系到电子商务的成败,它的实施与运作效率将直接影响网络所带来的经济价值。

物流是电子商务中实现"以顾客为中心"理念的最终保证,缺少了现代化的物流技术,电子商务给消费者带来的便捷就不能实现。因此,物流是实现电子商务的重要环节和基本保证,在电子商务中具有举足轻重的作用。其具体体现在以下几个方面。

（一）保障生产

无论是在传统的贸易方式下，还是在电子商务模式下，生产都是商品流通之本，而生产的顺利进行需要各类物流活动的支持。生产的全过程从原材料的采购开始，便要求有相应的供应物流活动将所采购的材料供应到位，否则，生产就难以进行；在生产的各工艺流程之间，需要原材料、半成品的物流活动，即生产物流，以实现生产的流动性；部分材料、可重复利用物资的回收，就需要回收物流；废弃物的处理则需要废物物流。可见，整个生产过程实际上就是系列化的物流活动。合理化、现代化的物流，通过降低费用，从而降低成本、优化库存结构、减少资金占压、缩短生产周期，保障生产的高效进行。相反，缺少了现代化的物流，生产将难以顺利进行，无论电子商务是多么便捷的贸易形式，其仍将是无米之炊。

（二）是实现电子商务的重要环节和基础保证

在商流活动中，商品所有权在购销合同签订的那一刻起，便由供应方转移到需求方，而商品实体并没有因此移动。在传统的交易过程中，除了非实物交割的期货交易，一般交易的商流都必须伴随相应的物流活动，即按照需方（购方）的需求将商品实体由供方（卖方）以适当的形式、途径向需方（购方）转移。而在电子商务下，消费者通过网站点击购物，完成商品所有权的交割过程，即商流过程。但电子商务的活动并未结束，只有商品和服务真正转移到消费者手中，商务活动才终结。在整个电子商务的交易过程中，物流虽然是以商流的后续者和服务者的姿态出现的，但是没有现代化的物流，任何商流活动都会化为一纸空文。物流是实现电子商务的重要环节和基本保证。

（三）是影响电子商务运作质量的主要因素

电子商务的出现，目的在于方便消费者或客户，使他们不必再跑到拥挤的商业街，一家又一家地挑选自己所需的商品，而只要坐在家里，在互联网上搜索、查看、挑选，就可以足不出户地完成他们的购物过程。但试想，如果他们所购的商品迟迟不能到达，或者送非所订，或是商品质量出现问题，那么他们还会选择网上购物吗？没有准确、及时的物流，电子商务给消费者带来的购物便捷是没有意义的，消费者必然转向他们认为更安全的传统购物方式，网上购物将不再具有吸引力。

（四）是电子商务企业实现盈利的重要环节

良好的物流管理可以大大降低企业的成本。在传统的商品成本中，物流成本可以占到商品总价值的 $30\%\sim50\%$。而现代物流业可以大大降低该部分的成本。电子商务网站不管采用什么配送形式，都必须将物流配送与电子商务网站的盈利联系起来，通过物流配送的规模化和标准化运作，大幅度降低成本，提高电子商务网站的盈利能力。

需要注意的是，许多电子商务网站或公司，将创立自己的品牌、建立自己的物流配送系统作为首选，而忽略了整体盈利能力的提升。由于电子商务的销售范围广阔，遍及各地的物流配送系统建设费用非常高，而大部分电子商务网站都是刚刚起步，普遍存在业务量不饱和的状况，许多网站为此付出了沉重的代价，包括亏损和服务质量降低。

物流是电子商务重要的组成部分，只有摒弃原有的"重信息流、商流和资金流的电子化,忽视物流电子化"的观念,大力发展现代化物流,才能进一步推广电子商务。

综上所述,电子商务物流的作用是:提高电子商务的效率和效益;实现电子商务的目标;扩大电子商务的市场范围;实现基于电子商务的供应链集成;集成电子商务中的商流、信息流和资金流;支持电子商务的快速发展;促使电子商务成为最具竞争力的商务形式之一。

第三节 电子商务物流的一般过程

一、电子商务物流的概念

电子商务作为一种新的数字化商务方式,代表未来的贸易、消费和服务方式,因此,要完善整体商务环境,就需要打破原有工业的传统体系,建立和发展以商品代理和配送为主要特征,物流、商流、信息流有机结合的社会化物流配送体系。电子商务物流的概念是伴随电子商务技术和社会需求的发展而出现的,它是电子商务实现真正的经济价值不可或缺的重要组成部分。

电子商务物流目前尚无统一的定义,有人将其理解为与电子商务这一新兴商务模式相配套的物流;也有人理解为物流企业的电子商务化。其实,可以从更广义的角度去理解这个概念,既可将其理解为"电子商务时代的物流",即电子商务对物流管理提出的新要求,又可以理解为"物流管理电子化",即利用电子商务技术(主要是计算机技术和信息技术)对传统物流管理进行改造。因此,有人称其为虚拟物流(virtual logistics),即以计算机网络技术进行物流运作与管理,实现企业间物流资源共享和优化配置的物流方式。

二、电子商务物流的特点

由于电子商务所独具的电子化、信息化、自动化等特点,以及高速、廉价、灵活等诸多好处,电子商务物流在运作特点和需求方面也有别于一般物流。电子商务时代的来临,给全球物流带来了新的发展,使物流具备一系列新特点。

(一)信息化

在电子商务时代,信息化是物流的基础。没有物流的信息化,任何先进的技术设备都不可能应用于物流领域。物流信息化表现为物流信息的商品化、物流信息收集的数据库化和代码化、物流信息处理的电子化和计算机化、物流信息传递的标准化和实时化以及物流信息储存的数字化等。信息技术及计算机技术在物流中的应用将会彻底改变世界物流的面貌。

(二)自动化

自动化的基础是信息化,核心是机电一体化。自动化的外在表现是无人化。自动化的效果是省力化,另外还可以增强物流作业能力、提高劳动生产率及减少物流作业的差错等。

物流自动化的设施非常多,如条形码、语音、射频自动识别系统、自动分拣系统(ASS)、自动存取系统、自动导向车及货物自动跟踪系统等。这些设施在发达国家已普遍用于物流作业流程中,而在我国由于物流业起步晚,发展水平低,自动化技术的普及还需要相当长的时间。

(三) 网络化

物流信息化的高层次应用首先表现为网络化,这里所指的网络化有两层含义。

一是物流配送系统的计算机通信网络,包括物流配送中心与供应商或制造商的联系要通过计算机网络,与下游顾客之间的联系也要通过计算机网络。

二是组织的网络化,即内部网。物流的网络化是物流信息化的必然,是电子商务物流活动的特征之一。目前,基于互联网的全球网络资源的可用性与网络技术的普及为物流的网络化提供了良好的外部环境。

(四) 智能化

智能化是物流自动化、信息化的一种高层次应用。物流作业过程中大量的运筹和决策,如库存水平的确定、运输(搬运)路径的选择、自动导向车的运行轨迹和作业控制、自动分拣机的运行以及物流配送中心经营管理的决策支持等问题都需要借助大量的知识才能解决。在物流自动化的进程中,物流智能化已成为电子商务物流发展的一种新趋势,需要通过专家系统、机器人等相关技术来实现。

(五) 服务化

电子商务物流以实现顾客满意为第一目标。具体来说,它通过改善顾客所期望的服务,在积极追求自身交易扩大的同时,强调实现与竞争企业服务的差别化,努力提高顾客满意度。在电子商务下,物流业将会向介于供货方和购货方之间的第三方发展,以服务为第一宗旨。在电子商务中,物流配送中心离顾客最近、与顾客联系最密切,商品都是通过它送到顾客手中的。美、日等国物流企业成功的要诀,无一不在于它们对顾客服务研究的重视。

(六) 柔性化

柔性化的物流正是适应生产、流通与消费的需求而发展起来的一种新型物流模式。这就要求物流配送中心根据消费者需求"多品种、小批量、多批次、短周期"的特点,灵活组织和实施物流作业。

另外,物流设施、商品包装的标准化,物流的社会化、共同化也都是电子商务下物流模式的新特点。

三、电子商务物流的作业流程

电子商务物流的作业流程和普通商务物流大体上是一样的,都是为了将用户所订的货物送到其手上,其主要的作业环节和一般物流的作业环节大体上也是一致的,主要包括商品的包装、运输、存储、装卸搬运、配送及物流信息管理等。但电子商务物流的作业流程和普通商务物流的作业流程又是有所区别的,如图 2-1 和图 2-2 所示。

因为电子商务要求每个订单都得送货上门,而有着实体店铺的普通商务则不同,所以,

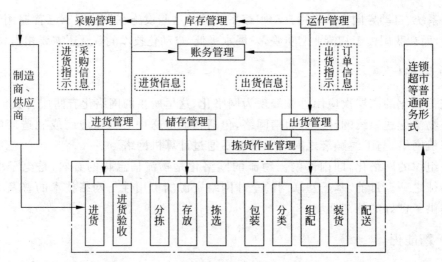

图 2-1　普通商务物流的作业流程

资料来源：严建援，方磊，张建勇.电子商务物流管理与实施[M].北京：高等教育出版社，2006.

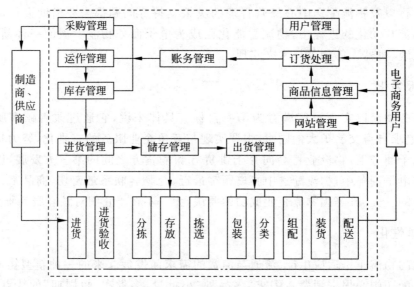

图 2-2　电子商务物流的作业流程

资料来源：严建援，方磊，张建勇.电子商务物流管理与实施[M].北京：高等教育出版社，2006.

电子商务的物流成本相对来说会更高，更难实现配送路线的合理规划、配送时间的确定、配送车辆的合理调配。

第四节　电子商务环境下的物流管理

一、电子商务环境下物流管理的概念

　　电子商务环境下的物流是伴随电子商务技术和社会需求的发展而出现的，它是电子商务实现真正的经济价值不可或缺的重要组成部分。由于电子商务所独具的电子化、信息

化、自动化等特点，以及高速、廉价、灵活等诸多好处，电子商务环境下的物流在运作、管理等方面也有别于一般物流。

电子商务环境下的物流管理，是指社会再生产过程中，根据物质资料实体流动的规律，应用管理的基本原理和科学方法，对电子商务物流活动进行计划、组织、指挥、协调、控制和决策，使各项物流活动实现最佳的协调和配合，以降低物流成本，提高物流效率和经济效益。简单来说，电子商务环境下的物流管理就是研究并应用电子商务物流活动规律对物流全过程、各环节、各方面进行的管理。

二、电子商务环境下物流管理的特点

（一）目的性

电子商务物流管理的主要目的是降低物流成本、提高物流效率、提高服务水平。

（二）综合性

电子商务物流管理，从其覆盖的领域来看，涉及商务、物流、信息和技术等领域的管理；从管理的范围来看，不仅涉及电子商务物流企业，而且包括物流供应链上各个环节的管理；从管理的方法来看，兼容了传统的管理方法和通过网络进行的过程管理和虚拟管理。

（三）创新性

电子商务物流管理体现了新经济的特征，它是以物流信息为管理的出发点和立足点。电子商务活动本身就是信息高度发达的产物，对信息活动的管理是一项全新的内容，也是对传统管理的挑战和更新，如我国对互联网的相关管理手段、制度和方法均处于探索阶段。另外，进行在线管理，需要电子商务物流企业的共同努力。

（四）智能性

电子商务物流的实物位移自动化、半自动化程度高，物流供应链过程处于实时监控之中，物流系统中的传统管理内容，如人事控制、财务控制、计划控制和物流控制等全部是智能化。电子商务物流管理系统可以模拟现实、发出指令、实施决策，根据物流过程的特点采用对应管理手段，真正实现电子商务物流管理的柔性化和智能化。

三、电子商务环境下物流管理的职能

电子商务环境下的物流管理和任何管理活动一样，其职能包括组织、计划、协调、指挥、控制、激励和决策。

（一）组织

组织职能主要工作内容有：确定物流系统的机构设置、劳动分工和定额定员；配合有关部门进行物流的空间组织和时间组织的设计；对电子商务中的各项职能进行合理分工，对各个环节的职能进行专业化协调。

（二）计划

计划职能主要是编制和执行年度物流的供给和需求计划；月度供应作业计划；物流各环节的具体作业计划，如运输、仓储等；物流营运相关的经济财务计划等。

（三）协调

协调职能对电子商务物流尤其重要，除物流业务运作本身的协调外，更需要进行物流与商流、资金流、信息流之间的协调，这样才能保证电子商务用户的服务要求。

（四）指挥

物流过程是物资从原材料供应者到最终消费者的一体化过程，指挥职能是物流供应管理的基本保证，它涉及物流管理部门直接指挥的下属机构和直接控制的物流对象，如产成品、在制品、待售产品和售后产品、待运货物和在运货物等。

（五）控制

由于电子商务涉及面广，其物流活动参与人员众多、波动大，所以，物流管理的标准化、标准的执行与督查以及偏差的发现与矫正等控制职能具有广泛性和随机性。

（六）激励

激励职能主要是指物流系统内员工的挑选与培训、绩效的考核与评估、工作报酬与福利、激励与约束机制的设计。

（七）决策

物流管理的决策职能更多地与物流技术挂钩，如库存合理定额的决策以及采购量和采购时间的决策。

思考题

1. 电子商务的概念和特征是什么？
2. 电子商务对物流的影响有哪些？
3. 概述物流在电子商务中的地位和作用。
4. 电子商务物流的特点有哪些？
5. 电子商务环境下物流管理的职能有哪些？

即测即练

第三章

电子商务物流运作模式

【本章导读】

1. 电子商务环境中的物流模式。
2. 电子商务物流模式比较、决策方法。
3. B2B 电子商务物流运作模式的选择。
4. B2C 电子商务物流运作模式的选择。

NIKE 物流缔造运动商品王国

NIKE 公司的所有产品均采用 OEM(原始设备制造商)方式进行生产。生产厂家都是以许可方式生产 NIKE 牌的产品。NIKE 公司并不拥有任何产品生产能力,而是依靠一个全球化的分别负责产品设计开发、制造、包装、运输、销售等各项专门业务的网络,把 NIKE 鞋送到全世界的消费者面前。在购买者驱动的增值链中,居于控制地位的零售商、营销商或贸易公司的利润不是来自生产的规模、数量或先进技术,而是来源于将许多专门活动(如研究、设计、广告、销售、金融服务等)结合为一个整体,并管理和协调这些活动的能力。公司本身只承担设计和销售。公司对其研发部门的用心与投资,不亚于一所大学的研究所。

一、NIKE 物流及其配送中心

NIKE 公司非常注重其物流系统的建设,跟踪国际先进的物流技术的发展,及时对其系统进行升级。NIKE 公司的物流系统在 20 世纪 90 年代初期就已经非常先进,近年来更得到了长足的发展,可以说其物流系统是一个国际领先的、高效的货物配送系统。NIKE 公司通过为其客户提供良好的物流服务,确保其竞争优势。

(一)美国:提升吞吐能力和库存控制能力

货件通过接收处,送到托盘存储区或单箱货架区。当货物需补充到分拣区时,从存储区被推出来,进入分拣模块的流动货架或固定货架。大多数分拣货物进入两列翻板式分拣机,在这里,按订单分拣好,包装后送入两个装运区。

NIKE 公司在美国有三个配送中心,其中在孟菲斯有两个。配送中心的工作流程是:在接货处,传送带将收到的产品送到货堆或质量控制处,在货堆中的产品按顺序传送到货物传送架上,能同时供应 20 个货物分拣区域。从此区分拣好的货物被传送到 287 个打包站,然后被运走。

孟菲斯配送中心抛弃了 1980 年的仓库技术,起用了最新的技术,包括仓库管理系统(WMS)的升级和一套新的物料传送处理设备,提升吞吐能力和库存控制能力。同时,该配送中心增加了四个存储区,使总的存储面积达到 125 万平方英尺(1 平方英尺＝929.030 4 平方厘米);增加了一个新的收货系统和另外 13 英里(1 英里＝1.609 344 千米)长的传送带;为了适用大件较重货箱,还增加了一个翻板式分拣机。

实时的仓库管理系统的采用,以及手持式、车载式无线数据交换器的使用,使无纸化分拣作业成为可能。设备的升级赢得了分配效率、吞吐力、弹性力三项桂冠。吞吐能力提高了 1 倍多,从每 8 小时的 10 万件提高到 25 万件,设计最高日工作量为 75 万件。而且,这套系统能非常容易地处理任何尺寸和形状的货物。随着效率的提高,全部生产率从每工作小时 40～45 装运单位提高到了每工作小时 73 装运单位。订单精确率也提高到了 99.8％。

(二) 加拿大:短期用现有设备应付增加销售量;长期制订更新全部设备的计划

随着 NIKE 产品在加拿大销售量的日益增加,NIKE 公司与德勤咨询公司在分析数据的基础上制订了一整套方案。短期内,NIKE 公司先增加一个租位单元,用现有的设备来应付增加的销售量。从长期来看,其制订了更新全部设备的计划,这套计划采用更为有效的物料处理系统(MRPⅡ)和仓库管理系统。

(三) 欧洲:关闭所有仓库,只在欧洲中心比利时梅尔豪特建造一个配送中心

NIKE 公司在欧洲原有 20 多个仓库,分别位于 20 多个国家。这些仓库之间是相互独立的,且只为本国的消费进行准备,使得其供货灵活性大打折扣。经过成本分析,最终,NIKE 公司决定在比利时安特卫普省梅尔豪特(Meerhout)建造配送中心,负责在整个欧洲和中东的配送供给。

(四) 日本和韩国:建造高密度的配送中心

由于面临同样的问题,NIKE 公司决定巩固其在日本的配送基础,以此来支持日本的市场。公司在选址之后,设计了世界上最先进的设施,这种设施可以满足未来 7 年销售量增长的需要。由于日本的地价高,其计划建造高密度的配送中心,这样更适合采取先进的配送中心控制系统——ASRS(自动化仓储系统)。同时,NIKE 公司也巩固了韩国的配送中心,以支持其在韩国的市场。

(五) NIKE 在中国

在中国销售的 NIKE 鞋 90％是在中国境内生产的,在中国境内生产的 NIKE 鞋 95％返回美国市场销售。NIKE 公司在中国的经营模式是以代理经营为主,少部分业务自己开店经营。NIKE 公司中国办事处每年在上海开两次订货会,根据中国市场销售情况以及公司总体经营方针,制定每个代理公司的配额,每个代理公司再根据自身情况订货。

在中国的运输方式主要是公路运输,还有少部分涉及航空运输。境外生产的产品委托第三方物流公司通过航空运输直接运往设在中国主要城市的 NIKE 公司办事处的仓库,这部分运输、仓储费用是由 NIKE 公司承担的。对于 NIKE 公司来讲,自己不做运输,运输环节是由第三方物流公司完成的,其只承担从产地到地区性办事处仓库这个环节的运输费用。仓库的主要功能是作为总公司直属店的仓库,而不是每一家代理公司的仓库;另一个重要功能是作为中转仓库,产品从产地运到区域仓库后,代理公司会马上来提货运往自己的仓库。

各个代理公司自备车辆,到 NIKE 公司当地的办事处仓库提货,运往自己的仓库,再运往代理公司的各个店铺。这部分运输、仓储是代理公司自行完成的,运输、仓储费用是代理公司承担的。代理公司有自己的库存管理系统,仓库内人工搬运,自备运输车辆。

二、电子商务物流方案:UPS 帮助实现快速服务

NIKE 公司从 1999 年开始使用电子数据交换方式与其供应商联系,直接将成衣的款式、颜色和数量等条件以 EDI 方式下单,并将交货期缩短至 3～4 个月。2000 年初,NIKE 公司开始在其电子商务网站上进行直接到消费者的产品销售,并且扩展了提供产品详细信息和店铺位置的功能。为支持此项新业务,UPS 环球物流实现 NIKE 从虚拟世界到消费者家中的快速服务。(NIKE 电子商务专门站点中包括篮球、跑步、足球、健身、室外运动、有奖游戏等栏目。)

在美国,Nike.com 成了 UPS 的最大客户。为使每笔订单都实现,NIKE 公司谨慎选择合作伙伴。对其和其客户来说,UPS 环球物流是一个有经验的、国际专业性的、可以信任的服务商。

许多消费者并没有意识到,当他们呼叫 NIKE 客户服务中心的时候,实际上是在同 UPS 设在路易斯维尔市(美国肯塔基州北部城市)电话中心的职员对话。职员将这些订单以电子数据方式转移到 UPS 在路易斯维尔的配送中心。在那里,员工将分拣并包装 NIKE 的运动产品运送到美国各地去。

UPS 环球物流接受 Nike.com 的过夜、第二日运送等订单,还附加进行存货管理、回程管理和一个客户呼叫中心的管理。UPS 在路易斯维尔的仓库中存储了大量的 NIKE 鞋及其他体育用品,每隔一个小时完成一批订货,并将这些 NIKE 用品装上卡车运到航空枢纽。这样,NIKE 公司不仅省下了人头开支,而且加速了资金周转。

三、NIKE 信息网络的应用

对于传统行业的跨国巨头来说,通往未来的路是一条不可逆转的单行线,那就是基于信息网络的全球经营。NIKE 公司在这方面的成绩是显著的。过去,身在香港的 NIKE 公司的人员只能通过两种方法得到最新的鞋类产品设计图样:或者每隔 3～4 周乘飞机经过 15 个多小时的旅程到公司的总部,或者等待从总部那边飞来的人将图样携带过来,其间则是漫长的等待。

从 NIKE 公司总部的鞋类产品设计,到材料研究、选型,再到生产,然后到商店货架,整个周期一般需要 18 个月的时间。在这段时间中,因为地理位置的限制,信息的流动是间断的。而现在,NIKE 公司的全球产品信息网络能够使身处世界各地的员工得到各种各样关于 NIKE 公司鞋类产品的信息,无论是最老式的设计图样,还是最新的销售情况,都可以在这个庞大的全球网络中找到,实现了从设计到销售信息无缝、持续的流动;同时,互动的存在将全球协作提升到一个更高的档次。这样,就像 NIKE 自己所说的那样:"NIKE 更是一个全球性的公司,而不仅仅是总部设在美国的跨国公司。"

这项全球网络耗资 300 万美元,现在看起来非常物有所值,因为在 NIKE 接近 60 亿美元的鞋类销售额中,有 40% 是在美国本土之外的市场上获得的。

资料来源:无锡采购与供应链协会. NIKE 的世界工厂物流与供应链管理[EB/OL]. (2018-09-08). https://www.sohu.com/a/252751997_818836.

第一节　电子商务环境中的物流模式

随着信息网络化进程的加快,电子商务已经成为未来企业生存和发展的重要手段,企业由单纯的电子商务模式演变为电子商务企业。物流演变为电子物流,标志着现代物流发展进入一个新的阶段。在电子商务环境下,无论是 B2B 还是 B2C,网上销售活动都是集信息流、资金流、物流运作于一身,采用的是一体化服务。目前,电子商务物流发展方兴未艾,各种物流企业层出不穷,物流模式也各不相同。物流模式,是指从一定的观念出发,根据现实的需要构建相应的物流管理系统,形成有目的、有方向的物流网络,采用某种形式的物流解决方案。

一、自营物流

(一)自营物流概述

现代物流来源于自营物流,而自营物流产生于生产制造企业。美国物流管理协会 1985 年对物流的定义就是以生产制造企业为对象的,物流是生产企业与生俱来的组织功能,要求企业通过自营物流设备或网络将原材料、产品、半成品送达相应的目的地。生产企业的自营物流有两个层次。

1. 传统自营物流主要源于生产经营的纵向一体化

生产企业自备仓库、车队等物流设施,内部设立综合管理部门统一企业物流运作,或者是各部门各司其职,自行安排物流活动。在自我运输服务需求得到满足的情况下,生产企业会把闲置的物流资源提供给原材料供应商、其他生产企业或者消费者服务机构。这种自营物流服务还停留在简单的生产管理环节。对生产企业来说,物流活动完全是一种附属产物,而且物流沟通产销、降低成本和改进服务的重要作用还没有发挥出来。这种传统的自营物流不能带来产品增值效应。

2. 现代自营物流概念源于生产企业供应链管理思想

它把企业的物流管理职能提升到战略地位,即通过科学、有效的物流管理实现产品增值,获取竞争优势。一般是在企业内部设立物流运作的综合管理部门,通过资源和功能的整合,专设企业物流部或物流公司来统一管理企业的物流运作。

我国的生产企业基本还处于第一个层次,但也有不少大型品牌生产企业开始设立物流部或将有关物流运作的职能部门通过整合成立直属的物流公司,如美的公司和海尔集团等。

电子商务企业选择自营物流模式主要有三种情况:一是传统的大型制造企业或批发企业经营的 B2B 电子商务网站,由于其自身在长期的传统商务中已经建立起初具规模的营销网络和物流配送体系,在开展电子商务时只需将其加以改进、完善,就可以满足电子商务条件下对物流配送的要求。二是具有雄厚资金实力和较大业务规模的一些传统的大型企业集团经营的电子商务公司,凭借原有的庞大的连锁分销渠道和零售网络,利用电子商务技术构建自身的物流体系,进行物流配送服务,在第三方物流不能满足其成本控制目标和客户服务要求的情况下,自行建立适应业务需要的畅通、高效的物流系统,并可向其他的物流服务需求方(如其他的电子商务公司)提供第三方综合物流服务,以充分利用其物流资源,实现规模效益。三是传统储运企业发展为专业物流企业。传统的运输企业、仓储企业利用现有的物流基础与电子商务结合,改造成专业物流中心形式的物流企业。这种类型的物流中心具有较强物流功能的基础,并有从事专业物流的技术和管理经验。例如,美国的 UPS,从最初的一家拥有技术的货车运输企业发展到物流技术型企业,成为美国经济的支柱企业。其原因就在于它成功地抓住了发展电子商务的良机,实现了由传统物流企业向电子化物流企业的跨越。

具体来说,企业可以根据自身情况决定是否开展自营物流,对其分析如下。

(1)业务集中在企业所在城市,送货方式比较单一。由于业务范围不广,企业独立组织配送所耗费的人力不是很多,所涉及的配送设备也仅限于汽车及人力车而已。

(2)拥有覆盖面很广的代理、分销、连锁店,而企业业务又集中在其覆盖范围内。

(3)对于影响规模比较大、资金比较雄厚、货物配送量大的企业来说,投入资金建立自己的配送系统以掌握物流配送的主动权也是一种战略选择。

(二)自营物流的优势和劣势

1. 自营物流的优势

1)掌握控制权

通过自营物流,企业可以对物流系统运作的全过程进行有效的控制。对于企业内部的采购、制造和销售活动的环节,原材料和产成品的性能、规格,供应商及销售商的经营能力,企业自身掌握最详尽的资料。企业自营物流,可以运用自身掌握的资料有效协调物流活动的各个环节,以较快的速度解决物流活动管理过程中出现的问题,获得供应商、销售商及最终顾客的第一手信息,以便随时调整自己的经营战略。

2)盘活企业原有资产

根据经营规模的不同,部分生产企业拥有自己的物流资源,包括汽车车队、仓库、机械化装卸设备等,甚至少数生产企业可以使用铁路专用线路。企业选择自营物流的模式,可以在改造企业经营管理结构和机制的基础上盘活原有物流资源,带动资金流转,为企业创造利润空间。

3)降低交易成本

选择物流外包,由于信息的不对称性,企业无法完全掌握物流服务商完整、真实的资料。而企业通过内部行政权力控制原材料的采购和产成品的销售,可不必就相关的运输、仓储、配送和售后服务的佣金问题进行谈判,避免多次交易成本及交易结果的不确定性,从而降低交易风险、减少交易费用。

4)避免商业秘密的泄露

对于任何一个企业来说,其内部的运营情况都处于相对封闭的环境下,这不仅是外界对于企业运营了解渠道匮乏的原因,更重要的是企业为了保持正常的运营,特别是对于某些特殊运营环节如原材料的构成、生产工艺等,不得不采取保密手段。当企业将运营中的物料要素外包,特别是引入第三方来经营其生产环节中的内部物流时,其基本的运营情况就不可避免地向第三方公开。而在某一行业专业化程度高、占有较高生产份额的第三方会拥有该行业的诸多客户,它们正是企业的竞争对手,企业物流外包就可能会通过第三方将企业经营中的商业秘密泄露给竞争对手,动摇企业的竞争力。

5) 提高企业品牌价值

企业自建物流系统,就能够自主控制营销活动,一方面,可以亲自为顾客服务到家,使顾客以最近的距离了解企业、熟悉产品,提高企业在顾客群体中的亲和力,提升企业形象,让顾客切身体会到企业的人文关怀;另一方面,可以掌握最新的顾客信息和市场信息,从而根据顾客需求和市场发展动向调整战略方案,提高企业的竞争力。

2. 自营物流的劣势

1) 资源配置不合理

物流活动最主要的环节就是运输和仓储,因此,企业自营物流必须具备与生产能力相符的运输能力和仓储容量。鉴于市场的供需存在不可预期的波动性,这就给企业经营带来一系列的风险。同时,现代物流正在朝标准化的方向发展,企业为了保证与价值链上下游的有效连接,必须改进物流设备,这将加大企业固定资金的投入。如果处于销售旺季,企业运力不足,可能导致企业失去商机,不仅影响销售额的提高,而且可能在下一波的销售淡季到来时产品未能及时售出而造成产品积压;如果处于销售淡季,企业的运力和仓储空间就会出现闲置,导致企业资金无法有效利用,在计算固定成本的情况下却没有收益。

2) 管理机制约束

物流活动涉及企业生产的方方面面,由于各部门都存在独立的利益,都追求自身效益的最大化,这给物流活动的有效开展带来麻烦。在我国企业现有经营管理机制下,如何协调各方面的利益,甚至要求某些部门牺牲自身利益以达到企业整体效益的最大化是一件困难的事。如果将物流管理权力提高到各事业部门之上,可能导致原本分布于各环节的物流活动被互相推诿、责任承担不明确;如果把物流管理权力分散在各事业部门,则无法避免个体利益的最大化和整体利益的弱化;如果把物流管理权力放在与各事业部门平行的位置上,则可能导致物流管理要求无法得到有效的执行。

二、第三方物流

"第三方物流"一词是从国外引进的,其英文为 third party logistics,简称 3PL。第三方物流于 20 世纪 80 年代中后期开始在欧、美、日等发达国家和地区盛行,当时它是考虑对物流环节的要素进行外包的一个主要方面。在 1988 年美国物流管理委员会的一项顾客服务调查中,首次提到"第三方服务提供者",这种新思维被纳入顾客服务职能中。1982 年美国由第三方物流提供的主要物流职能(如运输、仓储、物料管理及辅助管理)还不到物流市场份额的 10%,20 世纪 90 年代初期已占 20%以上,1996 年已达到 57%,而日本此时已有80%左右。[①]

(一) 第三方物流的概念

自第三方物流出现以来,其主要物流职能得到了快速发展,并不断在各产业领域向深度和广度拓展应用。这种倾向很大程度上是由于汽车运输业的发展、大量的仓库/运输供

---

① 8000 字说透美国物流发展史[EB/OL]. (2018-01-26). https://www.sohu.com/a/219117579_100103088.

应者业务的不断熟练,以及用户和物流供应者之间的信息通信体系的建立和 EDI 的推广方便了外包协议的执行。随着物流实践的发展,人们对物流概念的理解也在不断地发生变化。对目前的观点进行梳理,关于第三方物流的概念,主要有以下两种不同的理解。

(1) 以物流运作的主题来划分,凡是买卖双方不承担的物流活动,都称作第三方物流。按照这种观点,第三方物流应该是由与货物有关的发货人和收货人之外的专业物流服务公司提供的物流服务,即由第三方来承担企业物流活动的一种物流形态。在有关的研究中,对这种第三方做了更进一步的分析,认为第三方物流供应者是通过合同的方式确定回报,开展货主企业全部或一部分物流活动的企业。其所提供的服务形态可以分为与运营相关的服务、与管理相关的服务及两者兼而有之的服务三种类型。无论哪种形态都必须高于过去的一般运输业者(common carrier)和合同运输业者(contract carrier)所提供的服务。

(2) 以物流运作的方式和手段来划分,只有能够提供一体化服务的物流提供商才能称作第三方物流。也有人从另外的视角对此做了更详细的解释,认为对外委托形态才是真正意义的"第三方物流",即由货主企业以外的专业企业代替其进行物流系统设计并对系统运营承担责任的物流形态。这种观念认为,第三方物流与传统的对外委托有着重要的不同之处。传统的对外委托形态只是将企业物流活动的一部分,主要是物流作业活动,如货物运输、货物保管交由外部的物流企业去做,而库存管理、物流系统设计等物流管理活动及一部分企业内物流活动仍然保留在本企业。第三方物流则是站在货主的立场,以货主企业的物流合理化为设计系统和系统运营管理的目标。而且,第三方物流企业不一定要保有物流作业能力,即可以没有物流设施和运输工具,不直接从事运输、保管等作业活动,只是负责物流系统设计并对物流系统运营承担责任。具体的作业活动可以采取对外委托的方式由专业的运输、仓储企业等去完成。

上述两种不同的阐释,实际上也是对现实中第三方物流形态多样性的一种反映。其实,即使在发达国家,货主企业物流对外委托的内容大多也只是停留在物流作业活动上,物流系统设计可以委托物流业咨询公司来做,系统的运营、管理仍然由货主自己进行。

而我国在《物流术语》(GB/T 18354—2021)中对第三方物流的定义是:"由独立于物流服务供需双方之外且以物流服务为主营业务的组织提供物流服务的模式。"可见,第三方物流实际上是指由物流劳务的供方、需方之外的第三方去完成物流服务的物流运作方式。第三方是指提供物流交易双方的部分或全部物流功能的外部服务提供者,可以说它是物流专业化的一种形式。

(二)第三方物流的优势

较之传统的物流供应商,第三方物流作为一种战略联盟,对所服务的对象企业而言,具有突出的战略优势。

1. 有利于集中主业

由于任何企业的资源都是有限的,一个企业很难成为业务上面面俱到的专家,因此,企业必须充分利用现有资源,集中精力于核心业务,将不擅长或条件不足的功能弱化或外包。

第三方物流为企业提供了集中于擅长领域的机会,而把不擅长的物流留给物流公司,从而实现企业资源的优化配置,将有限的资源集中于核心业务,进行重点研究,发展基本技术,努力开发出新产品参与世界竞争。有些企业甚至只有产品研发和市场两个功能,通过外包的形式获得物流和制造资源,如著名的耐克公司。实际上,物流外包使生产经营企业和第三方物流企业各自的优势都得到强化,既能促使生产经营企业专注于提升自身的核心能力,又有利于带动包括第三方物流在内的物流行业整体发展。两者都在自己熟悉的业务范围内工作,对成本的降低和盈利的提高有较高的确定性。

2. 有利于减少库存

企业不能承担多种原料和产品库存的无限增长,尤其是高价值的配件要及时被送往装配点才能保证库存最小。在保证生产经营正常进行的前提下实现零库存,是所有企业的理想目标。但由于自身配送能力、管理水平有限,为了及时对顾客订货作出反应,防止缺货和快速交货,企业往往需要采取高水平库存的策略,即在总部和各分散的订货点处维持大量的存货。而且,一般来说,企业防止缺货的期望越大,所需的安全储备就越多,平均存货数量也越多。在市场需求经常变化的情况下,安全库存量会占到企业平均库存的一半以上。第三方物流企业借助精心策划的物流计划和适时运送手段及强大的信息系统,既能实现以信息换库存,即通过上下游各个环节信息的及时、快速、准确交换,实现精益生产(lean production)和 JIT 交货,减少无效库存数量,缩短库存时间,又能加快存货流动速度,从而最大限度地盘活库存、减少库存,改善企业的现金流量,实现成本优势。

3. 有利于减少投资和加快资本周转

企业自营物流,往往要进行物流设施和设备的投资,如建设仓库、购买车辆、构建信息网络等,这样的投入往往是相当大的,对于缺乏资金的企业特别是中小企业是一个沉重的负担。一项调查表明,第三方物流企业需投入大量资金用于购买物流技术设备,包括软件、通信设施和自动识别系统。74%的第三方物流企业购买物流技术、条码系统的平均支出达108 万美元,另外在软件上平均花费 61 万美元,在通信和追踪设备上平均花费 40 万美元。

采用第三方物流,企业可以减少在此领域的巨额投资,使固定成本转化为可变成本——通常,企业仅需向第三方物流企业支付服务费用,不需要自己内部维持物流基础设施来满足物流需求。这样,企业不仅可以减少在物流设施上的投资,对物流信息系统的投资也可以转嫁给第三方物流企业承担,而且解放了在仓库、车队等方面的资金占用,加快了资金周转。

4. 有利于灵活运用新技术

随着物流业务的发展和科技进步的加速,物流领域的新技术、新设备层出不穷,表现在运输工具的多样化和专业化、保管装卸技术的机械化、包装技术的新材料和流水线、物流配送活动的高速度和信息管理的网络化等。物流技术和设备日新月异地变化,代表着现代物流发展的需要。

第三方物流企业为了提高资金的竞争能力和专业化水平,会不断追寻物流技术的发展,及时更新物流设备,这也是其生产的需要。而普通的单个非物流企业,通常没有时间、资源或技能来跟上物流技术和设备变化的潮流。采用第三方物流,企业可以在不增加投入的情况下,不断享用最新的技术。

5. 有利于提高顾客服务水平

顾客服务水平的提高会提高顾客满意度,增强企业信誉、促进销售,提高市场占有率,进而提高利润率。在市场竞争日益激烈的今天,高水平的顾客服务对企业来说是至关重要的,它是企业优于其同行的一种竞争优势。

物流能力会制约企业的顾客服务水平。例如,生产时由于物流问题,采购的材料不能如期到达,也许会迫使企业停工、不能如期交付顾客订货而承担巨额违约金,更重要的是会使企业自身信誉受损、销量减少,甚至失去合作良好的顾客。而第三方物流在帮助企业提高自身顾客服务水平上有其独到之处,并且帮助企业提高顾客服务水平和质量也正是第三方物流所追求的根本目标。

利用第三方物流信息网络和节点网络,有助于加快市场响应速度,提升对顾客订货的反应能力,加快订单处理速度,缩短从订货到交货的时间,进行门对门运输,实现货物的快速交付,提高顾客满意度。通过第三方物流先进的信息和通信技术,可加强对在途货物的监控,及时发现和处理运输过程中的意外事故,保证货物及时、安全送达目的地,尽可能实现对顾客的安全、准点送货等承诺。产品的售后服务、送货上门、退货处理、废品回收等也可由第三方物流来完成,保证企业为顾客提供稳定、可靠的高水平服务。

6. 有利于降低物流成本

物流成本通常被认为是企业经营中较高的成本之一。控制了物流成本,就等于控制了总成本。第三方物流企业是提供物流服务的专业机构,拥有高素质的专业物流管理人员和技术人员,能充分利用专业化物流设备、设施和先进的物流信息系统,运用专业化物流运作的管理经验,提高各环节能力的利用率,最大限度地取得整体最优的效果,从而为客户企业降低物流成本。如采用第三方物流后,企业可以减少直接从事物流业务的人员,削减工资支出;提高单证处理效率,减少单证处理费用;提高库存管理能力,降低存货水平,削减存货成本;提高运输效率,减少运输费用等。

在这方面,已有不少实证研究成果,如美国田纳西大学、英国 Exel 公司和美国 Emst&Young 咨询公司共同组织的一项调查显示,很多货主表示使用第三方物流使它们的物流成本平均下降了 1.18%,货物周转期平均从 7.1 天缩短到 3.9 天,库存降低了 8.2%;利布(Lieb)等也指出,使用第三方物流可使经常性物流成本降低 30%~40%;在德国,使用第三方物流,物流成本可以控制在商品总成本的 10% 以内。

7. 有利于建立本地关系而进入新的市场

通过专业化的发展,第三方物流企业通常已经开发了信息网络并积累了针对不同物流市场的专业知识,包括运输、仓储和其他增值服务,在国内外有良好的运输网络和分销网络。希望拓展国际市场或其他地区市场以求发展的企业,可以借助这些网络,以较为经济的方式进行市场渗透。特别是对于某些物流还处于管制状态的地区来说,利用第三方物流,企业可以开展自身无法开展的物流业务。如大多数城市对市区配送业务都有限制,但有些第三方物流企业却可以利用同政府的良好关系得到运营资质,企业通过使用第三方物流就可以绕开这些业务的政策限制而进入市场。

8. 有利于提升企业形象

如前所述,第三方物流企业与客户企业之间是相互依赖的市场共生关系,两者是战略合作伙伴,而不是竞争对手。第三方物流企业为客户企业着想,通过全球性的信息网络使客户企业的供应链管理完全透明化,客户企业可以随时通过互联网了解供应链的情况;第三方物流企业是物流专家,它们利用完备的设施和训练有素的员工对整个供应链实现完全的控制,降低物流的复杂性;第三方物流企业通过遍布全球的运输网络和服务提供者(分承包方)大大缩短了交货期,从而帮助客户企业改进服务、树立品牌形象。第三方物流企业通过"量体裁衣"式的设计,制订出以客户为导向、低成本、高效率的物流方案,为客户企业在竞争中取胜创造了条件,使顾客在同行中脱颖而出。

(三) 第三方物流的风险

与其他物流模式相比较,第三方物流在给使用企业带来诸多好处的同时,也会给使用企业带来一些风险,主要包括以下几方面。

1. 对物流的控制能力降低甚至丧失的风险

物流对大多数企业来说虽然属于非核心业务,但企业采用第三方物流后,第三方物流企业介入客户企业的采购、生产、销售及顾客服务的各个环节,成为客户企业的物流管理者,必然使客户企业对物流的控制能力降低,而这将导致第三方物流企业具有与客户讨价还价的能力。随着第三方物流企业在客户企业的物流业务上介入程度的加深,这种能力也会加强,对客户企业构成潜在的威胁。在协调出现问题时,甚至可能出现物流失控的现象,即第三方物流企业不能完全理解并按客户企业的要求来完成物流业务,或者第三方物流企业不是以客户企业为中心来处理每一个环节,而是站在自己的立场采取事不关己的态度或消极对待,从而降低企业顾客服务的质量。凯马特落败于同沃尔玛的竞争,重要原因之一就是其大部分物流外包虽然在短期降低了公司的营运成本,但丧失了对物流的控制,从而使公司总成本上升。

另外,采用第三方物流也使原来由企业内部沟通来解决的问题,变成两个企业之间的沟通,在沟通不充分的情况下,容易产生相互推诿的局面,影响物流的效率。

2. 顾客关系管理上的风险

在顾客关系管理上,企业采用第三方物流后的风险有以下两种。

(1) 削弱企业同顾客关系的风险。采用第三方物流后,订单集成、产品的递送甚至售后服务一般是由第三方物流完成的,最直接接触顾客的往往是第三方物流企业,基本上是由第三方物流企业与顾客打交道,从而大大减少了客户企业同顾客接触的机会,减少了客户企业直接倾听顾客意见和密切与顾客关系的机会,这对建立稳定的顾客关系无疑是非常不利的。第三方物流割裂企业同最终顾客的联系,可能导致企业顾客快速反应体系失灵,甚至对企业形象造成伤害。

(2) 顾客资料被泄露的风险。在激烈的市场竞争中,顾客就是上帝,顾客资料对企业而言是最重要的资源之一。如果顾客资料被泄露,其后果是难以想象的。在企业与第三方物流的合作中,由于物流与信息流密不可分,物流环节中包含企业大量的顾客资料,如订货数据、顾客分布和渠道、打折和产品价格等。尽管共享信息和对对方的信息保密是双方合作的重要基础,但信息在更多的企业间共享,其被泄露的可能性无疑增大。

3. 企业战略被泄密的风险

对企业来说,为了保持其竞争优势,特别需要将诸如原材料供应、生产流程、技术工艺、销售网络等战略运营要素保持一定的隐秘性。

物流既是企业战略的重要组成部分,又承担着战略执行的重任。企业采用第三方物流后,由于双方合作的紧密性及提高物流效率的需要,通常要求双方的信息平台对接,实现有关信息共享,其中不乏企业的大量机密的战略信息,如销售策略、产品更新等。这样,从渠道调整到市场策略,从经营现状到未来预期,从产品转型到顾客服务策略,第三方物流企业都可能得到客户企业相关的信息,从而对客户企业战略通常也就有很深的认识。对于信息处理能力比较强的第三方物流企业,其通过数据加工和数据挖掘(DM)技术得到的信息甚至连客户企业自身都不知道。

在市场竞争日益激烈的情况下,企业的核心能力是其生产与发展的最重要保障,而采用第三方物流势必大大增加企业战略被泄密的风险。最令企业担心的是,第三方物流企业与客户企业的信息共享可能会导致企业的运营情况通过第三方物流而泄露给竞争对手。

4. 连带经营风险

企业采用第三方物流后,同第三方物流企业一般是长期的战略合作伙伴关系。双方一旦合作成功,要解除合作关系对双方来说成本都很高。但如果因第三方物流自身经营不善而服务暂停或合同终止,将可能直接影响客户企业的经营,尤其会影响那些交货期紧迫、责任重大的业务项目,对企业造成无法估量的当期损失和潜在损失。特别是在合约解除过程中,企业要选择新的物流服务提供商并建立稳定的合作关系,往往需要很长的磨合期,有的甚至超过半年。在磨合期内,企业将不得不面对新物流服务商不熟悉产品、信息系统衔接不好等造成的服务失败。这种连带经营风险,其实也是企业对第三方物流服务提供商的选择风险。

5. 机会主义风险

企业采用第三方物流后,其物流业务交由第三方物流企业负责,双方的力量对比因此发生变化。就第三方物流企业来说,它们对双方合作关系的依赖不如客户企业强烈,因为这笔交易充其量是其众多交易中的一单。但就客户企业而言,它们通常选择一个第三方物流企业负责其物流运作,即使选择几个第三方物流企业承担其物流业务,也是各自负责不同部分的物流功能,相互之间替代性不强,所以第三方物流企业的服务质量与效率直接影响企业的生产经营活动。

双方对合作关系依赖程度的不同,导致第三方物流企业在出现合作纠纷时往往处于有利地位,有时甚至欺诈客户企业而提高价格或提出其他很苛刻的要求,并转向那些能满足其利益需求的客户,产生种种机会主义行为,如不按照合同规定的时间配送、装卸搬运过程中故意要挟等。尽管双方建立的长期合作的战略伙伴关系有助于削弱第三方物流企业的机会主义倾向,但不能完全消除其给客户企业带来的机会主义风险。

三、物流联盟

(一)物流联盟的定义

物流联盟是介于自营物流和第三方物流之间的一种物流组建模式,是以物流为合作基础的企业战略联盟,一般是指若干具备专业特色与互补特征的物流组织,通过各种协议、契约而结成的互相信任、优势互补、风险共担、利益共享的物流伙伴关系。企业之间不完全采取导致自身利益最大化的行为,也不完全采取导致共同利益最大化的行为。

绝大多数物流服务利益产生于规模经济,这种规模经济导致了物流联盟的产生。物流联盟的效益在于物流联盟内的成员可以从其他成员那里获得过剩的物流能力,或处于具有战略意义的市场地理位置及拥有卓越的管理能力等。例如,如果一家物流公司在运输设备、仓储、存货等方面具有较大的优势,但在订单处理系统、物流技术及物流管理能力等方面存在不足,它就会寻找其他具有这些优势的伙伴来共同经营物流业务,共同建立一个对双方都有利的物流战略联盟。

(二)物流联盟的特征

(1)相互依赖。组成物流联盟的企业之间具有很强的依赖性,这种依赖性来源于社会分工和核心业务的回归。

(2)分工明确。组成物流联盟的各个企业明确自身在整个物流联盟中的优势及扮演的角色,内部的对抗和冲突减少,分工明晰,使供应商把注意力集中在提供客户指定的服务上。

(3)强调合作。许多不同地区的物流企业通过联盟共同为电子商务客户服务,实现跨地区的配送,满足电子商务企业全方位的物流服务需要。对于电子商务企业来说,通过物流联盟可以降低成本、减少投资、控制风险,提高企业竞争力。

(三)物流联盟的组建方式

(1)纵向一体化物流联盟。该方式是上游企业和下游企业发挥各自的核心能力,发展良好的合作关系,从原材料采购到产品销售的全过程实施一体化合作,形成物流战略联盟。

(2)横向一体化物流联盟。该方式是由处于平行位置的几个物流企业结成联盟。目前,国内真正能提供物流全方位服务的大型物流企业尚不存在,因此,横向一体化物流联盟能够改善物流市场条块分割的现状。

(3)混合模式。该方式是以一家物流企业为核心,联合一家或几家处于平行位置的物流企业和处于上下游位置的中小物流企业结成联盟。这些物流企业通过签订联盟契约,共同采购,共同配送,构筑物流市场,形成相互信任、共担风险、共享收益的集约化物流伙伴关系。

(四)物流联盟的优势与劣势

1. 物流联盟的优势

(1)减少相关交易费用。物流合作伙伴之间经常沟通与合作,可使搜寻交易对象信息的费用大为降低;提供个性化的物流服务建立起来的相互信任与承诺,可减少各种履约的风险;物流契约一般签约时间较长,可通过协商来减少在服务过程中产生的冲突。

(2)一个稳定、长期的合作会激励双方把共同的利润做大,获得稳定的利润率。从物流发展的角度看,物流联盟是企业与专业物流服务商建立的一种现代物流合作形式。在物流联盟中,随着物流组织的发展,供应链中的联系会进一步加深,同时,也会通过协作满足用户的物流需求,双方开展持续、诚信的合作,可以相互学到对方的优点,如技术优势、行业经验等。

2. 物流联盟的劣势

(1)发展时间较短,各方面不够成熟。物流联盟在国外的发展有 10 年左右,在国内出现的时间就更短了。参与物流联盟的企业没有丰富的合作经验,导致联盟非常脆弱,这种关系很难形成且非常容易解体。

（2）容易造成商业秘密的泄露。

（3）企业间的规模、经营意识、客户圈等存在差异，很难协调一致。

（五）基于 ASP 的物流联盟模式

基于 ASP（application services provider，应用服务提供者）的物流联盟模式是指与网上物流 ASP 联盟，由 ASP 通过专用软件平台协助在线整合储运能力，并实施物流运作管理。其实质是平台式物流供应链管理的实时方式，具体做法是由网上第三方物流服务提供商通过专用软件平台，将物流需求方的需求信息、供应方的物流供给能力信息等集成起来，当物流需求方在线提交需求时，平台系统自动在线进行供需组合匹配，与供需双方互动沟通，最后为需求方确定其满意的承运商或仓储商，并监督物流运作。ASP 与供需方有相应的管理合约机制，所有的交易，包括合同、各种单证、报表、支付等，均在网上完成，所有的管理过程都通过网络透明公开，包括物流过程的实时跟踪、突发事件的预警及处理、绩效管理等。当然，物流需求方和供给方作为平台的使用者，需要按服务协议缴纳相应的服务使用费，ASP 作为经营者投入高额成本并维护平台正常运作。基于 ASP 物流联盟模式的最突出的优点是，极大地降低了交易成本，同时，由于可以整合装运同一运输线路的多家同类货物，且避免返程空载，从而大大降低了运输成本，使三方都获得较高利润。

第二节　电子商务物流模式决策方法

一、物流模式比较分析

第一节介绍了多种物流模式，现对电子商务中常用的三种物流模式进行比较，如表 3-1 所示。

表 3-1　主要物流模式的比较

项目	自营物流模式	第三方物流模式	物流联盟模式
优势	1. 商务企业对物流有较强的控制能力； 2. 物流部门与其他部门易于协调； 3. 企业容易保持供应链的稳定； 4. 降低交易成本； 5. 避免商业秘密的泄露	1. 电子商务企业可以将力量与资源集中于自己的核心主业； 2. 有利于灵活运用新技术； 3. 降低经营成本，改进客户服务质量； 4. 有利于减少投资和加快资本周转	1. 降低经营风险和不确定性； 2. 减少投资； 3. 获得物流技术和管理技巧； 4. 一个稳定、长期的合作会激励双方把共同的利润做大，获得稳定的利润率
劣势	1. 物流基础设施需要非常大的投入； 2. 需要较强的物流管理能力	1. 我国的第三方物流尚未成熟； 2. 对物流的控制能力降低甚至丧失	1. 更换物流伙伴比较困难； 2. 企业间的规模、经营意识、客户圈等存在差异，很难协调一致

二、电子商务下物流模式决策

物流模式决策作为电子商务企业一项主要的战略决策,其重要性不言而喻。开展电子商务的企业在进行物流模式决策时,除了采取传统的自营物流模式外,也可以考虑其他新兴的物流模式。如何选取正确的物流模式成为电子商务企业至关重要的一个战略决策问题。下面从定性和定量的角度分别介绍相关决策方法。

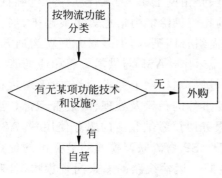

图 3-1　传统物流决策模型

(一) 传统的决策方法

传统的决策依据是企业是否有能力自营物流,如果企业有设施、有技术就自营,方便控制;如果某项物流功能自营有一定困难就选择外购,如图 3-1 所示。

通常的物流外购是企业向运输公司购买运输服务或向仓储企业购买仓储服务,这些服务都只限于一次或一系列分散的物流功能,需求是临时性的,物流公司没有按照企业独特的业务流程提供独特的物流服务,即物流服务与企业价值链是松散的联系。非物流企业面对的是未知的技术、不可控的经济环境、服务提供方的易变性等一系列不确定因素,对决策的偏见主要来自这些不确定因素。

其主要缺陷是:企业在进行这种外购与自营决策时,对物流总成本与顾客服务水平的考虑是放在其次的,管理人员对核心物流功能认识不清,缺乏对物流进行战略分析的评估和信心。

(二) 物流子系统的战略地位和企业对物流的管理能力

每一个完整的供应链均由供应商、生产厂家以及批发商、零售商及其相应业务环节共同组成。它们之间一方面是一种相互依存的互利联盟关系,另一方面是一种不断讨价还价甚至争夺供应链控制权的动态博弈过程。在任何一个为最终消费者服务的供应链中,都存在一个或几个核心价值环节,即在整个供应链中占据控制或垄断地位,从而给企业带来长期稳定利益的关键环节。因此,对于不同的企业来说,物流处于不同的地位。

在进行物流模式决策时,首先要考虑物流子系统的战略重要性,主要看其是不是构成企业的核心能力。在我国,核心能力是指在竞争中起支配作用的力量,是能够给企业带来市场竞争优势的能力与资源的结合。

要决定物流子系统是否构成企业的核心能力,一般可从以下几方面进行判断。

(1) 它们是否高度影响企业业务流程?

(2) 它们是否需要相对先进的技术?采用此种技术能否使公司在行业中领先?

(3) 它们是否是企业长期积淀的,在短期内不会被其他企业所模仿?

如能得到肯定的回答,那么就可以断定物流子系统在战略上处于重要地位。由于物流系统是多功能的集合,各功能的重要性和相对能力水平在系统中是不平衡的,因此,还需要对各功能进行分析。

　　某项功能是否具有战略意义,关键是看它的可替代性。如果其可替代性很弱,很少有物流企业或物流企业很难完成,几乎只有本企业才具备这项能力,企业就应发展该项功能并使其保持旺盛的竞争力;如果物流子系统对企业而言并非很重要,就需要从企业物流能力的角度决定是自营还是外购。物流子系统的战略地位是电子商务企业决定其采取何种物流模式的首要影响因素。物流地位越重要,企业自营物流的可能性就越大;反之亦然。

　　除了物流对企业成功的影响度及战略地位之外,企业对物流的管理能力也是影响企业物流是采取自营模式还是采取其他模式的重要因素。一般而言,在其他条件相同的情况下,如果企业在物流管理方面具有很强的能力,自营物流就比较可取。企业物流管理能力越强,自营物流的可行性就越大。而在企业对物流的管理能力较差的情况下,进行物流外包就比较可取。应当注意的是:具备了物流管理能力,并不意味着企业一定要自营物流,还要比较在拥有一定的顾客服务水平下,企业与物流公司谁的成本更低,只有在企业的相对成本较低的情况下,选择自营的方式才有利;否则,企业应把该项功能分化出去,实行物流外包。如果物流系统是企业的非战略系统,企业还应寻找合作伙伴,向其出售物流服务,以免资源浪费。

　　综上所述,物流对企业成功的重要性和企业对物流管理的能力是企业进行物流模式选择的重要因素,二者共同影响决策的状态,如图 3-2 所示。

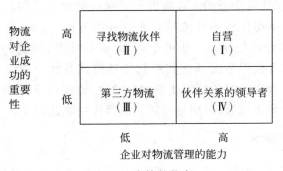

图 3-2　决策的状态

　　如果物流在企业战略中起关键作用,但自身物流管理水平较低,对这类企业(Ⅱ)来说,组建物流联盟将会在物流设施、运输能力、专业管理技巧上收益极大;对于物流在其战略中不占关键地位,但对物流管理水平很高的企业(Ⅳ)来说,可以寻找伙伴共享物流资源,通过增大物流量获取规模效益、降低成本。处于Ⅱ、Ⅳ区间的企业可以建立物流联盟。如果企业有很高的顾客服务需求标准,物流成本占总成本的比重极大,自己对物流的管理能力强,这类企业(Ⅰ)一般不会选择外包物流服务,而采用自营的方式;对于那些物流在其战略中地位并不是很重要,自身物流管理能力比较欠缺的企业(Ⅲ)来说,采用第三方物流是其最佳选择,因为这样能大幅度降低物流成本、提高服务水平。

(三)企业对供应链的要求

　　越是竞争激烈的产业,企业越是要强化对供应渠道和分销渠道的控制,此时企业应该自营物流。一般来说,主机厂或最终产品制造商对渠道或供应链过程的控制力比较强,往往选择自营物流,即作为龙头企业来组织全过程的物流活动和制定物流服务标准。

(四) 企业自身产品的物流特点

对于大宗工业品原料的回运或鲜活产品的分销,应利用相对固定的专业物流服务提供商和短渠道物流;对于全球市场的分销,宜采用地区性的专业物流公司提供支援;对于产品线单一的或为主机厂做配套零件的企业,则应在龙头企业的领导下自营物流;对于技术性较强的物流服务(如口岸物流服务),企业应采用委托代理的方式;对于非标准设备的制造商来说,企业自营虽有利可图,但还是交给专业物流服务公司更为有利。

(五) 企业的规模与实力

一般说来,大中型企业由于实力较雄厚,有能力建立自己的物流系统,制订合适的物流需求计划,保证物流服务质量;另外,还可以利用过剩的物流网络资源拓展外部业务,为别的企业提供物流服务。而小企业则受人员、资金和管理资源的限制,物流管理效率难以提高。此时,企业为把资源用于核心业务,就应该把物流管理交给第三方专业物流代理企业。

(六) 对企业的柔性要求

随着科技的进步与经济的发展,企业要根据市场不断调整自己的经营方向、经营重点、市场选择、产品优势,这就对企业的柔性提出越来越高的要求。相对而言,外包物流能够使企业具有较大的柔性,从而比较容易地对企业业务的方向、内容、重点、数量等进行必要的调整。所以,处于发展变化较快行业中的企业,其商品种类、数量比较不稳定,呈现非规则化,变动较多、较大,需要根据情况调整其经营管理模式及相应业务作业,为保证企业具有足够的柔性,应采用外购物流服务。而业务相对稳定,物流商品种类比较稳定、数量大的企业,对于企业的柔性要求比较低,采用自营物流的可能性就比较大。

(七) 物流系统总成本

在选择是自营还是物流外协时,必须弄清两种模式物流系统总成本的情况。其计算公式为

$$D = T + S + L + F_w + V_w + P + C$$

式中,D 为物流系统总成本;T 为该系统的总运输成本;S 为库存维持费用,包括库存管理费用、包装费用及返工费用;L 为批量成本,包括物料加工费用和采购费用;F_w 为该系统的总固定仓储费用;V_w 为该系统的总变动仓储费用;P 为订单处理和信息费用,指订单处理和物流活动中由于广泛交流等问题所发生的费用;C 为顾客服务费用,包括缺货损失费用、降价损失费用和丧失潜在顾客的机会成本。

这些成本之间存在二律背反现象:减少仓库数量时,可降低保管费用,但会带来运输距离和次数的增加而导致运输费用增加。如果运输费用的增加部分超过保管费用的减少部分,总的物流成本反而增大。所以,在选择和设计物流系统时,要对物流系统的总成本加以论证,最后选择成本最小的物流系统。

(八) 第三方物流的客户服务能力

在选择物流模式时,尽管成本很重要,但第三方物流为本企业及企业顾客提供服务的

能力更为重要。也就是说,第三方物流满足企业对原材料及时需求的能力和可靠性、对企业的零售商和最终顾客不断变化的需求的反应能力等方面应该作为首要的因素来考虑。这是因为,如果企业将物流业务外包给第三方物流企业,那么第三方物流企业无疑将比企业的其他部门更接近企业的客户,特别是在企业将终端客户配送业务外包给第三方物流企业的情况下,第三方物流的服务质量将直接影响终端客户的满意度。由于第三方物流企业与企业的顾客关系密切,它们的服务质量会间接地成为顾客对企业服务质量的观察点。而在当今的市场环境下,服务的好坏对企业的生存具有重大的关联性。因此,现代企业应充分认识到物流服务质量的重要性,在进行第三方物流决策时从更大的服务角度来权衡取舍,而不是只将目光集中在价格上。

在物流方面,随着消费多样化、生产柔性化、流通高效化时代的到来,社会和客户对物流服务的要求也越来越高,物流服务的优质化是现代物流今后发展的重要趋势。五个亮点"right"的服务,即把好的产品(right product)在规定的时间(at the right time)、规定的地点(in the right place)以适当的数量(in the right quantity)、合适的价格(at the right price)提供给客户,将成为物流企业提供优质服务的共同标准。根据美国田纳西大学对51家领先的第三方物流服务提供者(logistics service provider,LSP)的调查研究所得出的结果,减少作业成本和提高服务水平被第三方物流服务使用者认为是最大的利益所在。因此,物流成本已不再是客户选择物流服务的唯一标准,人们更多的是注重物流服务的质量。对于物流服务提供者来说,服务优势已成为其成功经营的方向性特征,提高服务竞争力是物流活动的基本态势。因此,如果企业拥有一定的顾客服务水平,则自营是可行的,而当企业不具备这种能力的时候,就应采用第三方物流或选择合适的伙伴组建物流联盟。

企业在具体选择物流模式时,应从物流在企业中的战略地位出发,在考虑企业物流能力的基础上,充分比较各方面的约束因素,进行成本评价。物流模式决策流程如图 3-3 所示。

(九) 基于 AHP 法的物流配送模式决策

前面提出的物流模式决策方法,都只能从定性的角度进行分析。美国运筹学家 T. L. 萨蒂(T. L. Saaty)于 20 世纪 70 年代提出的层次分析法(analytic hierarchy process,AHP),是通过比较一系列待选方案而帮助决策者在复杂环境中进行决策的一种有效方法。该方法直观、较易于公式化,在目标结构复杂且缺乏必要数据的情况下更为实用,是一种定性分析与定量分析相结合的多目标决策分析方法。其具体步骤如下。

1. 构建物流模式决策评价指标体系框架

从物流的功能出发,电子商务企业的物流战略主要追求以下几个目标:

(1) 以尽可能低的成本达到一定的客户服务水平;

(2) 以准确配送的服务来保持顾客的忠诚度;

(3) 维持物流系统的稳定性;

(4) 使物流子系统与企业其他子系统保持良好的协调性;

(5) 控制物流活动中出现的污染和浪费,追求环保。

对电子商务企业的物流战略目标进一步分解,形成如图 3-4 所示的物流模式决策评价指标体系。

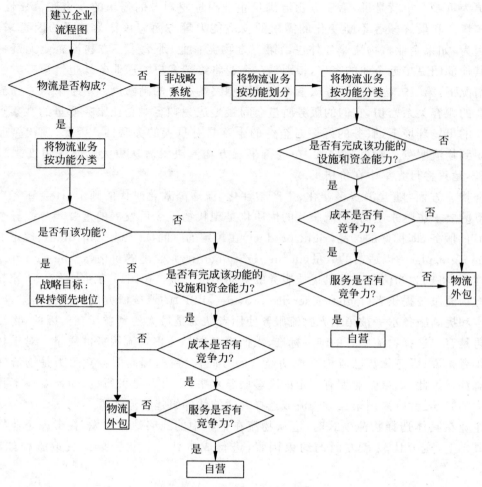

图 3-3　物流模式决策流程

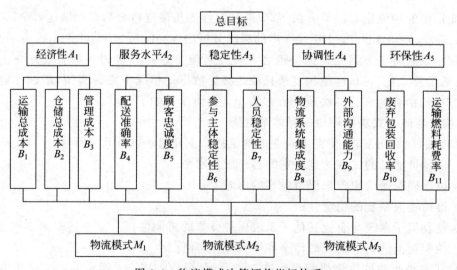

图 3-4　物流模式决策评价指标体系

资料来源：周泉良.电子商务的物流模式研究[D].长沙：湖南大学,2003.

2. 用层次分析法确定各指标所占权重

(1) 对 A_1、A_2、A_3、A_4、A_5 这 5 个评价指标的权重确定如表 3-2 所示。

表 3-2　A 层判断矩阵元素列表

A	A_1	A_2	A_3	A_4	A_5
A_1	a_{11}	a_{12}	a_{13}	a_{14}	a_{15}
A_2	a_{21}	a_{22}	a_{23}	a_{24}	a_{25}
A_3	a_{31}	a_{32}	a_{33}	a_{34}	a_{35}
A_4	a_{41}	a_{42}	a_{43}	a_{44}	a_{45}
A_5	a_{51}	a_{52}	a_{53}	a_{54}	a_{55}

其中，a_{ij} 表示 A_i 对 A_j 的相对重要性，如 $a_{13}=2$，表示 A_1 的重要性为 A_3 的 2 倍。然后，对判断矩阵的一致性进行检验，公式为

$$\mathrm{CR}=\mathrm{CI}/\mathrm{RI} \tag{3-1}$$

其中，$\mathrm{CI}=(\lambda_{\max}-n)/(n-1)$（$\lambda_{\max}$ 表示判断矩阵的最大特征值）；RI 表示平均随机一致性指标，RI 的值见表 3-3。

表 3-3　平均随机一致性指标 RI 的值

阶数 n	1	2	3	4	5	6	7	8	9	10
RI	0.00	0.00	0.58	0.96	1.12	1.24	1.32	1.41	1.45	1.49

若得出 $\mathrm{CR}\leqslant0.1$，则认为判断矩阵具有满意的一致性。

最后，在判断矩阵满足一致性的基础上，用特征向量法确定指标权重，公式为

$$\boldsymbol{A}\boldsymbol{\omega}=\lambda_{\max}\boldsymbol{\omega} \tag{3-2}$$

式中，$\lambda_{\max}$ 为判断矩阵 $\boldsymbol{A}$ 的最大特征值；$\boldsymbol{\omega}$ 为权重分配向量。

求得判断矩阵最大特征值 $\lambda_{\max}$ 后将其代入矩阵中，求出其对应的特征向量，再将每个特征向量去除以这组特征向量的和，即得出如式(3.3)所示的权向量，具体计算时，可采用 Matlab 软件。

$$\boldsymbol{B}_1=\boldsymbol{\omega}=[\omega_1,\omega_2,\omega_3,\omega_4,\omega_5]^{\mathrm{T}} \tag{3-3}$$

即为 A_1、A_2、A_3、A_4、A_5 各指标所对应的权重。

然后以此为基础，由上述方法确定 $B_1,B_2,\cdots,B_{11}$ 各指标权重集如下：

$$\boldsymbol{B}_2=\boldsymbol{\omega}=[\omega_1,\omega_2,\cdots,\omega_{11}]^{\mathrm{T}} \tag{3-4}$$

(2) 求每种物流模式对 B 层每个评价指标的权重。同样，可以采用特征向量法求每种物流模式对每个评价指标的权重。为此，应对每个指标成对比较这些物流模式。以运输总成本这一指标为例加以说明（表 3-4）。

表 3-4　运输总成本判断矩阵元素列表

M	M_1	M_2	M_3
M_1	m_{11}	m_{12}	m_{13}
M_2	m_{21}	m_{22}	m_{23}
M_3	m_{31}	m_{32}	m_{33}

m_{ij} 表示物流模式 M_i 在运输总成本上相对物流模式 M_j 的评分。

同理,可以得到其他评价指标的判断矩阵,进行一致性检验后,可以求得每个判断矩阵的最大特征值和特征向量。各特征向量的值构成以下决策矩阵 B_3:

$$B_3 = \begin{matrix} M_1 \\ M_2 \\ M_3 \end{matrix} \begin{bmatrix} \omega_{11} & \omega_{12} & \cdots & \omega_{110} & \omega_{111} \\ \omega_{21} & \omega_{22} & \cdots & \omega_{210} & \omega_{211} \\ \omega_{31} & \omega_{32} & \cdots & \omega_{310} & \omega_{311} \end{bmatrix} \tag{3-5}$$

式中,ω_{ij} 为物流模式 i 对应评价指标 j 的评分。

3. 最佳模式选择

由式(3-6)可以计算每种物流模式的总分值向量 M:

$$M = B_3 B_2 = [M_1, M_2, M_3]^{\mathrm{T}} \tag{3-6}$$

分值最大的物流模式即为要选的最佳物流模式。

开展电子商务的企业采用 AHP 进行物流模式决策时,各评价指标的判断矩阵应由企业的物流决策者根据实际情况和经验给出,而且决策者需要掌握各种物流模式下企业物流运作过程中的有关数据,因此,此方法在企业决策者掌握数据比较充分时才能获得满意的结果。在没有相关数据的情况下,决策者也可通过经验来比较各物流模式对每一评价指标的相对重要性来获得权重,但这只能算是定性的决策,决策的结果受决策者的主观影响较大。

三、我国当前物流模式选择亟待解决的问题

从一个行业的发展周期来说,我国的物流市场目前处于发展初期。当前的许多分销渠道只专注于物流流程的末端部分,相当多的公司对第三方物流、价值链和供应链的理解十分有限。甚至在许多人的头脑中,物流还只是一个"仓库+卡车"的概念,在这样的现状下,要想尽快地将第三方物流模式应用于电子商务,亟待解决以下问题。

(一)"大而全""小而全"的传统意识

对于我国的电子商务来说,许多企业还存在"大而全""小而全"的传统经营意识,仅凭简单体力劳动独揽所有的商品配送服务,不利用 3PL 的专业优势,也就很难突破电子商务的物流"瓶颈"。须知,对于网络这样一个现阶段鲜有利润可言的新生事物而言,大量资金积压在配送网络的固定资产上不仅可惜,而且使网络公司由于双重风险(传统物流和科技研发)的压力而难以发展其核心能力。因此,应转变经营理念,摒弃"大而全""小而全"的传统意识。

(二)3PL 公司经营管理能力和技术实力较弱

电子商务企业要求第三方物流向其提供的是全方位、综合性的物流服务,而不仅仅是单一的服务项目。目前,我国大多数 3PL 公司都是以传统的"类物流"业(如仓储业、运输业等)为起点发展起来的。从总体上看,其经营管理能力和技术实力普遍较弱,提高自己的技术水平仍需要一个过程。近几十年来,国外在现代物流管理科学的推广方面产生了许多新的概念和应用,如 QR(quick response,快速响应)、ECR(efficient consumer response,有效

客户反应)、VMI(vendor managed inventory,供应商管理库存)等。对这些新的概念和应用,完全可以实行"拿来主义"为我所用,以促进我国第三方物流业的发展。通过这样一些方式,我国新兴的 3PL 企业完全可以掌握国外最新的物流管理思想和技术,向电子商务企业提供全方位的综合服务。

(三)存在表面上"过剩"与"瓶颈"之间的矛盾

目前在我国物流市场,存在这样一种现象:一方面,仓库、运输车辆一直大量闲置,各配送公司进行激烈的价格竞争,似乎每一个环节的物流资源都已经供过于求;另一方面,无论是传统型企业还是新兴的电子商务公司又都众口一词地强调"物流是个瓶颈"。这种表面上"过剩"与"瓶颈"之间的矛盾反映了这样一个问题:物流的关键不在于某一个环节,而是物流过程的重组。物流过程的重组是供应链管理方式对物流领域的必然要求。而 3PL 供应商作为供应链中涉及复杂、多对多物流及信息流交叉的节点单位,应当成为整个物流过程重组的驱动者。

第三节　B2B 电子商务物流运作模式的选择

一、B2B 电子商务对企业供应链的影响

(一)带来了企业价值链的变革

传统的企业价值链是面向职能部门的,资源在企业流动的过程就是企业的各个部门不断使其增加价值的过程。但随着全球性竞争的日益激烈、顾客需求的快速变化,以劳动分工、专业化协作为基础的,面向职能的管理模式正面临严峻的挑战,它将企业业务流程割裂成相互独立的环节,关注的焦点是单个任务或工作,但单个任务并不能为顾客创造价值,只有整个过程,即所有活动有序地集合在一起时,才能为顾客创造价值。B2B 电子商务采用了以顾客为中心、面向过程的管理方法,加快了对顾客、市场的响应速度,注重整个流程最优的系统思想,消除了企业内部环节的重复、无效劳动,让资源在每一个过程中流动时都实现增值,以达到成本最低、效率最高。因此,B2B 电子商务带来了企业价值链的变革。

(二)引起了企业供应链和供应链管理的变革

企业内部存在物料、信息、资金的流动,企业与企业之间也存在这样的流动。在日趋分工细化、开放合作的时代,企业仅仅依靠自己的资源参与生产竞争往往处于被动地位,必须把与经营过程有关的多方面纳入一个整体的供应链中,这样每个企业内部的价值链就通过供应关系联系起来,成为更高层次、更大范围的供应链。供应链管理就是把这个供需的网络组织起来。传统的供应链管理仅仅是一个横向的集成,通过通信介质将预先设定的供应商、制造商、分销商、零售商和客户依次联系起来,这种供应链只注重内部联系,灵活性差,仅限于点到点的集成,成本高、效率低,一旦供应链的一个环节中断,则整个供应链都不能够运行。

B2B 电子商务弥补了传统供应链的不足,它不再局限于企业内部,而是延伸到供应商

和客户,甚至供应商的供应商和客户的客户,建立的是一种跨企业的协作,覆盖了产品设计、需求预测,外协和外购、制造、分销、储运和客户服务等全过程。居于同一供应链的厂商之间不再恶性竞争,而是获得"双赢"。B2B 电子商务带来了供应链管理的变革。它运用供应链管理思想,以中心制造厂商为核心,对产业上游供应商、产业下游经销商、物流运输商及服务商、零售商以及往来银行进行垂直一体化的整合,构成了一个电子商务供应链网络,消除了整个供应链网络上不必要的运作和消耗,促进了供应链朝动态的、虚拟的、全球网络化的方向发展。它运用供应链管理的核心技术——客户关系管理(CRM),使需求方通过自动作业预计需求,以便更好地了解客户,为其提供个性化的产品和服务,使资源在供应链网络上合理流动,以缩短交货周期、减少库存,并且通过提供自助交易等自助式服务来降低成本,提高速度和精确性,提高企业竞争力。

(三)促进了企业三个层次的业务流程再造

在企业供应链上,信息、物料、资金等要通过流程才能流动,流程决定了流速和流量。要使企业的流程响应内外环境的变化,企业的各流程就必须保证资源的敏捷畅通。因此,要提高企业供应链管理的竞争力,必然要求企业流程的再造。对于 B2B 电子商务,这个变革已经不限于企业内部,而是要把供应链上的所有相关企业与部门都包括进来,对整个供应链网络上的企业流程进行再造。

B2B 电子商务能否有效实施,关键在于供应链在企业内外是否有效衔接、企业内部供应链的信息系统是否与企业内部的业务系统,如 ERP(enterprise resource planning,企业资源计划)、CRM 等有机结合在一起。如果没有好的 ERP,企业就无法及时掌握自己各类原材料和成品的库存情况及采购到货情况,网上订单得不到自动确认,必然影响企业对市场的响应速度;如果没有好的 CRM,客户要求和个性化服务无法得到有效、及时的处理,必然影响企业对最终用户的响应速度。这样,供应链在企业内外就不能有效衔接。要解决这个问题就必须对企业进行三个层次的业务流程再造(BPR):职能机构内部的 BPR、职能机构部门之间的 BPR、企业与企业之间的 BPR。

1. 职能机构内部的 BPR

企业手工业务处理流程必然存在很多重复或无效的环节,各职能管理机构重叠、中间层次多,而这些中间管理层一般只执行一些非创造性的统计、汇总、填表等工作,很多业务处理方式已不适合计算机信息处理的要求。B2B 电子商务将企业经营各环节都放在网络上进行,进行了信息化管理,取消了许多中间层,必然带来职能部门内部的 BPR。

2. 职能机构部门之间的 BPR

企业要实现真正的电子商务,并不是只要实现网上订单、网上支付就可以了。如果企业只是订购与支付电子化,而后续的采购、生产、库存、订单确认等供应链环节无法电子化,则企业经营整体上还是体现不出效率的提高及成本的降低,这就要求企业内部各部门之间进行 BPR,以实现全过程的信息化管理。

3. 企业与企业之间的 BPR

企业之间的 BPR 是目前企业流程重组的最高层次,也是 B2B 电子商务有效实施的必要条件。由于供应链已经不再局限于企业内部,而是延伸到供应商和客户,甚至供应商的供应商和客户的客户,管理人员控制企业的广度和深度都在增加。供应链上各企业之间的信息交流大大增加,所以企业之间必须保持业务过程的一致性,这就要求企业与企业之间必须进行 BPR,以实现对整个供应链的有效管理。

(四) 实现了在整个产业乃至全球的供应链网络上的增值

在供应链上除资金流、物流、信息流外,根本的是要有增值流。各种资源在供应链上流动,应是一个不断增值的过程,因此供应链的本质是增值流。从形式上看,客户是在购买企业提供的商品或服务,但实质上是在购买商品或服务所带来的价值。供应链上每一环节增值与否、增值的大小都会成为影响企业竞争力的关键。所以,要提高企业竞争力,就要求消除一切无效劳动,在供应链上每一环节做到价值增值。以往的 ERP、B2C 电子商务都只实现了本企业供应链上的增值,而 B2B 电子商务利用 ERP、电子商务套件和 CRM 等网络技术,将上下游企业组成整个产业系统的供应链,并且与其他企业、产业的供应链相连接,组成了一个动态的、虚拟的、全球网络化的供应链网络,真正做到了降低企业的采购成本和物流成本,在整个供应链网络的每一个过程实现最合理的增值,最重要的是加快了企业对市场和最终顾客需求的响应速度,从而提高了企业的市场竞争力。

二、B2B 电子商务中不同主体的物流系统

电子商务环境下,B2B 运营模式的不同主体形式(如生产商、批发商、零售商)所面对的物流问题是不一样的,因此,不可能存在统一的物流模式。

(一) 生产商的物流系统

1. 采购物流

为了削减商品制造过程中大量零部件的库存占用费用、提高企业的竞争力,厂商提出了 JIT 生产体系理论,它的基本思想是"在必要的时间,对必要的零部件从事必要的采购"。在具体方法上,厂商以时间为单位来划分各时间段所需的零部件,相应的零部件的订货单也小型化,以此为基础向零部件生产商订货,并要求在指定的时间内送到装配工厂。

2. 销售物流

大多数厂商正考虑构筑自身的物流系统,向位于流通最后环节的零售店直送产品。构筑厂商到零售业者的直接物流体系中,一个最明显的措施是实行厂商物流中心的集约化。将原来分散在各支店或中小型物流中心的库存集中在大型物流中心,通过数字化设备或信息技术实现进货、保管、在库管理、发货管理等物流活动的效率化、省力化和智能化,原来的中小批发商或销售部转为厂商的销售企业专职从事销售促进、订货等商流服务。物流中心的集约化从配送的角度来看造成了成本上升,但是,它削减了与物流关联的人力、保管、在库成本等费用,从整体上提高了物流效率。

3. 流通信息网络与零售支持

厂商以现代物流为基础,从产、销一体化出发,设计并实施从产品设计(如包装尺寸)开始,到保证物流系统有机运转、追求全体效率化的信息系统和网络。现代厂商的物流管理中,另一个明显的发展趋势是零售支持型的物流活动,即对本企业在零售店中的订货方式、商品陈列方式、储藏等活动予以支持和指导。

（二）批发商的物流系统

批发商的职能大概可以分为备货职能、物流职能、金融职能、零售店经营、支持职能五种类型。随着信息化的发展，在电子商务环境下，现代批发企业的定位也开始从厂商销售代理人向零售购买代理人转变。从总体来看，现代批发业的物流系统特点表现在以下几个方面。

1. 备货范围广泛化，配送行为快速化

批发商扩大备货范围和幅度，利用自己在物流服务上的经验和完善的物流设施，运用快速的配送服务来联系厂商和零售商，消除它们在商品配送要求上的差异。批发业越来越朝"订货少量化""少量化、多频度配送""在库时间缩短"等方向发展。

2. 建立高度现代化的物流系统

对于物流需求多频度、少量化的状况，建立高度现代化的物流中心，积极采用计算机在库管理、自动化的作业手段，推动物流中心现代化，是备货范围广泛化、配送行为快速化的物质基础。

3. 物流中心的机能分化

随着商品消费的多样化及企业营销战略差异化的发展，对于不同商品种类及其不同销售方式和生命周期，物流管理的要求和在库配送的要求是不一样的。如果将这些不同要求的产品物流管理集中在一起进行，那么，既会提升批发企业物流管理的复杂性和难度，不利于管理效率提高，又难以灵活应对零售业物流活动及物流服务质量的不同要求。所以，根据物流要求、流通特性等标准对物流中心的机能进行适当划分，在物流中心内形成单独的物流机能，这是目前批发业为适应物流发展而进行的组织机能变革的重要措施。经过机能分化后，在物流作业自动化、机械化的基础上争取顾客信赖，渐渐使物流活动向无检查进货发展。

4. 向零售支持型发展

努力确保客源稳定增长是当今批发业物流发展的重要战略之一，实行零售支持和共同配送是电子商务环境下批发业的一个重要发展趋势。

（三）零售业的物流系统

零售业自20世纪80年代以来，急速地朝信息系统化方向发展。通过POS(point of sale,销售时点信息)系统实行单品管理，把握每种商品的需求动向，然后将信息与预订发货作业联系在一起，并使整个物流系统协同运转、综合应用，实现适时的备货和在库成本的削减。其中，24小时连锁店的物流系统的设计管理，成为零售业电子商务物流系统发展战略的标志。

24小时连锁店实行的是在有限的空间陈列大量商品。为了实现店铺销售面积最大化，就必须尽可能地把补充商品的库存空间压缩到最小限度，所以，24小时连锁店基本上是通过配送来实现补充进货，而不是通过仓储来补充商品。另外，在销售进货管理上，必须避免店铺中出现顾客预购商品断货的现象。为了防止断货发生，24小时连锁店实行对售完商品频繁订货的制度。与此同时，24小时连锁店本部在对应各店铺订货状况的基础上，实行高频度的商品配送。为适应店铺经营的特征，必须对多品种少量商品实行多频度、小单位配送。为支持多频度、小单位物流,相应的系统必须实现商品调达的集约化。在商品调达集约化的基础上,在物流方面开展独自的共同配送,然后建设高度自动化的配送中心。

从现在零售业物流系统革新的发展状况来看,通过物流中心和配送中心实现效率化、商品配送的计划化和集约化、物流系统设置成本的合理化将成为电子商务下零售业物流支持系统的变革方向。

三、B2B 电子商务的特点与所选用的物流模式

B2B 电子商务作为企业与企业间的交易活动,具有规模和成本优势,特点十分显著。

(1) 交易规模大。其一方面体现在社会总体交易规模上,B2B 交易一般占整个电子商务交易额的 80%,占据主导地位;另一方面表现为单笔交易额较大,容易实现规模效益。

(2) 交易流程严格、规范甚至烦琐。其作为企业间的交易行为,从询价、谈判、签约到合同履行,要涉及一系列流程,层层把关,手续复杂。

(3) 对信息技术要求较为严格。由于涉及金额较大,对网上支付、电子签名等要求严格,因此需要相应信息技术作为支持。随着《中华人民共和国电子签名法》的颁发、网络银行各项功能和安全措施的日益完善、社会信用体系的不断健全,技术方面的障碍已逐一得到解决。

由于交易规模大,履约期限长,个性化需求不明显,B2B 电子商务的物流模式选择相对要简单一些,但是,B2B 电子商务交易对资金安全、信息保密等要求比较高,一些特殊行业对物流也有特殊要求,对有进出口业务的企业,则有通关等要求。对于 B2B 企业,在选择物流模式时可重点考虑以下两个因素。

(1) 企业服务的主要区域。境内买家和境外买家的物流需求会有不同,不同服务区域可能会面临不一样的交通、储运等硬性条件。此外,服务区域的大小也需要有对应的物流保障。对服务于特点区域的企业,可考虑自建物流,因为 B2B 电子商务一般交易额度大,具有一定规模优势,自建物流系统可以为客户提供更好的服务。

(2) 企业原有的物流基础。不少企业本身有完善的物流网络,开展电子商务可以共用原物流系统。一些企业有部分物流设施,如仓库、配送中心等,条件合适同样可以自行组建物流系统。

规模较大、营销流通渠道发达的 B2B 电子商务企业,可以利用原有流通渠道完成物流服务,不足部分可委托第三方物流代办处理,采用混合物流的形式。

在 B2B 电子商务环境下,第三方物流方式的优点十分突出,很容易成为物流主体方式。在买方市场的前提下,买方的主导地位使其不但可以提出将货物送上门的服务要求,而且必然以廉价的方式获得这种服务,所以买方一般不愿意承担物流任务。而卖方若想赢得市场,必须应买方要求把送货作为一种服务手段,才能争取到客户。这种情况下,对大型的制造型企业来说自建物流是可行的,而且是最佳的物流模式,但对于大多数中小型规模的 B2B 电子商务卖方来说,却很不划算而且很难做到。这时,第三方物流是最容易与电子商务模式紧密配合的物流运作方式。

B2B 电子商务中的物流主要有两种:一种是非零售型企业之间的,其特点是交易批量大、品种单一、货源集中,相对来说物流容易实现;另一种是企业与零售商之间的,其特点是

批量小、品种多、客户分散,主要问题是产品是否能及时配送。针对这两种 B2B 的交易,都可以利用第三方物流所拥有的专业配送中心、配送技术很好地实现。

从目前存在的第三方物流运作来看,第三方物流与 B2B 电子商务的整合主要有以下两种形式:一是第三方物流作为企业间电子商务的组成要素,承担物流作业,组织完成 B2B 电子商务中的物流环节;二是第三方物流通过建设自己的电子商务平台,为商家与客户提供信息交流、进行交易的电子市场,并全程追踪交易实现的物流过程,从而实现电子商务与物流的紧密配合。

第四节 B2C 电子商务物流运作模式的选择

一、B2C 电子商务物流存在的困难

B2C 电子商务无疑将带给消费者极大便利,使其足不出户就可以通过各种各样的网上商店买到所需的商品。从现实的情况来看,把商品从虚拟的购物车运到顾客家中一直是 B2C 电子商务的一个关键环节。这是因为在 B2C 模式下,客户端为独立分散的消费者,他们对商品需求数目较少而又分散,且所购商品一般为低价小件商品,这样物流费用所占比例较大,物流成本高且配送难度大。B2C 电子商务的物流流程与传统商务的物流流程大致相同,也包括装卸、检验、储存、分拣、包装、配送和物流信息管理等。由于网络中"零距离"的特点,网上虚拟物流与现实世界实际物流状况的反差增大,终端客户对产品可得性的心理预期加大,导致企业实际交货速度的压力变大,因此,解决物流配送问题一直是 B2C 电子商务发展的关键,企业 B2C 电子商务能取得多大的成功很大程度上依赖于实际物流的操作,即能否按照客户的要求信息以较低的成本在正确的时间将正确数量的正确物品送到正确地点。

电子商务促使事务处理信息化,企业经营网络化,销售范围无限化,消费需求个性化、分散化,企业生产柔性化,物流实效迫切化,物流服务定制化。信息化、自动化、网络化、智能化、柔性化是电子商务时代的新要求。物流对 B2C 电子商务企业提出了全新的挑战。但从物流配送角度来看,商品订购的随机性和分散性往往导致配送的批量小、频率高,这给配送路线的规划、配送日程的调度、配送车辆的合理利用带来更大的难题,容易造成物流成本的增加和物流服务水平的降低;而且商品在途中损坏、丢失等情况难以避免,对于无店铺经营的企业来说,售后服务尤其是退货问题及由此带来的额外费用往往阻碍了其自身的发展。

从物流发展的大环境来看,技术落后、物流管理理念不强、社会化物流体系不健全、物流系统化效率长期被忽视等都制约了我国企业电子商务的发展。近年来随着政府对物流产业的调整和投资,加入 WTO(世界贸易组织),境外专业物流进军境内,这一大环境将逐步得到改善,企业物流将面临更多的选择。

从企业来看,无论是制造型企业还是销售型企业发展 B2C 电子商务,历史原因形成的物流网络建设及物流服务水平势必对电子商务物流造成较大的影响。企业物流资源面临在新环境下的重组,企业物流管理理念需要适应电子商务时代的发展。

具体说来，B2C 电子商务物流在发展中遇到的困难主要表现在以下几个方面。

（一）配送时间长、响应慢

消费者网上购物的目的就是寻求快捷、方便，可目前大多数的 B2C 电子商务物流却不能达到消费者的预期标准，往往消费者在网上完成购物过程后，就进入漫长的等待期，实际到货时间距离购物时间较长，有时甚至货物杳无音信，消费者还要费尽周折询问商家送货情况，这样一来，消费者便对 B2C 电子商务失去信心。

造成上述问题的主要原因如下。

（1）网站经营者的信息处理较慢，处理流程过长，网站后台支持系统不够完善，致使对客户订单的处理响应延迟，不能有效完成经营运作。

（2）由于 B2C 的订单数量小，购物品种分散，B2C 经营者很难寻求与上游供应商之间的稳定合作，于是供货需求不能及时满足，导致消费者等待时间过长。

（3）支付系统落后，由于与银行系统尚未实现良好的对接，在线支付完成所需时间较长。

（二）配送成本高

由于送货批量小、目标分散，B2C 电子商务的配送很难形成规模经济，加之物流配送体系不发达，很多 B2C 电子商务的网站并没有得到专业物流企业的支持，因此配送成本必然较高。高昂的配送成本可能会转嫁到消费者身上，从而弱化了 B2C 低价策略的优势。

（三）配送区域有限

由于配送网络不完善，电子商务公司试图建立一个覆盖全国的配送网络是很困难的，就我国而言，国内经济发展水平不均衡，不同地区的网民数量有很大差异，现有的配送体系基本局限在大中城市，对小城市及广大的农村地区显得力不从心。有的电子商务公司和配送公司在合作中出现后者对配送订单挑三拣四，使 B2C 电子商务经营者焦头烂额，而无法送货使最终消费者将罪过都归于 B2C 电子商务经营者，这也严重影响了 B2C 电子商务的声誉。

以上是 B2C 电子商务发展中落后的物流无法与快捷的电子手段匹配而引发的一些困难。要想使 B2C 电子商务成功运行，必须首先实现高效率、低成本、快响应、低出错率的 B2C 电子商务物流配送体系。

二、B2C 电子商务物流创新

电子商务促进了现代商务活动交易方式的变革，必将给整个物流产业带来一场史无前例的革命，对现代企业的物流业务管理产生巨大而深远的影响。对于 B2C 电子商务企业来说，只有将物流各个子系统有机联系起来，统筹考虑，全面规划，不断创新，才能建立适应网络经济时代快速竞争要求的物流系统。

从长期发展的战略角度来看，电子商务企业应着重从物流创新的角度对物流管理进行变革。

（1）对企业进行业务流程再造,加强与供应链管理的整合。低效、烦冗、僵化的业务流程将无法适应电子商务这一快速、及时的交易模式。只有对企业的业务流程进行再造,实现信息技术、自动化与企业商业活动集成,才能充分发挥电子商务优势。

（2）电子商务企业在进行业务流程再造时,应注意把传统的纵向一体化结构变革为现代的横向网络化结构,加快企业内部的信息传递。同时利用网络超越时空的特性,企业通过发展采购、库存、销售与消费者的直接关系,在相较于传统企业范围更大的领域内进行跨企业的业务流程再造,整合企业内外部资源,企业内部流程通过网络与外部环境之间形成良好的互动关系,最终使销售更贴近市场。

（3）不断采用现代化物流技术,实现物流管理理念的创新。B2C 电子商务企业应根据自身目前和长远的发展选择合适的物流技术来支撑物流的发展,使自身能根据客户的具体定制要求进行配送,做到快速反应、敏捷配送,从而实现物流管理的柔性化。

（4）推进企业信息化建设,搭建物流信息化平台。电子商务物流信息量大、交换频繁、传递量大、时间长,且物流从属于信息流,而信息流分布于各个环节,贯穿整个流程的始终。通常物流信息包括运输方式信息、支付方式信息、客户资料信息、市场行情信息、供求信息、库存信息等;物流信息传递标准化、规范化、流畅化、安全化是电子商务时代信息化的基本要求。B2C 电子商务企业应在业务流程再造和现代化物流技术应用的基础上加快自身信息化建设,将物流作业流程信息化、模块化、系统化;同时,要加快与供应商、物流企业之间的信息系统对接,搭建企业信息高速公路,从而促进物流管理链上各环节之间的信息沟通,推进企业物流管理的现代化进程。

（5）发展第三方物流管理,形成企业间战略联盟。物流设施力量雄厚,广泛的物流渠道和物流网络,丰富的物流管理经验,专业的物流人才等优势使第三方物流能通过网络规模效应大大降低物流成本,加快物流配送的响应速度,从而灵活地根据客观的经济需要来完成各项物流任务。B2C 电子商务企业可以根据自身的特点来选择与第三方物流合作的方式。第三方物流企业可作为物流咨询的提供方和物流整体或部分业务的承担方。从长期发展来看,B2C 电子商务企业应注重与物流代理企业结成战略联盟关系,以信息系统平台对接实现信息共享,通过对物流增值服务的开发如订单信息挖掘、未来产品推荐等来赢取电子商务时代商业先机。

三、B2C 电子商务物流模式选择

（一）发展企业自身物流体系

物流服务是否其核心竞争力所在,自建的物流体系是否能够充分发挥其核心功能是 B2C 电子商务企业考虑是否运用这一物流模式的关键。从我国企业的具体情况来看,不少医药企业、家电企业、大型制造企业及连锁商家等在全国范围内有多年的经营经验,它们都有庞大的商品营销渠道,自身拥有良好的物流网络与相当现代化的物流技术和管理经验。随着网络经济的发展,这些企业在经营电子商务时可通过不断整合自身资源,吸收外界资源,搞好自身物流网络建设,形成适合自我的物流配送体系。比如,海尔集团以"一名二网"着力培育物流管理成为其新的增长点,雀巢公司等知名国际企业也开始将国内的物流配送业务交由海尔来完成。

　　企业从构建全国性的物流体系角度出发,可以考虑适当的时候租用社会化或专业化的仓储和配送中心作为自己的节点来弥补这一环节的空缺;也可以考虑请专业化的物流公司来开展企业电子商务下物流体系重构的咨询业务,从而从高屋建瓴的角度对企业的物流进行把脉。另外,企业也可利用本身物流体系承担其他企业和商家的物流配送业务,从而减少资源的闲置与浪费,达成网络配送规模效应,实现低成本、高效率的配送。

(二)携手物流代理企业共同进行物流配送

　　在电子商务环境下,市场竞争的优势将不再是企业的资源多,而在于其能调动、协调和整合社会资源来增强自己的市场竞争力。灵活采用物流自理、代理模式是 B2C 企业更有效发挥自身竞争力的法宝。经营理念、物流成本、服务质量、网点覆盖率、信息化建设、信息系统接口能否对接整合是企业寻求第三方物流时的首要考虑因素。从企业的长远发展考虑,企业应注重在经济可行的基础上与专业物流企业建立长期的战略合作伙伴关系,加强库存控制、商品在途信息跟踪、商品销售信息及服务、信息系统之间的整合,从更高层次上实现商流、物流信息的共享。

　　B2C 电子商务企业携手第三方物流实现物流配送的模式通常有以下几种模式。

　　(1)虚拟物流联盟。由于国内网络覆盖广,物流成本低,信息化程度高,经营理念和服务水平高的专业物流企业不多,B2C 电子商务企业往往难以在众多物流代理企业中选出一家各方面都符合其物流业务需求的合作方来实现物流配送。虚拟物流联盟的模式为我国 B2C 电子商务企业组建物流配送体系提出了新的方向。B2C 企业可以在不同地域内选择合适的物流代理公司,通过计算机网络技术将居于各地的仓库、配送中心凭借网络系统连接起来,使之成为"虚拟联盟",通过各物流代理企业商流、物流信息之间的共享及一系列的决策支持技术来进行统一调度和管理,使得物流服务半径和货物集散空间变大,从而实现对消费者的配送。企业与物流代理公司之间畅通无阻的信息化高速平台是构建虚拟物流联盟的基础。同时,这一虚拟联盟对于企业间物流技术、企业组织结构等都要求较高。B2C电子商务企业应建立联盟伙伴之间的评估与淘汰机制,不断将联盟内的资源优化组合。这一模式对实现我国企业物流配送的跨区域合作、整个物流系统资源优化配置具有重要作用。

　　(2)企业+第三方物流共建(图 3-5)。由于"最后一公里配送"覆盖面极广、运作烦琐,电子商务企业往往将其转由物流代理公司来完成。而出于对库存成本、信息的掌控,防止

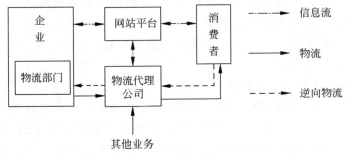

图 3-5　企业+第三方物流共建模式示意图

突发情况带来的缺货损失,企业战略发展等的考虑,B2C 电子商务企业往往考虑建立和管理自己的仓库和配送中心。

以上背景促使企业采用与第三方物流共建的模式共同实现物流配送。在这种模式下,B2C 电子商务企业一般通过建模与实证分析在适宜的地方自建大型的存储仓库和配送中心,不断调整和优化仓库、配送中心的布局,通过信息化平台和网络技术实现与物流代理公司的合作,将其后环节的物流配送业务交由专业物流公司来完成,共同实现对消费者的物流配送。B2C 电子商务企业可通过灵活发挥自身和代理公司的双重优势来实现低成本、高效的物流配送。

(3) 物流全部外包。企业将非核心优势的物流业务全部交由物流代理公司来承担,而 B2C 电子商务企业则集中优势资源发展核心业务。目前,由于受我国"大而全、小而全"的原有经济体制的影响,我国第三方物流企业大都处于起步或转型阶段,同时基于对外包活动及相关的关键业务丧失控制等的顾虑,只有一部分 B2C 电子商务企业采用这一模式。

随着我国物流产业大经济环境的改善,专业物流企业对自身进行全新的变革,全国性物流配送网络体系的构建,适应物流全部外包的社会环境也将逐步形成。这一模式对双方之间战略合作机制、利益分配机制、信息共享机制等提出了新的挑战。在全球电子商务竞争不断加剧和提倡核心竞争力的时代,物流全部外包模式将成为大量 B2C 电子商务企业逐步过渡、最终实现的方向。

四、B2C 电子商务物流模式选择及构建案例分析——以戴尔公司为例

(一) 企业背景

戴尔公司于 1984 年由企业家迈克尔·戴尔(Michael Dell)创立。其理念非常简单:按照客户要求制造计算机,并向客户直接发货,这使戴尔公司能够更有效和更明确地了解客户需求,继而迅速地作出回应。戴尔公司设计、开发、生产、营销、维修和支持一系列从笔记本计算机到工作站的个人计算机系统,每一个系统都是根据客户的个别要求量身定制的。这种革命性的举措已经使其成为全球领先的计算机系统直销商,跻身业内主要制造商之列。

(二) 电子商务物流模式简介

最终消费者直接通过电子商务网站订货,公司按照消费者的需求,个性化地量身定制产品及服务,并通过第三方物流直接送货上门,这就是电子商务物流模式。通过该模式,戴尔公司将供应商和最终消费者整合成一条优化的供应链,互联网媒介及第三方物流的介入,大大提高了产品的竞争力。

1. 大型的、专业化的第三方物流

一个覆盖面广、反应迅速、成本有效的物流系统是戴尔公司直销模式成功的重要支柱。戴尔公司的物流完全外包给第三方物流公司,主要由 DHL(敦豪快递)、BAX(伯灵顿)、FedEX(联邦快递)等跨国物流企业承担。这些第三方物流公司具有健全的网络、专业化的运营和现代化的管理。通过采用第三方物流的门到门服务,戴尔公司大大降低了物流成

本,提高了物流效率,提高了客户服务水平。

2. 与供应商结成战略联盟

戴尔公司将供应商视作公司体系中的一环,以维系紧密的供应关系。戴尔公司采取严格的资格评审,要求供应商不仅在效率上保持先进,在产品质量管理上,也采取量化评估方式,从而确保供应商生产的零部件直接进入公司的生产线而无须进行来料抽样检验。通过互联网,戴尔公司与供应商间建立了紧密的虚拟整合关系,从而保证按照戴尔公司本身的标准衡量零部件的品质,迅速、有效地管理订货流通和紧急补货所需的存货。同时,戴尔公司将最新需求信息和预测信息等实时地传递给供应商,在供应链上共享计划和资源,帮助其权衡市场,把库存量降到最低,通过带动供应商共同发展直销模式,实现公司与供应商双赢的合作关系。

（三）戴尔公司电子商务物流模式构建原因及过程

创始人戴尔将经营理念定位于按照客户需求制造计算机,并向客户直接发货,从而使戴尔公司有效和明确地了解客户需求,继而迅速作出回应。凭借直销模式,戴尔公司迅速成长为世界顶级的计算机跨国集团。1996 年,戴尔公司在其网站上嵌入电子商务功能,从而使其直销模式从传统商务向电子商务进军,进一步提高了戴尔公司的服务水平,增强了其竞争力。

戴尔公司的物流从确认订货开始,确认订货以收到货款为标志,在收到货款之后需要两天时间进行生产准备、生产、测试、包装、发运准备等,而将物流系统运作委托给第三方物流企业,并承诺在款到后 2～5 天送货上门,某些偏远地区的用户每台计算机要加收 200～300 美元的运费。戴尔公司通过供应链的管理与重组,有效地减少了库存、缩短了生产周期,大大地提高了竞争力。

戴尔公司通过电话、网络及面对面的接触,与顾客建立了良好的沟通和服务支持渠道。同时,戴尔公司通过网络,利用电子数据交换连接,使上游的零件供应商能够及时、准确地知道公司所需零件的数量、时间,从而大大降低了存货水平,这就是戴尔公司所称的"以信息代替存货"。这样,戴尔公司也和供应商建立起一个"虚拟"的企业。

（四）构建系统的功能

1. 物流供应链的流程

戴尔公司对待任何消费者都采用定制的方式销售,其物流服务也配合这一销售政策而实施,其物流供应链的流程如下。

（1）预生产。从接收订单到正式开始生产,有一段等待零部件到货的时间,这段时间叫作预生产。预生产的时间因消费者所订的系统不同而不同,主要取决于供应商的仓库中是否有现成的零部件。订货确认一般通过两种方式:电话和电子邮件。

（2）配件准备。当订单转到生产部门时,所需的零部件清单也就自动产生,相关人员将零部件备齐传送到装配线上。

（3）配置。组装人员将装配线上传来的零部件组装成计算机,然后进入测试过程。

（4）测试。检测部门对组装好的计算机用特制的测试软件进行测试,通过测试的机器被送到包装间。

(5) 装箱。测试完后的计算机被放到包装箱中。

(6) 配送准备。一般在生产过程结束的次日完成配送准备。

(7) 发运。将顾客所订货物发出,并按订单上的日期送到指定的地点。

戴尔公司所建立的供应链中没有分销商、批发商和零售商,而是直接由生产厂商(戴尔公司)把产品卖给顾客。这就是戴尔公司引以为豪的"把计算机直接销售到使用者手上,去除零售商的利润剥削,把这些省下的钱回馈给消费者"。

2. 订单处理

在这一步,戴尔公司要接收消费者的订单,首先检查项目是否填写齐全,然后检查订单的付款条件,只有确认支付完款项的订单才会立即自动发出零部件的订货并转入生产数据库(DB)中,订单也才会立即转到生产部门进行下一步作业。用户订货后,可以对产品的生产过程、发货日期甚至运输公司的发货状况等进行跟踪。

3. "代理服务商"环节

代理服务商并不向顾客提供产品,也不向戴尔公司购买产品。其只向顾客提供服务和支持。采取直销的模式,就意味着再偏远的区域都会有客户。任何一个订单的需求都要满足。而自建一个覆盖面较大、反应迅速、成本有效的物流网络和系统物流对戴尔公司来讲是一项耗时、耗力的庞大工程,而且戴尔公司又在物流管理方面不具备核心专长。送货不经济导致的运作及其他相关成本上升而增加的费用是无法弥补的。面对全球化激烈竞争的趋势,企业的战略对策之一是专注于自己所擅长的经营领域,力争在核心技术方面领先;而将本企业不擅长的业务分离出去,委托给在该领域有特长的、可信赖的合作伙伴。所以戴尔公司把物流外包。其通过多种方式对备选的运输代理企业的资信、网络、业务能力等进行周密的调查,并给初选的企业少量业务试运行,以实际考察这些企业服务的能力与质量,对不合格者取消代理资格,对获得运输代理资格的企业进行严格的月度作业考评。

事实上,在这条供应链上,戴尔公司处理最多的是信息流,使其既能够集中力量提供优质的售后服务支持,又避免面临"过度庞大的组织架构"。零件供应商、戴尔公司和代理服务商三者共同形成了一个"虚拟"的企业。它们通过电子数据交换等方式密切配合,达到了资源的更优化配置,也降低了成本,共同为顾客提供优质的产品和服务。

(五) 构建的经验

戴尔公司的销售全是通过国际互联网和企业内部网进行的。电子商务物流使其可以先拿到用户的预付款,待货运到后,货运公司再结算运费(运费还要用户自己支付)。戴尔公司既占压着用户的流动资金,又占压着物流公司的流动资金,按单生产又没有库存风险。这些因素使其年均利润率超过 50%。当然,无论什么销售方式,首先必须对用户有好处。戴尔公司的电子商务型直销方式对用户的价值包括:一是用户的需求不管多么个性化都可以满足;二是戴尔公司精简的生产、销售、物流过程可以省去一些中间成本,因此戴尔公司的价格较低;三是用户可以享受到完善的售后服务。

戴尔公司通过直销模式,以需定产,倒着做供应链,可以使用户根据自己的情况选择所需要的产品;采取电子商务销售模式,大大缩短了作业时间,也简化了信息在公司内部传递的流程。戴尔公司开创了电子商务物流的先河。

资料来源：李娜.戴尔公司电子商务物流模式选择及构建案例分析[J].中国集体经济（下半月），2007(8)：93-94.

思考题

1. 电子商务物流模式有哪些？它们各有哪些优缺点？
2. B2B 电子商务的特点及其物流模式的选择有哪些？
3. B2C 电子商务物流目前存在哪些困难？
4. 常见的 B2C 电子商务物流模式有哪些？

即测即练

第 四 章

电子商务采购与库存管理模式

【本章导读】

1. 采购的概念、分类及供应商管理。
2. 库存控制的含义、库存管理方法和评价指标、零库存管理。
3. 电子商务下采购的特点及主要模式。
4. 电子商务下库存控制管理特点和最优库存控制模式。

中粮糖业数字化采购管理平台

中粮(COFCO)集团有限公司(以下简称"中粮集团")是中国农粮行业领军者,以及全球布局、全产业链的国际化大粮商。中粮集团以农粮为核心主业,聚焦粮、油、糖、棉、肉、乳等品类,同时涉及食品、金融、地产领域。中粮糖业为中粮集团旗下糖业上市平台,主营业务包括国内及海外制糖、食糖进口、港口炼糖、国内食糖销售及贸易、食糖仓储及物流、番茄加工等。

中粮糖业立足服务"三农",是提升国内糖业种植、加工能力的领军力量;同时作为国家食糖进口的主渠道,年自营及代理进口量约占中国进口总量的50%,是衔接海外资源与国内市场的桥梁;中粮糖业也是国内最大的食糖贸易商之一,是服务用糖企业、促进国内食糖流通的主力军。

作为我国糖业产业领军企业,中粮糖业采购业务复杂、管理供应商繁多、采购金额高,业务流程长、覆盖范围广、管理层级多。因此,提升集团采购管理水平,建立数字化采购运营管理能力,既是中粮糖业发展的内在迫切要求,也是国务院国有资产监督管理委员会主导的"采购管理提升"专项工作要求,符合国家产业转型提升政策的指导方向。

一、中粮糖业采购管理存在的问题

(1)缺少统一的业务过程合规性管控平台,导致采购过程数据分散、信息不对称、采购质量依赖于个人的职业素养。

(2)中粮糖业执行"两级集采、三级执行"的集采集管机制,亟须平台作为集采管理的有力抓手,落实集采管理,形成"管得住、集得了、买得好"的集采体系。

(3)中粮糖业采购物料品种繁多,迅速发展的产业导致物料新增、变更业务频繁,缺乏统一、规范的基础数据管理标准,造成物料数据不规范,成为采购管理提升的"卡脖子"问题。

（4）集团管理供应商众多,传统的 ERP＋OA（办公自动化）信息化体系,缺乏对供应商的统一管理机制,无法共享信息、量化管理。

（5）中粮糖业产业模式多样化,与此对应,采购品类及采购模式呈多样化,包括贸易采购、大宗物资采购、工程项目采购、包材采购、固定资产采购、物流采购以及低值易耗品采购等。

二、采购平台建设过程

一采通以"全流程、全品类、场景化"为理念,以"私有化＋公有云"架构的产品为企业数字化采购提供专业平台和最佳实践服务,涵盖招采管理、集约化采购、精益供应链、战略采购、项目供应链、产业化服务等,客群覆盖大型集团,流程制造类、离散装配制造类、运营类企业等,为企业提供从"工具化"向"管控闭环""数字化运营""产业化增值"等不同价值阶段跃升过程中的数字化采购服务。

2017 年,一采通作为采购提升战略合作伙伴,协助中粮糖业建设数字化采购管理平台,项目以"制度管人、平台管事"为原则,经历了"管招采、全覆盖、数字化"三个提升阶段,取得了良好的运行效果。

（一）阳光合规、管好招采

建立集团统一采购管理平台,统一供应商寻源准入及多级分类库。制定招标及非招标两类八种合规采购方法,加强采购合规管控。建立集中采购与授权自采等多种集采管理模式,强化集采集管。通过第一阶段建设,打造中粮糖业数字化采购管理持续提升的牢固基础。

（二）全域管理、闭环体系

组织物料数据梳理,为管理数字化扫清障碍。在此基础上,建立"全流程、全品类、全场景"的在线采购管理环境,实现采购全域管理。打造开放数据中台,与集团其他信息化系统全面集成,建立闭环管理体系。

（三）数字化创新

利用大数据、云计算等数字化技术,全面提升采购业务的自动化、智能化程度,实现业务价值提升。

三、建设效果与收益

（1）形成覆盖采购需求计划、集中采购、采购合同、履约执行、对账付款的全流程在线业务平台,涵盖招标采购及非招标采购两类共八种采购方法,过程阳光、透明可追溯,在提高合规性的同时,极大限度提高业务效率,保证采购工作准确、及时、高质量。

（2）建立全集团统一供应商分级分类库,形成开发准入、分级分类、信息共享、履约记录、量化评估、动态奖惩的全周期闭环管理体系。建立供应商画像,量化供应商能力,积累优质供方,推动产业供应链生态良性发展。

（3）建立集中采购全覆盖,降本增效。针对生产主料（原料）采购、物流采购、工程项目采购、固定资产采购、包装物及燃料采购,实现了由总部统管,总部或二级业务组织管理的两级集采体系,集中采购在线组织,并通过平台下沉到三级单位采购执行,实现集采闭环管理,有效提升了集采率,取得显著的集采降本成效。

(4)建立采购管理标准化体系,包括以下方面:①规范采购合同、采购文件、过程资料、规则规范等模板库,加强业务过程规范性,提高业务处理的效率和质量。②梳理了22类合计近10万条物料主数据,别除错误、重复、无效数据,优化数据基础;建立统一在线主数据管理流程,建立三级审核机制,按专业归口管理、明确责权、优化数据管理流程。③以制度为依据,建立平台统一采购管理及供应商管理规则,形成规范化、自动化、智能化三个应用层级。

(5)利用大数据,建立数字化风控体系,包括供应商风控和采购过程合规两大风控体系,通过数据模型分析,对采购过程中的"问题供方"以及"问题操作"建立数据分析、风险预警、过程干预的风控机制,消除采购管理盲区。

(6)进行智能化数据分析,辅助采购决策,帮助采购人员发现集采整合、采购方案、谈判策略、价格优化、成本分析、供应商组成等方向的提升机会,形成采购决策报告,建立开标评定、采购合同、采购订单、履约跟催及对账付款等环节中的自动化应用场景,打造中粮糖业智能化采购体系。

在数字化采购平台建设过程中,中粮糖业发挥行业领军企业的优势,快速有力地完成了整合资源、建立标准、优化流程,并融合数字化技术,为产业头部企业进行数字化采购、持续升级迭代提供了最佳实践的参考。

资料来源:中粮糖业数字化采购管理平台[EB/OL].(2023-09-05).http://www.chinawuliu.com.cn/xsyj/202309/05/615664.shtml.

第一节 采购的概念

采购,是在市场经济条件下,在商品流通过程中,各企业及个人为了获取商品对获取商品的渠道、价格、数量、质量、时间等进行预测、抉择,把货币资金转化为商品的交易过程。采购是一个商业性质的有机体为维持正常运转而寻求从"体外"摄入的过程。广义的采购主要有租赁、借贷、交换三种途径。

(1)租赁:一方用支付租金的方式取得他人物品的使用权。

(2)借贷:一方凭借自己的信用和彼此之间的友好关系获得他人物品的使用权。

(3)交换:双方采用以物易物的方式取得物品的使用权和所有权。

一、采购的分类

(一)订货点采购

订货点采购可分为定量订货法采购和定期订货法采购。

(1)定量订货法采购:预先确定一个订货点和一个订货批量,然后随时检查库存,当库存下降到订货点时,就发出订单,订货批量的大小每次都相同。

(2)定期订货法采购:预先确定一个订货周期和一个最高库存水准,然后以规定的订货周期为准,周期性地检查库存,发出订单,订货批量的大小每次都不一定相同,订货量等于当时的实际库存量与规定的最高库存水准的差额。

两种模式都是以需求分析为依据,以补充库存为目的,采用一些科学方法,兼顾满足需求和库存成本控制,原理比较科学,操作比较简单。但是由于市场的随机因素多,这种方法同样具有库存量大、市场响应不灵敏的缺陷。

（二）MRP 采购

物料需求计划(material requirement planning,MRP)采购,主要应用于生产企业,是由企业采购人员采用 MRP 应用软件,制订采购计划而进行采购。

MRP 采购是以需求分析为依据,以满足库存需求为目的。由于计划精细、严格,所以它的市场响应灵敏度及库存水平都比订货点法采购更进一步。

（三）JIT 采购

JIT 采购(又称适时采购),是一种完全以满足需求为依据的采购方法。需求方根据自己的需要,对供应商下达订货指令,要求供应商按指定的时间、指定的品种、指定的数量送到指定的地点。

JIT 采购既做到了灵敏地响应需求、满足用户的需求,又使用户的库存量最小。由于用户不需要设库存,所以实现了零库存生产。这是一种比较科学和理想的采购模式。

（四）VMI 采购

供应商管理库存的基本思想是在供应链机制下,采购不再由采购者操作,而是由供应商操作。VMI 采购是用户只需要把自己的需求信息向供应商连续、及时地传递,由供应商自己根据用户的需求信息,预测用户未来的需求量,并根据这个预测需求量制订自己的生产计划和送货计划,用户库存量的大小由供应商自主决策的采购模式。

它是一种科学的、理想的采购模式。供应商能够及时掌握市场需求信息、灵敏地响应市场需求变化,从而减少库存风险、提高经济效益。但是,VMI 采购对企业信息系统、供应商的业务动作要求高。

（五）电子采购

电子采购(即网上采购),是在电子商务环境下的采购模式。电子采购扩大了采购市场的范围、缩短了供需距离、简化了采购手续、减少了采购时间、降低了采购成本、提高了工作效率,是一种很有前途的采购模式。但是,电子采购要依赖于电子商务的发展和物流配送水平的提高,而这二者又取决于整个国民经济水平和科技进步的水平。我国现在已经有不少企业及地方政府采用了电子采购的方式,电子采购在不断地发展和普及。

二、供应商管理

目前,全球经济一体化,企业经营全球化,以及高度竞争形成的高度个性化与迅速改变的客户需求,使企业在提高产品质量、降低产品成本、快速响应全球市场需求变化方面面临来自市场层面持续不断的压力。而大多数企业由于过分地依赖对外采购产品与服务,导致对供应商的依赖性持续加强。供应商作为企业外部环境的重要组成部分在供应链中的地位逐渐凸显出来,已然成为企业竞争力的一个战略筹码,供应商管理也成为提升企业竞争力的有效手段,谁拥有具有独特优势的供应商,谁就能赢得竞争优势。这样,如何全面地管理与供应商之间的关系,不断优化企业的供应网络,以此保证产品质量、缩短交货期、减少成本、增加利润,提升企业在市场竞争中的应变能力,便成为企业运作中相当重要的一个环节。

(一)供应商选择的原则

供应商管理是供应链采购管理中一个很重要的问题,它在实现准时化采购中有很重要的作用。一般来说,选择供应商应遵循以下原则。

1. 目标定位

目标定位,即对供应商实行市场准入制度,就是要求供应商评审人员注重对供应商进行初审、考察、考核等的广度和深度,依据所采购商品的品质特性和品质保证要求去选择供应商,使建立的采购渠道保证品质要求,减少采购风险。

2. 双赢关系

双赢关系已经成为供应链企业之间合作的典范,因此,要在采购管理中体现供应链的合作,对供应商的管理就应集中在如何和供应商建立双赢关系及维护和保持双赢关系上。随着市场竞争越来越激烈,当今的经济环境充满了竞争性和不确定性。客户的需求总在不断变化,要求企业对市场反应速度越来越快,相应地,制造商的产品生命周期也越来越短。为了适应这种需求的多变性,许多企业采用了敏捷制造(agile manufacturing)、精益生产等创新型战略,以实现生产的柔性化。然而,单纯依靠制造商的能力来强化供应链的柔性是不够的,供应链上游企业的活动对决定供应链的柔性起着至关重要的作用。

3. 优势互补

供应商在某些领域应具有比采购方更强的优势,能在一定程度上优势互补。要清楚地知道之所以选择这家厂商作为供应商而不是其他厂家,是因为它具有其他企业所没有的某些优势。只有那些在经营理念和技术水平方面符合或达到规定要求的供应商,才能成为企业生产经营和日后发展的忠实与坚强的合作伙伴。

(二)供应商管理中易出现的问题

1. 供应商选择不当

采购的首要问题就是选择供应商的问题。企业要维持正常的生产,就必须有合格的供应商提供物资。许多企业还是局限于过去的采购思想,只有缺少供给时,才紧急寻找供应商,结果浪费时间和资金,却找不到合适的供应商。即使找到了,由于没有时间对供应商进行详细的信息收集与调查,供应品也不能满足生产需要。尽管有些企业在选择供应商前做了信息收集工作,但往往只关注那些直接与供应有关的指标,如生产率、缺陷率、及时率等,不能全面地考察供应商的能力,导致一些不稳定因素在后期滋生。

2. 缺乏对供应商的分类管理

企业对不同类型的供应商缺乏明确的划分和针对性的管理。由于传统式的供应商关系更多地表现为双方竞争性、对立的关系,因此受这种思想的影响,企业往往不能区别地看待不同的供应商。而事实上,我们知道各种供应品对企业的重要性是不同的,因此不同供应商的重要性对企业也是不同的,这样一视同仁的供应商关系,一方面会使重要供应商不满,打击其积极性;另一方面也会造成资源、资金的浪费。

3. 对供应商的价值认识不足

大多数企业还认为供应商是企业外部供应者,采购只是提供原料的辅助职能。从这种角度思考,企业根本不会去考虑供应商与自身之间的关系和供应商的发展对自身的影响。企业的出发点就是如何使自身的利益最大化,站在这个出发点上,就不会建立长期的合作伙伴关系,也不会积极主动地帮助供应商改进和发展,更不会将供应商纳入自己商品的开发设计中。即使有些企业看到了供应商对自身发展的重要性,也跳不出关注自身利益最大化的圈,从而忽视供应商的利益。

4. 缺乏有效监督,绩效评价和反馈机制不健全

供应商的控制和监督也是困扰企业的一个难题。由于供应商在外部,关于它的信息变化,企业很难觉察。因此,如何及时地获得供应商的信息、及时了解供应商的生产能力、保证供应商的质量等都成为对供应商监督、控制的棘手问题。建立供应商绩效评价体系可以很好地解决上述问题,但目前多数企业还缺乏建立供应商绩效评价体系和反馈机制的意识,即使建立了供应商评价体系,在设计方面也存在指标不完整、内容不具体的问题。而在运用过程中,实施不到位、反馈不及时也大大削弱了供应商绩效评价体系所应发挥的作用。

第二节　库存控制概述

库存是指暂时闲置的用于将来目的的资源,如原材料、半成品、产成品、机器等。

一、库存的分类

要对库存进行有效的管理和控制,首先要对存货进行分类。常用的存货分类方法有ABC 分类法和 CVA 管理法(critical value analysis,关键因素分析法)。

(一)ABC 分类法

ABC 分类法又称重点管理法或 ABC 分析法,是一种从名目众多、错综复杂的客观事物或经济现象中,通过分析,找出主次,分类排队,并根据其不同情况分别加以管理的方法。通常可将库存按年度货币占用量分为 A、B、C 三类。

A 类是年度货币占用量最高的库存,这些品种可能约占库存总数的 15%,但用于它们的库存成本却占到总数的 70%~80%。

B 类是年度货币占用量中等的库存,这些品种约占库存总数的 30%,总成本占总价值的 15%~25%。

那些年度货币占用量较低的库存为 C 类,它们的成本只占总数的 5%,数量却占库存总数的 55%。

除货币量指标外,企业还可以按照销售量、销售额、订货提前期、缺货成本等指标对库存进行分类。通过分类,管理者就能为每一类的库存品种制定不同的管理策略,实施不同的控制。

建立在 ABC 分类法基础上的库存管理策略包括以下内容。

(1) 花费在购买 A 类库存的资金应大大多于花费在 C 类库存上的。

(2) 对 A 类库存的现场管理应更严格,它们应存放在更安全的地方,而且为了保证记录的准确性,更应对它们频繁地进行检验。

(3) 预测 A 类库存应比预测其他类库存更为仔细、精心。

ABC 分析法中的年度货币占用量,可以用每个品种的年度库存需求量乘其库存成本求得。表 4-1 中列示了 ABC 分类法所划分的库存类型及其管理策略。

表 4-1　ABC 分类法库存类型及其管理策略

库 存 类 型	特点(按货币占用量)	管 理 策 略
A	品种数约占库存总数的 15%,成本占 70%~80%	进行重点管理。现场管理要更加严格,应放在更安全的地方;为了保持库存记录的准确,要经常进行检查和盘点;预测时要更加仔细
B	品种数约占库存总数的 30%,成本占 15%~25%	进行次重点管理。现场管理不必投入比 A 类更多的精力;库存检查和盘点的周期可以比 A 类长一些
C	成本只占总数的 5%,但品种数量却占库存总数的 55%	只进行一般管理。现场管理可以更粗放一些。但是由于品种多,出现差错的可能性也比较大,因此必须定期进行库存检查和盘点,周期可以比 B 类长一些

利用 ABC 分析法可以使企业更好地进行预测和现场控制,以及减少安全库存和相关投资。

ABC 分类法并不局限于分成三类,可以增加。但经验表明,最多不要超过五类,过多的种类反而会增加控制成本。

(二)CVA 管理法

ABC 分类法存在不足之处,通常表现为 C 类货物得不到应有的重视,而 C 类货物往往会导致整个装配线的停工。因此,有些企业在库存管理中引入关键因素分析法。

CVA 的基本思想是把存货按照重要性分成四类。

(1) 最高优先级。这是经营活动中的关键性物资,不允许缺货。

(2) 较高优先级。这是经营活动中的基础性物资,但允许偶尔缺货。

(3) 中等优先级。这多属于比较重要的物资,允许合理范围内缺货。

(4) 较低优先级。经营中需用这些物资,但可替代性高,允许缺货。

表 4-2 列示了按 CVA 管理法所划分的库存类型及其管理策略。

表 4-2 CVA 管理法库存类型及其管理策略

库 存 类 型	特 点	管 理 策 略
最高优先级	生产经营中的关键物资,或 A 类重点客户的存货	不许缺货
较高优先级	生产经营中的基础性物资,或 B 类客户的存货	允许偶尔缺货
中等优先级	生产经营中比较重要的物资,或 C 类客户的存货	允许合理范围内缺货
较低优先级	生产经营中需要但可替代的物资	允许缺货

CVA 管理法比 ABC 分类法有更强的目的性。在使用中要注意,人们往往倾向于制定高的优先级,结果高优先级的物资种类很多,最终哪种物资都得不到应有的重视。CVA 管理法和 ABC 分析法结合使用,可以达到分清主次、抓住关键环节的目的。在对成千上万种物资进行优先级分类时,不得不借用 ABC 分类法进行归类。

二、库存管理方法的评价指标

库存管理主要是与库存物料的计划和控制有关的业务,目的是支持生产运作。库存管理也叫库存控制,但是库存管理并不同于仓库管理。仓库管理主要针对仓库或库房的布置,物料运输和搬运及存储自动化等的管理;库存管理的对象是库存项目,即企业中的所有物料,包括原材料、零部件、在制品、半成品及产成品,以及辅助物料。库存管理的主要功能是在供、需之间建立缓冲区,缓和用户需求与企业生产能力之间、最终装配需求与零配件之间、零件加工工序之间、生产厂家需求与原材料供应商之间的矛盾。

消费者在购买商品之前通常要对销售者保质保量提供商品的能力进行调查,只有在充分相信这种能力以后才进行购买。相应地,销售者要巩固老客户、吸引新客户,就必须对库存进行良好的管理。库存管理方法的评价指标主要有以下几个方面。

(1)客户满意度。客户满意度是指客户对于销售者现在的服务水平的满意程度。这个指标涉及许多内容,如客户忠诚度、取消订货的频率、不能按时供货的次数、与销售渠道中经销商的密切关系等。

(2)延期交货。如果一个企业经常延期交货,不得不使用加班生产、加急运输的方法来弥补库存的不足,那么可以说,这个企业的库存管理系统运行效率很低。它的库存水平和再订货点不能保证供应,紧急生产和运输的成本很高,远远超过了正常成本。但这不是要求企业一定不能有延期交货的现象,如果由降低库存水平引起的延期交货成本低于节约的库存成本,那么这种方案是可取的,它可以实现企业总成本最低的目标。

(3)库存周转次数。计算整个生产线、单个产品、某系列产品的周转次数可以反映企业的库存管理水平。可以通过对各个时期、销售渠道中各个环节的库存周转次数进行比较,看看周转次数的发展趋势是上升还是下降,周转的"瓶颈"是在销售渠道的哪个环节。

库存周转次数的计算公式如下:

库存周转次数＝年销售额/年平均库存值

还可以细分为

原材料库存周转次数＝年材料消耗额÷年原材料平均库存值

在制品库存周转次数＝生产产值÷在制品平均库存值

成品库存周转次数＝年销售额÷成品年平均库存值

库存周转次数在不同行业的企业中变化幅度很大,即使同一行业中不同规模的企业,也有很大差异。

总体来说,库存周转次数越大,表明企业的库存控制越有效,但有时客户订货却不能马上得到货物,这就降低了客户服务水平。企业要想增加库存周转次数并维持原有的客户服务水平,就必须使用快速、可靠的运输方式,优化订单处理程序,以降低安全库存,达到增加库存周转次数的目的。对企业各环节、各种产品的库存周转次数进行分析评价,就可以发现企业物流系统的问题所在。

三、库存量的控制方法

传统的库存量控制方法包括确定条件和不确定条件下的经济订货批量(economic order quantity,EOQ)法、固定订货周期法等数学模型方法。

在企业的决策中,少数几个关键性因素通常起决定作用,决策模型为了突出这些因素,就必须对现实进行抽象,作出许多假设,忽略次要因素,简化决策过程。模型的假设条件决定了该模型的复杂程度和精确程度。一般来讲,假设条件越简化、越脱离现实,这个模型就越容易理解、越容易操作,但其结果往往不太精确。决策者必须在复杂程度和精确程度之间进行权衡,在不脱离现实太远的前提下,使模型尽可能地简单、明了。

在今天的经济环境中,企业的生产目标、生产组织结构、生产方式和方法都发生了巨大的变化,也对传统的库存管理方法提出了挑战。随着计算机技术的发展,创新性的现代库存管理方法得到普及和推广。这些方法包括物料需求计划、制造资源计划、分销资源计划(distribution resource plan,DRP)和及时方法。

(一) 库存成本

库存成本的构成主要包括三个方面,即库存持有成本、订货成本或生产准备成本、缺货成本。

1. 库存持有成本

库存持有成本是指为保持库存而发生的成本,它可以分为固定成本和变动成本。固定成本与库存数量的多少无关,如仓库折旧、仓库职工的固定月工资等;变动成本与库存数量的多少有关,如库存占用资金的应计利息、破损和变质损失、安全费用等。变动成本主要包括以下四项:资金占用成本、储存空间成本、库存服务成本和库存风险成本。

(1) 资金占用成本。资金占用成本有时也称为利息成本或机会成本,是库存资本的隐含价值。资金占用成本反映失去的盈利能力。如果资金投入其他方面,就会要求取得投资回报,因此资金占用成本就是这种尚未获得的回报的费用。

一般来说,资金占用成本是库存持有成本的一个最大组成部分,通常用持有库存的货币价值的百分比来表示,也有用确定企业新投资最低回报率来计算资金占用成本的。

(2) 储存空间成本。这项成本包括与产品运入、运出仓库有关的搬运成本及储存成本,如租赁费、取暖费、照明费等,即实物储存与搬运成本。这项成本将随情况不同而有很大变化。例如,原材料经常是直接从火车卸货并露天储存,而产成品则要求更安全的搬运设备及更复杂的储存设备。

储存空间成本仅随库存水平的提高或降低而增加或减少。如果利用公共仓库,有关搬运及储存的所有成本将直接随库存的数量而变化,在做库存决策时,这些成本都要考虑。如果利用自有仓库,大部分储存空间成本是固定的(如建筑物的折旧)。

(3) 库存服务成本。这项成本主要指安全成本及税金。根据产品的价值和类型,产品丢失或损坏的风险高,就需要较高的安全成本。另外,许多国家将库存列入应税的财产,高水平库存导致高税费。安全成本及税金将随产品不同而有很大变化,但在计算存货储存成本时,必须考虑它们。

(4) 库存风险成本。作为库存持有成本的最后一个主要组成部分的库存风险成本,反映了一种非常现实的可能性,即由于企业无法控制的原因而产生的库存贬值。

由于库存持有成本中的固定成本是相对固定的,与库存数量无直接关系,它不影响库存控制的决策,所以我们可以通过以下步骤计算(单一库存产品的)库存持有成本。

第一步,确定这种库存产品的价值,其中先进先出法(FIFO)、后进先出法(LIFO)或平均成本法是常用的方法。因为无论提高或降低库存水平与库存价值的变动成本相关,都与固定成本无关,所以,与库存决策最相关的产品价值是产品的买价或目前进入企业物流系统的产品的可变制造成本。

第二步,估算每一项储存成本占产品价值的百分比,然后将各百分比数相加,得到库存持有成本占产品价值的比例,这样储存成本就用库存价值百分比来表示,如表 4-3 所示。

表 4-3　库存持有成本的确定

成　本　类　别	成本占库存价值的比例
仓储成本：仓库租金、折旧、作业成本、税金、安全成本	6%(3%～10%)
材料处理成本：设备租金、折旧、能源、作业	3%(1%～3.5%)
进行额外处理的劳动力成本	3%(3%～5%)
投资成本：借贷成本、税金、库存安全	11%(6%～24%)
被偷窃、积压和废旧库存	3%(2%～5%)
所有的持有成本	26%

第三步,用全部储存成本(产品价值的百分比)乘以产品价值,就可估算出保管一定数量库存的年总成本。

2. 订货成本或生产准备成本

订货成本或生产准备成本,是指企业向外部的供应商发出采购订单的成本或企业内部的生产准备成本。

订货成本,是指企业为了实现一次订货而进行的各种活动的费用,包括处理订货的差旅费、邮资、电报电话费、文书费等支出。订货成本中,有一部分与订货次数无关,如常设采购机构的基本开支等,称为订货的固定成本;另一部分与订货的次数有关,如差旅费、邮资等,称为订货的变动成本。具体来讲,订货成本包括与下列活动相关的费用:检查存货水平;编制并提出订货申请;对多个供应商进行调查比较,选择最合适的供货商;填写并发出订货单;填写、核对收货单;验收发来的货物;筹备资金并进行付款。

这些成本很容易被忽视,但在考虑涉及订货、收货的全部活动时,这些成本很重要。

生产准备成本,是指当库存的某些产品不由外部供应而是企业自己生产时,企业为生产一批货物而进行改线准备的成本。其中,更换模具、夹具需要的工时或添置某些专用设备等费用属于固定成本,与生产产品的数量有关的费用如材料费、加工费等属于变动成本。

订货成本和库存持有成本随着订货次数或订货规模的变化而呈反方向变化,起初随着订货批量的增加,订货成本的下降比库存持有成本的增加要快,即订货成本的边际节约额比库存持有成本的边际增加额要多,使得总成本下降。当订货批量增加到某一点时,订货成本的边际节约额与库存持有成本的边际增加额相等,这时总成本最小。此后,随着订货批量的不断增加,订货成本的边际节约额比库存持有成本的边际增加额要小,导致总成本不断增加。

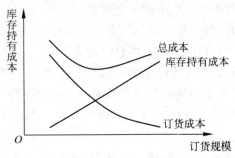

图 4-1　库存持有成本与订货规模的关系

总之,随着订货规模(或生产数量)的增加,库存持有成本增加,而订货(或生产准备)成本降低,总成本线呈 U 形。其关系如图 4-1 所示。

3. 缺货成本

库存决策中另一项主要成本是缺货成本,是指库存供应中断而造成的损失,包括原材料供应中断造成的停工损失、产成品库存缺货造成的延迟发货损失和丧失销售机会的损失(还应包括商誉损失)。如果生产企业以紧急采购代用材料来解决库存材料的中断之急,那么缺货成本表现为紧急额外购入成本(紧急采购成本大于正常采购成本的部分)。当一种产品缺货时,客户就会购买竞争对手的产品,从而使企业产生直接利润损失,如果失去客户,还可能给企业带来间接成本或长期成本。在供应物流方面,原材料或半成品或零配件的缺货,意味着机器空闲甚至关闭全部生产设备。

(二)经济订货批量模型

1. 库存周期

库存总成本最小的订货量称为经济订货批量。经济订货批量模型如图 4-2 所示,图中 Q 为订货量。这里描述了三个库存周期,每一周期都以 Q 个单位为开始,它是固定订货批量。刚收到订货时,库存水平为 Q 个单位,物品按斜率为负值的斜线所表示的某一固定需求率 R 出库。当库存量降至再订货点时,就按 Q 单位发出一批新的订货,经过一固定的提前期后,货物便到达入库。这是一个经济订货批量模型在确定性条件下应用的例子。

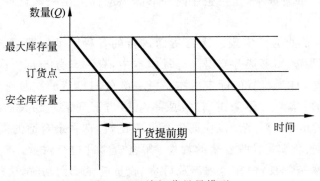

图 4-2　经济订货批量模型

建立再订货点是为何时订购固定批量提供一个信号,在企业库存管理中,再订货点是以提前期或补充时间的概念,即订货被补充或制造固定批量所需的时间长度为基础的。

2. 简单 EOQ 模型

简单 EOQ 模型的基本假设如下。

(1) 需求量确定并已知,整个周期内的需求是均衡的。

(2) 供货周期固定并已知。

(3) 集中到货,而不是陆续入库。

(4) 不允许缺货,能满足所有需求。

(5) 购买价格或运输费率等是固定的,与订货的数量、时间无关。

(6) 没有在途库存。

(7) 只有一项产品库存,或虽有多种库存,但各不相关。

(8) 资金可用性无限制。

前四条假设密切相关,是确定性条件成立的基本前提。在每一相关时间间隔(每天、每周或每月),需求是已知的并与时间呈线性关系。库存消耗的速率是固定的,补充库存所需时间长度是已知的,换句话说,订货与收货之间的提前时间是固定的,这表明在原有库存用完之前所订货物刚好到达,因此不需要考虑缺货情况及缺货损失。对于价格固定的假设表明没有价格折扣,而且价格相对稳定,无在途库存假设意味着货物以买方工厂交货价为基础购买(购买价格包含运费)并以卖方工厂交货价(买方负责运输)出售。这表明企业在购货时,直到收到所买货物才拥有所有权;在销货时,货物所有权在产品离开工厂或装运点就转移了。作出这些假设,企业就不用负责在途货物,即没有在途存货储存成本。许多企业库存有多种产品,单项物品的假设并没有脱离现实,可以对每一项重要的库存产品单独做EOQ决策。但由于没有考虑各种产品之间的相互作用,所以与现实会有一定的差距。资金的可用性在一些情况下是非常重要的,如果对库存的资金有某些限制,可作为批量模型一个约束条件。

在以上假设前提下,简单 EOQ 模型只考虑两种成本:库存持有成本与订货成本或生产准备成本。简单模型的决策涉及两种成本之间的权衡分析。库存持有成本随订货批量的增加而呈线性增加,如果只考虑库存持有成本,则订货批量越小越好。而订货成本随订货批量的增加而减少,如果只考虑订货成本,则订货批量越大越好。因此,应权衡考虑两种成本,使总成本达到最小的订货批量即为最优订货批量。

3. 数学描述

为了建立 EOQ 模型,首先假定以下变量:

D 为每年的需求量(件);

Q 为订货批量(件);

C 为每次的订货成本或生产准备成本(元/每次订货);

P 为每件商品的价值(元/件);

F 为每件商品的年持有成本占商品价值的百分比(%);

$K=PF$ 为每件商品的年储存成本(元/件);

t 为时间(天数);

TC 为年库存总成本(元);

上述假设已知,年总成本可由以下公式表示:

$$TC = DP + \frac{DC}{Q} + \frac{QK}{2}$$

为了获得使总成本达到最小的 Q,即经济订货批量,将 TC 函数对 Q 微分:

$$EOQ = \sqrt{\frac{2CD}{K}} \quad 或 \quad EOQ = \sqrt{\frac{2CD}{PF}}$$

【例 4-1】 某企业原材料 A 的年需求量为 1 200 单位,单价为 10 元/单位,年保管费率为 20%,每次订货成本为 300 元。根据 EOQ 公式,该企业原材料 A 的经济订购批量为 600 单位,库存总成本为 13 200 元,计算过程如下:

$$Q = \sqrt{\frac{2CD}{K}} = \sqrt{\frac{2 \times 1\,200 \times 300}{10 \times 20\%}} = 600(单位)$$

$$TC = DP + \frac{DC}{Q} + \frac{QK}{2}$$

$$= 1\,200 \times 10 + \frac{1\,200 \times 300}{600} + \frac{600 \times 10 \times 20\%}{2} = 13\,200(元)$$

4. 再订货点

除了要知道订货多少之外,还必须知道什么时候订货,这就是再订货点。在确定性条件下,在补充期或提前期需要足够的库存。因此,如果提前期已知,可以用提前期乘以日需求量来确定再订货点。

假设订货补充期或提前期为 10 天,已知每天的需求量是 10 个单位,那么提前订货点是 100 单位(10 天×10 单位/天)。

5. 对基本 EOQ 模型的调整

1) 允许缺货的经济订购批量

在实际生产经营活动中,因为多种因素影响,订货到达时间或每日消耗量不可能稳定不变,缺货现象在所难免。允许缺货经济订货批量是指订货费、保管费和缺货费最小时的批量,计算公式为

$$EOQ = \sqrt{\frac{2C_3}{C_1}} \times \sqrt{\frac{C_1 + C_2}{C_2}}$$

式中,C_1 为保管费用;C_2 为缺货费用;C_3 为订货费用。

【例 4-2】 某企业原材料 A 的年需求量为 1 200 单位,单价为 10 元/单位,年保管费率为 20%,每次订货成本为 300 元,允许缺货,且年缺货损失费为 0.3 元。若其他条件不变,允许缺货的经济订货批量约为 1 661 单位,计算过程如下:

$$EOQ = \sqrt{\frac{2C_3}{C_1}} \times \sqrt{\frac{C_1 + C_2}{C_2}} = \sqrt{\frac{2 \times 300 \times 1\,200}{10 \times 20\%}} \times \sqrt{\frac{10 \times 20\% + 0.3}{0.3}} \approx 1\,661(单位)$$

2) 有批量折扣的经济订货批量

任何负责购买产品或运输服务的经营者都会经常面临价格折扣的问题。价格折扣可以是一次购买大批量商品的减价,也可以是运输大批货物,其单位运价较低,或两者兼而有之。大批购买的结果是企业有大量库存而订货费用降低。

现在的问题是如果供应方提供折扣,大批最购买是否有优势。解决这一问题的步骤

如下。

第一步,计算每种价格 P_i 下的 EOQ_i。

第二步,淘汰不可行的 EOQ_i。"不可行"是指按照价格 P_i 计算出的经济订货批量未达到 P_i 所要求的最低订货批量。

第三步,计算可行的 EOQ_i 的年总成本 TC(含产品买价)。

第四步,找出所有的折扣临界批量,按折扣价格计算年总成本 TC(含产品买价)。

第五步,比较第三步、第四步求出的所有总成本 TC,找出最小值,相应的订货批量就是经济订货批量。

【例 4-3】 某企业原材料 A 的年需求量为 1 200 单位,单价为 10 元/单位,年保管费率为 20%,每次订货成本为 300 元,供应商的数量折扣条件是:如果订货量小于 650 单位,每单位为 10 元;订货量大于 650 单位时,每单位为 9 元。

如果该企业按折扣价批量订货,其他条件不变,则库存总成本约为 11 939 元,最佳采购批量约为 632 单位,计算过程如下:

$$TC = DP + \frac{DC}{Q} + \frac{QK}{2} = 1\,200 \times 9 + \frac{1\,200 \times 300}{650} + \frac{650 \times 9 \times 20\%}{2} \approx 11\,939(\text{元})$$

$$Q_9 = \sqrt{\frac{2CD}{K}} = \sqrt{\frac{2 \times 1\,200 \times 300}{9 \times 20\%}} \approx 632(\text{单位})$$

但是,由于 632 单位的订货批量小于供应商 650 单位的折扣下限,所以该企业不可能按 632 单位进行采购,其最低的折扣订货批量应该是 650 单位。

如果折扣单价为 8 元/单位,其他条件不变,则该企业的经济订货批量为 670 单位,大于折扣下限 650 单位,所以按 670 单位订货。

在运输费用由买方支付的情况下,当增大运量可以得到运价上的折扣时,就需要考虑是否加大订货批量。简单的方法是将无运价折扣的库存总成本和有折扣的库存总成本进行对比,选择总成本最低的方案。

【例 4-4】 某企业原材料 A 的年需求量为 1 200 单位,单价为 10 元/单位,年保管费率为 20%,每次订货成本为 300 元,订货批量小于 800 单位,运输费率为 1 元/单位,订货批量大于或等于 800 单位时,运输费率为 0.75 元。如果其他条件不变,由于按照 800 单位订货可以使库存总成本节约 250 元,所以,最佳订货批量应为 800 单位,计算过程如下:

无运价折扣的 EOQ 库存总成本=库存持有成本+订货成本+运输成本

$$= \frac{600 \times 10 \times 20\%}{2} + \frac{1\,200}{600} \times 300 + 1 \times 1\,200 = 2\,400(\text{元})$$

有运输折扣的 EOQ 库存总成本=库存持有成本+订货成本+运输成本

$$= \frac{800 \times 10 \times 20\%}{2} + \frac{1\,200}{800} \times 300 + 0.75 \times 1\,200 = 2\,150(\text{元})$$

无运价折扣的 EOQ 库存总成本减去有运输折扣的 EOQ 库存总成本为 250 元。

(三)订货点法(定量订货方式)

订货点法,是指库存量下降到一定水平(订货点)时,按固定的订货数量进行订货的方法。该方法的关键在于计算出订货点的储备量。对于某种物品来说,当订货点和订货量确定后,就可以实现库存的自动管理。

订货点的计算公式为

$$订货点＝平均日需求量×平均订货周期＋安全量$$

1. 订货点法的优点

(1) 管理简便,订货时间和订货量不受人为判断的影响,保证了库存管理的准确性。

(2) 由于订货量一定,便于安排库内的作业活动,可节约理货费用。

(3) 便于按经济订货批量订货,节约库存总成本。

2. 订货点法的缺点

(1) 不便于对库存进行严格的管理。

(2) 订货之前的各项计划比较复杂。

3. 订货点法的适用范围

(1) 单价比较便宜,而且不便于少量订货的物品,如螺栓、螺母等。

(2) 需求预测比较困难的物品。

(3) 品种数量多、库存管理事务量大的物品。

(4) 消费量计算复杂的物品;通用性强、需求总量比较稳定的物品等。

(四) 固定订货周期法(定期订货方式)

这种方法的特点是按照固定的时间周期来订货(一个月或一周等),而订货数量则是变化的。一般都是事先依据对产品需求量的预测,确定一个比较恰当的最高库存额,在每个周期将要结束时,对存货进行盘点,决定订货量,货物到达后的库存量刚好到达原定的最高库存额。

与 EOQ 方法相比,这种方法不必严格跟踪库存水平,减少了库存登记费用和盘点次数。价值较低的商品可以大批量购买,也不必关心日常的库存量,只要定期补充就可以了。食品店就经常使用这种方法,有些食品每天进货,有些每周进一次货,另一些可能每月才进一次货。

如果需求和订货提前期是确定的,并且可以提前知道,那么使用固定订货周期法时,每周期的订货量是一样的。如果需求和订货提前期都不确定,那么每周期的订货量就是需求和订货提前期的函数。

这种方法的关键在于确定订货周期,订货周期是指提出订货、发出订货通知,直至收到货物的时间间隔。采用这种库存管理的方法进行订货时,需要预先掌握每个时期内订货点的库存量:

$$Q = \overline{D}(T + \overline{L}) + S - Q_0 - Q_1$$

式中,$\overline{L}$ 为平均订货时间;$\overline{D}$ 为平均日需求量;T 为订货间隔时间;S 为安全储备量;Q_0 为现有库存量;Q_1 为已订未达量。

定期订货方式的适用范围如下。

(1) 消费金额高,需要实施严密管理的重要物品。

(2) 根据市场的状况和经营方针,需要经常调整生产或采购数量的物品。

(3) 需求量变动幅度大,而且变动具有周期性,可以正确判断的物品。

(4) 建筑工程、出口等可以确定的物品。

（5）设计变更风险大的物品。

（6）多种商品采购可以节省费用的情况。

（7）同一品种物品分散保管、同一品种物品向多家供货商订货、批量订货分期入库等订货、保管、入库不规则的物品。

（8）需要定期制造的物品等。

（五）安全库存

许多企业都会考虑保持一定数量的安全库存，即缓冲库存，以防在需求或提前期方面的不确定性。但是，困难在于确定在什么时候需要保持多少安全库存。安全库存太多意味着多余的库存，而安全库存不足则意味着缺货或失销。

安全库存每一追加的增量都会造成效益的递减。超过期望需求量的第一个单位的安全库存所提供的防止缺货的预防效能的增值最大，第二个单位所提供的预防效能比第一个单位稍小，以此类推。如果安全库存量增加，那么缺货概率就会减小。在某一安全存货水平，储存额外数量的成本加期望缺货成本会有一个最小值，这个水平就是最优水平。高于或低于这个水平，都将产生损失。

零售业保持安全库存可以在用户的需求率不规律或不可预测的情况下，有能力保证供应。生产企业保持产成品安全库存可以在零售和中转仓库的需求量超过平均值时有能力补充它们的库存，半成品的额外库存可以在工作负荷不平衡的情况下，使各制造部门间的生产正常化。准备这些追加库存是要不失时机地为客户及内部需要服务，以保证企业的长期效益。

1. 缺货成本计算

缺货成本是由于外部供应和内部供应发生中断而产生的。当企业的客户得不到全部订货时，叫作外部短缺；当企业内部某个部门得不到全部订货时，叫作内部短缺。如果发生外部短缺，将导致延期交货、失销、失去客户的情况。下面分别讨论这三种情况。

1）延期交货

延期交货可以有两种形式：一是缺货商品可以在下次规则订货中得到补充；二是利用快速延期交货。如果客户愿意等到下一次规则订货，那么公司实际上没有什么损失。但如果经常缺货，客户可能就会转向其他供货商。

如果缺货商品延期交货，那么就会发生特殊订单处理和运输费用，延期交货的特殊订单处理费用要比普通处理费用高。由于延期交货经常是小规模装运，运输费率相对要高，而且，延期交货的商品可能需要从另一地区的工厂仓库供货，进行长距离运输。另外，需要利用速度快、收费高的运输方式运送延期交货商品。因此，延期交货成本可根据额外订单处理费用和额外运费来计算。

2）失销

尽管一些客户可以允许延期交货，但是仍有一些客户会转向其他供货商，换句话说，许多公司都有生产替代产品的竞争者，当一个供货商没有客户所需的产品时，客户就会从其他供货商那里订货。在这种情况下，缺货导致失销。失销对于卖方的直接损失是这种产品的利润损失。可以用这种产品的利润率乘以客户的订货数量来确定直接损失。

关于失销,需要指出以下三点。

(1) 失销除了损失利润,还导致当初负责这笔业务的销售人员的精力浪费,这就是机会损失。

(2) 很难确定在一些情况下的失销总量。例如,许多客户习惯电话订货,在这种情况下,客户只是询问是否有货,而未指明要订货多少。如果这种产品没货,那么客户就不会说明需要多少,卖方也就不会知道损失的总量。

(3) 很难估计一次缺货对未来销售的影响。

3) 失去客户

由于缺货,客户永远转向另一个供货商。失去了客户,企业也就失去了未来一系列收入。这种缺货造成的损失很难估计,需要用管理科学的技术以及市场营销的研究方法来分析和计算。除了利润损失,还有缺货造成的信誉损失。信誉很难度量,在库存决策中常被忽略,但它对未来销售及企业经营活动非常重要。

为了确定需要保持多少库存,有必要确定发生缺货造成的损失。

首先,分析发生缺货可能产生的后果,包括延期交货、失销和失去客户。

其次,计算与可能结果相关的成本,即利润损失。

最后,计算一次缺货的损失。

如果增加库存的成本少于一次缺货的损失,那么就应增加库存以避免缺货。

如果发生内部短缺,则可能导致生产损失(人员和机器的闲置)和完工期的延误。如果由于某项物品短缺而引起整个生产线停工,这时的缺货成本可能非常高。对于实施及时管理的企业来说更是这样。为了对安全库存量作出最好的决策,制造企业应该对原材料或零配件缺货造成停产的成本有全面的理解。首先确定每小时或每天的生产率,其次计算停产造成的产量减少,最后得出利润的损失量。

2. 安全库存量的计算

对于安全库存量的计算,可以根据需求量变化、提前期固定,需求量固定、提前期变化,需求量和提前期都随机变化三种情况分别计算。

1) 需求量变化,提前期固定

假设需求的变化服从正态分布,由于提前期是固定的数值,因而可以根据正态分布图直接求出在提前期内的需求分布均值和标准差,或通过直接的期望预测,以过去提前期内的需求情况为依据,确定需求的期望均值。在这种情况下,安全库存量的计算公式为

$$S = z\sigma_d \sqrt{L}$$

式中,σ_d 为提前期内需求量的标准差;L 为提前期的时间;z 为一定客户服务水平下需求量变化的安全系数,它可以根据预定的服务水平,由正态分布表查出。

表 4-4 是客户服务水平与安全系数对应关系的常用数据。

表 4-4　客户服务水平与安全系数对应关系的常用数据

服务水平	0.999 8	0.99	0.98	0.95	0.90	0.80	0.70
安全系数	3.5	2.33	2.05	1.65	1.29	0.84	0.53

【例 4-5】 某超市的某种食用油平均日需求量为 1 000 瓶,并且食用油的需求情况服从

标准差为 20 瓶/天的正态分布。如果提前期是固定常数 5 天,客户服务水平不低于 95%,那么可以计算出该食用油安全库存量约为 74 瓶,计算过程如下:

已知 $\sigma_d = 20$ 瓶/天,$L = 5$ 天,$F(z) = 95\%$,查表知 $z = 1.65$,代入公式,得

$$S = z\sigma_d\sqrt{L} = 1.65 \times 20 \times \sqrt{5} \approx 74(瓶)$$

2) 需求量固定,提前期变化

当提前期内的客户需求情况固定不变,而提前期的长短随机变化时,安全库存量的计算公式如下:

$$S = zd\sigma_L$$

式中,z 为一定客户服务水平下需求量变化的安全系数;σ_L 为提前期的标准差;d 为提前期内的日需求量。

【例 4-6】　某超市某种饮料的日需求量为 1 000 瓶,提前期随机变化且服从均值为 5 天、标准差为 1 天的正态分布。如果客户服务水平要达到 95%,那么该种饮料的安全库存量不能低于 1 650 瓶,计算过程如下:

已知 $\sigma_L = 1$ 天,$d = 1 000$ 瓶,$F(z) = 95\%$,查表知 $z = 1.65$,代入公式,得

$$S = zd\sigma_L = 1.65 \times 1 000 \times 1 = 1 650(瓶)$$

3) 需求量和提前期都随机变化

多数情况下需求量和提前期都是随机变化的,如果可以假设需求量和提前期是相互独立的,那么安全库存量的计算公式如下:

$$S = z\sqrt{\sigma_d^2\overline{L} + \overline{d}^2\sigma_L^2}$$

式中,σ_d、σ_L、z 的含义同上;$\overline{d}$ 为提前期内平均日需求量;$\overline{L}$ 为平均提前期。

【例 4-7】　如果例 4-6 中这种饮料的需求量和提前期都随机变化并服从正态分布,且需求量和提前期相互独立,日需求量 1 000 瓶,标准差为 20 瓶/天,平均提前期为 5 天,标准差为 1 天,那么为了保证这种饮料在夏季的客户服务水平达到 95%,就需要保持不低于 1 652 瓶的安全库存,计算过程如下:

已知 $\sigma_d = 20$ 瓶/天,$\sigma_L = 1$ 天,$\overline{d} = 1 000$ 瓶/天,$F(z) = 95\%$,查表知 $z = 1.65$,代入公式,得

$$S = z\sqrt{\sigma_d^2\overline{L} + \overline{d}^2\sigma_L^2} = 1.65 \times \sqrt{20^2 \times 5 + 1 000^2 \times 1^2} \approx 1 652(瓶)$$

四、零库存管理方式

"零库存"是一种特殊的库存概念,其对工业企业和商业企业来讲是一个重要的分类概念。零库存的含义是以仓库储存形式存在的某种或某些物品的数量很低的一个概念,甚至可以为"零",即不保持库存。不以库存形式存在就可以免去仓库存货的一系列问题,如仓库建设、管理费用,存货维护、保管、装卸、搬运等费用,存货占用流动资金及库存物的老化、损失、变质等问题。

零库存概念的产生可追溯到 20 世纪六七十年代,当时的日本丰田汽车实行准时制生产,在管理手段上采用了看板管理,以单元化生产等技术实行拉式生产,实现了在生产过程

中基本没有积压的原材料和半成品。这种前者按后者需求生产的制造流程不但大大地降低了生产过程中库存和资金的积压,而且在实现准时制生产的过程中也相应地提高了生产活动的管理效率。而生产零库存在操作层面上的意义,则是指物料(包括原材料、半成品和产成品)在采购、生产、销售等一个或几个经营环节中,不以仓库储存的形式存在,而是处于周转的状态。也就是说,零库存与是否拥有库存没有关系,问题的关键在于物品是处于储存还是处于周转的状态。

"零库存"管理是物资存储优化理论,即仓储理论在管理实践中的运用,它并不是指企业所有的原材料、半成品、产品的库存为零,而是在确保企业生产经营活动顺利进行的条件下,采用各种科学的管理手段,对库存进行合理的计算和有效的控制,尽可能地降低库存量的一种方法。零库存并不等于不要储备和没有储备,也就是说,某些经营实体不单独设立库存和储存物资并不等于取消其他形式的储存活动。零库存的形式主要有以下几类。

(1)委托保管方式:接受用户的委托,由受托方代存代管所有权属于用户的物资,从而使用户不再保有库存,甚至可不再保有保险储备库存,从而实现零库存。受托方收取一定数量的代管费用。这种零库存形式的优势在于:受托方利用其专业优势,可以实现较高水平和较低费用的库存管理,用户不再设仓库,减少了仓库及库存管理的大量事务,集中力量于生产经营。但是,这种零库存方式主要是靠库存转移实现的,并不能使库存总量降低。

(2)协作分包方式:美国的"SUB-CON"方式和日本的"下请"方式。其主要是制造企业的一种产业结构形式,这种结构形式可以若干企业的柔性生产准时供应,使主企业的供应库存为零;同时,主企业的集中销售库存使若干分包劳务及销售企业的销售库存为零。

在许多发达国家,制造企业都是由一家规模很大的主企业和数以千百计的小型分包企业组成一个金字塔形结构。主企业主要负责装配和开拓市场的指导,分包企业各自分包劳务、零部件制造、供应和销售。例如,分包零部件制造的企业,可采取各种生产形式和库存调节形式,以保证按主企业的生产速率,按指定时间送货到主企业,从而使主企业不再设一级库存,达到推销人或商店销售,可通过配额、随供等形式,以主企业集中的产品库存满足各分包者的销售需求,使分包者实现零库存。

(3)轮动方式:也称同步方式,是指在对系统进行周密设计的前提下,使各个环节速率完全协调,从而根本取消包括工位之间暂时停滞的一种零库存、零储备形式。这种方式是在传送带式生产的基础上,进行更大规模延伸形成的一种使生产与材料供应同步进行,通过传送系统供应从而实现零库存的形式。

(4)准时供应方式:在生产工位之间或在供应与生产之间完全做到轮动,这不仅是一个难度很大的系统工程,而且需要很大的投资,同时,一些产业不适合采用轮动方式。因而,广泛采用的是比轮动方式有更多灵活性、较易实现的准时供应方式。准时供应方式不是采用类似传送带的轮动系统,而是依靠有效的衔接和计划达到工位之间、供应与生产之间的协调,从而实现零库存。如果说轮动方式主要靠"硬件",那么准时供应方式则在很大程度上依靠"软件"。

(5)看板方式:准时供应方式中一种简单有效的方式,也称"传票卡制度"或"卡片制度",是日本丰田公司首先采用的。在企业的各工序之间,或在企业之间,或在生产企业与供应者之间,采用固定格式的卡片为凭证,由下一环节根据自己的节奏,逆生产流程方向,向上一环节指定供应,从而协调关系,做到准时同步。采用看板方式,有可能使供应实现零库存。

（6）水龙头方式：一种像拧开自来水管的水龙头就可以取水而无须自己保有库存的零库存形式。这是日本索尼公司首先采用的。这种方式经过一定时间的演进，已发展成即时供应制度，用户可以随时提出购入要求，采取需要多少就购入多少的方式，供货者以自己的库存和有效供应系统承担即时供应的责任，从而使用户实现零库存。适于采用这种供应形式实现零库存的物资，主要是工具及标准件。

（7）无库存储备：国家战略储备的物资，往往是重要物资，战略储备在关键时刻可以发挥巨大作用，所以几乎所有国家都要有各种名义的战略储备。由于战备储备的重要性，一般都将其保存在条件良好的仓库中，以防止其损失，延长其保存年限。因而，实现零库存几乎是不可想象的事。无库存储备，是仍然保持储备，但不采取库存形式，以此达到零库存。如有些国家将不易损失的铝这种战备物资作为隔音墙、路障等储备起来，以备万一。这样，在仓库中就不再保有库存。

（8）配送方式：综合运用上述若干方式，采取配送制度保证供应从而使用户实现零库存的方式。

若从库存概念上来理解，零库存永远只是各个生产商、代理商的追求，因为严格从操作意义上来说，零库存是不可能真正实现的。由于受到不确定供应、不确定需求和生产连续性等诸多因素的制约，企业的库存不可能为零，所以众多商家才确定基于成本和效益最优化的安全库存是企业库存的下限。但是，通过有效的运作和管理，企业可以最大限度地逼近零库存。而我们现在就是从理论及目前众商家的实施程度上来讨论现实中的零库存运作方案。

我们来确定一个前提：零库存方案在排除物流运作的因素之后，首先要考虑的就是信息的交换问题。因为只有信息及时、合理、正常地沟通，才能正确预测出物料的准确需求量及供求时间。

家电企业美的公司有这样一个理念：宁可少卖，不多做库存。这句话体现了美的控制库存的态度及决心。而不同的生产模式对应着企业不同的库存控制方法，也成就了全球数个拥有经典库存控制法的成功企业。像戴尔公司这样采取按订单生产模式的企业，控制原材料和零配件库存更是重中之重。一般情况下，包括手头正在进行的作业在内，戴尔公司的任何一家工厂里的库存量都有5～6个小时的出货量。这种模式就是JIT方式，即以最准时、最经济的生产资料采购和配送满足制造需求。

要想进行准确预测，来自市场的信息更是不可忽视。然而，从销售渠道中逐级反馈得到的信息，容易产生"皮鞭效应"，因此缩短销售渠道或利用信息系统实现信息共享不失为有效方法。虽然美的公司目前的销售仍然沿着一级经销商、二级经销商到零售商的渠道，但它的第三方物流公司一般把产品直接运送到指定的二级经销商或零售商处，从而缩短了与市场的距离。物流公司所掌握的市场流量信息的有效性相对提高，为物流事业部的库存预测提供了帮助。海尔公司的市场渠道更短，面对零售商的销售公司能够直接获取市场信息，这也为它们的订单下达增加了把握。而宝洁公司和拥有卫星的零售商沃尔玛之间则用信息系统架起了直通桥梁（供应商管理库存）。宝洁公司可以实时跟踪其产品在沃尔玛的库存情况，从而及时制订批量生产计划，实现为沃尔玛自动补货。这样，一方面减少占用沃尔玛的库存资源，另一方面也可以节省自己的生产资源、降低库存成本。尽管有诸多参数和技术系统的辅助，信息系统中也有装备精良的预测模型，但仍然不能全部排除市场的不确定性。到目前为止,没有哪家企业能够做到 100％ 地准确预测,如果滞销,则作为库存积压;如果脱销,则不能满足市场需求。

毕竟目前是买方市场,作为企业自身来讲只能按照最成熟的理论模型模拟和预测消费者的采购行为,然后再根据适时销售统计系统的信息作出最佳采购数量、时间的安排。

现在来看海信家电集团股份有限公司(以下简称"海信")的例子。海信零库存管理的核心在于必须尽快地制造更好的产品,并有一个反应迅速的营销体系,以快速地把产品交到消费者手中,周期尽可能地缩到最短,有效库存降到最低。这样就可以大大提高资金周转率,很好地降低经营风险,并能及时提供给消费者高质量的"保鲜"产品。海信的零库存管理建立在整个企业数字化管理的基础上。它每年都要事先做好下一年的年度计划,如年度的销售额、产量、市场占有率、销售网点等。而且海信早在 1995 年就开始兴建有专人负责的销售网络,现在它的产品在市场上总共有 20 个型号,每个型号仓库里有多少台存货,分公司仓库里有多少台,以及分公司下辖的网点有多少台,都有准确的统计数据,而且通过海信投巨资兴建的遍布全国的完善网络,对于每一天销售多少台机器都能一清二楚,使调配资源有充分的依据。同时,为确保各管理环节的落实,海信还实行百分制考核,包括市场销售人员,每个月都要打分,对每个人的任务完成时间、完成程度都落到实处,绝不能有虚假。

我们看到,零库存管理其实也就是库存控制的延续和升华。这也再次强调了国有大中型企业想要实施零库存战略,首先要做好最基本的库存控制,了解库存的战略意义,并制订适宜的库存战略管理计划,这样才能为将来的零库存战略积累丰富的经验并打下坚实的基础。

战略的实施应该是由所处环境的实际情况,包括所在国的国情来决定的。现在我们来探讨关于戴尔公司(以下简称"戴尔")的国际战略,特别是其来到中国后的本土战略。

戴尔的营运方式是直销,在业界号称"零库存高周转"。在直销模式下,公司接到订货单后,将计算机部件组装成整机,而不是像很多企业那样,根据对市场的预测制订生产计划,批量制成成品。它们真正按顾客需求定制生产,这需要在极短的时间内完成,速度和精度是考验戴尔的两大难题。戴尔的做法是,利用信息技术全面管理生产过程。通过互联网,戴尔和其上游配件制造商能迅速对客户订单作出反应:订单传至戴尔的控制中心,控制中心把订单分解为子任务,并通过网络分派给各独立配件制造商进行生产。各制造商按戴尔的电子订单进行生产组装,并按戴尔控制中心的时间表来供货。戴尔所需要做的只是在成品车间完成组装和系统测试,剩下的就是客户服务中心的事情了。通过各种途径获得的订单被汇总后,供应链系统软件会自动地分析出所需原材料,同时比较公司现有库存和供应商库存,创建一个供应商材料清单。而戴尔的供应商仅需要 90 分钟的时间用来准备所需要的原材料并将其运送到戴尔的工厂,戴尔再花 30 分钟时间卸载货物,并严格按照制造订单的要求将原材料放到组装线上。由于戴尔仅需要准备手头订单所需要的原材料,因此工厂的库存时间仅有 7 个小时,而这 7 个小时的库存也能在某种程度上被看作处于周转过程中的产品。

而戴尔来到中国后却彻底放弃了享誉全球的零库存直销模式。

零库存的前提是按需定制的"工厂-订户"模式,订一台产一台,产一台卖一台,否则有固定型号的量产就一定有库存。戴尔在中国的广告,是主打几款产品,而不是强调按需定制,只不过销售热线比其他厂商多了几条而已。而要求戴尔为所购买的计算机加一条内存或加一块硬盘的"定制"自然和其享誉全球的全机定制相去甚远。戴尔在中国不采用它横扫全球的销售方法，与中国的物流链有关。中国物流的效率难以支持戴尔在美国提出的将产品3天内从工厂送到用户手中的承诺，而且一般的中国用户恐怕也不想为了享受一次上门服务，而多承担几百元钱的成本。同时，计算机在今日中国尚且还不能算是真正意义上的家用电器。而且选择这样的销售模式还与中国人的购买习惯有关。中国的消费者购买商品喜欢去卖场货比三家，因为卖场里可以多一些选择机会，购买前还能看到真品。对于计算机这类大件商品，非要试用几下，才能买得踏实。

国情决定购买习惯，购买习惯决定销售方法，戴尔在中国采用分销和直销结合的形式，能卖出产品就行。毕竟产品的质量、品牌、服务还是一流的，这足以使其成为有力的市场竞争者。分销，是戴尔适应市场的行为。而合理的库存战略，则是支持和推动企业发展的强力后援。

第三节　电子商务下的采购管理

一、传统采购

采购作为满足社会需求的一种重要手段，对整个社会的生产与生活产生了极其重要的影响。对企业来说，采购直接影响生产经营过程、企业效益，并构成企业竞争力的重要方面。采购也会带来很大的经济风险，存在所谓的采购"黑洞"，如何控制这些漏洞，成了摆在现代企业面前的一项重要任务。

采购直接影响企业的生产经营过程、企业效益，并构成企业竞争力的重要方面。

传统采购存在下列问题：采购、供应双方为了各自利益互相封锁消息，进行非对称信息博弈，采购很容易发展成为一种盲目行为；供需关系一般为临时或短期行为，竞争多于合作，容易造成双输后果；信息交流不畅，无法对供应商产品质量、交货期进行跟踪；响应用户需求的能力不足，无法面对快速变化的市场；利益驱动造成暗箱操作，舍好求次、舍贱求贵、舍近求远，产生腐败"温床"；设计部门、生产部门与采购部门联系脱节，造成库存积压，占用大量流动资金。

二、电子商务采购

电子商务是指交易双方利用现代开放的互联网络，按照一定的标准所进行的各类商业活动，是商务活动的电子化。电子商务的产生使传统采购模式发生了根本性的变革。这种采购制度与模式的变化，使企业采购成本和库存量得以降低、采购人员和供应商数量得以减少、资金流转速度得以加快。

电子商务采购是在电子商务环境下的采购模式，也就是网上采购。通过建立电子商务交易平台，发布采购信息，或主动在网上寻找供应商、寻找产品，然后通过网上洽谈、比价、网上竞价实现网上订货，甚至网上支付货款，最后通过网下的物流过程进行货物的配送，完成整个交易过程。

电子商务采购提供了一个全天候、全透明、超时空即 365×24 小时的采购环境。该模式实现了采购信息的公开化,扩大了采购市场的范围,缩短了供需距离,避免了人为因素的干扰,简化了采购流程,减少了采购时间,降低了采购成本,提高了采购效率,大大降低了库存,使采购交易双方易于形成战略伙伴关系。从某种角度来说,电子商务采购是企业的战略管理创新,也是政府遏制腐败的一剂良药。

三、电子商务采购较传统采购的优越性

(1) 有利于扩大供应商范围、提高采购效率、降低采购成本、产生规模效益。由于电子商务面对的是全球市场,可以打破传统采购模式的局限,从货比三家到货比多家,在比质比价的基础上找到满意的供应商,大幅度地降低采购成本。由于不需要出差,可以大大降低采购费用,通过网站信息的共享,可以节省纸张,实现无纸化办公,大大地提高采购效率。

(2) 有利于提高采购的透明度,实现采购过程的公开、公平、公正,杜绝采购过程中的腐败。由于电子商务是一种不谋面的交易,通过将采购信息在网站公开,避免交易双方有关人员的私下接触。由计算机根据设定标准自动完成供应商的选择工作,有利于实现实时监控,避免采购中的"黑洞",使采购更透明、更规范。

(3) 有利于实现采购业务程序标准化。电子商务采购是在对业务流程进行优化的基础上进行的,必须按软件规定的标准流程进行,可以规范采购行为、规范采购市场,有利于建立一种比较良好的经济环境和社会环境,大大减小采购过程的随意性。

(4) 满足企业即时化生产和柔性化制造的需要,缩短采购周期,使生产企业由"为库存而采购"转变为"为订单而采购"。为了满足不断变化的市场需求,企业必须具有针对市场变化的快速反应能力,通过电子商务网站可以快速收集用户订单信息,然后进行生产计划安排,接着根据生产需求进行物资采购或及时补货,即时响应用户需求,降低库存,提高物流速度和库存周转率。

(5) 实现采购管理向供应链管理的转变。由于现代企业的竞争不再是单个企业之间的竞争,而是供应链与供应链之间的竞争,因此供需双方要建立起长期的、互利的、信息共享的合作关系,而电子商务采购可以使参与采购的供需双方进入供应链,从以往的"输赢关系"变为"双赢关系"。采购方可以及时地将数量、质量、服务、交货期等信息通过商务网站或 EDI 方式传送给供应方,并根据生产需求及时调整采购计划,使供应方严格按要求提供产品与服务,实现准时化采购和生产,降低整个供应链的总成本。

(6) 实现本地化采购向全球化采购的转变。由于世界经济的一体化,全球化采购成为企业降低成本的一种必然选择,其基本模式就是应用电子商务进行采购。1999 年以来,跨国公司陆续把发展物资采购电子商务工作列入企业发展战略目标。美国联合石油、埃克森美孚等 14 家国际石油公司组建了一个全球性的电子商务采购平台,以消除物资采购、供应链管理的低效率的影响。通用、福特、戴姆勒-克莱斯勒三家汽车公司建立了全球最大的汽车专用采购平台,其每年的采购金额高达 2 500 亿美元。国内石油化工行业中的中石油、中石化、中海油、钢铁行业中的宝钢等企业都在实施网上采购,并取得了明显的经济效益。目前,通过电子商务建立全球采购系统,联结国内外两个资源市场,已成为标准化的商业行为。

（7）有利于信息的沟通，促进采购管理定量化、科学化，为决策提供更多、更准确、更及时的信息，使决策依据更充分。

四、电子商务采购的主要模式

（一）自营采购网站模式

1999 年以来，世界各地陆续开始了网络采购。到 2000 年底，全球 500 家最大的公司中有 85％实现了采购网络化。它们作为大买主，主要采用建立以其自身为主的电子交易场所的模式，即建立自营采购网站，美国通用电气公司（GE）的电子采购系统就是这种模式最为典型的例子。它能够自动联系客户，协调业务，每年可节省 5 亿～7 亿美元的采购费用。该系统自动将正确的图表和附件放入询价表，在 2 小时内供应商就能得到通知并进行网上反馈。自营采购网站模式如图 4-3 所示。

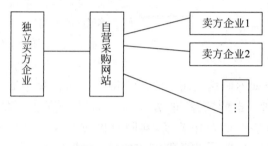

图 4-3　自营采购网站模式

此类网站大多数是由买方管理并具有一定私有性质的封闭系统，与最初的 EDI 系统类似。但其开放性更为突出，因为不仅可以与有长期联系的固定供应商进行网上交易，还可以发掘新的供应商资源。自营采购网站的功能并不是停留在信息上网及网络营销方面，而是把企业与供应商接触的最前端——整个采购业务流程都转移到互联网上，一般包括询价、确认供应商、招标准备、价格谈判、签署合同及支付等的网上实现。

自营采购网站模式最大的好处是企业与供应商建立了直接的一对一的联系。企业通过网络能将信息传送到需要的供应商手中，能与选定的供应商交流敏感的商品价格和存货信息等涉及商业秘密的信息。较为稳定的合作关系使双方更注重长远地互利，甚至共同控制存货、决定利润分成等，这就发展成为供应链管理的电子化。同时对于潜在供应商来说，它也实现了完善的供应商发掘和管理功能，能在全球范围内寻找潜在的供应商，扩大了采购选择范围。

它的另一个优势是买方市场势力增强，出现了买方制定规则的时代。市场势力是指影响成交价格的能力。当买主较少而供应商较多时，买方讨价还价的能力就强，市场势力就大。电子商务兴起后，企业的选择扩展到全球范围，供应商只有做得更好，才能被企业选中。

自营采购网站模式还加剧了供应商之间的竞争，甚至供应商参与竞争的方式也要满足买方的要求。很多大型企业利用其市场势力制定了新的交易规则，要求所有供应商与其业务往来必须通过网络进行，一般不接受传统方式的交易。同时采用其网站系统后，必须按照规定的步骤或方式进行交易。供应商必须适应这些新规则,否则将面临失去合同的危险。从长远来看,通过网络采购对供应商提高效率、扩大客户范围、减少等待时间、增加收入渠道与客户满意也是非常有利的。

(二)采购联盟网站模式

具有相似需求的企业往往出于战略联盟的考虑,共同建立采购网站,以共享供应商资源,集中需求以取得对供应商的市场势力,提出采购联盟网站模式。这往往发生在特定行业的集团之间及大公司之间,通用汽车、福特汽车、戴姆勒-克莱斯勒、雷诺汽车和日产汽车组建的采购联盟网站 Covisint,每年处理 7 500 亿美元的交易额。中国的首钢、宝钢、武钢等大型钢铁集团也联合起来组建采购联盟,建立了"中国联合钢铁网"。采购联盟网站模式如图 4-4 所示。

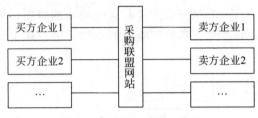

图 4-4   采购联盟网站模式

采购联盟网站模式的特点之一是集中功能。特别是对中小企业来说,由于采购数量少,采购信息发布引不起供应商足够的注意与重视,若自建采购网站,可能吸引不了足够数量的供应商参与,效果就不明显。而采购联盟网站却可以集中需求、集中信息发布,利用集中机制,使总需求达到一定的数量,能方便供应商进行信息查询,吸引供应商参与。同时,买方企业之间是战略联盟的合作关系,共同对供应商议价,增加了买方的市场势力,在价格谈判上具有更大优势,能取得批量优惠,在网站的成本投入方面,也由于是多家共同出资,成本分摊给每个企业,分散了风险。

它的另一个重要特点是进一步增强了买方的市场势力。相同的需求使买方企业走到一起,特别是有大型企业集团参与其中时,就能垄断需求市场。由于需求的进一步加大,这种势力比自营采购网站模式要强大得多。

当然,采购联盟网站模式要获利的一个前提条件就是积聚足够数量的买方需求。在网站上增加一个买方企业的链接,边际成本几乎为零,而带来的好处是更多的需求和更强大的市场势力。

采购联盟网站模式的核心是买方企业之间的战略联盟关系。集中带来的好处可能为企业之间的"竞争"所抵消——所有的成员公司都能更有效地与供应商交易并从中获益。然而,任何公司都不能比竞争对手拥有更多优势。但公司要警惕由这种方式带来的敏感信息的外露,警惕竞争对手从中了解公司的经营战略等。因此,采购联盟网站的各个参与者必须有合作和共赢的意识,解决好信息保密和披露的平衡问题,既要取得集中的利益,又要妥善处理与联盟伙伴、供应商的关系。

(三)中介采购网站模式

在这种采购模式中,网站由独立于买卖双方之外的中介方运营管理。它可以有多种形式,如产品目录式、拍卖式、交易所式或社区式等。买方企业加入中介网站中,充分利用它集中的供应商资源和信息渠道,在网站上寻找供应商或达成合同后,以提取佣金的方式付给中介网站一定的报酬。

对于一些分工不细的通用办公类商品,市场上存在很多的买主和卖主。例如,每个企业都需要诸如计算机、一般日常办公用品等,而提供此类商品的公司也为数不少,有些通用的零配件也属于此类。企业采购这些商品就可以依托中介采购网站。中介采购网站模式如图4-5所示。

中介采购网站模式成功的关键在于:一是超过临界数量的买方和卖方的信息。中介采购网站不仅要以较多的需求量吸引提供此类商品的供应商在网站上发布产品信息、联通供货渠道,而且要以全面、及时的产品内容和服务特色吸引众多买方参与。买方在众多中介采购网站中选择时,注重的是网站的供应商数量、服务质量和信息内容。所以,中介采购网站往往有信息效应,同类网站一般只有少数能够成功。二是迅速获得信息并及时发布,提供最新信息。一般采用供应商直接管理网上信息的方式,供应商在利益的驱动下迅速更新其产品信息,以得到更多买者的青睐。它们既要及时上传信息,可能还要交付一定的费用,以取得信息发布的资格。买方企业愿意参与中介采购网站是为了更方便、更有效地获取专类的市场信息,享受更多的供应商提供的多种可供选择的产品。

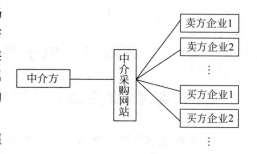

图 4-5　中介采购网站模式

(四)电子商务采购模式的比较

电子商务采购模式的比较见表4-5。

表 4-5　电子商务采购模式的比较

项 目	自营采购网站模式	采购联盟网站模式	中介采购网站模式
适用对象	大型垄断/垄断竞争型企业建立	特定行业垄断竞争型企业/中小型企业建立战略联盟,集中需求取得市场势力	独立的中介方建立,各类买主和卖主参与,交易商品种类繁多;适宜中小型企业加入
优 势	利于与供应商建立一对一、长期的合作关系;利于寻找潜在供应商;买方市场势力增强;加剧供应商间的竞争	集中需求,增强买方的市场势力	处于买卖双方"中立"立场,并不以买方利益为主;能够吸引足够数量的供应商
劣 势	不会兼顾供应商的利益	竞争性企业间难以获得自己的优势;合作中机密信息容易泄露	买方优势相对不明显,买卖双方可能只是暂时的供需关系,不稳定

上述几种采购模式各有优势,并有不同的适用范围,企业采购要向网络转型,最大限度地利用电子商务带来的便捷和利益,就需要选择适合自身的采购模式。采购模式的选择与企业的市场势力、竞争对手的采购策略、采购品种和方式、供应商的特征、中介网站的发展状况等各种因素密切相关,企业选择时要综合考虑。

第四节　电子商务下的库存控制管理

一、企业库存过高的原因

(1) 未形成供应链管理要求的整体观念。许多供应链管理系统没有针对全局的供应链绩效评价指标,各节点企业各行其道,导致供应的整体效率低下。

(2) 信息传递系统效率低下。供应链库存管理强调协作和信息共享,供应链各成员企业的需求预测、库存状态、生产计划等,都是供应链库存管理的重要内容。由于缺少信息交流和共享,企业之间的信息不对称,企业无法掌握下游的真正需求和上游的供货能力,只好自行多储货物。许多企业的信息传递系统尚未建立,供应商了解到的客户信息常常是延迟的或不准确的信息,使短期生产计划实施困难,供应链上无法实现存货互通有无和转运调拨,只能各自持有高额库存。

(3) 供应链的不确定性。供应链库存的形成原因可分为两类:一类是出于生产运作需要建立的一般库存;另一类是为防范供应链上的不确定因素而建立的保险库存。企业在制订计划时,无法顾及不确定因素的影响,不确定因素是企业建立保险库存的主要原因。研究和追踪不确定性对库存的影响是供应链管理面临的一大挑战。

(4) 库存失衡。传统的销售模式一般是由供应商将商品送交销售商,其库存责任仍然归供应商,待销售完成后再进行结算,商品却由销售商掌握和调度。这就导致销售商普遍倾向于加大订货量、掌握库存控制权,从而增加了订货需求。

二、电子商务下库存管理的特点

(1) 管理信息化。当今市场在急剧变化,企业要想在激烈竞争的环境中取得持续发展,最主要的是掌握用户需求的变化,在竞争中知己知彼。信息技术的应用是推进供应链系统中信息共享的关键,改进整个供应链的信息精度、及时性和流动速度,是提高供应链绩效的必要措施。企业管理战略的一个重要内容就是建立供应链运作的信息支持平台,构建企业的供应链信息集成系统。

(2) 横向一体化与网络化。20世纪80年代后期,"横向一体化"的供应链思想开始兴起,即利用企业外部资源快速响应市场需求,企业只抓最核心的东西:产品方向和市场。"横向一体化"形成了一条从供应商到制造商再到分销商的贯穿所有企业的"链";利用现代信息技术改造和集成业务流程、与供应商和客户建立协同的业务伙伴联盟。

(3) 生产经营的敏捷柔性化。随着全球性市场竞争的加剧,单个企业已经难以依靠自身的资源进行自我调整。20世纪末,美国提出了以虚拟企业或动态联盟为基础的敏捷制造模式。敏捷制造面对的是全球化激烈竞争的买方市场,采用可以快速重构的生产单元构成扁平组织结构,以充分自治的、分布式的协同工作代替金字塔式的多层管理结构,注重发挥人的创造性,变企业之间的生产竞争关系为"共赢"关系,强调信息的开放和共享、集成虚拟企业。电子商务的兴起为实现敏捷制造提供了可能。

（4）物流系统化、专业化。在此前的企业经营管理中，物流作为商务活动的辅助职能而存在，其本身并不构成企业管理的重要领域，其业务管理也往往是分散进行的，没有总体统一的协调和控制。在电子商务时代，物流上升为企业经营中重要的一环，其经营的绩效直接决定整体交易的完成和服务的水准，尤其是物流信息对于企业及时掌握市场需求和商品的流动状况具有举足轻重的作用，物流活动必须综合起来，进行系统化管理。在这种要求下，人们利用系统科学的思想和方法建立物流系统，包括社会物流系统和企业物流系统，使得物流活动全方位、全过程、纵深化地得到管理和协调。

三、电子商务下实现零库存的方法

（1）配送方式。配送方式是根据电子商务的特点，对整个物流配送体系实行统一的信息管理和调度，按照采购方订货要求，在物流基地进行理货工作，并将配好的货物送交采购方的一种物流方式。这一先进、优化的流通方式可以有效地降低企业物流成本、优化库存配置，保证及时供应，使企业实现"零库存"。配送方式作为现代物流的一种有效的组织方式，代表了现代市场营销的主方向，是网络经济时代最有发展潜力和经济效益的物资供应体系。根据生产的需要，对有些物资实行配送制，按照生产单位的实际需要，将物资直接送到第一生产现场，实行采购、发料一体化，大大节约了物资的储存成本、运送成本，使生产急需物资进一步靠近现场，保证了稳定、高效地生产。

（2）委托保管方式。通过一定的程序，将企业所属物资交由专门的公司保管，而由企业向受托方支付一定的代管费用，使企业不再保有库存，实现零库存。这种零库存形式的优势在于：受托方利用其专业优势，可以实现较高水平和较低费用的库存管理，企业不再设库，减去了仓库及库存管理的大量事务，可集中力量于生产经营。这种零库存方式主要靠库存转移实现，并不能使库存总量降低，这主要适用于需要专业保管的物资。

（3）即时供应体系。在即时供应体系下，企业可以随时提出购入要求，采取需要多少就购入多少的方式，供应者以自己的库存和有效供应系统承担即时供应的责任，使采购方实现零库存，适于这种供应形式实现零库存的物资主要是工具及标准件。这种供应体系对信息环境的要求较高，要求供求双方的业务系统是完全自动化、端到端的集成，才能最大限度地体现这种库存方式的优越性。

四、电子商务库存最优控制模式

（一）VMI 概述

1. VMI 的含义

供应商管理库存是一种以用户和供应商双方都获得最低成本为目的，在一个共同的协议下由供应商管理库存，并不断监督协议执行情况和修正协议内容，使库存管理得到持续改进的合作性策略。这种库存管理策略体现了供应链的集成化管理思想，将企业与其供应链上游企业在企业级采购行为中紧密地捆绑在一起，较好地解决了传统供应链中信息流通不畅及信息扭曲的问题。

VMI 由供货方代替用户(需求方)管理库存,库存的管理职能转由供应商负责,这对供需双方都是有利的。一方面对需求方公司来说,减少了其管理费用;另一方面对供应方企业来说,能够随时跟踪和检查需求方的库存状态,快速、准确地作出补充库存的决策,对本企业的生产(供应)状态作出相应的调整,从而敏捷地响应市场的需求变化。

2. VMI 的运作方式

供应商管理库存,就是供应链的这种理念要求的产物。它要求供应商对下游企业库存策略、订货策略及配送策略进行计划和管理。所以,不同环境下采用什么模式运作,VMI 就成了当前要解决的问题。

企业在实施 VMI 前,应该对自己所处的环境和自身的条件加以分析与比较,主要考虑的因素如下。

(1) 企业在供应链中的地位,即是否为"核心企业"或者是否为供应链中至关重要的企业。它要求实施企业必须具备较高管理水平的人才和专门的用户管理职能部门,用以处理供应商与用户之间的订货业务、供应商对用户的库存控制等其他业务;必须有强大的实力推动 VMI,使供应链中的企业都按照它的要求来实施补货、配送、共享信息等目标框架协议。

(2) 企业在供应链中的位置。VMI 一般适合于零售业与制造业,最典型的例子就是沃尔玛和戴尔公司。它们有一个共同的特点,就是在供应链中所处的位置都很接近最终消费者,即处在供应链的末端。其主要原因就是,VMI 可以消除"牛鞭效应"的影响。

(3) 信誉良好的合作伙伴。VMI 在实施过程中要求零售商(在制造业为生产商)提供销售数据,而供应商要按时、准确地将货物送到客户指定的地方,这一点对生产商的要求尤其高。

由于核心企业在供应链中所处的位置不同,VMI 的形态也有所不同,一般按核心企业的位置不同分为两类:①供应链下游为核心企业;②供应链上游为核心企业。

由于核心企业在 VMI 系统中的位置不同,核心企业与其合作伙伴的合作方式也不同。比如,核心企业在上游时它们一般选择自营物流,而在下游时可以选择自营物流,也可以选择外包物流。这会导致 VMI 运行结构的变化。下面将分别针对上述两种情况提出相应的运行模式。

不同情况下,VMI 的运作模式是不相同的,主要有三种:供应商-制造商,供应商-零售商,核心企业(一般为制造商)-分销商(或零售商)。

1) 供应商-制造商 VMI 运作模式

在这种运作模式中,除了要有核心企业以外,一般还有如下特点:生产规模比较大,制造商的生产一般比较稳定,即每天对零配件或原材料的需求量变化不是很大;要求供应商每次供货数量比较小,一般满足 1 天的零配件,有的甚至是几个小时;供货频率要求较高,有时甚至要求一天两三次的供货频率;为了保持连续生产,一般不允许发生缺货现象,即服务水平要求在 99% 以上。

由于这种模式中的制造商必定有几十家甚至上百家的供应商为其供应零配件或原材料,如果让每一个供应商都在制造商的附近建立仓库,这显然是不经济的。

因此,可以在制造商的附近建立一个 VMI HUB,加入 VMI HUB 具有以下效果。

（1）缓冲作用。由于一个客户要对应 N 个供应商,假如客户对供货频率要求较高,那么可能会出现多个供应商同时将货物送达的情况,由于事先没有安排,势必出现混乱的卸货场面,严重地影响生产秩序,给企业的正常工作带来不便。有了 VMI HUB,可以以专业的配送方式避免以上现象,起到了缓冲作用。

（2）增加了深层次的服务。在没有 VMI HUB 时,供应商彼此都是独立的,送达的货物都是彼此分开的,而 VMI HUB 会在发货之前先提供拣货的服务,它会按照生产企业的要求把零配件按照成品的比例配置好,然后发送给生产商,这样就提高了生产商的生产效率。

VMI 在正常实施的时候,不仅要求供应商与 VMI HUB 之间交换库存信息,还包括交换生产计划、需求计划、采购计划、历史消耗、补货计划、运输计划、库存情况等信息。

当需求突然变化时,如由于生产商的销售突增,VMI HUB 中的库存不能及时满足生产商的需求,这时 VMI HUB 直接把补货计划发给供应商的信息系统,供应商直接向生产商进行补货,从而节约了时间与成本。我们把供应商这种不经过 VMI HUB 而直接向生产商补货的行为称为越库直拨(cross-docking)。

2）供应商-零售商 VMI 运作模式

当零售商把销售等相关信息通过 EDI 传输给供应商后(通常是一个补货周期的数据,如 3 天,甚至 1 天),供应商根据接收到的信息对需求进行预测,然后将预测的信息输入物料需求计划系统,并根据现有的企业内库存量和零售商的库存量,生产补货订单,安排生产计划,进行生产。生产出的成品经过仓储、分拣、包装运送给零售商。

3）核心企业-分销商 VMI 运作模式

这种模式由核心企业扮演 VMI 中的供应商角色,它的运作模式与前两种大致相同,由核心企业收集各个分销商的销售信息并进行预测,然后按照预测结果对分销商的库存统一管理与配送。由于这种模式下的供应商只有一个,所以不存在要在分销商附近建立仓库的问题。核心企业可以根据各个分销商的实际情况,统一安排对各个分销商的配送。并且可以保证每批次都是以经济批量的方式发货,每次配送的路线都可以调整为最佳配送路线。

3. VMI 与传统库存管理模式的比较

传统库存管理模式主要集中于企业内部的库存控制,不考虑企业间的协调与配合。这种面向企业的思维模式大大限制了库存及服务水平同步改善的空间,这就要求库存管理的视角从企业内部转向企业外部,即实施跨企业边界的库存管理。VMI 是基于企业间合作的库存管理模式,是由供应商将供需双方的库存管理职能活动实施跨企业边界的集成与协调,以达到企业间业务活动同步化,实现低成本、高服务水平的目标。从长远来看,VMI 是对供需双方都有利即双赢的库存管理模式。VMI 与传统库存管理模式的比较见表 4-6。

表 4-6　VMI 与传统库存管理模式的比较

项　　目	传统库存管理模式	VMI 库存管理模式
商品所有权	属于订货客户	属于供应商
需求方式	推动式	拉动式
对需求变化的反应	不及时	能够适应
订单处理频率	高	低

1) 商品所有权

传统模式：客户向供应商订货后,将订购的商品放在物流中心仓库中,此时商品的所有权属于客户,需要商品时则从物流中心提取使用或出售。这样,在需求有变化时产生的库存积压风险由客户承担。

VMI 模式：物流中心商品的所有权属于供应商,由供应商决定库存数量。库存积压风险由供应商承担。供应商考虑到要最大限度地在数量上满足客户的需求,又要计算库存的物流成本和商品的资金占用,会确定合理的安全库存数量,使库存维持在一个理想的水平。从客户的角度来看,由于物流中心的商品属于供应商,则客户等于没有库存,在需要的时候从供应商的库存中取得,在理论上实现了客户商品的零库存。

2) 需求方式

传统模式：推动式需求。客户有了商品的需求后,向供应商发出订单,供应商根据订单所要求的数量向客户发货。整个过程是以订单来推动商品在供应链中的流动。

VMI 模式：拉动式需求。供应商根据客户的需求预测提前准备好商品,客户通过订单取得需要数量的商品。整个过程是由订单需求来拉动商品在供应链中流动。

3) 对需求变化的反应

传统模式：所有商品的送货都依据订单,对于已有订单的变更不能及时反应。

VMI 模式：供应商参考需求预测、库存情况确定送货的数量和周期,不完全依赖于订单,所以能够适应需求不稳定,经常有变更情况的订单,供应商所要做的是维持物流中心商品的安全库存数量,当客户的需求发生变化时,由于安全库存能够提供巨大的缓冲空间,客户的需求依然能够得到满足,提高了供应商对客户的服务水平。

4) 订单处理频率

传统模式：对每个订单都要进行送货,配送批次多,物流费用高。

VMI 模式：供应商按照库存的变化情况,制订送货计划,很大程度上减少了送货的次数,降低了物流费用。

(二) JMI

1. JMI 的含义

联合库存管理(jointly managed inventory,JMI)是一种在 VMI 基础上发展起来的供应商与用户权利责任平衡和风险共担的库存管理模式,是解决供应链系统中由于各节点企业相互独立的库存运作模式导致的需求放大现象、提高供应链同步化程度的一种有效方法。JMI 和供应商管理用户库存不同,它强调双方同时参与,共同制订库存计划,使供应链过程中的每个库存管理者(供应商、制造商、分销商)都从相互之间的协调性考虑,保持供应链相邻两个节点之间的库存管理者对需求的预期一致,从而消除需求变异放大现象。任何相邻节点需求的确定都是供需双方协调的结果,库存管理不再是各自为政的独立运作过程,而是供需连接的纽带和协调中心。

近年来,在供应链企业之间的合作关系中,更加强调双方的互利合作关系,联合库存管理体现了战略供应商联盟的新型企业合作关系。

2. JMI 的优势

(1) 由于联合库存管理将传统的多级别、多库存点的库存管理模式转化成对核心制造企业的库存管理,核心企业通过对各种原材料和产成品实施有效控制,就能达到对整个供应链库存的优化管理,简化了供应链库存管理运作程序。

(2) 联合库存管理在减少物流环节、降低物流成本的同时,提高了供应链的整体工作效率。联合库存管理可使供应链库存层次简化,并且运输路线得到优化。在传统的库存管理模式下,供应链上各企业都设立自己的库存,随着核心企业分厂数目的增加,库存物资的运输路线将呈几何级数增加,而且重复交错,这显然使物资的运输距离和在途车辆数目增加,其运输成本也会大大增加。

(3) 联合库存管理系统把供应链系统管理进一步集成为上游和下游两个协调管理中心,从而部分消除了供应链环节之间不确定性和需求信息扭曲现象导致的库存波动。通过协调管理中心,供、需双方共享需求信息,因而提高了供应链的稳定性。

从供应链整体来看,联合库存管理减少了库存点和相应的库存设立费及仓储作业费,从而降低了供应链系统总的库存费用。

供应商的库存直接存放在核心企业的仓库中,不但保障核心企业原材料、零部件供应、取用方便,而且核心企业可以统一调度、统一管理、统一进行库存控制,为核心企业快速、高效地生产运作提供了强有力的保障。

(4) 这种库存控制模式也为其他科学的供应链物流管理如连续补充货物、快速反应、准时化供货等创造了条件。

3. 联合库存管理的实现形式

1) 货存供方的联合库存管理形式

货存供方的联合库存管理形式是需求方通过向供应方支付定金或预付货款或提供保证金等获得预定的某个时间一定数量的货物所有权。但该批货物在当前并没有实际交付需求方,而是存放于供应方,由供应方负责管理。根据双方约定,或者需求方按照约定的提前期提出交付请求时,由供应方按照需求方的需求计划进行补给,并承担货物交付前和交付过程中所发生的质量、数量、交付期等风险。因此,这种实现形式在本质上是一种以所有权转移为基础的供应链委托代理,体现了所有权与管理权的相对分离。这种形式有利于需求方采用定期订货模式和定量订货模式,简化订货流程,从而可以获得质量、成本、交付期的保证,避免质量责任风险和库存过量风险。同时,其有利于供应方合理进行生产计划优化管理,实现按单生产,可以有效地规避"牛鞭效应"和应收账款风险,增强计划的准确性和提高资金周转效率。

2) 货存需方的联合库存管理形式

货存需方的联合库存管理形式是根据契约供应方将货物存放于需求方,由双方或供应方负责货物的日常管理,按照需求方需求计划进行连续补给,在约定时间进行结算。供应方承担质量责任,需求方承担支付责任。库存中的自然毁损风险由双方约定承担,人为毁损风险由责任方承担。在货存需方的联合库存管理形式下,需求方通过向供应方按期报送需求计划,由供应方将货物送达需求方指定的地方存放,保证需求方的需求得到满足。但该批货物并没有实际交付给需求方,而是存放于需求方,由供应方或者双方负责管理,供应方拥有所有权。根据双方约定,由需求方领用,定期结算。这种形式有利于需求方采用定量订货形式,简化订货流程。供应方可以进行补库式生产,有效地规避生产过程中的"牛鞭效应"。

3) 货存第三方的联合库存管理形式

货存第三方的联合库存管理形式是供应方和需求方通过选择双方都认可的第三方作为纽带与协调者,管理双方供需关系的一种机制。从双方的角度来看,它实质上是一种业务外包形式。

4) 客户铺底的联合库存管理形式

在销售管理活动中,企业并不能准确地知道它的客户是谁、他们在哪里、他们什么时候需要多少产品。但是,一旦客户需求确定,那么留给供应方的时间窗口就非常狭窄了。在这种不确定性的环境下,供应方为了满足客户需求,只能采取两种方式:一是在需求点设立库存,快速满足其不确定性需求;二是快速配送,满足其不确定性需求。无论采用何种形式,供应方都会遇到两个不能回避的问题:高成本、风险大。在这种情况下,供应方迫切需要一种机制来保证既能够满足客户需求又能够使成本合理,风险得到有效控制。客户铺底的联合库存管理形式就是实现这种机制的一种良好选择。供应方通过对客户进行评价,选择市场能力强且信用良好的客户建立紧密合作关系,将一定规模的货物以"铺底"的形式交付给客户进行管理和流通。在合作期间,供应方免费将"铺底"货物提供给客户,客户则对"铺底"货物负责管理,承担人为损失风险。比如,在合作期间,供应方将 60 万元的货物免费提供给主要客户(大客户),客户免费使用这 60 万元的货物,并承担管理责任和人为损失风险。

4. 联合库存管理的实施策略

1) 建立供需协调管理机制

为了发挥联合库存管理的作用,供需双方应从合作的精神出发,建立供需协调管理机制,明确各自的目标和责任,建立合作沟通的渠道,为供应链的联合库存管理提供有效的机制。没有一个协调的管理机制,就不可能进行有效的联合库存管理。建立供需协调管理机制,要从以下几个方面着手。

(1) 建立共同的合作目标。要建立联合库存管理模式,首先供需双方必须本着互惠互利的原则,建立共同的合作目标。为此,要理解供需双方在市场目标中的共同之处和冲突点,通过协商形成共同的目标,如用户满意度、利润的共同增长和风险的减少等。

(2) 建立联合库存的协调控制方法。联合库存管理中心扮演着协调供需双方利益的角色,起协调控制器的作用。因此,需要对库存优化的方法进行确定。这些内容包括:库存如何在多个需求商之间调节与分配,库存的最高水平和最低水平,安全库存的确定,需求的预测,等等。

(3) 建立一种信息沟通的渠道或系统。信息共享是供应链管理的特色之一。为了提高整个供应链需求信息的一致性和稳定性,减少多重预测导致的需求信息扭曲,应增加供应链各方对需求信息获得的及时性和透明性。为此,应建立一种信息沟通的渠道或系统,以保证需求信息在供应链中的畅通和准确性。要将条码技术、扫描技术、POS 系统和 EDI 集成起来,并且充分利用互联网的优势,在供需双方之间建立一个畅通的信息沟通渠道和联系纽带。

(4) 建立利益的分配、激励机制。要有效运行基于协调中心的库存管理,必须建立一种公平的利益分配制度,并对参与协调库存管理中心的各个企业(供应商、制造商、分销商或批发商)进行有效的激励,防止机会主义行为,增加协作性和协调性。

2）发挥两种资源计划系统的作用

为了发挥联合库存管理的作用,在供应链库存管理中应充分利用目前比较成熟的两种资源计划系统:MRPⅡ和DRP。原材料库存协调管理中心应采用制造资源计划系统MRPⅡ,而产品联合库存协调管理中心则应采用物资资源配送计划DRP,从而在供应链系统中把两种资源计划系统很好地结合起来。

3）建立快速响应系统

快速响应系统是20世纪80年代末由美国服装行业发展起来的一种供应链管理策略,目的在于减少供应链中从原材料到用户过程的时间和库存,最大限度地提高供应链的运作效率。

快速响应系统在美国等西方国家的供应链管理中被认为是一种有效的管理策略,它经历了三个发展阶段。第一阶段为商品条码化,通过对商品的标准化识别处理加快订单的传输速度;第二阶段为内部业务处理的自动化,采用自动补货与EDI系统提高业务自动化水平;第三阶段为采用更有效的企业间合作,消除供应链组织之间的障碍,提高供应链的整体效率,如通过供需双方合作,确定库存水平和销售策略等。

目前在欧美等西方国家,快速响应系统应用已到达第三阶段,通过联合计划、预测与补货等策略进行有效的用户需求反应。美国的Kurt Salmon调查分析认为,实施快速响应系统后,供应链效率大大提高:缺货大大减少,通过供应商与零售商的联合协作保证了24小时供货;库存周转速度提高1～2倍;通过敏捷制造技术,企业的产品中有20%～30%是根据用户的需求制造的。快速响应系统需要供需双方的密切合作,因此协调库存管理中心的建立为快速响应系统发挥更大的作用创造了有利的条件。

4）发挥第三方物流系统的作用

第三方物流系统是供应链集成的一种技术手段。第三方物流也叫作物流服务提供者,它为用户提供各种服务,如产品运输、订单选择、库存管理等。第三方物流系统由一些大的公共仓储公司通过提供更多的附加服务演变而来,还由一些制造企业的运输和分销部门演变而来。

（三）CPFR概述

1. CPFR的含义

CPFR(collaborative planning,forecasting and replenishment,联合计划、预测与补货)的形成始于沃尔玛所推动的CFAR(collaborative forecast and replenishment,联合预测补货系统),利用互联网通过零售企业与生产企业的合作,共同进行商品预测,并在此基础上实行连续补货的系统。后来,在沃尔玛的不断推动下,基于信息共享的CFAR系统向CPFR发展,CPFR是在CFAR共同预测和补货的基础上,进一步推动共同计划的制订,即不仅合作企业实行共同预测和补货,同时原来属于各企业内部事务的计划工作(如生产计划、库存计划、配送计划、销售规划等)也由供应链各企业共同参与。

1995年,沃尔玛与其供应商Warner-Lambert、管理信息系统供应商SAP、供应链软件商Manugistics、美国咨询公司Benchmarking Partners等5家公司联合成立了工作小组,进行CPFR的研究和探索。1998年,美国召开零售系统大会时又加以倡导,目前实验的零售企业有沃尔玛、凯马特和威克曼斯,生产企业有P&G、金佰利、HP等7家企业,可以说,这是目前供应链管理在信息共享方面的最新发展。从 CPFR 实施的绩效看,Warner-Lambert 公司零售商品满足率从 87%提高到 98%,新增销售收入 800 万美元。[①] 在 CPFR 取得初步成功后,组成了由零售商、制造商和方案提供商等 30 多个实体参加的 CPFR 委员会,与 VICS(Voluntary Interindustry Commerce Standards)协会一起致力于 CPFR 的研究、标准制定、软件开发和推广应用工作。美国商业部资料表明,1997 年美国零售商品供应链中的库存约 1 万亿美元,CPFR 理事会估计,通过全面成功实施 CPFR 可以减少这些库存的 15%~25%,即 1 500 亿~2 500 亿美元。由于 CPFR 巨大的潜在效益和市场前景,一些著名的企业软件商如 SAP、Manugistics、i2 等正在开发 CPFR 软件系统和从事相关服务。

CPFR 是一种协同式的供应链库存管理技术,它同时降低销售商的存货量、增加供应商的销售量。

2. CPFR 的特点

(1)协同。从 CPFR 的基本思想来看,供应链上下游企业只有确立共同的目标,才能使双方的绩效都得到提升,取得综合性的效益。CPFR 这种新型的合作关系要求双方长期承诺公开沟通、信息分享,从而确立其协同性的经营战略,这种战略的实施必须建立在信任和承诺的基础上,这是买卖双方取得长远发展和良好绩效的唯一途径。正是因为如此,协同的第一步就是保密协议的签署、纠纷机制的建立、供应链计分卡的确立及共同激励目标的形成(例如不仅包括销量,也确立双方的盈利率)。应当注意的是,在确立这种协同性目标时,不仅要建立双方的效益目标,还要确立协同的盈利驱动性目标。只有这样,才能使协同性能体现在流程控制和价值创造的基础之上。

(2)规划。1995 年,沃尔玛与 Warner-Lambert 的 CFAR 为消费品行业推动双赢的供应链管理奠定了基础,此后当 VICS 定义项目公共标准时,认为需要在已有的结构上增加"P",即合作规划(如品类、品牌、分类、关键品种等)及合作财务(如销量、订单满足率、定价、库存、安全库存、毛利等)。此外,为了实现共同的目标,还需要双方协同制订促销计划、库存政策变化计划、产品导入和中止计划及仓储分类计划。

(3)预测。任何一个企业或双方都能作出预测,但是 CPFR 强调买卖双方必须作出最终的协同预测,像季节因素和趋势管理信息等无论是对服装或相关品类的供应方还是对销售方都是十分重要的,基于这类信息的共同预测能大大降低整个价值链体系的低效率、减少死库存,促进更好的产品销售、节约使用整个供应链的资源。与此同时,最终实现协同促销计划是实现预测精度提高的关键。CPFR 所推动的协同预测还有一个特点是它不仅关注供应链双方共同作出最终预测,也强调双方都应参与预测反馈信息的处理和预测模型的制定与修正,特别是如何处理预测数据的波动等问题,只有把数据集成、预测和处理的所有方面都考虑清楚,才有可能真正实现共同的目标,使协同预测落在实处。

(4)补货。销售预测必须利用时间序列预测和需求规划系统转化为订单预测,并且供应方约束条件,如订单处理周期、前置时间、订单最小量、商品单元及零售方长期形成的购买习惯等都需要供应链双方加以协商解决。根据 VICS 的 CPFR 指导原则,协同运输计划也被认为是补货的主要因素。此外,例外状况的出现也需要转化为存货的百分比、预测精

---

① WANG W,YUAN Y,ARCHER N,et al. Critical factors for CPFR success in the Chinese retail industry[J]. Journal of internet commerce,2005,4(3):23-39.

度、安全库存水准、订单实现的比例、前置时间及订单批准的比例,所有这些都需要在双方公认的计分卡基础上定期协同审核。潜在的分歧,如基本供应量、过度承诺等,双方应及时加以解决。

3. CPFR 供应链的实施

在沃尔玛等优秀企业的倡导下,特别是美国 VICS 于 1998 年发布了 CPFR 指导准则以后,越来越多的优秀企业开始采用 CPFR 来推动业绩的大幅提高,尤其是许多世界 500 强企业已开始建立、实施或研究 CPFR。

CPFR 正越来越明显地影响企业运营管理的基本模式,它日益证明 CPFR 是当今企业供应链管理的主导趋势和骨干框架。

1) CPFR 供应链的体系结构

决策层:主要负责管理合作企业领导层,包括企业联盟的目标和战略的制定、跨企业的业务流程的建立、企业联盟的信息交换和共同决策。

运作层:主要负责合作业务的运作,包括制订联合业务计划、建立单一共享需求信息库、共担风险和平衡合作企业能力。

内部管理层:主要负责企业内部的运作和管理,包括商品或分类管理、库存管理、商店运营、物流、顾客服务、市场营销、制造、销售和分销等。

系统管理层:主要负责供应链运营的支撑系统和环境管理及维护。

2) CPFR 实施的框架和步骤

(1) 识别可比较的机遇。CPFR 有赖于数据间的比较,这既包括企业间计划的比较,又包括一个组织内部新计划与旧计划以及计划与实际绩效之间的比较,这种比较越详细,CPFR 的潜在收益越大。

识别可比较的机遇关键在于以下方面。

订单预测的整合:CPFR 为补货订单预测和促销订单提供了整合、比较的平台,CPFR 参与者应该收集所有的数据资源和拥有者,寻求一对一的比较。

销售预测的协同:CPFR 要求企业在周计划促销的基础上作出客户销售预测,这样将这种预测与零售商的销售预测相对照,就可以有效地避免销售预测中没有考虑促销、季节因素等产生的差错。

CPFR 的实施要求 CPFR 与其他供应和需求系统相整合。对于零售商,CPFR 要求整合比较的资源有商品销售规划、分销系统、店铺运作系统;对于供应商,CPFR 需要整合比较的资源有 CRM、APS(高级计划与排程)及 ERP。

CPFR 在进行资源整合和比较时,不一定都要求与其他应用系统直接相连,但是这种比较的基础至少是形成共同的企业数据库,即这种数据库来源于不同企业计划系统的时间整合及共同的数据处理。

(2) 数据资源整合。

首先是不同层面的预测比较。不同类型的企业受自身的利益驱使,计划的关注点各不相同,造成信息的来源不同,不同来源的信息常常产生不一致。CPFR 要求协同团队寻求不同层面的信息,并确定可比较的层次。例如,一个供应商提供四种不同水果香味的香水,但是零售商不可能对每一种香味的香水进行预测。这时供应商可以输入每种香味的预测数据,CPFR 解决方案将这些数据收集起来,并与零售商的品类预测进行比较。

其次是商品展示与促销包装的计划。CPFR 系统在数据整合运用方面的一个最大突破在于它对每一个产品进行追踪,直到店铺,并且销售报告以包含展示信息的形式反映出来,这样预测和订单的形式不再是需要多少产品,而是包含不同品类、颜色及形状等特定展示信息的东西,数据之间的比较不再是预测与实际绩效的比较,而是建立在单品基础上包含商品展示信息的比较。

最后是时间段的规定。CPFR 在整合利用数据资源时,非常强调时间段的统一,由于预测、计划等行为都是建立在一定时间段基础上,所以如果交易双方对时间段的规定不统一,就必然造成交易双方的计划和预测很难协调。供应链参与者需要就管理时间段的规定进行协商统一,诸如预测周期、计划起始时间、补货周期等。

(3)组织评判。一旦供应链参与方有了可比较的数据资源,它们必须建立一个企业特定的组织框架体系,以反映产品和地点层次、分销地区及其他品类计划的特征。

通常企业在现实中采用多种组织管理方法,CPFR 能在企业清楚界定组织管理框架后,支持多体系并存,体现不同框架的映射关系。

(4)商业规则界定。当完成资源整合并确定业务规范及组织框架后,在实施 CPFR 的过程中最后需要决定的是供应链参与方的商业行为规则,这种规则主要表现在例外情况的界定和判断上。

思考题

1. 供应商选择的原则有哪些?
2. 库存管理的方法有哪些?
3. 什么是零库存管理?
4. 什么是最优库存控制模式?
5. 电子商务下采购模式的特点是什么?

即测即练

第五章

电子商务配送模式

【本章导读】

1. 物流配送的概念、功能及作业流程。
2. 电子商务物流配送模式及特点。
3. 物流配送成本管理。
4. 配送中心概念、作用类型及规划。
5. 我国及国外配送中心的发展。

京东启用机器人智能配送站：解决最后一公里难题

京东配送机器人是由京东 X 事业部研发，进行快递包裹配送的人工智能机器人。京东 X 事业部是归属于京东三个子集团之一的京东物流。2016 年，京东 X 事业部正式成立，其前身为京东的智能物流实验室。其中，京东物流乃至整个京东集团的自动驾驶技术，主要依靠京东 X 事业部输出。事实上，京东和无人物流相关的技术、配套产品，包括无人配送车、无人机、无人仓等，也都可算京东 X 事业部的"手笔"。

2017 年 6 月 18 日，京东配送机器人在中国人民大学完成首单配送任务。京东配送机器人是智慧物流体系生态链中的终端，面对的配送场景非常复杂，需要应对各类订单配送的现场环境、路面、行人、其他交通工具以及用户的各类场景，进行及时、有效的决策并迅速执行，这需要配送机器人具备高度的智能化和自主学习能力。除了强大的硬件支持，使机器人得以运行复杂的人工智能运算外，京东自建物流体系下相对稳定成熟的实际应用场景，让京东配送机器人具备到实际场景中进行试错和不断调优的机会。这正是京东智慧物流发展的独特优势，也是京东让配送机器人和智能化技术如此迅速落地的重要原因之一。

配送机器人的感知系统十分发达，除装有激光雷达、GPS(global positioning system，全球定位系统)定位外，还配备了全景视觉监控系统、前后的防撞系统以及超声波感应系统，以便配送机器人准确感触周边的环境变化，预防交通安全事故的发生。它拥有基于认知的智能决策规划技术，遇到障碍物时，在判断障碍物的同时判断出行人位置，并判断出障碍物和行人运动方向与速度，通过不断深度学习与运算，作出智能行为的决策。目前，该配送机器人具有以下能力：安全通过红绿灯路口，包括有红绿灯的路口和没有红绿灯的路口；自主规划安全借道行驶；向来车和行人避让；及时识别道路突发情况(如违反交通规则的车辆、行人等),安全避道行驶;精准停车。

2016年,京东开始着手推进配送机器人的研发和部署工作。2018年11月22日,京东物流首个由机器人完成配送任务的智能配送站在长沙市科技新城正式投入使用,占地面积600平方米,设有自动化分拣区、配送机器人停靠区、充电区、装载区等多个区域,可同时容纳20台配送机器人,完成货物分拣、机器人停靠、充电等一系列环节。每台机器人一次可配送30个包裹,配送站每天最高可吞吐2000个包裹。从配送能力来看,配送站最高设置每天2000个包裹的配送量,同时和片区内的传统物流配送方式相互配合,为周边5000米居民提供物流配送服务,整个区域人机配送比例将达到1:1。

2020年2月,京东物流配送机器人率先在武汉市青山区吉林街上每天往返于配送点和第九医院之间,将医疗物资、生活用品等必需品"无接触配送"到用户手中。京东物流配送机器人从这时被社会各界广泛关注,并得到了公众认可。此后一年的时间内,京东物流配送机器人快速部署在北京、天津、上海、厦门等10多个城市,向园区、校园、小区内的用户提供无人配送服务。2021年5月25日,京东获得北京市颁发的国内首批无人配送车车辆编码(JD0001),京东的智能快递车正式"持证上岗"。2022年上半年,中国智能网联汽车产业创新联盟功能型无人车专项工作组启动全国首批功能型无人车行业标准测试,京东物流第五代智能快递车在功能型无人车联合实验室与测试中心的见证下顺利通过检验,京东物流也成为全国首批通过功能型无人车行业标准测试的功能型无人车企业。随着底层自动驾驶技术的更新迭代,智能配送机器人也经过了从第一代到第五代的产品进化。现在包括几代早期车型在内,京东配送机器人车队规模已经超过百辆。

一、技术驱动:科技研发助力高品质服务

"技术驱动"一直是京东物流的核心发展战略,京东物流将不仅仅单纯地做物流,更多的是依托科技投入来提升用户对物流的体验感,拓展一体化供应链物流服务市场,以此降低成本、提高效率。仅2021年上半年,京东研发就投入14亿元,占总收入的2.8%,同比增长55.2%。京东物流已在北京、上海、常熟、芜湖等10余个城市投放,申请并获得自动驾驶技术相关专利超500项。京东物流从开始布局智能配送到正式发布国内首辆无人配送车,到实现城市级智能配送运营,仅用了5年的时间。2021年上半年,京东物流一线员工约26万名。京东物流为参与仓储、分拣、打包、运输、配送及客服等运营员工支付的薪酬福利为172亿元。据此测算,京东物流一线员工每人每月均支出为1.1万元。京东物流推进的智能化,强化了"最后一公里"的人、货、车、道、场互联互动和快速响应,以科技赋能为京东物流构筑高附加值人力提供了基础。

二、数字化"超脑":驱动一体化供应链

当前,物流作为物联网应用最具有热度的领域之一,仅仅依靠车或人都是独木难支。京东物流在科技赛道上奋勇追赶的也不只是车,而是一个组合场景,其背后是努力在未来形成人、车、货、场、道的互联互动。

人——京东物流对人才的吸纳和培养是其引以为豪的地方。拥有26万名一线员工的京东物流与多个科技型大学达成战略合作,吸纳拥有当前物流领域新技术的人才;培养员工勇于创新的能力,促进企业的科技创新发展。

车——目前,京东物流已经开发出全球领先的第五代智能快递车产品,支持远程开关机、远程遥控、远程监控等一系列功能,工作人员在后台就能掌控车辆状态,关键时刻还能对车辆进行干预控制。同时,车速也从上一代的3米/秒提升到5米/秒,配送速度快了近1倍。

货——亚洲一号大型智能仓库体现了京东物流行业领先的技术创新能力和高技术标准。在这些仓库中,京东物流利用自动导引车(AGV)和先进的机器人技术,极大地提高了效率和准确性。

场——2021年京东618期间,京东物流智能快递车实现了定制配送时间、站点接驳送货、商超配送服务三大升级,覆盖城市社区、商业园区、办公楼宇、公寓住宅、酒店、校园、商超、门店八大场景。

道——京东物流获国内首批无人配送车上路资质,实现"持证上岗"。

可见,"车"只是京东物流发挥在智能物流领域的技术优势,为消费者打造更智能、更便利物流新体验的末端载体。京东物流数字化"超脑"主要是将大数据、GIS(geography information system,地理信息系统)等技术应用到物流行业中,打造技术驱动的一体化供应链物流服务市场。

此外,京东物流数字化"超脑"也将碎片化数据重聚,以此来实现数据最大化以及最有效地利用。比如,京东集团固安智能物流中心由于应用了京东数字化智能分拣中心系统,增强了京东华北地区的分拣能力,日订单分拣能力达30万单,人员投入比例降低了近70%,坪效提升了约5倍。

三、与供应链上下游合作共生

京东物流是全球少数拥有仓储网络、综合运输网络、最后一公里配送网络、大件网络、冷链网络、跨境网络六大物流网络的企业。作为技术驱动、数据智能的科技物流企业,京东物流已经搭建起软硬件一体的智能物流体系,与200多家行业领军企业达成共生战略伙伴关系。

在无人配送车及自动驾驶上,京东物流与北汽集团、厦门金龙均达成战略合作。京东物流向产业供应链出发。在无人车链方面,京东物流与北汽集团、厦门金龙合作研发无人智能物流末端配送车。在无人配送车应用场景方面,京东物流投资、收购新宁物流、跨越速运股份,科技赋能加速无人配送车的落地应用。

京东物流与华贸物流、国药控股北京华鸿有限公司等企业也在物流科技方面展开了深入合作。此外,京东物流领投福佑卡车C+轮1.5亿元人民币,后者运用大数据和算法,以技术手段实现货源与运力的智能匹配,与京东物流的技术着力点契合。

京东物流实现了仓、运、配各个环节的无缝衔接,形成了高效运转的物流体系,越来越多的消费者也因此体验到了京东物流更加智能、便捷的服务。

资料来源:无人小车工作量超小哥 京东无人配送车升级亮相[EB/OL].(2017-11-06).http://www.chinawuliu.com.cn/zixun/201711/06/325985.shtml.

第一节　配　送　概　述

配送在中华人民共和国国家标准《物流术语》中的定义为:根据客户要求,对物品进行分类、拣选、集货、包装、组配等作业,并按时送达指定地点的物流活动。

配送作为一种特殊的物流活动方式,几乎涵盖物流中所有的要素和功能,是物流的一个缩影或某一范围内物流全部活动的体现。一般的配送集装卸、包装、保管、运输于一身,通过一系列活动将货物送达目的地。特殊的配送还要以加工活动为支撑,所以包括的范围更广。但是,配送的主体活动与一般物流还是有很大的区别,如分拣配货就是配送的独特要求。

具体来讲,配送包含以下内涵。

配送的资源配置作用是"最终配置",因而更接近客户。

配送的实质是送货,但与一般送货有区别。配送不是一种偶然的行为,而是一种有固定的场所和组织形态,有专业化的管理队伍、设施设备和技术力量的高水平送货形式。

配送是一种"中转"形式,是专职流通企业依据客户需求反应,要做到需要什么送什么,就必须在中转环节筹集这种需要。

配送分为"配"和"送"两部分,配送利用有效的分拣、配货作业,使送货达到一定的规模,并利用规模优势取得较低的送货成本。

配送以客户需求为出发点,因此必须明确"客户第一""质量第一"的观念。配送企业的地位是服务地位而不是主导地位,因此不能从本企业利益出发而是从客户利益出发,在满足客户需求的基础上取得本企业利益。但是,过分强调客户需求也是不妥的,有时会损害自身或双方的利益。配送应以需求为依据,但是不能盲目,应该追求合理性,进而指导客户,实现双赢。

一、配送的特点

配送是一种综合性的物流活动,随着现代物流手段和技术的进步及连锁经营的发展,配送活动的范围有了很大的拓展。从发达国家的配送经验来看,配送有以下几个特点。

(一) 配送不同于送货

配送不同于一般概念的送货,也不是生产企业推销产品时直接从事的销售性送货,而是依据客户需求进行的特殊送货形式。其特殊性主要体现在:从事送货的是专职流通企业,而不是生产企业;配送是"中转"型送货;一般送货根据货物运送,而配送则是根据客户需求决定运送。

(二) 配送不同于运输

配送不是单纯的运输,而是由运输与其他物流活动构成。运输处于配送活动的末端。

(三) 配送不同于供应

配送不是广义概念上的组织订货、签约、结算、进货及对货物处理分配的供应,而是一种"点对点"的服务,将货物从物流据点一直送到客户的仓库、营业场所、车间及生产线。

(四) 配送不同于运送

配送是在全面配货的基础上,充分按照客户要求,包括种类、数量、时间等方面的要求所进行的运送。除了各种"运""送"活动外,还要从事大量分货、配货、配装等工作,是"配"和"送"的有机结合形式。

二、配送的功能要素

(一)备货

备货是配送的准备工作或基础工作,备货工作包括筹集货源、订货或购货、集货、进货,以及有关的质量检查、结算、交接等。配送的优势之一,就是可以集中用户的需求进行一定规模的备货。备货是决定配送成败的初期工作,如果备货成本太高,会大大降低配送的效益。

(二)储存

配送中的储存有储备和暂存两种形态。储备是按一定时期的配送经营要求,形成的对配送的资源保证。这种类型的储备数量较大,储备结构也较完善,视货源及到货情况可以有计划地确定周转储备及保险储备结构和数量。配送的储备保证有时在配送中心附近单独设库解决。暂存是指具体执行日配送时,按分拣配货要求,在理货场地所做的少量储存准备。由于总体储存效益取决于储存总量,所以,这部分暂存数量只会对工作方便与否造成影响,而不会影响储存的总效益,因而在数量上的控制并不严格。还有一种形式的暂存,即分拣、配货之后,形成的发送货载的暂存,这个暂存主要是调节配货与送货的节奏,时间不长。

(三)分拣及配货

分拣及配货是配送不同于其他物流形式的功能要素,也是决定配送成败的一项重要支持性工作。分拣及配货是完善送货、支持送货的准备性工作,是不同配送企业在送货时进行竞争和提高自身经济效益的必然延伸,所以,也可以说是送货向高级形式发展的必然要求。有了分拣及配货,就会大大提高送货服务水平,因此,分拣及配货是决定整个配送系统水平的关键因素。

(四)配装

在单个用户配送数量不能达到车辆的有效载运负荷时,就存在如何集中不同用户的配送货物,进行搭配装载以充分利用运能、运力的问题,这就需要配装。其与一般送货的不同之处在于:通过配装送货可以大大提高送货水平及降低送货成本,所以,配装是配送系统中有现代特点的功能要素,也是现代配送与以往送货的重要区别。

(五)配送运输

配送运输属于运输中的末端运输、支线运输,与一般运输形态的主要区别在于:配送运输是较短距离、较小规模、额度较高的运输形式,一般使用汽车做运输工具。与干线运输的区别是,配送运输的路线选择问题是一般干线运输所没有的,干线运输的干线是唯一的运输线,而配送运输由于配送用户多,一般城市交通路线又较复杂,如何组合成最佳路线,如何使配装和路线有效搭配等,是配送运输的特点,也是难度较大的工作。

(六)送达服务

配好的货运输到用户处还不算配送工作的完结,这是因为货物送达和用户接货往往还会出现不协调,使配送前功尽弃。因此,要圆满实现运到之货的移交,有效、方便地处理相关手续并完成结算,还应讲究卸货地点、卸货方式等。送达服务也是配送的特殊性。

(七)配送加工

在配送中,配送加工这一功能要素不具有普遍性,但往往是有重要作用的功能要素。其主要原因是通过配送加工,可以大大提高用户的满意度。配送加工是流通加工的一种,但配送加工有它不同于一般流通加工的特点,即配送加工一般只取决于用户要求,其加工的目的较为单一。

三、配送的作用

(一)有利于促进物流的社会化、合理化

社会化大生产要求社会化大流通与之相匹配。商品流通的社会化自然要求物流的社会化。社会化是以行业、技术的分工和全社会的广泛协作为基础的。商品经济的发展和现代化生产的建立,客观上要求社会提高分工协作水平。

(二)有利于促进物流设施和装备的技术进步

发展配送有利于促进物流设施和装备的技术进步,具体表现在三个方面:一是促进信息处理技术的进步,随着配送业务的开展,处理的信息量会越来越大,原始的手工信息速度慢且容易出差错,已适应不了配送工作的要求,必然大量应用电子计算机这一现代化的信息处理技术。二是促进物流处理技术的进步,从而提高物流速度、缩短物流时间、降低物流成本、减少物流损耗、提高物流服务质量。配送业务的发展,必然伴随着自动化立体仓库、自动化分拣装置、无人搬运车、托盘化、集装箱化等现代化物流技术的应用。三是推动物流规划技术的开发与应用。配送业务的开展,使配送货主越来越多,随之而来的就是配送路线的合理选择、配送中心选址、配送车辆的配置和配送效益的技术经济核算等问题,这些问题的研究解决,促进了我国物流技术的发展,并使之进入一个新阶段。

(三)使仓储的职能发生变化

开展配送业务后,仓储的作用已由单纯的储存、保管商品的使用价值朝着集散、分送商品,加快商品流通速度的方向发展。仓储业将从储存、保管的静态储存转向将保管储存、流通加工、分类、拣选、商品输送等连为一体的动态储存。建立配送中心后,仓储业的经营活动将由原来的储备型转变为流通型。不仅要保证商品的使用价值,而且要做到货源充足、品种齐全、供应及时、送货上门,其经营方式将从等客上门朝主动了解用户的需求状况,以

满足用户的各种要求的方向转变。

（四）促进商物分离

未开展配送业务之前,各个零售企业都有自己的仓库,并各自进行物流活动,叫作商物一致。开展配送业务以后,配送中心就可以充分发挥自己网络多、情报传递快、物流手段先进和物流设施齐全的优势,专门从事物流活动,而各零售企业只要保持较低水平的库存即可。这就大大改善了零售企业的外部环境,使零售企业有更多的资金和精力来专心从事商流活动,这就是商物分离。

（五）有利于提高物流的综合经济效益

通过配送中心,开展计划配送、共同配送,能够消除迂回运输、重复运输、交叉运输、空载运输等不合理运输;用大型卡车成批量地送到消费地配送中心,再用自用小型车从配送中心运给用户的方法,也可以从总体上节省费用;集中配送,有利于集中库存,维持合理的库存水平,消除分散库存造成的各种浪费;同时还能减少不必要的中转环节,缩短物流周转时间,减少商品的损耗。因此,配送对提高物流的综合经济效益有利。

四、配送的分类

（一）按配送商品的数量和种类划分

1. 单（少）品种大批量配送

企业的货物需求量较大,单独一个品种或仅少数品种可达到较大输送量,可实行整车运输,这种货物往往不需要再与其他商品搭配,可由专业性很强的配送中心实行配送。由于配送量大,可使用大吨位车辆并使车辆满载,配送中心的设置不需要太复杂,配送组织、计划等工作也比较简单,因而配送成本较低。单品种大批量配送的范围较窄,当可用火车、汽车、船舶将商品直接送达客户,而不致使客户库存效益变差,采用上述直接方式往往有更好的效果。

2. 多品种小批量配送

多品种小批量配送是按客户要求,将所需的各种商品（每种需要量不大）配备齐全,凑整装车后由配送据点送达客户的方式。各生产企业所需的重要原材料、零部件一般需要量大,要求较均衡,采取直接或单品种大批量配送方式较为合适。但是,现代企业生产所需的物料,除了少数几种重要货物外,从 ABC 分类法所体现的重点种类和非重点种类数来看,B、C 类的货物种类远高于 A 类。对于品种数量多,但需要量不大的货物,采取直接或大批量配送方式必然加大一次进货批量,造成客户库存增加、库存周期拉长、占用大量资金。类似情况也出现在向零售商店补充配送和向家庭配送时。多品种小批量配送对配货作业的水平要求很高,必须以高水平的组织工作保证和配合。高水平、高技术的配送方式及配送的特殊成效,主要反映在多品种小批量的配送中。这种方式也正契合现代消费多样性、需求多样性的观念。

3. 配套成套配送

配套成套配送是按企业生产需要,尤其是装配型企业生产需要,将生产所需全部零部件配齐,按生产节奏定时送达生产企业指定地点,生产企业随即可将此成套零部件送入生产线装配产品的方式。采取这种配送方式,配送企业实际承担了生产企业大部分供应工作,使生产企业能专心于生产。

（二）按配送时间和数量划分

1. 定时配送

定时配送是指按规定的时间间隔进行配送,每次配送的品种及数量可以事前拟订长期计划,规定某次多大的量,也可以于配送之前以商定的联络方式(如电话、计算机终端输入等)通知配送品种及数量的方式。这种方式由于时间固定,易于安排工作计划和车辆使用,对客户来讲,也易于安排接货的人力、物力。但由于备货的要求下达较晚,集货、配货、配装难度较大,在要求配送数量变化较大时,可能会使配送的合理安排出现困难。

2. 定量配送

定量配送是指按规定的批量进行配送,但不严格规定时间,只是规定在一个指定的时间范围内配送的方式。这种方式由于数量固定,备货工作较为简单,用不着经常改变配货备货的数量,可以按托盘、集装箱及车辆的装载能力规定配送的数量,能有效利用托盘、集装箱等集装方式,也可做到整车配送,所以配送效率较高。由于时间不严格限定,可以将不同客户所需物品凑整车后配送,运力利用也较好。对客户来讲,每次接货都处理同等数量的货物,有利于人力和设备的安排。

3. 定时定量配送

定时定量配送是指按规定准确的配送时间和固定的配送数量进行配送的方式。这种方式在客户较为固定,又都有长期的稳定计划时采用有明显优势,它综合了定时、定量两种方式的优点。这种方式虽较理想,但特殊性强、计划难度大,适合采用的对象不多,不是一种普通的配送方式。

4. 定时定路线配送

定时定路线配送是指在确定的运行路线上制定到达时间表,按运行时间表进行配送的方式。客户可在规定路线站及规定时间接货,可按规定路线及时间表提出配送要求,进行合理选择。采用这种方式有利于计划安排车辆及驾驶人员,在配送客户较多的地区,也可免去过分复杂的配送要求造成的配送组织安排的困难,对客户来讲,也有其便利性,即可在一定路线、一定时间进行配送选择,又可有计划地安排接货力量。但这种方式应用领域也是有限的,不能普遍采用。

5. 即时配送

即时配送是指不预先确定配送数量、配送时间及配送路线,完全按客户要求的时间、数量进行配送的方式。这种方式是以某天的任务为目标,在充分掌握这一天的需要地、需要量及种类的前提下,即时安排相应的配送车辆和最优的配送路线实施配送。这种配送可以做到每天配送都能实现最优的安排,因而是水平较高的配送方式。

（三）按配送地点划分

1. 商店配送

商店配送的组织者是商业零售企业。这些企业主要承担零售工作,规模一般不大,但经营品种齐全。除日常零售业务外,还可根据客户的要求将商店经营的品种配齐,或代客户外订、外购一部分商店平时不经营的商品,与商店经营的品种一起配齐送给客户。这种配送组织者实力很有限,往往只进行小量、零星商品的配送。对于商品种类繁多且需要量不大、有些商品只是偶尔需要而很难与大型配送中心建立稳定配送关系的客户,可以采用这种配送方式。商店配送半径较短、灵活机动,可承担企业重要货物的配送和消费者个人的配送,对配送系统的完善起着较重要的作用,是配送中心配送的辅助形式及补充形式。

2. 配送中心配送

配送中心配送的组织者是专职从事配送的配送中心。配送中心配送是配送的重要形式,其规模较大,储存量也较大,可按配送需要储存各种商品。配送中心配送专业性强,与客户建立固定的配送关系,一般实行计划配送。其配送流程是根据配送需要专门设计的,所以配送能力强、配送距离较远、配送品种多、配送数量大,是工商企业货物配送的主要承担者。

3. 仓库配送

仓库配送是以仓库为据点进行的配送,也可以是以原仓库在保持储存保管功能前提下,增加一部分配送职能,或经过原仓库的改造,使其成为专业的配送中心。

4. 生产企业配送

生产企业配送以生产企业为组织者,即由生产企业直接把其生产的产品配送到零售网点。这类生产企业一般生产地方性特点较强的产品,如食品、饮料、百货等,同时还有较为完善的配送网络和较高的配送管理水平。

(四) 按配送经营权限划分

1. 物流模式的配送

物流模式的配送是指只进行物流作业,商品经营决策或者说商流的任务由相关部门来完成,如实施自营配送的连锁企业,商流工作由连锁总部的商品部负责,配送中心只负责配送和相关物流作业。

2. 授权模式的配送

授权模式的配送是指一些企业或连锁总部将商品采购权及定价权授予配送中心,企业或连锁总部则保留商品组合、批发销售及业务监督的权力。配送中心既负责商品配送,也负责配送商品的采购。

3. 配销模式的配送

配销模式的配送是指配送中心既负责商品采购,又负责向客户直接批发销售商品的配送。配销模式的配送中心一般是相对独立的利润中心。

(五) 按配送的专业化程度划分

1. 综合配送

综合配送的商品种类繁多,且来源渠道不同,是在一个配送据点组织对客户配送,因此综合性强。同时,由于这种特性决定了它可以减轻客户进货的负担,客户只需和少数配送企业联系,便可以解决其多种需求。

2. 专业配送

专业配送按产品性质和状态划分专业领域。这种配送方式可以优化配送设施,合理配备配送机械、车辆,并能制定适用、合理的工艺流程,以提高配送效率。诸如中小杂件、金属材料、化工产品、生鲜食品等配送,都属于专业配送。

五、物流配送作业流程

电子商务下的物流配送作业流程主要包括采购作业流程、仓储作业流程、配送作业流程、退货及后续处理作业流程。

(一)采购作业流程

采购作业流程是准备配送商品的阶段,它是配送中心运转的基础环节。物流业务管理部门根据用户的要求及库存情况通过电子商务中心向供应商发出采购订单;供应商收到采购订单并加以确认后向业务部门发出供货通知,业务部门再向仓储中心发出接货的信息,而仓储中心根据货物情况准备合适的仓库,最后由供应商将发货单通过互联网向仓储中心发送,货物则通过各种运输手段送至仓储中心。

在物流专业化情况下,采购作业流程基本上有两种模式:第一种模式是由提供配送服务的第三方物流企业承担采购责任,直接向生产、经销企业订货或购货。第二种模式是物流、商流两者相分离的模式,由货主进行订货、购货,配送中心负责进货、理货等工作,货物所有权属于货主。采购环节需要考虑的是进货采购时间由谁决定,是货主还是配送中心。如果由货主决定,配送中心就得 24 小时值班,因为货主随时都可能进货。如果由配送中心决定,预约时间就变得非常重要了。提前一两天预约是欧美、日本等成熟的物流市场物流配送行业通行的做法,由于不预约容易打乱配送中心的计划,因此如果不预约,配送中心就不受理。而在我国,很多企业管理人员没有完全理解物流理念,对物流环节操作的复杂性认识不足,导致对预约时间的不理解和不执行。对此,可采取的优化方案包括加强现代物流的教育和培训,聘用专业物流人员进行管理,同时将物流配送中心的采购环节拆分成预约、验收、交接等详细的操作步骤,由专业人员进行指导和监督,以改善传统物流采购流程中存在的单据不齐全、时间不确定、仓库操作凌乱的现象,实现物流流程的优化,将物流和信息流有效统一,形成一个同步环节,满足配送中心运转和客户的要求。

(二)仓储作业流程

仓储作业流程是采购作业的延续。仓储中心受业务管理部门的统一管理,它的主要作业区是收货区、拣货区和发货区。当仓储中心收到供应商的送货单和货物后,在进货区对新进入的货物通过条形码扫描仪进行货物验收,确认发货单与货物一致后,对货物进行进一步处理(如验收不合格,退货),一部分货物直接放入发货区,进行暂时储存,属直通型货物。这仅仅适用于周转率大的商品,今天进库、明天出货的商品最适合于利用仓库首层暂存区放置。另一部分货物属于存放型货物,要进行入库储备处理,即进入拣货区,这是出于安全库存的考虑,按照一定时期配送活动的要求和到货周期,有计划地确定能够使配送活动持续进行的库存数量和形式,这适用于在仓库存放一段时间的商品。拣货是通过自动分拣输送系统、自动导向系统完成的,货物进入自动化仓库。当需要发货时,根据发货单上的显示,通过自动分拣输送设备将货物送到相应的装车线,对货物进行包装处理后,装车送货。

物流配送中心对仓储作业流程的优化实践主要体现在货位管理上,很多企业的库位资源没有得到充分、合理的使用,常常是仓库货物摆放凌乱,甚至出现货物挤压损坏现象。通过建立库位自动查询系统,督促仓储管理人员及时清查、排序、更新货位,可以简便、快速地确定货物存放的详细地址。货位管理提供一个静态货位、动态商品的储存模式。可采取的优化方案是将货位与货物通过条码编号互为关联,盘点作业实行定位定码的创新盘点法,便于寻找;分拣作业采用数字分拣系统,提高效率;搬运作业执行自动装卸系统,节省人力,这样可实现自动化和人工的有机结合,大大缩短盘点、分拣、搬运等仓库作业时间。合理优化仓储作业流程,使从仓库管理员拿到分拣单到货物装到车辆上所花费的时间缩短到25～35分钟,这样可以极大地提高物流仓储作业的工作效率,合理、有效地利用企业仓库有限的人力资源。

(三)配送作业流程

配送作业是物流配送的核心环节。配送部门由业务管理部门进行统一配送调度,根据客户的具体要求,打印相应的送货单,在运输途中通过信息查询系统、车辆定位系统进行实时监控,及时沟通和反馈配送信息,并在货物到达目的地经客户确认签字无误后,凭回单向业务管理部门确认。

我国的配送作业环节在经过几年的发展后虽然取得了显著进步,但整体体系还不完善,存在许多问题,从而阻碍了配送作业工作效率的提高。其主要原因在于缺乏高效的物流配送体系。一方面,在硬件上,基础设施较差,且不配套,各种运输方式之间装备标准不统一,物流器具标准不配套,物流包装标准与物流设施标准之间缺乏有效衔接,现代化水平低;另一方面,在软件上,物流企业的社会化程度、组织化程度低,没有形成覆盖面广的社会化的物流网络服务体系。缺乏适合电子商务发展的高效物流配送体系是目前电子商务发展的一个主要障碍,这导致物流无效作业环节增加,物流速度降低和物流成本上升,影响了物流的效率和效益。

一个好的配送方案应该考虑以下内容:库存的可供性、反应速度、送货频率、送货的可靠性等。电子商务企业的成功运作,关键不仅在于有完善的配送网络,还在于在完成配送服务的同时,保证配送系统高效、低成本地运作。这是一项专业性很强的工作,必须聘请专业人员对系统的配送细节进行精心设计。在这方面,可以借鉴国外一些配送中心的做法,即配送中心按照配送合理化的要求,在全面计划的基础上制定科学的、距离较短的货运路线,选择经济、迅速、安全的运输方式和适宜的运输工具。物流配送中心在安排每次出车时,按照物流线性规划和相关的运筹模型,尽量满足配载的要求。

高效的配送需要在配送调度和配送运输、交货等具体操作方面进行整合优化。为此,可借鉴国外的先进经验,并根据现阶段我国的物流配送条件,对单纯配送流程进行改进。其优化方案的具体内容包括:制定运输工具的统一标准,加强物流基础设施配套建设,提高现代物流的专业化水平;设计合理的统筹规划路线模型系统。制单员在每次制单时,运用配送路线模型确定路线,不必考虑运输工具的差异性,只需在配送路线模型中输进几个需要配送的地点、每个地点需要配送货物的数量,模型就会自动选出几条可供选择的路线,让调度人员根据所在区域的交通流量来灵活选择,确定配送地点的合理配送路线,从而做到尽可能不安排配送跨度很大的车次。到达目的地后,配送员根据送货单上客户的详细地址和联系电话,就可以很容易地联系到客户。路线的合理安排,可以大大缩短配送员耗费在途中的配送时间,提高工作效率。

(四)退货及后续处理作业流程

退货及后续处理作业流程是物流配送流程的最后一个环节。客户由于某种原因可能请求退货,企业应制定相应的退货处理政策。很多企业都认为货物配送出去,货款收回,电子商务过程就可终结。但面对竞争激烈的市场环境,售后服务已成为企业竞争策略的重要内容,越来越多的企业都开展了售后服务业务。因此,必须对物流的后续处理给予应有的重视。退货可集中由配送企业送回原仓储地点,由专人清理、登记、查明原因,如是产品质量问题,应进行抽样检验,超出相应标准则及时通知采购作业流程停止订货,并通知网站管理部门将网页上有关货物的信息及时删除,尚未超标则作为验收不合格物品,进行退货处理;如退货还可继续使用,可进入库存,重新开始新的仓储管理配送过程。

除此之外,企业还应建立客户满意度调查和投诉反馈系统,对物流配送系统进行监督和考核。电子商务企业将物流配送业务外包给专业物流配送企业,如果缺少必要的监督和约束手段,物流配送往往会成为电子商务顺利运行的障碍。客户满意度调查一般包括客户请求的响应速度、满足时间和质量等。顾客忠诚度对从事电子商务的企业至关重要,顾客满意度也是电子商务企业维持老顾客、吸引新顾客的重要因素。但如果企业物流配送服务不到位,顾客忠诚度与满意度就无从谈起。如果顾客已经通过网络成功下单,完成支付手续,却由于物流配送没有与其他业务活动协调好,企业承诺的配送服务没有兑现,就会使顾客对企业的服务产生不满,要求退货或以后不再购买。因此,一定要建立方便、宽松的客户满意度调查和投诉反馈系统,及时对顾客的反馈意见给予回复,应积极、主动地邀请顾客进行货物及配送服务评价,并将该系统信息通过网络公开,以便吸引更多老顾客和潜在消费者。值得注意的是,客户满意度调查和投诉反馈系统不是一个独立的业务步骤,这项工作与订单管理、仓储分拨、运输、退货管理等环节密切联系。

第二节　电子商务物流配送

一、电子商务下的配送模式

配送模式是企业对配送所采取的基本战略和方法。根据国内外的发展经验及我国配送理论与实践,目前,主要形成了自营配送、共同配送、互用配送、第三方配送和基于合作的配送几种配送模式。

(一)自营配送模式

自营配送模式是指企业物流配送的各个环节由企业自身筹建并组织管理,实现对企业内部及外部货物配送的模式。这种模式有利于企业供应、生产和销售的一体化作业,系统化程度相对较高,既可满足企业内部原材料、半成品及成品的配送需要,又可满足企业对外进行市场拓展的需求。但企业为建立配送体系投资规模将会大大增加,而且在企业配送规模较小时,配送的成本也相对较高。

一般而言,采取自营配送模式的企业大都是规模较大的集团公司。特别是连锁企业,其基本上是通过组建自己的配送系统来完成企业的配送业务,包括对内部各连锁店的配送和对企业外部顾客的配送。

(二)共同配送模式

共同配送模式是指物流配送企业之间为了提高配送效率及实现配送合理化而建立的一种功能互补的配送模式。共同配送模式的优势在于有利于实现配送资源的有效配置,弥补配送企业功能的不足,促使企业配送能力的提高和配送规模的扩大,更好地满足客户需求,提高配送效率,降低配送成本。共同配送模式的核心在于充实和强化配送的功能,提高配送效率,实现配送的合理化和系统化。参与共同配送的物流企业要坚持功能互补、平等自愿、互惠互利、协调一致的原则。

(三)互用配送模式

互用配送模式是指几个企业为了各自利益,以契约的方式达成某种协议,互用对方配送系统而建立的配送模式。其优点在于企业不需要投入较多的资金和人力,就可以扩大自身的配送规模和范围,但需要企业有较高的管理水平及与相关企业协调的能力。

(四)第三方配送模式

第三方配送模式是指交易双方把自己需要完成的配送业务委托给第三方来完成的一种配送模式。随着物流产业的不断发展及第三方配送体系的不断完善,第三方配送模式成为工商企业和电子商务网站进行货物配送的一个首选模式和方向。

(五)基于合作的配送模式

纯粹的在线电子商务经营者所缺乏的是传统商店的实体,这在随时随地以顾客服务为中心的环境下,仅有在线功能远远不够。在这种情况下,以实物商品交易的电子商务企业可以同拥有实实在在经营场所的企业进行战略联盟,形成"互补",从而产生了基于合作的配送模式。

上述各种配送模式的比较如表 5-1 所示。

表 5-1 各种配送模式的比较

配送模式	优 点	缺 点	适 用 范 围
自营配送	有利于企业供应、生产和销售的一体化作业,系统化程度相对较高	增加投资负担,抵御市场风险能力弱;配送规模较小的情况下很难实现规模效应,成本较高;专业化程度较低	大型集团公司或连锁企业;物流对企业成功起到关键作用,且企业处理物流能力高;企业对物流控制能力强;产品线单一的企业

续表

配送模式	优　点	缺　点	适 用 范 围
共同配送	提高物流作业效率,降低企业营运成本;企业可以集中精力经营核心业务;可实现社会资源的共享和有效利用	各商品的特点和配送要求不同使得共同配送存在一定的难度;企业间的规模、经营意识、客户圈等存在差异,很难协调一致;在配送组织、费用分摊方面存在难度,有泄露商业机密的可能	运输企业和家电连锁店联合;物流企业与中小型连锁公司的合作
互用配送	不需投入较多的资金和人力就可扩大配送规模	需有较高的管理水平及组织协调能力,稳定性较差	电子商务下的 B2B 交易方式
第三方配送	集中精力于核心业务;减少固定资产投资;提供灵活多样的顾客服务	不能直接控制物流;不能保证供货的准确和及时;难以维护与顾客的长期关系	自身物流业务处理能力较低的企业;物流对企业成功起到关键作用
基于合作的配送	利用各自的业务优势实现互补、互利、双赢	需明确合作目标和责任分配,较高的协调管理能力	纯电子商务企业与物流企业的合作

二、电子商务下的配送特点

(一) 电子商务对配送的影响

电子商务以数字化网络为基础进行交易,从而减少了商业中间环节、缩短了经营周期、提高了经营效率、提升了服务质量。电子商务为物流创造了虚拟的运动空间,通过各种组合方式,寻求物流合理化、最优化,达到效率最高、费用最省、距离最短、时间最少、利润最高。电子商务对配送的影响包括以下几个方面。

1. 引起配送观念的改变

传统的物流配送企业需要大面积的仓库,而电子商务则将散置在各地的分属不同所有者的仓库通过网络系统连接起来,使之成为“虚拟仓库”,进行统一管理和调配使用,服务半径和货物集散空间扩大。这样的企业在组织资源的速度、规模、效率和合理配置资源方面都是传统的物流配送所不可比拟的,由此引起物流配送观念的更新。

2. 引起配送运作方式的改变

传统的物流配送活动在运作过程中,不管是以生产为中心还是以成本或利润为中心,其实质都是以商流为中心,属于商流活动,因而物流配送的运动方式是以商流为主。而在电子商务条件下,物流配送是以信息为中心,信息不仅决定了物流配送的方向,也决定了物流配送的运作方式。在实际运作过程中,通过网络上的信息传递,可以有效地实现对物流配送的监控,实现物流配送合理化。

3. 引起配送企业经营形态的改变

首先,电子商务改变了物流配送企业对物流的组织和管理。在传统经济条件下,物流配送往往是由某一企业来进行组织和管理的,而电子商务则要求物流配送从社会的角度来实行系统的组织和管理,以打破传统物流配送分散的状态。这就要求企业在组织物流配送的过程中,不仅要考虑本企业的物流组织和管理,而且要考虑全社会的整体系统。其次,电子商务改变了物流配送企业的竞争状态。在传统经济活动中，物流配送企业之间存在激烈的竞争，这种竞争往往是依靠本企业提供优质服务、降低物流费用等方面来进行的。在电子商务时代，这些竞争依然存在，但有效性却大大降低了。原因在于电子商务需要一个全球性的物流配送系统来保证商品实体的合理流动，对于一个企业来说，它的规模再大，也是难以满足这一要求的。这就要求物流配送企业相应联合起来，形成一种协同竞争的状态，以实现物流配送系统化、合理化和高效化。

4. 促进物流配送基础设施的改善和物流管理水平的提高

首先，电子商务将促进物流配送基础设施的改善。电子商务高效率和全球性的特点，要求物流配送业必须实现这一目标。而物流配送要实现这一目标，良好的交通运输网络、通信网络等基础设施则是最基本的保证。其次，电子商务促进物流技术的进步。物流技术包括物流硬技术和软技术。物流硬技术是指在组织物流过程中所需的各种材料、机械和设施等；物流软技术是指组织高效率的物流所需的计划、管理、评价等方面的技术和管理方法。从物流环节来考察，物流技术包括运输技术、保管技术、装卸技术、包装技术等。物流技术水平的高低是影响物流效率的一个重要因素，要建立一个适应电子商务运作的高效率的物流系统，提高物流的技术水平有着重要的作用。最后，电子商务将促进物流管理水平的提高。物流管理水平的高低直接决定和影响物流效率的高低，也影响电子商务高效率的实现。只有提高物流的管理水平，建立科学合理的管理制度，将科学的管理手段和方法应用于物流管理，才能确保物流配送的畅通，实现物流配送的合理和高效，促进电子商务的发展。

5. 对物流配送人才提出了更高的要求

电子商务要求物流配送管理人员不仅具有较高的物流管理水平，而且具有较丰富的电子商务知识，并且在实际的运作过程中能有效地将二者结合在一起。

（二）电子商务配送的特点

1. 配送反应速度快

在电子商务下，物流配送服务提供者对上游、下游的物流配送需求的反应速度越来越快，前置时间和配送时间越来越短。

2. 配送功能集成化

在电子商务下，物流配送着重于将物流与供应链的其他环节进行集成，包括物流渠道与商流渠道的集成、物流渠道之间的集成、物流功能的集成、物流环节与制造环节的集成等。

3. 配送服务系列化

在电子商务下，物流配送除了传统的储存、运输、包装、流通加工等服务外，还在外延上扩展至市场调查与预测、采购与订单处理，向下延伸至物流配送咨询、物流配送方案的选择与规划、库存控制策略建议、贷款回收与结算、教育培训等增值服务，在内涵上也提升了服务对决策的支持作用，实现了配送服务的系列化。

4. 配送作业规范化

在电子商务下，物流配送强调功能作业流程及运作的标准化和程序化，使复杂的作业变成简单的易于推广和考核的运作。

5．配送目标系统化

在电子商务下,物流配送从系统角度统筹规划一个公司整体的各种物流配送活动,处理好物流配送活动和商流活动及公司目标之间、物流配送活动与物流配送活动之间的关系,不求单个活动的最优化,但求整体活动的最优化。

6．配送组织网络化

分散的物流配送单体只有形成网络才能满足现代化生产和流通的需要。在电子商务下,为了保证对产品促销提供快速全方位的物流支持,物流配送要有完善、健全的网络体系,网络上点与点之间的物流配送活动保持系统性和一致性,这样可以保证整个物流配送网络有最优的库存总水平及库存水平分布,运输与配送快捷、机动,既能铺开,又能收拢。

7．配送手段现代化

在电子商务下,物流配送使用先进的技术、设备与管理为生产、销售提供服务。随着生产和销售规模越来越大,物流配送技术、设备及管理也越来越现代化。

8．配送经营市场化

在电子商务下,物流配送的具体经营采用市场机制,无论是企业自己组织物流配送,还是委托社会化物流配送企业承担物流配送任务,都以服务与成本的最佳平衡为目标。

(三) 电子商务配送存在的问题

由于电子商务蕴藏着巨大的商机与利润,各国政府都对电子商务投入极大的热情,从政策上、资金上予以帮助和支持。企业更是倾注大量人力、财力和物力,欲通过电子商务来提升自身的竞争优势。但是,电子商务给许多企业带来的不是利润而是严重的亏损。

网络基础设施、支付手段、安全认证、物流配送是电子商务发展的四大制约因素。物流配送是电子商务活动过程中做起来最难且最耗费人力、财力的业务。物流成本过高,物流配送效率低下,配送服务质量差,严重影响着电子商务快速发展。

物流配送是完成电子商务完整交易过程的一个重要环节,它是实现整个交易过程的最终保证。可以说,没有真正意义的物流配送,便没有真正意义的电子商务。电子商务是信息传送的保证,而物流配送是实物执行的保证。目前,电子商务物流配送存在的问题主要有以下几个方面。

1．商品配送成本过高

电子商务的配送不仅面向批发商和零售商,还直接面对大批的最终消费者,况且电子商务不受时间、地域的限制,较难形成集中的、有规模的配送流量,由此造成配送任务复杂而琐碎,成本居高不下。目前绝大多数电子商务公司及其配送伙伴都直接让客户承担送货费用,出现了有的商品配送费用甚至高于商品售价的现象。

2．商品仓储费用高

尽管电子商务免除了店面成本,但是商品仓储的费用支出仍然很大。一方面,电子商务企业想把主要的精力投入技术更新和市场开发,而把商品仓储等业务交由其他公司去做;另一方面,社会上仓储业的发展不足,不能满足电子商务的要求,从而使电子商务企业不得不花大量的人力和物力去开拓本身并不擅长的仓储业务,增加了电子商务产品的成本。

3．配送渠道不完善

目前,电子商务企业对商品的配送渠道主要有以下三种,都不太完善。

（1）自己建立配送网络，组建配送队伍，独立完成配送业务。建立一个社会化的配送网络投资相当巨大，且不具规模效应，如果配送量过小，必然造成亏本。

（2）电子商务企业与其他的配送公司签订配送协议，交给其他公司完成配送业务。如与邮政、铁路、航空、快递等签约，让这些专门的配送公司去处理配送问题。但由于电子商务企业与这些独立的配送公司在信息沟通、账务交易、经营管理上存在一定的差距，形成配送操作系统与电子商务平台的脱节，出现配送不及时、送错货等让商家与客户都不满意的现象。

（3）网上购物、网下就近商店付款取货。这种形式增加了商店的店面成本，而且不能实现"送货到家"，由此降低与减少了电子商务的服务质量和本质内涵，因而得不到推广。

第三节　配送成本管理

一、配送成本的含义

配送是物流的主要功能之一，配送最能体现物流系统最终的总体服务功能。企业经营管理的主要目标之一是实现配送系统的合理化，提高配送效率。配送管理的目标是降低配送成本，提高服务水平并处理和协调两者之间的关系。

配送成本是在配送活动的备货、储存、分拣、配货、送货、送达服务及配送加工等环节所发生的各项费用的总和，是配送过程中所消耗的各种劳动的货币表现。

配送费用诸如人工费用、作业消耗、物品消耗、利息支出、管理费用等，将其按一定对象进行汇集就构成了配送成本。配送成本的高低直接关系到配送中心的利润，进而影响企业的利润。因此，如何以最少的配送成本在适当的时间将适当的产品送到适当的地方，是摆在企业面前的一个重要课题，对配送成本进行控制非常重要。

计算配送成本首先得明确计算范围，配送成本的范围一般由以下因素决定。

（1）成本的计算范围如何确定。配送过程涉及不同的配送对象，如不同的送货对象、不同的配送产品，此时如按不同对象进行成本归集，会使计算结果有明显的差别。

（2）在备货、储货、配货、送货等多种配送物流活动中，以哪几种活动为计算对象。

（3）把哪几种费用列入配送成本。如支付的运载费、保管费、人工费、折旧费等，取其中哪几部分列入配送成本进行计算将直接影响配送成本的大小。

企业配送成本计算结果的大小受以上三个因素的影响。确定不同的前提条件，会引起截然不同的结果。企业应根据各自不同的情况及管理需要来决定本企业配送成本的计算范围。

二、配送成本的特征

（一）隐蔽性

如同物流成本冰山理论指出的那样，要想直接从企业的财会业务中完整地提取出企业发生的配送成本，难以办到。通常的财务会计可以从"销售费用""管理费用"科目掌握部分配送成本，但这些科目反映的费用仅仅是配送成本的一部分，即企业对外支付的配送费用，并且这一部分往往混在其他费用中,不单独设立"配送费用"进行核算。

(二)削减具有乘数效应

假定某企业的销售额为 100 单位,配送成本为 10 单位。如果配送成本降低 10%,就可能得到 1 单位的利润。这种配送成本削减的乘数效应不言而喻。假如企业的销售利润率为 2%,则创造 1 单位利润销售额应增加 50 单位,即降低 10%配送成本所起的作用与增加 50%销售额一样。可见,配送成本的下降会产生极大的效应。

(三)"二律背反"

"二律背反"是指同一资源的两个方面处于矛盾的关系之中,实现一个目标必然使另一个目标遭受部分损失;要追求一个目标必须舍弃另一个目标。这种现象同样存在于配送活动中。如包装问题,在产品销售市场和售价都不变的条件下,假定其他成本因素不变,若简化包装,则必然降低包装作业成本,但商品进入流通市场后,简化包装却极有可能会降低产品防护效果,易造成储存、装卸、运转过程中的破损,进而形成商品损失。又如,减少库存,则需频繁补充库存,从而增加运输次数,使运输费用增加,进而增加成本。

三、配送成本的分类

(一)按支付形态分类

按支付形态分类,主要是以财务会计中发生的费用为基础,通过乘以一定比率系数加以核算。此时配送成本分为以下几种。

(1)材料费:是指因物料消耗而产生的费用,由物资材料费、燃料费、消耗性工具、低值易耗品摊销及其他物料消耗费组成。

(2)人工费:是指因人力劳务的消耗而产生的费用,包括工资、奖金、福利费、医药费、劳保费以及职工教育培训费和其他一切用于职工的费用。

(3)能源费:是指向电力、煤气、自来水等公共服务部门支付的费用。

(4)维护费:是指土地、建筑物、机械设备、车辆搬运工具等固定资产的使用、运转和维护保养所产生的费用,包括维修保养费、折旧费、房产税、土地使用税、车船税、租赁费、保险费等。

(5)一般经费:是指差旅费、交通费、资料费、零星购进费、邮电费、城建税、能源建设税及其他税款,还包括商品损耗费、事故处理费及其他杂费等一切一般支出。

(6)特别经费:是指采用不同于财务会计计算方法计算出来的配送费用,包括按实际使用年限计算的折旧费等。

(7)对外委托费:是指企业对外支付的包装费、运费、保管费、出入库装卸费、手续费等业务费用。

(8)其他企业支付费用:是指在配送成本中向其他企业支付的费用。比如,商品购进采用送货制时包含在采购价格中的运费和商品销售采用提货制时因顾客自己提货而从销售价格中扣除的运费。

（二）按功能分类

按功能分类即通过观察配送费用是由配送的哪种功能产生的所进行的分类。按支付形态分类虽能计算出配送成本，但是不能充分说明配送的重要性。按功能分类则利于掌握配送的实际状态，了解在哪个功能环节出现了浪费，实现有针对性的成本控制。按功能，配送成本大致可分为以下三类。

1. 物品流通费

物品流通费是指为了完成配送过程中商品、物资的物理性流通而产生的费用。其可细分为以下几种。

（1）备货费：是指进行备货工作时需要的费用，包括筹备货源、订货、集货、进货以及进行相关的质量检验、结算、交接等而产生的费用。

（2）保管费：是指一定时期内因保管商品而产生的费用。除了包租或委托储存的仓储费用外，还包括企业在自有仓库保管时产生的费用。

（3）分拣及配货费：是指在分拣、配货过程中人力、物力的消耗。

（4）装卸费：是指伴随商品包装、运输、保管、运达之后移交而发生的商品在一定范围内的水平或垂直移动所需要的费用。

（5）短途运输费：是指把商品从配送中心转移到顾客指定的移交地点所需要的运输费用。除了委托运输费外，短途运输费还包括由本企业的自由运输工具进行送货的费用，但要将伴随运输的装卸费用除外。

（6）配送加工费：是指根据客户要求进行加工而产生的费用。

2. 信息流通费

信息流通费是指因处理、传输有关配送信息而产生的费用，包括与储存管理、订货处理、顾客服务有关的费用。在企业内处理、传输信息，要把与配送有关的信息处理和传输与其他信息区分开来极为困难，但极为必要。

3. 配送管理费

配送管理费是指实行配送计划、调整、控制所需要的费用，包括作业现场和企业有关部门的管理费。

（三）按适用对象分类

按功能分类可实现配送成本的控制，但作为管理者还希望能分别掌握不同的产品、地区、顾客产生的配送成本，以便对未来发展作出决策，这就需要按适用对象来计算配送成本。通过按不同对象归集配送成本可以分析出产生不同配送成本的不同对象，进而帮助企业确定不同的销售策略。

（1）按营业单位计算配送成本，就是要算出各营业单位配送成本与销售金额或毛收入的比率，了解各营业单位配送中存在的问题，以便加强管理。

（2）按顾客计算配送成本，可分为按标准单价计算和按实际单价计算两种计算方式。按顾客计算配送成本可用于确定目标顾客、确定服务水平等营销战略的参考。

（3）按商品计算配送成本，把按功能计算出来的成本，以各自不同的基准分配给各类商品，从而计算配送成本。这种方法可用来分析各类商品的盈亏，进而为确定企业的产品策略提供参考。

(4) 按功能计算配送成本,按支付形态计算出来的配送成本,在按不同的功能详细划分的时候,其分配基准比例由于行业和企业情况的不同而不同。因此,根据企业的实际情况找出分配基准很重要。

企业还可以按单位(配送一个或拣选一个)计算配送成本,再就各个功能配送成本的构成比例或金额与上一年度进行比较,弄清增减原因,研究制订整改方案。

四、影响配送成本的因素

(一) 与产品相关的因素

1. 货物的数量和重量

货物的数量和重量增加虽然会使配送作业量增大,但大批量的作业往往使配送效率提高。因此,配送数量和重量是委托人获得价格折扣的理由。

2. 货物的种类及作业过程

不同种类的货物配送难度不同,对配送作业的要求不同,承担的责任也不一样,因而对配送成本会产生较大的影响。采用原包配送的成本显然要比采用配装配送成本低,因此,不同配送作业过程,直接影响配送成本的高低。

3. 外部成本

配送有时要使用配送企业以外的资源并支付相关费用,如当地的路桥收费、起吊设备的租赁费等。

(二) 与市场相关的因素

1. 时间

配送时间越长,占用配送中心的固定成本越高。然而,这种成本往往表现为机会成本,具体表现为配送中心因不能提供其他配送服务,而收入减少;或者表现为配送中心在其他服务上增加成本。

2. 距离

距离越远,配送成本就越高,同时造成配送中运输设备和送货员工的增加。

第四节 配 送 中 心

一、配送中心的基本概念

在实际生活中,配送和其他经济活动一样,通常也是由专业化的组织来进行安排和操作的。配送中心是指从事配送业务的物流场所或组织,其应基本满足下列要求:主要满足特定用户的要求;配送功能健全;完善的信息网络;辐射范围小;多品种、小批量;以配送为主,储存为辅。

《物流手册》将配送中心定义为:"从供应者手中接受多种大量的货物进行包装、分类、保管、流通加工和情报处理等作业,然后按照众多需要者的订货要求备齐货物,以令人满意的服务水平进行配送的设施。"

王之泰在《现代物流学》中对配送中心的定义为:"配送中心是指从事货物配备(进货、加工、分货、拣货、配货)和组织对客户的送货,以高水平实现销售或供应的现代流通设施。"

虽然各方对配送中心的定义各有不同,但对配送中心的现实功能和目的认识是一致的,即配送中心是配送业务的聚集地,主要为客户提供高水平的配送服务。

二、物流中心与配送中心的区别和联系

物流中心和配送中心的功能都包括运输、仓储、装卸搬运、包装、流通加工、物流信息处理等。二者的不同之处表现在:物流中心是从事物流活动的场所和组织,它主要是面向社会服务,涉及的商品品种少、批量大,辐射的范围大,储存和吞吐货物的能力强,物流业务统一经营、统一管理,是综合性、地域性、大批量的物流物理位移集中地,它把商流、物流、信息流、资金流融为一体,成为产、销企业之间的媒介。物流中心按照其功能不同可分为流转中心、配送中心、存储中心、流通加工中心等。配送中心作为物流中心的一种形式,它是以组织配送性销售或供应,实行实物配送为主要职能的流通型物流节点。在配送中心,为了做好送货的编组准备,需要进行零星集货、批量进货等多种资源收集工作,并对货物进行分整、组配等。

因此,配送中心也具有集货、分货的功能。为了更有效、更高水平地送货,配送中心还有比较强的流通加工能力。可以说,配送中心实际上是集货中心、分货中心、加工中心功能的综合体,是"配"与"送"的有机结合。

三、配送中心的功能

配送中心的功能主要包括以下几方面。

(一) 集散

配送中心能够利用其拥有的各种先进设备和完善的物流管理信息系统,将分散于各个生产企业的产品集中在一起,通过分拣、配货、配装等环节向多家客户发送。同时,配送中心也可以把各个客户所需要的多种货物有效地组合在一起,批量运送,实现高效率、低成本的商品流通,发挥集货、散货的功能和作用。此外,配送中心一般处于商品流通发达、交通极为便利的中心城市或地区,优越的地理条件也有利于发挥配送中心商品集散地的作用。

(二) 储存

配送中心的主要职能就是按照客户要求及时地将各种配装好的货物送到客户手上,满足生产与消费的需要。为完成此任务,配送中心一般建有现代化的仓储设施,储存一定量的商品,形成对配送的库存保障,以免出现断货现象。

(三) 包装

为满足不同客户的要求,配送中心需要进行包装作业,对商品进行组合、加工、加固、拼配,形成组合包装单元,方便物流配送。

(四) 送货

送货是在城市范围内短距离地运送货物。配送中心需要按照客户要求,将货物按时、按量地送至客户。因此,进行商品配送时,要制订派车计划、选择路线、进行装车调度等,以便完成配送任务。

(五) 衔接

现代化的配送中心通过储存功能和配送功能的发挥,有效地衔接生产与消费、供应与需求,使供需双方实现无缝连接。

(六) 流通加工

配送中心的流通加工作业包括对货物分类、过磅、拆箱、包装、粘标签等。流通加工活动虽不普遍,但往往有着重要的作用,可以大大提高客户的满意程度,不仅赢得客户信赖,还有利于提高物资资源的利用率,给配送中心带来附加效益。

(七) 信息处理

由于多种功能聚于配送中心,配送中心也成为信息交汇中心,它可以提供货物到达、分发、装卸、搬运、储存保管、销售、价格、运输工具、运行时间及客户资料等各种信息,为配送中心经营管理、政策制定、商品配送路线开发、商品销售的政策制定提供参考。

四、配送中心的类型

(一) 按经济功能分类

按经济功能,配送中心可分为以下几类。

1. 供应型配送中心

这种配送中心专门为某些客户组织供应。现实中有很多从事货物配送活动的经济实体,其服务对象主要有两类:生产企业和大型商业组织。它们所配送的货物以原材料、半成品为主,客观上起到了供应商的作用。为大型连锁超级市场组织供应的配送中心、代替零件加工厂送货的配送中心都属于这一类。

2. 销售型配送中心

这种配送中心是以销售经营为目的、以配送为手段的配送中心。许多厂商和经销商为了扩大自己的市场份额,为客户提供理货、加工和送货等系列化、一体化的后勤服务,而改造和完善物流设施,组建专门的配送中心,提高服务质量。这类配送中心主要有三种类型:一是生产企业为自身产品直接销售给消费者而设立的配送中心,如海尔集团;二是专门从事商品销售活动的流通企业作为本身经营的一种方式而建立起来的配送中心；三是流通企业和生产企业联合组建的配送中心，这是一种公用型配送中心。

3. 流通型配送中心

这种配送中心是一种仅以暂存或随进随出方式进行配货、送货的配送中心。这种配送中心的运作方式是：货物大批量整进，按客户订单要求零星出货，货物在配送中心仅做短暂停留。

4. 储存型配送中心

这种配送中心是一种有很强储存功能的配送中心。一般情况下，商品销售和企业原材料、零配件供应，都需要有较大库存来维持运转和应对急需。组织大范围的配送活动也要求储存一定数量的配送商品，保持较大库存。

5. 加工型配送中心

加工型配送中心是以加工产品为主，而后实施配送的中心。这种配送中心多进行单品种、大批量产品的加工作业，而且是按照客户的要求进行安排，所以虽然进货量比较大，但是分类、分拣工作量并不太大。

（二）按隶属关系分类

按隶属关系，配送中心大致可分为以下几类。

1. 生产企业自办的配送中心

这种配送中心一般由规模较大的跨国公司出资兴建，目的是对本公司的产品进行实体分配。这些企业一般规模较大，足以使本企业零部件、产成品的运输储存部分独立出去，成为配送中心。

2. 仓储、运输企业设立的配送中心

仓储企业是物流的节点，拥有土地、库房、站点和装卸设备，可以自然演变成配送中心。运输企业可提供各种运输工具实现货物的空间位移，配载、换载货物，达到扩大功能、节约物流成本的目的，凭借其生产的性质也可设立配送中心。邮政部门、铁路部门等都拥有自己的配送中心。

3. 商业企业自办的配送中心

各商业企业根据自身经营的需要设立配送中心，这些配送中心有的从事原材料、燃料、辅助材料的流转，有的从事大型超市、连锁店的产品配送。如家乐福、沃尔玛、易初莲花等大型零售企业自办的配送中心。

4. 社会化的配送中心

此类配送中心或由政府出资，或由众多企业集资建成，拥有公共使用的装卸平台、设备、设施和可以分割产权的库房。这类配送中心往往为中小工商企业服务或为物流公司服务。

（三）按服务区域分类

按服务区域，配送中心可分为以下两类。

1. 城市配送中心

这种配送中心以城市区域为配送范围，一般利用汽车在城市内送货，运距较短，客户处于汽车运输经济里程范围内，可直接配送到客户，实现门到门送货。同时，由于汽车机动灵活、反应能力强,因而有利于开展多品种、小批量、多客户的配送活动。这种配送中心往往与零售经营相结合。

2. 区域配送中心

此类配送中心是一种具有较强的辐射能力和库存准备,面向全国乃至国际范围的客户配送的配送中心。这种配送中心一般配送批量较大,规模较大,配送对象大多是大型客户,如城市配送中心和大型工商企业的配送中心,此类配送中心虽然也从事零星的配送,但不是主体形式。

(四) 按服务的适应性分类

按服务的适应性,配送中心可分为以下两类。

1. 专业配送中心

专业配送中心大体上包含两种含义:一是配送对象、配送技术属于某一专业范畴,在某一专业范畴内有一定的综合性,综合这一专业的多种物资进行配送,如多数制造业的销售配送中心;二是以配送为专业化智能,基本不从事其他经营的服务型配送中心。

2. 柔性配送中心

这种配送中心在某种程度上是和专业配送中心相对应的配送中心,这种配送中心不是朝固定化、专业化方向发展,而是朝能随时变化、对客户要求有很强适应性、不固定供需关系、不断发展配送客户并改变配送客户的方向发展。

五、配送中心规划

(一) 配送中心规划的内容

配送中心规划是一项系统工程,是一项长远的、总体的发展计划。配送中心规划主要包括以下几方面。

1. 作业功能规划

作业功能规划是将配送中心作为一个整体的物流系统来考虑,依据确定的目标,规划配送中心为完成业务而应该具备的物流功能。配送中心作为一种专业化的物流组织,不仅要具备一般的物流功能,而且要具备满足不同需要的特色功能。配送中心作业功能的规划包括作业流程的规划、作业区域的功能规划、作业区的能力规划。

2. 结构规划

结构规划主要包括区域布置规划、库房设计、装卸货平台设计、货场及道路设计和其他建筑设施规划。在配送中心作业功能规划完成后,根据各作业流程、作业区域功能和能力规划,进行空间区域的布置规划和作业区域的区块布置工作以及标志各作业区域的面积和界限范围等。

3. 选址规划

选址规划主要包括:分析自然环境、经营环境和基础设施状况等因素对配送中心选址的影响;列出选址方法,采用定性方法和定量方法相结合的思路;筛选选址方案,确定选址结果。配送中心一般拥有众多建筑物和固定的机械设备,一旦建成,则难以搬迁,如果选址不当,将会付出长远代价,因而对于配送中心的选址规划要予以高度重视。

4．物流设施规划

配送中心的设施是保证配送中心正常运作的必要条件,物流设施规划涉及建筑模式、空间布局、设备安置等多方面的问题,需要运用系统分析的方法求得整体优化,最大限度地减少物料搬运、简化作业流程,创造良好、舒适的工作环境。此外,若是对传统物流企业进行改造,设施规划还应注意企业原有设施的充分利用和改造等工作,以尽可能减少投资。所以,配送中心的物流设施规划应包括原有设施分析、配送中心的功能分区、设施的内部布局、设备规划、公用设施规划等。

5．信息系统规划

信息系统规划包括两部分:配送中心管理信息系统的功能设计,物流管理信息系统的关键技术与应用。信息化、网络化、自动化是配送中心的发展趋势,规划时,既要考虑满足配送中心内部作业的要求,提高物流作业效率,又要考虑与配送中心外部的信息系统相连,方便配送中心及时获取和处理各种经营信息。

(二)配送中心规划的原则

规划是配送中心建设的基础性工作,应当遵循以下原则。

1．动态

配送中心规划,应在详细分析现状及未来变化并作出预测的基础上进行,以适应一定范围内数量、客户、成本等多方面的变化。

2．低费用

配送中心的业务要求组织运输与配送活动,必然产生运输距离和费用。应通过科学方法寻求最短运距、最低费用,遵循低费用原则,作为配送中心规划的参考。

3．服务和竞争

物流活动是服务性、竞争性非常强的活动。如果单纯从路线最短、成本最低、速度最快等角度去考虑问题,一旦布局完成,可能会导致服务质量的下降和其他问题的产生。因此,配送中心的规划应体现服务和竞争的原则。

4．交通便利

在规划配送中心时,应考虑现有交通条件,把交通作为布局的内容来处理,以交通方便为原则,尽可能地减少物流费用。

5．统筹

配送中心的层次、数量、布局是与生产力布局、消费布局等密切相关的,设定一个合理的配送中心,必须统筹兼顾、全面安排、考虑周全。

(三)配送中心规划的目标

配送中心规划的目标就是为社会提供服务,谋求高效率,减少社会资源的浪费。实践证明,在货物运距较远、客户较多且需求日趋复杂的情况下,直接从工厂或仓库装货,并将货物配好送至客户手中并不经济。由此,许多厂商和批发商开始在流通枢纽地设置配送中心,开展货物配送活动,以提高配送效率、降低成本。因此,配送中心规划的目标应考虑以下因素。

1. 集中存储货物,保持合理的库存

将若干自备仓库存储、保管的货物通过配送中心适当加以集中,避免仓库重叠、分散而导致存储物资的积压和浪费。

2. 控制物流费用

由配送中心集货,然后统一安排送货,不再像以前那样从工厂直接装货和直接发货,便于企业合理规划运输路线,通过计划运输达到控制运费的目的。

3. 避免迂回运输和相向运输现象发生

一般来说,商品生产地分散,消费地也分散,按客户的要求,若分别单独配送,势必出现迂回运输和相向运输现象,从而导致运输费用增加。而选择适当的地方设置配送中心,以配送中心为基地进行集货和理货,将众多供应商提供的产品进行集装运送,可以减少或消除不合理的运输现象的发生。

4. 提高服务质量,扩大销售

设置配送中心,由配送中心组织配送活动,可以及时了解客户需求,按时、按量、按要求送货上门,体现高效的服务质量,以扩大销售。

第五节　国内外物流配送中心的发展

与其他新生事物一样,配送(或配送方式)是伴随着生产的不断发展而发展起来的。自从第二次世界大战后,为了满足日益增长的物质需求,配送中心在西方工业国家逐步发展起来,加速了库存物资的周转,打破了仓库的传统观念。

配送的雏形出现于20世纪60年代初期。从形态上来看,初期的配送只是一种粗放的、单一性的活动。这时的配送活动范围很小,规模也不大,其主要目的是促进产品销售和提高其市场占有率。因此,配送主要是以促销手段的职能来发挥作用的。

20世纪80年代以后,受各种社会因素和经济因素的影响,配送有了长足发展,而且以高科技为支持手段,形成了系列化、多功能的供货活动。其具体体现如下。

(1)配送区域进一步扩大。近几年来,实施配送的国家已不限于发达国家,许多发展中国家也按照流通社会化的要求实行了配送制,并且积极开展配送。

(2)配送的发展极为迅速。无论是配送的种类和数量,还是配送的方式方法,都得到了迅猛的发展。

(3)配送的技术水平提高,手段日益先进。技术不断更新,劳动手段日益先进,是成熟阶段配送活动的一个重要特征。

(4)配送的集约化程度明显提高。20世纪80年代以后,随着市场竞争日益激烈及企业兼并速度明显加快,配送企业的数量在逐步减少。但是,总体的实力和经营规模却在增长,配送的集约化程度不断提高。

(5)配送的服务质量不断提高。在激烈的市场竞争中,配送企业必须保持高质量的服务,否则就有可能倒闭。配送服务质量可以归纳为准确和快速,即不出差错和供货周期短。

一、美国物流配送中心的发展

美国的配送中心以出现早、发展速度快、活动范围广、经营范围大和现代化水平高而著称于世界。它们认为：当生产领域提高劳动生产率的潜力被挖尽后，调整流通领域的商品流量是企业获得利润的主要来源，也是稳定消费物价和提高国际竞争力的重要因素。为了向流通领域要效益，美国企业采取以下主要措施：一是将老式的仓库改为配送中心；二是引进计算机管理网络，对装卸、搬运、保管实行标准化操作，提高作业效率；三是连锁店共同组建配送中心，促进连锁店效益的增长。

美国的配送中心正是在改造老式仓库的基础上，于20世纪六七十年代逐步形成和发展起来的。

（一）美国配送中心发展的外部条件

（1）美国经济高度发展，市场消费相当可观，使物流需求急剧上升。

（2）美国自20世纪50年代开始，大力兴建州际高速公路，已建成数十万千米的高速公路，把全美各地连接起来，与铁路、港口、空运一起，形成四通八达的交通网络。

（3）超市、平价俱乐部等连锁经营主体的出现，带动了物流的变革。

（4）经济的发展带来社会分工的细化、思想观念的转变，使制造商要求摆脱物流、销售等，集中精力研制开发新产品。

（二）美国配送中心的类型

美国配送中心大致分为以下三类。

（1）特大型生产企业独资建立的配送中心，主要为生产企业自身服务。

（2）大型零售企业或是连锁企业自有的配送中心。

（3）为扩大生产企业和商业企业的服务范围而建立的社会化配送中心。

社会化配送中心又可分为两种：一种是本身没有商品所有权的纯物流性质的配送组织，主要依托众多的生产企业、依据生产企业的指令（或者说是受生产企业委托）向零售企业或其他客户配送产品；另一种是兼从事商品分销（代理）活动的配送组织，主要依托零售商、超市等用户从事经营活动。

（三）美国配送中心的特点

美国配送中心提供一流的服务，主要包括以下内容。

（1）在观念上的变革。美国的一些配送中心将供货方和购货方不仅看作服务对象，而且看作经营伙伴。如USCO配送公司专门设立一个服务部门，以签订业务合同的客户名义承接订单、咨询电话，并制定了厚厚的一本服务手册，详尽地介绍了配送中心所提供的各项服务内容、达到的标准及各项承诺。它把顾客满意摆在公司指标和工作重心的首位，力争提供百分之百的可靠性服务，并在手册中要求必须满足顾客的各项需求、毫无缺损。

（2）即时制。每个配送中心均向客户承诺，客户要求什么时间送到，配送中心就保证什么时间送到。每个配送中心均有一个运输部，当运输部接到订单的运输通知时，即由该部负责根据客户要求的时间,制订计划,落实运输队,无论是配送中心拥有自备卡车还是委托其他运输公司,都有责任对客户提供高效率的服务。

(3) 千方百计地提高配送正确率,以取得客户的信赖。配送中心作业过程一般要经过10个环节:①收货;②验货;③输入收货记录;④归档;⑤发货;⑥编制装运单;⑦调整库存记录;⑧装车;⑨配送;⑩交货。每个环节的人员必须将外包装上的条形码与货架条形码同计算机储存的信息核对,同时每半个月,部门经理要对其所管辖区域的存货做一次全面盘点,以提高配送的正确率。

二、日本物流配送中心的发展

尽管日本配送中心的建设始于欧美,但日本却在近些年成为这一方面的"后起之秀"。正是从这一意义上来说,深入解析日本的配送中心建设情况,对于目前也处于"赶超"阶段的我国具有十分重要的意义。

(一) 日本配送中心的类型

随着连锁超市业经营发展的不断深入,社会对物流配送业务的要求越来越高,物流配送中心的运作类型也不断地调整和组合。其总体发展趋势是:系统内的"自有自方便"的配送中心逐步缩小,而商品配送社会化、物流设施共同享用、物流配送共同化的趋势迅速发展。目前,日本配送中心大致有以下三种类型。

1. 大型商业企业自设的配送中心

这种配送中心一般由资金雄厚的商业销售公司或连锁超市公司投资建设,主要为本系统的零售店配送,同时也受理社会中小零售店的商品配送业务,这部分为社会配送的业务正在发展扩大。例如,设立在日本东京都立川市的菱食立川物流中心,拥有冷冻仓库、恒温仓库、常温仓库约 11 000 平方米,其中冷库约 7 000 平方米,主要配送食品、酒类、冰激凌等。配送商品品种数:冷冻食品 1 500 种、酒类 1 000 种、冰激凌 200 种、食品材料 650 种。一般储存商品、酒类和食品材料 25 000 箱,冷藏商品 70 000 箱。每天配送数量:冷冻食品 18 000 箱、冰激凌 5 000 箱、酒类 1 000 箱。[①] 其主要配送到关东地区的 12 个配送中心,然后由 12 个配送中心再配送到各零售店铺。这 12 个配送中心分为两种类型,一种是"通过中心"(如川口、桐生、市川、山梨等),另一种是"在库型通过中心"(如湘南、桶川、栃木、茨城等)。通过中心是指收到商品,经分拣后再配送到中小超市,不保持库存;在库型通过中心是指对 A级商品有一定的库存量,其他商品分拣后直接配送出去。系统内的店铺和系统外的食品店或超市,通过 EOS(电子自动订货系统)向菱食情报中心订货,由立川中心承担物流配送。

2. 批发商投资,小型零售商加盟组建的配送中心

这种以批发商为龙头、由零售商加盟的配送中心,实际上是商品的社会化配送。这样的配送形式,既可解决小型零售商因规模小、资金少而难以实现低成本经营的问题,也提高了批发商自身的市场占有率,同时实现了物流设施充分利用的社会效益。如由批发商 CGC

---

① 日本配送中心的主要类型及主要特点[EB/OL]. (2010-08-18). http://www.bjqinteng.com/html/wuliuzixun/2010/0818/1969.html.

（食品零售商的协同连锁）投资的枥木集配中心即属此类。CGC 总部设在东京新宿,在关东地区由其投资建设了 8 个这样的配送中心(枥木中心是其中规模最小的一个,于 1996 年 11 月 1 日建成开业),加盟合作对象是一些小型零售商店和连锁超市。据介绍,在日本全国有 300 多家小公司,门店 3 000 多个,这些小公司为了能与大型连锁超市公司竞争,就自愿组合起来,由 CGC 集中进货和配送。这样,就能和大公司一样集中进货和配送,一方面便于工厂送货,工厂愿意让利给集配中心几个百分点;另一方面小公司不必自己再设置物流配送设备。枥木负责配送周围 30 千米以内 7 个株式会社的 37 家店铺,其中每天供配的有 5 个株式会社的 19 家店铺,这些店铺的 25％商品由该中心配送。①

3. 物流企业接受委托,为连锁超市服务的配送中心

如西友座间物流中心,由西友总部投资建造,该中心除了为本系统的店铺配送商品外,主要配送对象是便利店(Family Mart)。1997 年 4 月的资料显示,日本全国有 Family Mart 4 137 家,关东地区 2 384 家,座间物流中心负责配送关东地区的 239 家(最远 50 千米,平均 25～30 千米)。座间物流中心向西友总部承包经营,专门从事物流配送业务。西友总部、座间物流中心、Family Mart 三者之间以合同为约束手段,开展稳定的业务合作。

以上三种类型的配送中心,实际上都不同程度地承担社会配送功能,并且有进一步扩大的趋势。

(二)日本配送中心的特点

日本的配送中心,由于大都实现了比较成熟的计算机管理,建立了严格的规章制度和配备了比较先进的物流设施,从而确保商品在配送过程中的准确、及时、新鲜,确实起到了降低流通成本、加快流转速度、提高经济效益的作用。

1. 计算机网络管理,配送及时、准确

日本的配送中心大都有相当成熟的计算机网络管理,从商品订货进入 EOS 开始,信息进入中央信息中心后,立即通过网络传送到配送中心。由于采用计算机联网订货、记账、分拣、配货等,整个物流过程衔接紧密、准确、合理,零售门店的货架存量压缩到最小限度,直接为零售店服务的配送中心基本上做到零库存,大大降低了缺货率,缩短了要货周期,加速了商品周转,给企业带来了可观的经济效益。

2. 规章制度严格,真正提供优质服务

日本的配送中心大都有一整套严格的规章制度,各个环节的作业安排严格按规定时间完成,并且都有严格的作业记录。例如,菱食立川物流中心主要配送的商品是冷藏食品,如冰激凌对送货的时间和途中冷藏车的温度要求很严格,所以它在送货的冷藏车上安装了自己研制的检测器,冷藏车司机送货到各个点都严格按计算机编排的计划执行,并且每到一个点,都必须按规定按一下记录仪按钮,如 1997 年 3 月 6 日某车配送 5 个门店,从上午 6 时开始到下午 4 时 42 分回来,共运送 94 箱商品,价值 640 914 日元,整个过程运输时间 4 小时 46 分,卸货时间 4 小时 47 分,休息 1 小时 6 分,还有温度的记录和最高时速的记录。仅从这一辆车一个司机一天的作业过程就足见执行制度的严格程度。据西友物流部的一位先

---

① 日本配送中心的主要类型及主要特点[EB/OL]. (2010-08-18). http://www.bjqinteng.com/html/wuliuzixun/2010/0818/1969.html.

生介绍说，他们为 Family Mart 配送商品，送货到达时间一般不超过 15 小时，如因意外不能准时到达，必须马上与总部联系，总部采取紧急措施，确保履行合同。他还说，一般偶尔一次超过规定时间对方还能原谅，但次数一多，就不和你做生意了。

3. 物流设施先进，变动成本较低

日本的物流设施一般都比较先进。例如，在卡世美物流中心，笼车在规定的运行线路上可随时插入埋设在地下的自动链条中，将各笼车商品从卸车点自行运送到各集配点，卸完笼车也可自行返回。又如，商品储存点已不用货垛卡人工记录，而用与计算机联网的电子记录仪。收货发货，按相应电钮，计算机会自动记录，并将信息分送各有关部门（如统计结算、配车等部门）。再如，在东京青果株式会社的大田批发市场，用一张面积大小与一般托盘相仿的厚度为 2～3 毫米的塑料薄片取代传统的木质托盘，用专用的叉车与之配套操作，在水泥地面使用十分方便，大大节约了木质托盘的成本。

三、我国物流配送中心发展现状及存在的问题

（一）发展现状

长期以来，我国物流活动社会化程度低，管理体制混乱，机构多元化，导致社会化大生产、专业化流通的集约化经营优势难以发挥，规模经营、规模效益难以实现，设施利用率低，布局不合理，重复建设，资金浪费严重。由于利益冲突及信息不通畅等原因，余缺物资不能及时调配，大量物资滞留在流通领域，造成资金沉淀，产生大量库存费用。另外，我国物流企业与物流组织的总体水平低、设备陈旧、损失率大、效率低、运输能力严重不足，形成了"瓶颈"，制约了物流的发展，物流配送明显滞后。商流与物流分割，严重影响了商品经营和规模效益。实践证明，市场经济需要更高程度的组织化、规模化和系统化，迫切需要尽快加强建设具有信息功能的物流配送中心。发展信息化、现代化、社会化的新型物流配送中心是建立健全社会主义市场经济条件下新型流通体系的重要内容。我国是发展中国家，要借鉴发达国家的经验和利用现代化的设施，但目前还不可能达到发达国家物流配送中心的现代化程度，只能从国情、地区情况、企业情况出发，发展有中国特色的新型物流配送中心。随着电子商务的日益普及，中国的物流配送业一定会朝着新型物流配送中心的方向发展。

（二）存在的问题

1. 配送中心设施利用率低，发展缓慢

长期以来，我国物流配送的基础设施投入较少，发展比较缓慢，尽管近几年新建了一些较先进的仓储物流设施，但总体来看，我国物流仓储设施仍较陈旧落后，20 世纪五六十年代建造的仓库还有较多仍在使用，而且仓储物流设施结构不合理，货场、低档通用库多，满足当前社会要求的冷藏、调温等专用库少。应当加快我国物流配送基础设施的建设和技术改造，鼓励和吸引社会各方投资物流行业，国家也应增加这方面的投入，对物流配送设施的建设给予一些低息或贴息贷款支持。

2. 配送中心总体配送比率较低，采购成本难以降低

从我国现有商业零售企业来看，除了一些大型、知名的商业企业以外，一般的商业连锁

企业大多没有建立自己的物流配送中心或利用第三方物流中心。这些企业虽然也建立了一些自己的连锁分店,但实际上商店经营的商品并没有做到"统一采购、统一配送、统一结算",这使部分商业零售企业的连锁经营显得有名无实。而在其他已经建立自己的物流配送中心或利用第三方物流中心实现商品配送的商业企业中,配送中心的效用也未能得到有效发挥,进而影响了连锁企业综合采购成本优势的发挥,导致配送中心配送的比率较低,采购成本难以降低。

3. 物流的社会化、组织化、专业化程度不高

我国物流配送业的发展水平低,还表现为物流配送企业的小和散,社会化、组织化程度低,在物流配送的各环节上衔接配套差,服务功能不完善,能做到"一站式"服务的企业少。生产企业、流通企业和物流储运企业中的"大而全""小而全"现象仍然存在。物流企业大多数规模较小,缺乏覆盖面较广的物流配送服务网络。

4. 现代化程度低、信息化水平不高

随着信息技术的快速发展,国际、国内各种商业物流配送中心利用信息技术提升管理水平的情况已经越来越多。例如,目前采用较多的信息管理技术包括产品识别条码、企业资源计划系统、管理信息系统、电子数据交换系统、地理信息系统、自动分拣系统、柔性物流系统、全球定位系统、仓库管理系统等。从国际、国内商业物流配送中心的信息化程度来看,美国的连锁商业配送中心普遍采用了机械化、自动化配合信息系统的整合作业模式,如电动叉车、传送带、装卸搬运、吊车等机械设施配合各种信息系统的使用,就大大提高了管理效率、节约了人员成本。美国立体化的商业物流中心很多都建有专业通信网,货物的入库、移动、配装等都通过计算机控制托盘、货架铲车和吊车进行。日本的计算机机器人进行物流作业的模式已经广泛存在。相比较而言,我国商业物流中心的现代化程度就比较落后了。零点研究集团的一项调查显示,目前我国实行物流配送的商业企业中,有超过58%的企业至今几乎没有采用过信息技术或信息系统来进行物流作业,而在已经采用信息技术进行物流管理的企业中,72%的企业仍然以传统手工作业为主,信息技术只作为其辅助性的管理手段。例如,配送中心内部基本上是手工辅以叉车和托盘作业;到货分拣、商品组配、商品盘点等无专业电子扫描装置;计算机应用仅限于配送中心的事务性管理(如商品进、销、存、配、送信息的记录与存档等);商业物流信息技术的采用仍然以互联网、仓库管理系统、管理信息系统等为主,对于供应链管理、企业资源计划的应用还处于起步阶段。

四、国外配送中心发展对我国的启示

(一)加快现代物流基础设施建设,提升整体物流配送能力

2001年以来,我国的物流基础设施得到显著发展。例如,政府加大了对铁路、公路建设的投资力度;各地物流园区建设数量和规模的增加;中重型卡车产销量的上升;现代化物流营运设备的逐渐采用等。这些都标志着我国的物流配送业进入快速发展期,但相对于我国商业物流配送中心的发展要求来说,目前这些基础设施建设还显得相对滞后。其主要表现为区域物流基础设施建设的不平衡。例如,我国进行西部大开发,这对于我国及外资商业零售企业来说都是一大发展契机,而西部地区目前的物流基础设施建设显然不能满足连

锁企业在当地的物流配送需求,因此从完善物流基础设施、提高物流配送能力的角度出发,需要进一步加快发展主要是西部地区及其他物流业发展相对缓慢地区的高速公路建设、高速铁路建设;提高城市内部交通的通畅性,减少交通"堵塞"现象;加快开发和引进高科技的物流设备,如集装箱、散装专用船、各种装卸器具、移动运输器具等的进口或生产等,提高商业企业本身物流现代化管理水平,进而从外部发展环境和内部运营硬件方面为我国商业物流配送中心的发展创造条件。

(二)大力推动"共同配送中心"的发展

目前我国商业物流配送中心的发展,多集中在百货公司、超级市场、大型卖场、折扣店等业态领域。每个商业连锁企业由于各自的主营业态差异较大,它们建设配送中心的思路也不完全相同。一般而言,百货公司由于自营商品比重较低,采用第三方物流的可能性较大;超级市场以企业经销或代销商品为主,因此它们选择自建配送中心的可能性较大。当然其他不同业态的物流配送模式都会存在一定差异,但不管是何种零售业态,随着企业门店的不断增加,它们必须考虑的一个问题是:是建立自己的物流配送中心、利用第三方物流还是与其他零售企业共建配送中心? 在进行配送中心规划决策时,企业往往会遇到这样的问题,即企业的连锁门店数量较少,如果自建配送中心,投资成本太大,资金流量会出现困难;如果利用第三方物流,对于企业长期发展来说也并非一种特别有效的战略,而且会分流企业的利润。从这两个层面进行分析,共建配送中心便是一种既经济又能实现利润共享的选择思路。共同配送中心不仅能有效解决企业资金不足的问题,也能通过不同零售企业之间的联合增强企业联盟的集团竞争力,对于中小型投资主体而言是一种非常有利的物流配送模式。

(三)提高物流配送的社会化、网络化程度

一是大力发展社会化物流服务体系,支持社会化物流企业的发展,提高物流配送的规模化效益。二是提高物流网络化、组织化程度,通过适当方式将物流相关企业组织起来,形成较为完善的物流服务网络。物流企业更要注意网络建设,不断完善网络服务功能。三是充分利用全社会物流配送设施资源,鼓励兼并、重组、联合,优先进行技术改造,尽量避免物流设施的重复建设和资源浪费。

(四)更新传统观念,为我国物流配送中心发展提供人才保障

在推动我国物流配送中心的发展方面,由于受传统观念的影响,人们对于物流配送中心不够重视,因此,多年来我国物流尤其是物流配送中心的理论研究和实践探索都发展较慢。人才已经成为我国物流配送中心建设发展的"瓶颈",为改变这种现状,我们首先要从观念上进行更新,也要通过具体的行动来引起社会各界对物流配送中心的重视,鼓励社会化物流管理培训工作的开展和推进,学习国际先进的物流管理经验和管理方法。行业协会可以组织国内中大型物流配送企业、商业连锁企业的有关人员进行集中培训和实地考察等,各地区政府部门应投入一定的人力、物力、财力,不断增强全民物流配送中心信息化意识,提高劳动者素质,充分利用各种手段和各种教育途径,建立高素质、专业配套、层次合理的物流配送中心信息化人才队伍。通过高素质物流人才的培养,加快对我国物流配送中心

研究和实践经验的探索,从而为我国物流配送中心的发展奠定基础。

思考题

1. 物流配送的分类有哪些?
2. 配送成本的核算应注意哪些问题?
3. 配送中心有哪些类型? 功能各是什么?
4. 发达国家的配送中心发展现状如何?
5. 我国物流配送中心存在的问题有哪些? 如何解决这些问题?

即测即练

第六章

电子商务供应链管理

【本章导读】

1. 供应链及供应链管理概述、模式。
2. 电子商务环境下的供应链管理特点、目标等。
3. 电子商务环境下的供应链管理方法。

整合供应链 实现零库存

有一个传统的民族工业制造企业,成立16年来,保持了80%的年平均增长率,成长为一个业务遍及全球的国际化企业集团,其管理模式被收入欧盟商学院的管理案例库,其首席执行官被英国《金融时报》评为"全球30位最受欢迎的企业家"之一,这家企业就是海尔集团公司(以下简称"海尔")。海尔取得今天的业绩和企业实行全面的信息化管理是分不开的。借助先进的信息技术,海尔发动了一场管理革命:以市场链为纽带,以订单信息流为中心,带动物流和资金流的运动。通过整合全球供应链资源和用户资源,逐步向"零库存、零营运资本和(与用户)零距离"的终极目标迈进。

一、以市场链为纽带重构业务流程

从生产规模看,海尔现有10 800多个产品品种,平均每天开发1.3个新产品,每天有5万台产品出库。海尔一年的资金运作进出达996亿元,平均每天需做2.76亿元结算、1 800多笔账。随着业务的全球化扩展,海尔在全球有近1 000家分供方(其中世界500强企业44个)、53 000多个营销网络,还拥有15个设计中心和3 000多名海外经理人。如此庞大的业务体系,依靠传统的金字塔式管理架构或者矩阵式模式,很难维持正常运转,业务流程重组势在必行。

总结多年的管理经验,海尔探索出一套市场链管理模式。海尔认为,在新经济条件下,企业不能再把利润最大化当作目标,而应该以用户满意度的最大化、获取用户的忠诚度为目标。这就要求企业更多地贴近市场和用户。市场链简单地说就是把外部市场效益内部化。海尔不仅让整个企业面对市场,而且让企业里的每一个员工都去面对市场。由此,海尔也把市场机制成功地导入企业的内部管理,把员工相互之间的同事和上下级关系转变为市场关系,形成内部的市场链机制。

结合市场链模式，海尔对组织结构和业务流程进行了调整，把原来各事业部的财务、采购、销售业务全部分离出来，整合成商流推进本部、物流推进本部、资金流推进本部，实行全集团统一营销、采购、结算；把原来的职能管理资源整合成创新订单支持流程 3R（研发、人力资源、客户管理）和基础支持流程 3T（全面预算、全面设备管理、全面质量管理），3R 和 3T 流程相应成立独立经营的服务公司。

整合后，海尔商流本部和海外推进本部负责搭建全球的营销网络，从全球的用户资源中获取订单；产品本部在 3R 支持流程的支持下不断创造新的产品满足用户需求；产品事业部将商流获取的订单和产品本部创造的订单执行实施；物流本部利用全球供应链资源搭建全球采购配送网络，实现 JIT 订单加速流；资金流搭建全面预算系统。这样就形成了直接面对市场的、完整的核心流程体系和 3R、3T 等支持体系。

商流本部、海外推进本部从全球营销网络获得的订单形成订单信息流，传递到产品本部、事业部和物流本部，物流本部按照订单安排采购配送，产品事业部组织安排生产；生产的产品通过物流的配送系统送到用户手中，而用户的货款也通过资金流依次传递到商流、产品本部、物流和分供方手中。这样，就形成横向网络化的同步的业务流程。

二、ERP、CRM：快速响应客户需求

哈尔滨用户宋明伟先生因房间摆放需要，想要一台左开门冰箱，他首先想到了海尔，到海尔网站一看，果然有用户定制服务，用户可以选择冰箱开门方式等十几个特殊需求，他按需要下了订单后，海尔冰箱生产部门立即在定制生产线上组织生产，接收信息、组织生产、配送、交易整个过程，7 天时间就搞定，获得了用户的好评。对用户来说，只需轻松点击海尔的网站；对海尔来说，一张小小的订单牵动了企业的全身——设计、采购、制造、配送整个流程。

在业务流程再造的基础上，海尔形成了"前台一张网，后台一条链"（前台的一张网是海尔客户关系管理网站，后台的一条链是海尔的市场链）的闭环系统，构筑了企业内部供应链系统、ERP 系统、物流配送系统、资金流管理结算系统和遍布全国的分销管理系统及客户服务响应 Call-Center（呼叫中心）系统，并形成了以订单信息流为核心的各子系统之间无缝连接的系统集成。

海尔 ERP 系统和 CRM 系统的目的是一致的，都是快速响应市场和客户的需求。前台的 CRM 网站作为与客户快速沟通的桥梁，将客户的需求快速收集、反馈，实现与客户的零距离；后台的 ERP 系统可以将客户需求快速触发到供应链系统、物流配送系统、财务结算系统、客户服务系统等流程系统，实现对客户需求的协同服务，大大缩短对客户需求的响应时间。

海尔于 2000 年 3 月 10 日投资成立海尔集团电子商务有限公司，在家电行业率先建立企业电子商务网站，全面开展面对供应商的 B2B 业务和针对消费者个性化需求的 B2C 业务。通过电子商务采购平台和定制平台与供应商和销售终端建立紧密的互联网关系，建立起动态企业联盟，达到双赢的目的，提升双方的市场竞争力。在海尔搭建的电子商务平台上，企业和供应商、消费者实现互动沟通，使信息增值。

面对个人消费者，海尔可以实现全国范围内网上销售业务。消费者可以轻击鼠标，在海尔的网站上浏览、选购、支付，然后在家里静候海尔的快捷配送及安装服务。海尔首先推出 23 个种类的 800 多个产品在网上直接销售，各大城市的网上订购用户可以在两天内拿到自己需要的称心如意的产品和享受零距离的全天候星级服务。

　　过去企业按照生产计划制造产品,是大批量生产。海尔的 e 制造是根据订单进行的大批量定制。海尔 ERP 系统每天准确自动地生成向生产线配送物料的 BOM(bill of material,物料清单),通过无线扫描、红外传输等现代物流技术的支持,实现定时、定量、定点的三定配送;海尔独创的过站式物流,实现了从大批量生产到大批量定制的转化。实现 e 制造还需要柔性制造(agile manufacturing)系统。在满足用户个性化需求的过程中,海尔采用计算机辅助设计与计算机辅助制造(CAD/CAM),建立计算机集成制造系统(CIMS)。在开发决策支持系统(decision support system,DSS)的基础上,通过人机对话实施计划与控制,从物料资源规划发展到制造资源规划和企业资源规划。还有集开发、生产和实物分销于一体的适时生产,供应链管理中的快速响应和柔性制造,以及通过网络协调设计与生产的并行工程(concurrent engineering)等。这些新的生产方式把信息技术革命和管理进步融为一体。

　　现在海尔在全集团范围内已经实施 CIMS,生产线可以实现不同型号产品的混流生产。如海尔电脑建成国内首条 FIMS(航臻数字化车间管控平台)柔性电脑生产线。海尔电脑从接订单到出厂,中间的每一道工序都是在电脑系统的集成管理和严格监控之下完成的。为了使生产线的生产模式更加灵活,海尔有针对性地开发了 EOS、ERP 系统、JIT 三定配送系统等六大辅助系统。正是因为采用了这种 FIMS 柔性制造系统,海尔不但能够实现单台电脑客户定制,还能同时生产千余种配置的电脑,而且可以实现 36 小时快速交货。

三、订单信息流驱动:同步并行工程

　　海尔的企业全面信息化管理是以订单信息流为中心带动物流、资金流的运动,所以,在海尔的信息化管理中,同步工程(simultaneous engineering)非常重要。

　　例如,美国海尔销售公司在网上下达 1 万台的订单,订单在网上发布时,所有的部门都可以看到,并同时开始准备,相关工作并行推进,无须召开会议,每个部门只要知道与订单有关的数据,做好应做的事即可。

　　河北华联通过海尔网站的电子商务平台下了 5 台商用空调的订单,订单号为 5000541,海尔物流采购部门和生产制造部门同时接到订单信息,计算机系统马上显示负责生产制造的海尔商用空调事业部的缺料情况,采购部门与压缩机供应商在网上实现招投标工作,配送部门根据网上显示的配送清单,4 小时以内及时送料到工位。仅仅 8 天后,海尔商用空调已经完成定制产品生产,5 台商用空调室外机组已经入库,极大地提升了订单的完成效率。

　　资料来源:海尔:整合供应链,实现零库存 [EB/OL].(2002-11-11).https://tech.sina.com.cn/e2/2002-11-11/0949149127.shtml.

第一节　供应链管理基础理论

一、供应链概述

(一) 供应链的概念

　　"供应链"一词是 20 世纪 80 年代提出来的,直接译自英文"supply chain",目前尚未形成统一的定义,众多学者与机构从不同角度给出了不同定义,如表 6-1 所示。

表 6-1　供应链定义描述

学者与机构	供应链定义
美国供应链理事会	供应链,目前国际上广泛使用的一个术语,涉及从供应商的供应商到顾客的顾客最终产品生产与交付的一切努力,涵盖着从原材料的供应商经过开发、加工、生产、批发、零售等过程到达用户之间有关最终产品或服务的形成和交付的每一项业务活动
美国生产和库存控制协会(APICS)字典第九版	供应链包含了由企业内部和外部为顾客制造产品和提供服务的各职能部门所形成的价值链
美国学者史蒂文斯(Stevens)	通过增值过程和分销渠道控制从供应商的供应商到用户的用户的流程就是供应链,它开始于供应的源点,结束于消费的终点
美国战略管理学家迈克尔·E.波特(Michael E. Porter)	供应链即"附加价值链",是指商品进入消费者手中之前行业与行业之间的联系,因为一件产品从原材料经过加工、流通等行业最终到达消费者手中的这段过程中,零件供应、厂家、批发商和零售商等相关产业将通过某种附加的价值进行连锁
美国学者哈里森(Harrison)	供应链是执行采购原材料、将它们转换为中间产品和成品,并且将成品销售到用户的功能网链
中华人民共和国国家标准《物流术语》	供应链是指生产及流通过程中,围绕核心企业的核心产品或服务,由所涉及的原材料供应商、制造商、分销商、零售商直到最终用户等形成的网链结构

　　通过以上总结分析,可以给出一个较为完善的定义:供应链是围绕核心企业,通过对信息流、物流、资金流的控制,从采购原材料开始,制成中间产品及最终产品,最后由销售网络把产品送到消费者手中的将供应商、制造商、分销商、零售商直到最终用户连成一个整体的功能网链结构。它是一个范围更广的企业结构模式,包含所有与之有关的上下游节点企业,从原材料供应开始,经过链中不同企业的制造加工、组装、分销等过程,直到最终用户。它不仅是一条连接供应商和用户的物流链、信息链、资金链,而且是一条增值链,物料在供应链上因加工、包装、运输等过程而增值,给相关企业带来效益。

(二)供应链的结构

　　在实际运行过程中,一个供应链系统通常以一个企业为核心,该企业对整个供应链上的信息流、资金流、物流、服务流起着协调统筹的作用,可由图 6-1 表示。

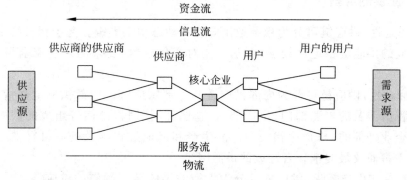

图 6-1　供应链结构

（三）供应链的特征

从前面介绍的供应链结构模型来看,供应链是一个网状结构,每一个企业都是供应链网上的一个节点,节点企业与节点企业之间是一种供应与需求的关系。一般来说,供应链具有以下特征。

1. 复杂性

许多供应链是跨国、跨地区和跨行业的组合,各国的国情、政体、法律和人文环境都有很大差异,经济发达程度、物流基础设施、物流管理水平和技术水平又有着很大不同,而供应链操作又有着较高的准确性、敏捷性要求,所以供应链结构模式比一般单个企业的结构模式更加复杂。

2. 交叉性

供应链节点企业可以是这个供应链的成员,也可以是另一个供应链的成员,众多供应链形成交叉结构,增加了协调管理的难度。

3. 增值性

所有的生产运营系统都是将一些资源进行转换和组合,增加适当的价值,然后把产品分送到那些在产品的各传送阶段可能考虑到也可能被忽略的顾客手中。制造业的增值包括:物理形式的转变,生产有形产品;物流系统对产品、服务或顾客进行重新分布,在分送过程中重新包装与分割而产生价值;减少损失和浪费,即减少负面价值。供应链中强调的是企业的分工协作,共同提高成绩,获得双赢。而供应链中管理职能的延伸说明当今市场竞争已不再是单一企业的竞争,而是企业联盟之间的竞争,是终端产品厂家的价值链之间的竞争,即使企业非核心业务外包,也要考虑产品价值链的增值性能。

4. 动态性

供应链中的企业都是在众多企业中筛选出来的合作伙伴,合作关系是不稳定的,需要因企业战略和适应市场需求变化而进行调整,无论是供应链结构还是其中的节点企业,都需要动态的更新,这就使供应链具有动态性的特征。

5. 面向顾客需求

供应链的形成、存在、重构都是基于一定的市场需求而发生的,并且在供应链的运作过程中,用户的需求拉动是供应链中信息流、产品/服务流、资金运作的驱动源。

（四）供应链的类型

（1）按稳定性,供应链可分为稳定型供应链和动态型供应链。基于相对稳定、单一的市场需求而组成的供应链稳定性较强,而基于相对变化频繁、复杂的市场需求组成的供应链动态性较高。

（2）按活动性,供应链可分为内部供应链和外部供应链。内部供应链是指企业内部产品和流通过程所涉及的采购部门、生产部门、仓储部门、销售部门等组成的供需网络,外部供应链是指企业外部的、与企业相关的产品生产和流通过程涉及的原材料供应商、生产厂商、储运商、零售商及最终消费者组成的供需网络。

（3）按容量与用户需求,供应链可分为平衡的供应链和倾斜的供应链。一个供应链具有一定的、相对稳定的设备容量和生产能力,而客户的需求处于不断变化中,当供应链容量满足客户需求时,供应链即为平衡的供应链;当市场急剧变化,造成供应链成本增加、库存增加等,无法满足顾客需求,供应链就会成为倾斜的供应链。

(4)按功能模式(物理功能和市场中介功能),供应链可分为有效性供应链和反应性供应链。有效性供应链主要体现供应链的物理功能,即以最低的成本将原材料转化成零部件、半成品、产品,以及在供应链中的运输等;反应性供应链主要体现供应链的市场中介的功能,即把产品分配到满足用户需求的市场,对未预知的需求作出快速反应等。

二、供应链管理概述

供应链管理是一种新型的管理哲学和管理理念,是在现代科技进步、产品极其丰富的前提下发展起来的,是物流运作管理的扩展,是物流一体化管理的延伸。特别是在制造行业,供应链管理的内容发生了很大变化,突破了狭窄的视野,从客户的需求开始关注到储运商、销售商和供应商;而传统的管理方法主要着重于自身的企业、部门。

供应链的"链"只是一个形象的说法,而实际情况下其已经成为一个"网"状结构:既可以存在于一个单独的组织内部,又可以跨越多个组织,直到最终用户。在组织内部供应链上,核心业务是内部供应链上的"核心单元";在跨越多个组织直到最终用户的供应链上,主导组织即是"核心组织"。而供应链管理就是通过连接上下游合作者,来协同完成核心组织的业务流程,产生"1+1>2"的效能。供应链管理的核心思想就是立足于跨越多个组织的更大环境,把供应链作为一个系统,做到整体协同、互利共赢。

(一)供应链管理的概念

同供应链的概念一样,对于供应链管理的定义目前也存在多种说法,如表 6-2 所示。

表 6-2　供应链管理定义描述

学者与机构	供应链管理定义
全球供应链论坛	供应链管理是从最终用户到最初供应商的所有为客户及其他投资人提供价值增值的产品、服务和信息的关键业务流程的一体化
俄亥俄州立大学兰伯特(Lambert)教授	供应链管理是对从最终用户直到原始供应商的关键业务流程的集成,它为客户和有关者提供价值增值的产品、服务和信息
美国学者伊文斯(Evens)	供应链管理是通过前馈的信息流和反馈的物料流及信息流,将供应商、制造商、分销商、零售商,直到最终用户连成一个整体的结构模式
中华人民共和国国家标准《物流术语》	供应链管理是从供应链整体目标出发,对供应链中采购、生产、销售各环节的商流、物流、信息流及资金流进行统一计划、组织、协调、控制的活动和过程

根据以上定义的总结归纳,一个较为完善的定义为:供应链管理是一种全局的、系统的现代化管理方法,基于信息技术和先进的管理理念,立足于跨组织的协同运作、共赢层面,对供应链上集成的关键业务流程进行动态管理和优化,通过有效整合、管理主要合作者的资源和行为,使各环节协同运作,提高顾客满意度,提升供应链整体效率和性能,具体是指对整个供应链的各参与组织、部门之间的物流、资金流和信息流进行计划、协调和控制。供应链管理的核心思想是系统思想,强调供应链成员的信息共享及战略性合作伙伴关系。

(二) 供应链管理的内容

供应链管理主要涉及五个主要领域——需求、计划、物流、供应、回流,以同步化、集成化生产计划为指导,以各种技术为支持,尤其以互联网/内部网为依托,围绕供应、生产作业、物流(主要指制造过程)、满足需求来实施。以此五个领域为基础,可以将供应链管理细分为基本职能领域和辅助职能领域,如图 6-2 所示。

图 6-2　供应链管理的领域

由此可见,供应链管理关心的并不仅仅是物料实体在供应链中的流动,除了企业内部与企业之间的运输问题和实物分销外,还包括以下内容。

(1) 战略性供应商和用户合作伙伴关系管理。

(2) 供应链产品需求预测和计划。

(3) 供应链的设计(全球节点企业、资源、设备等的评价、选择和定位)。

(4) 企业内部与企业之间物流供应与需求管理。

(5) 基于供应链管理的产品设计与制造管理、生产集成化计划、跟踪和控制。

(6) 基于供应链的用户服务和物流(运输、库存、包装等)管理。

(7) 企业间资金流管理(汇率、成本等问题)。

(8) 反向物流(回流)管理。

(9) 基于互联网/内部网的供应链交互信息管理等。

(三) 供应链管理的目标

供应链管理的功能在于将顾客所需的产品或服务在正确的时间,按照正确的数量和正确的质量送达正确的地点,并且使总成本最小。具体讲,供应链管理的目标包括以下几方面。

1. 全面压缩库存

在传统的管理理论中,库存是企业抵御风险的一种手段,起到“蓄水池”的作用。但是随着柔性化经营的不断发展,人们逐渐认识到过量的库存往往是企业低效率经营的表现,可能会掩盖经营中存在的问题。在供应链管理环境下,参与各方掌握了全面的库存信息和市场信息,加上协同化的物流管理,使库存实现了全面压缩,真正保证了库存的商品是畅销品和未来发展潜力大的商品。

2. 缩短了供应链前置时间

供应链前置时间指的是企业从下单到交货的所有时间,它反映了企业对市场的敏捷响应能力。如果供应链参与方不能全面掌握库存情况,商品缺货就会增加,制造商就会不断因要求生产而调整生产计划,导致前置时间很长,对市场和需求的响应能力变差。在供应链管理中,将最新的数据提供给供应链全体成员,这样不仅消费者认定的所需时间缩短了,而且对于制造商来说,依据最新数据制订生产计划就可以将变更减到最小程度,从而确立一个稳定的供应体系。

3. 改善了现金流动

在分散化的经营体制下,由于企业不能有效应对市场,滞销品大量存在,这不仅加重了库存负担,产生大量的占压资金,而且由于生产和经营计划的不断变更和无效经营,现金流也日益减少。在供应链管理环境下,通过确立包括销售趋势和整个库存在内的供给体制,可实现全面减少库存,通过减少库存,可以将以前的库存变为现金,改善现金流,形成良性循环的局面。

(四)供应链管理的原则

1. 对供应链中的核心能力和资源进行集成

供应链管理必须站在一个战略高度来对供应链中的核心能力进行集成。

2. 及时掌握市场的需求信息

通过销售和营运计划及时监测整个供应链运作,及时发现需求变化的早期警报,并及时据此安排和调整计划。由于市场需求的剧烈波动,距离客户接受最终产品和服务的时间越长,需求预测就越不准确,而企业还不得不维持较大的中间库存,在实施大批量生产的时候,应先在企业内将产品加工结束,然后在零售店完成最终的包装。

3. 根据客户所需的服务特性来划分客户群

供应链管理必须以客户为中心,使整个供应链成为一个具有高度竞争力并且能为消费者提供最大价值的源泉,即根据客户的状况和需求,决定服务方式和水平。根据客户需求,如供货时间、数量、地点和企业可获利情况,设计企业的后勤网络。

4. 与供应商建立双赢合作关系

强调供应链中贸易伙伴之间的密切合作,共享利益,共担风险。供应链之间相互压价,固然使企业在价格上收益,但相互协作则可以降低整个供应链的成本。

5. 在整个供应链领域建立信息系统

应用现代信息技术和通信技术,如条码技术、POS系统、电子数据交换等,遵从共同的标准和规范,将它们应用于原材料、产品、服务、运输单元和位置的标识至关重要。

6. 建立整个供应链的绩效考核指标

建立供应链的绩效考核指标,不仅是局部个别企业的孤立标准,供应链的最终验收标准是客户的满意程度。

(五)供应链管理的发展

在过去的几十年间,企业组织结构和内部职能划分都发生了巨大的转变,由于受国际市场竞争激烈、经济及用户需求等的不确定性增加、技术的迅速革新等因素的影响,供应链管理获得了迅猛的发展。

供应链管理的产生和发展主要经历了四个阶段。

1. 供应链管理的萌芽阶段

这一阶段是 20 世纪六七十年代。这时,供应链更确切地说只能称其为业务链,链上的每个成员的管理理念都是"为了生产而管理",企业间的竞争也是质量和数量的竞争,企业之间的业务协作是以"本位主义"为核心的,只关心自身企业的利益,各成员间的合作关系极为松散,时常存在利益冲突,阻碍了供应链运作和管理的形成。对于供应链的理论研究也处于初级尝试阶段,没有提出较完善的管理理念和指导思想。

2. 供应链管理的初级阶段

这一阶段是 20 世纪 80 年代初到 90 年代初。在理论界的不断探索下,供应链管理的理念已经形成了基本的雏形,并且开始指导企业进行初步的实践。

在此阶段,企业的竞争重点转向了追求生产效率,组织结构和内部职能划分也出现了转变,更加关注业务流程的变革。但是初期阶段,传统的供应链运作多局限于企业内部,即使扩展到外部,也由于供应链中各个企业的经营重点仍是企业的独立运作,常常忽略同外部供应链成员的关系,导致大量的目标冲突,无法从整个供应链的角度实现整体优势,使效率下降。不仅如此,在企业内部各个职能部门分别在一个相互隔离的环境下制订和执行计划,由于业务信息缺乏标准化、数据完整性较差、分析支持系统不足、各自应用完全不同的技术系统,以及缺乏推动信息共享的激励机制,管理层在此环境下试图进行集中供应链计划的努力注定是徒劳的。这些决策是被动反应式的,仅仅依据该决策将涉及的特定职能部门的需求而制定。

3. 供应链管理的形成阶段

这一阶段是 20 世纪 90 年代,其间,供应链管理的理论与实践应用都有了突飞猛进的发展。

在经济一体化的大背景下,企业开始将竞争的重点转向客户和市场,更加注重在全球范围内利用一切可以利用的资源,渐渐意识到客户与产品之间的关联是供应链增加生存能力和灵活性的一种有效方法,从最终消费者角度发掘机会,可以降低成本和提高效率,供应链管理的内容在这一阶段得到了高度重视。这一阶段,供应链管理强调建立合作伙伴关系,主张合作公司一致对外,强调信息共享和双赢。合作伙伴与尽可能少的供应商合作,以保证合作的有效性。在企业内部,出现了高级计划排程系统、企业资源计划及业务流程重组,这些系统计划的出现和使用,使跨职能部门团队的协作推动供应链计划流程更加一体化,并将企业作为一个整体看待。

4. 供应链管理的成熟和全面发展阶段

进入 21 世纪以来,基于互联网的供应链系统在发达国家已经得到了较为广泛的应用,电子商务的出现和发展是经济全球化和网络技术创新的结果,它彻底改变了供应链上原有的物流、信息流、资金流的交互方式和实现手段,能够充分利用资源、提高效率、降低成本、提高服务质量。许多企业开始把它们的努力进一步集中在供应链成员之间的协同,特别是上下游成员间的协同上。在企业内部,随着计划流程所需的大部分输入信息已经可以从底层迅速传递到整个企业,更多的数据直接来自最终用户,一体化的集中供应链计划将变得更加有效。更高的可视性和更易于访问的即时信息,大大提高了供应链执行决策的预见性,最大限度地降低了计划外情形所造成的不良影响。对供应链效率的不断追求将越来越强调分散与集中相结合的结构和方法,这对供应链的实时可视性提出了很高的要求,必须具备监控管理和快速反应的机制,对出现的问题进行迅速调整和补救。

(六) 供应链管理的特点及同传统企业管理的区别

供应链管理是一种新的管理模式,同传统的企业管理有很大区别,主要体现在以下几个方面。

1. 供应链管理把供应链中所有节点企业看作一个整体

供应链管理涵盖整个物流的过程以及从供应商到最终用户的采购、生产、分销、零售等职能领域过程,其中的各个环节不是彼此分割的,而是环环相扣的一个有机整体,因而不能将供应链看作由采购、制造、分销与销售等构成的一些分离的功能块。从总体上考虑,如果只依赖于部分环节的信息,则会由于信息的局限或失真而决策失误、计划失控、管理失效。进一步来说,由于供应链上供应、制造、分销等职能目标之间的冲突是经济生活中不可争议的事实,这样,只有最高管理层充分认识到供应链管理的重要性与整体性,运用战略管理思想才能有效实现供应链的管理目标。而供应链企业间形成的是一种合作性竞争。合作性竞争可以从两个层面理解:一是过去的竞争对手相互结成联盟,共同开发新技术,成果共享;二是将过去由本企业生产的非核心零部件外包给供应商,双方合作,共同参与竞争。

2. 供应链管理是一种基于流程的集成化管理

传统的管理以职能部门为基础,往往由于职能矛盾、利益目标冲突、信息分散等原因,各职能部门无法完全发挥其潜在效能,因而很难实现整体目标最优。供应链管理则是一种纵向的、一体化经营的管理模式,它以流程为基础,以价值链的优化为核心,强调供应链整体的集成与协调,通过信息共享、技术扩散(交流与合作)、资源优化配置和有效的价值链激励机制等方法来实现经营一体化,要求采用系统的、集成化的管理方法来统筹整个供应链的各个功能。

3. 供应链管理强调和依赖战略管理

"供应"是整个供应链中节点企业之间事实上共享的一个概念(在供应链上,任何两节点之间都是供应与需求关系),同时又是一个有重要战略意义的概念,因为它影响或者决定了整个供应链的成本和市场占有份额。虽然有许多企业将供应链管理列入关键或重要管理活动,但是供应链管理对提高企业竞争力的重要作用与它在实际运作中表现出来的绩效不成比例。产生这些问题的原因并不是理论本身有什么问题,而是企业并没有将它看作企业战略的一个组成部分。建立供应链管理战略系统应从以下六个方面来考虑:组织战略、改革企业的经营思想、共享信息战略、利用先进技术的战略、绩效度量问题和供应库战略。只有从全局的角度进行规划的战略性思考,才能彻底解决问题。

4. 供应链管理关键是需要采用集成的思想和方法,而不仅仅是节点企业、技术方法等资源的简单连接

传统的企业生产是以物料需求为中心展开的,缺乏和供应商的协调,企业的计划制订没有考虑供应商及分销商的实际情况,不确定性对库存和服务水平影响较大,库存控制策略也难以发挥作用。而供应链上各节点企业都不是孤立的,任何一个企业的生产计划与控制决策都会影响整个供应链上其他企业的决策,因此要研究出协调决策方法和相应的支持系统。运用系统论、协同论、精细生产等理论与方法,研究适应供应链管理的集成化生产计划与控制模式和支持系统。

5. 供应链管理提出了全新的库存观

传统的库存思想认为,库存是维系生产与销售的必要措施,它是基于"保护"的原则来保护生产、流通或市场,避免受到上游或下游供需方面的影响,因而企业与其上下游企业之间在不同的市场环境下只是实现了库存的转移,整个社会库存总量并没有减少。在买方市场的今天,供应链管理的实施可以加快产品通向市场的速度,尽量缩短从供应商到消费者的通道的长度。另外,供应链管理把供应商看作伙伴,而不是对手,从而使企业对市场需求的变化反应更快、更经济,总体库存得到大幅度降低。从供应链角度来看,库存不一定是必需的,它只是起平衡作用的最后的工具。

6. 供应链管理具有更高的目标,以最终客户为中心

通过管理库存和合作关系去提供高水平的服务,而不是仅仅实现一定的市场目标。无论供应链的节点企业有多少类型,也无论供应链是长还是短,供应链都是由客户需求驱动的,企业创造价值只能通过客户的满意并产生利润来衡量。只有在客户方面取得成功,供应链才得以存在、延续并发展。因此,供应链管理以最终客户为中心,将客户服务、客户满意与客户成功作为管理的出发点,并贯穿供应链管理的全过程。将改善客户服务质量、实现客户满意、促进客户成功作为创造竞争优势的根本手段。

7. 非核心业务一般采用外包的方式分散给业务伙伴

供应链管理注重的是企业的核心竞争力,强调根据企业的自身特点,专门从事某一领域、某一专门业务,在某一点形成自己的核心竞争力,这必然要求企业将其他非核心竞争力业务外包给其他企业,即所谓的业务外包。与传统的"纵向一体化"控制和完成所有业务的做法相比,实行业务外包的企业更强调集中企业资源于经过仔细挑选的少数具有竞争力的核心业务,也就是集中在那些使它们真正区别于竞争对手的技能和知识上,而把其他一些虽然重要但不是核心的业务职能外包给世界范围内的"专家"企业,并与这些企业保持紧密合作的关系。企业内向配置的核心业务与外向配置的业务紧密相连,形成一个关系网络(即供应链)。企业运作与管理也由"控制导向"转为"关系导向"。企业在集中资源于自身核心业务的同时,通过利用其他企业的资源来弥补自身的不足,从而变得更具有竞争优势。

8. 充分发挥信息的作用,加强信息管理

面对市场的急剧变化,最主要的是掌握用户需求的变化和在竞争中知己知彼。因此,"敏捷"地了解自己和对方的信息就显得尤为重要,"敏捷"的基本思想是既快又灵,所以一定要把信息的价值提到足够的高度来认识。信息管理就是从效率和响应性两个方面促进供应链有效管理的。具体说来,包括以下几个方面:①促进服务需求差别化;②实现渠道设计顾客化;③强调市场运作同步化;④实现市场响应敏捷化;⑤促进企业协作精益化;⑥加速信息交流网络化。

9. 供应链管理采用新的管理方法

如用总体综合方法代替接口的方法,用解除最薄弱链寻求总体平衡,用简化供应链方法防止信号的堆积放大,用经济控制论方法实现控制,要求并最终依靠对整个供应链进行战略决策。这样的方法能帮助人们少走弯路,避免损失。这种效益,比一台新设备、一套新软件所能产生的有形的经济效益要大得多、重要得多。

三、供应链管理模式

通常把对一条供应链中的所有要素的物流、信息流、资金流进行一体化管理的战略称为供应链管理。有两种供应链管理模式：推动式供应链（push supply chain）管理和拉动式供应链（pull supply chain）管理，如图6-3所示。

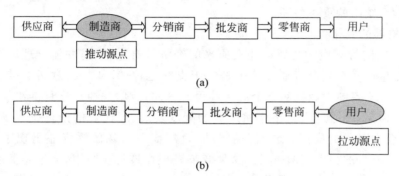

图 6-3　两种主要的供应链管理模式

（a）推动式供应链管理模式；（b）拉动式供应链管理模式

（一）推动式供应链管理模式

推动式供应链管理模式是传统的供应链管理模式，它是以制造商为核心，产品生产出来以后从分销商逐级推向用户，分销商和零售商处于被动接受的地位，整个企业之间的集成度较低，通常采取提高安全库存量的方法应付需求变动。因此，整个供应链上的库存量较高，对需求变动的响应能力较差。

从本质上看，推动式供应链管理模式是一种追求规模经济型的管理模式，它所展现出来的特点是大规模集中生产、大规模物流设施和大规模流通库存。其优势在于能充分享受规模经济所带来的利润，即通过大量生产、伴随大规模物流而实现的批量商品处理和商品运输，以实现单位产品成本的下降。但是与此同时，这导致了由于预测性生产而产生的交易费用，这种类型的费用包括膨胀的商品储存和维持费用，由于市场预测的失败而产生商品滞销或供过于求的生产经营沉淀成本，以及为促进商品销售而不断增加的商品促销费用。显然，这些交易费用是十分高昂的，而且它已成为企业发展的阻碍，或者说是一种弱化企业竞争力的主要因素。

推动式供应链管理模式所存在的问题与近十几年来市场环境的变化密切相关，也就是说，它所赖以存在的条件和基础，在当今发生了根本性的变革，这些变革表现在以下几个方面。

1. 消费者需求行为的变化

此即消费者需求的不确定性程度有不断增大的趋势。如今由于哪类消费者需要哪类产品是不确定的，因此，在生产上产生了多品种、小批量的生产方式，而为了使这种生产方式具有效率，就必须正确、迅速地了解市场上需要什么类型的产品、应该生产多少等。而且，为了杜绝缺货或商品滞销，需要充实流通阶段的商品管理和进发货管理，要做到这一点,就必须推动销售前沿、物流管理现场与生产现场的协同作业或管理经营活动的同步化。显然,推动式供应链管理模式下的渠道控制是无法做到的,因为协同活动更多要求的是一种产销之间的合作、相互适应和及时调整,而不是控制与被控制的关系。除此之外,随着当今消费者生活水准的不断提高,在消费品市场上消费朝商品大型化、高附加值方向转移,为了强化对消费者的服务,生产商就必须建立面向消费者的高度有效的物流服务系统,或者利用社会的专业物流服务系统提供服务。这样,物流管理就不再从属于生产活动,而成为整个管理经营系统中的重要一环。

2. 流通格局的变化

推动式供应链管理模式之所以能在原来的经济社会中存在,并能合理地发挥作用,一个重要条件是生产商在整个流通环节中是处于支配地位的,从某种意义上讲,生产商强大的谈判力决定了它有能力做到对整个流通过程的纵向控制,并通过这种准组织的形式来实现经营战略。但是,随着近十几年流通产业的高度发展、现代通信销售技术发展的突飞猛进,以及大众营销时代的崩溃,处于流通终端、直接面向市场的零售业出现了飞跃性的变革,从而改变了原来的权力均衡格局。这种变革表现在零售业当中,无论是商品进货、顾客创造,还是信息的蓄积交换等,都出现了朝规模经济方向发展的趋势。零售业的这种变化使生产商与零售商之间原有的控制与被控制的关系发生了变革,即从原来以生产商的渠道控制和管理为重点转向构筑渠道企业间的垂直的合作关系或长期的伙伴关系,并通过多方的互动作用,以尽快地应对消费市场所呈现的趋势或变化。事实上,这种流通构造的变化对企业经营体制的影响,不仅反映为零售商地位的改变,也体现为批发商作用的增强。从近年来一些发达国家的情况看,批发商的地位有不断提高的趋势,之所以出现这种状况,是因为批发商逐渐利用其原有的大规模商品经营优势,成为专业化的物流业者,并通过自身高质量的物流服务和信息蓄积能力,与生产商和零售商一同构筑高效的产、销、物协同组织。

3. 产品线的融合与经营网络的形成

对推动式供应链管理模式产生冲击的一个技术性因素是,传统的产品范围或产业边界被逐渐打破,从而引起了产品线的融合与新的扩展。以信息产品为例,其具有高度专业化、变化快的特点,因而,不仅生产企业之间需要紧密地合作,生产企业与物流企业、零售企业之间也要形成一种协调性的经营网络,从而既能为终端的客户提供高度专业化的物流或销售服务,又能及时地将产品流动各阶段的信息技术反馈给经营网络上的各个参与者,进而将产品流动各阶段的信息及时反馈给经营网络上的各个参与者。

推动式供应链管理模式可能会导致两种后果:一是该系统可能没有能力承担突如其来的扩大的产品需求;二是当某些产品的需求消失时,整个供应链上可能还积压着大量库存。在推动式供应链管理模式中经常会出现这样一种情况,即从批发商到制造商接到的订单的变动性要比顾客需求的变动性大得多。这是由上游企业对需求信息的不正确把握引起的。它们根据零售商的订单来预测顾客需求,然而,零售商由于提前期、批量订货、价格波动、安全库存等因素必然使订单大于实际顾客需求量,这样逐级向上传递,导致制造商的需求变动程度增大,造成"牛鞭效应"。这种效应会导致每个节点都保持大量的库存,产生更大和更容易变动的生产批量,导致产品过时和服务水平低下等问题。究其原因,是最初的供应链管理重视的是物流和企业内部资源的管理,即如何更快、更好地生产出产品并将其推向市场,从原材料推到产成品,并一直推到客户端,没有将客户需求放在中心位置。

（二）拉动式供应链管理模式

根据以上对推动式供应链管理模式的介绍不难看出，要想解决推动式供应链管理模式存在的问题，并能满足环境和竞争发展的要求，企业必须改变以往的经营理念，即从强调以正确的价格（right price）提供正确的商品（right commodity）改变到不仅以正确的价格提供正确的商品，而且必须做到在正确的操作成本（right cost）的前提下，在正确的时间（right time）送到正确的地点（right place），即5R原则。要真正做到这一点，还必须实现"四流"完美结合，即商流、物流、信息流和资金流，任何一个要素不能够及时到位，都必然产生各种各样的问题，从而最终影响企业的经营绩效。以上的"5R"和"四流"完美结合最终有赖于拉动式供应链管理模式的建立。拉动式供应链管理模式强调的是拉式，即将销售时点的信息同步地传输给商品策划、设计、生产以及在库地点，从而通过销售时点的信息实现设计、生产、物流、经营等决策的一体化，其形式表现为商品的生产、在库数量以及商品的具体事项等都是由顾客的需求来决定的。

拉动式供应链管理的驱动力产生于最终用户，因此，生产是根据实际顾客需求而不是预测需求进行协调的。为此，供应链系统使用快速的信息流机制来把顾客需求信息传送给制造商，如销售点数据系统。整个供应链的集成度较高，信息交换迅速，库存量较低，对需求变动的响应较快，可以缩短订货提前期。进一步来说，零售商的库存随着提前期的缩短而减少，制造商面对的变动性也会降低，库存也相应减少。因此，在一个拉动式供应链中，可以看到系统的库存水平明显下降，管理资源的能力提高了，整个系统的成本降低了。这种管理模式出现的背景是：随着市场竞争的加剧，生产出的产品必须转化成利润，企业才能得以生存和发展，为了赢得客户，企业管理转变为以客户需求为原动力的拉动式供应链管理模式，这是一种企业经营性战略的调整。这种供应链管理将企业各个业务环节的信息化"孤岛"连接在一起，使各种业务和信息能够实现集成和共享。而且拉动式供应链可以根据用户的需求实现定制化服务。定制化服务是指按消费者自身要求，为其提供适合其需求的，也是消费者满意的服务。其基本特征如下。

（1）定制化服务是一种劳动，并且是一种高水平的劳动。它需要劳动者有更高的素质、更丰富的专业知识、更积极的工作态度。因此，这种劳动较有形的生产劳动和无形的服务具有更大的价值。

（2）定制化服务带给消费者的是个性的感受。因此，这是一种量身打造、有需有供的活动，它不会出现生产过剩，也不会出现需求抱怨，进而保证了经济运行的平衡与稳定。

（3）定制化服务所产生的"体验"效应是带给消费者美好的感觉、永久的记忆和值得回味的事物与经历。消费者对这种美好的感受不会独自享有，而会与他人分享，即积极地传播，进而产生放大效应。

由此可见，只有在拉动式供应链这种以客户需求为中心的模式下，才能满足消费者的定制化服务需求，从而提高企业的整体竞争力水平。

现代信息技术适应了企业网络性、关联性发展的趋势，从而把市场中所有经济主体有效地连接在一起，进而将企业外部的关联性管理活动与企业内部的生产经营管理活动有机地整合在一起，最终实现对顾客需求和市场环境的变化及时响应。但是，需要看到的是，要真正实现上述目标，除了技术性的支持外，还需要企业生产经营组织从观念上进行彻底的变革,以适应效率化的顾客沟通。观念上的变革主要表现在以下几个方面。

1. 从推广式经营转向对话式经营

20 世纪 90 年代以后,沟通媒体得到了突飞猛进的发展,特别是内部网、互联网的发展为企业经营管理者提供了新的舞台,但是如果企业只是把这些媒体发展看成传递企业信息、分销产品或处理交易的手段和渠道,企业就会失去新技术给其带来的利益和发展的机遇。在推动式供应链管理模式下,企业营销侧重于推广式的经营,即把企业生产创造出来的产品推广到市场,产品在消费者中的认同是与品牌建立同时达成的,为了不断提升推广经营的效果,企业要提高媒体推广的质量和增大企业传递信息的数量,而对于被精心挑选的顾客来说,只是单向的信息流动过程,承受着频繁的"广告轰炸",从而对企业的这种信息沟通形式产生不满。相反,在拉动式供应链管理模式中,顾客沟通是通过持续不断的形式,向特定的顾客传递特定的及时信息,同时将这种信息反馈到企业生产经营系统,及时地对生产经营流程加以调整,因而既提高了顾客的满意度,又有效地增强了企业的敏捷生产和经营能力。

2. 从产生规模经济的生产体制转向产生速度的生产体制

在推动式供应链管理模式下,商品的生产是建立在规模经济基础之上的,从而有效地降低生产成本或市场上的交易费用;而拉动式供应链管理模式要求的是能在适当的时间、以适当的数量、向适当的顾客提供适当的产品,因而,它要求企业以实现范围经济为目标来确立敏捷制造或柔性化生产。敏捷制造或柔性化生产是一种能够对市场多变的需求作出迅速的反应,从而很好地满足市场需求的生产方式。显然,要实现上述生产方式,不仅企业的流程、组织形式需要调整,而且整个企业的经营理念也需要大的变革。这种变革主要表现为企业必须明确其所拥有的战略资源除了人、财、物、技术之外,还有一个很重要的资源,便是拥有在最短的时间向市场提供所需产品和服务的能力。

3. 从交易伙伴间的分割、对立转向信息共享与合作

在拉动式供应链管理模式下,还有一个很重要的观念变革是让关键信息或经营诀窍在整个供应链中保持透明,这是改进整体性能的强有力的手段,而现代信息技术的发展,则为企业间的信息共享奠定了基础、提供了手段。在推动式供应链管理模式下,整个业务流程是由订货驱动的,生产商得到的仅仅是基于对消费者需求预测的用户订货,而不能正确地掌握实时、确切的市场动向,以及相应的库存量和库存策略。同样,供应商与生产商之间也是由订货驱动的,作为供应商也无法真正对终端市场的发展动向和供应阶段的库存量和库存策略作出合理的决策。显然,这是一种缺乏信息共享、没有合作与协调的作业流程,这种流程无疑难以实现及时化的经营,也无法做到敏捷制造或柔性化生产。而在拉动式供应链管理模式下,整个业务流程将是新型的、贯穿整个供应链的供应计划,任何参与者得到的信息不再仅仅是顾客的订货,还了解终端消费者的需求、商品流动各阶段的库存及在途情况,从而切实地消除经营中所存在的不确定性,更好地计划或组织商品生产,灵活应对环境的变化。

拉动式供应链的建立所产生的绩效主要表现为市场风险的降低,以及从设计、生产、在库到销售全过程成本的降低。首先,就前者而言,拉动式供应链管理模式由于实现了对现时需求的及时把握,以及适时地生产经营,因而不存在产品滞销问题。进一步来讲,也相应地减少了流通在库、生产在库等不必要的为抵御市场风险而设立的缓冲存货。其次,从物流全过程来看,拉动式供应链要求的是极力抑制成品形态的在库或运输,要求的是原材料或零部件的库存和运输,因而节约了大量的成本。而且由于原材料、零部件的标准化,大单位取汲、配送成为可能,也间接地降低了经营成本。

(三)推动式供应链管理模式与拉动式供应链管理模式的区别

推动式供应链管理要求企业按计划来配置资源,即企业是被动运作的,企业要根据顾客的偏好与消费者的需求进行先期预测,再设计产品,通过零售商销售给顾客。整个过程是由内而外的,为应对需求的变化而准备大量库存,占用大量资金。

而拉动式供应链管理是根据市场需求由内而外决定生产什么、生产多少、何时生产等。顾客的需求、购买行为、潜在消费者偏好、意见等都是企业谋求竞争优势所必须争夺的重要资源。顾客主导企业的生产和销售活动,成为主要的市场驱动力。在拉动式供应链管理模式下,避免了不必要的浪费,从而能实现降低成本、提高收益、加快资金流动等目标,这就使现代供应链管理通过拉动式管理模式实现企业的战略目标。推动式供应链管理模式与拉动式供应链管理模式的区别如表 6-3 所示。

表 6-3　推动式供应链管理模式与拉动式供应链管理模式的区别

推动式供应链管理模式	拉动式供应链管理模式
产生规模经济的生产供给体制	产生速度的生产供给体制
大量生产、被动运作	多品种、小批量生产
大量配送	多频度少量配送
预测生产	订货生产
较广的生产线	产品种类的精选
大量库存	少量库存甚至零库存
市场风险较高	市场风险较低
融通的交易制度	标准化的交易制度

但要注意的是,要选择适合自己实际情况的运作方式。拉动式供应链管理模式虽然整体绩效表现出色,但对供应链上企业的要求较高,对供应链运作的技术基础要求也较高。而推动式供应链管理模式相对较为容易实施。企业采取什么样的供应链运作方式,与企业系统的基础管理水平有很大关系,切不可盲目模仿其他企业的成功做法,因为不同企业有不同的管理文化,盲目跟从反而会得不偿失。

第二节　电子商务环境下的供应链管理

电子商务的发展改变了原有的物流、资金流、信息流的交互方式和实现手段,与供应链进行融合之后,使之能够充分利用资源,提高效率,降低成本,提高服务质量。电子商务利用互联网技术将企业、顾客、供应商以及其他商业和贸易所需环节连接到现有信息技术系统上,将商务活动纳入网中,充分利用有限资源,缩短商务环节和周期、提高效率、降低成本、提高服务质量,而供应链管理正是建立在供应链各成员具有共同的战略目标——满足消费者需求基础之上的。电子商务强调人、技术、管理三者在商务活动中的有效集成,以及包括工作流程、商务活动组织等方面在内的创新,而供应链管理强调供应链各成员的集成、实现成员之间的信息共享,同时供应链成员之间的战略伙伴关系也为创新提供了有利条件和可行性。在供应链中,所有的节点企业基于为用户提供质量最好、价值最高的产品或服务的共同目标而相互紧密地联结在一起。松散的联结是不能增值的,不管链中的哪一点失误,都可能导致整个供应链出现产品或服务的质量问题,而电子商务的广泛应用,则会极大地消除企业与企业之间、用户与用户之间的障碍,使企业能很好地通过电子商务达到信息共享,提高质量水平,为企业创造更大的附加值。

一、电子商务在供应链管理中的应用

(一) 订单处理

通过电子商务系统进行订单设定和订单状况管理。当收到客户订单时,核心企业要及时分析所需产品的性能要求,判断是否能达到订单中的技术指标,在能够达到要求的情况下,进一步分析订单中产品的成本、数量和利润。如果能够从该订单中获利,便可与客户签订订货合同。之后查询现有库存,若库存中有客户需要的产品,便立即发货,否则要及时组织生产。借助电子商务进行订单处理,供应链可以急剧地降低订单成本和订单处理的出错率,缩短订单的循环周期,大大提高营运效率。

(二) 采购管理

通过电子商务系统,有效地实现与供应商的信息共享和信息的快速传递。一方面,企业通过外部网浏览供应商的产品目录,根据需要签发订单,并通过 EDI 发送。供应商接收到订单后,合同审核人员通过内部网查看库存情况、生产计划情况和销售商的信誉度来决定是否接受订单。另一方面,企业通过网上采购招标等手段,集成采购招标和互联网优势,扩大采购资源选择范围,使采购工作合理化,大大减少采购人员,有效降低采购成本。此外,这也使核心企业与供应商之间的协商变得合理化。

(三) 生产组织

一般来说,生产组织是供应链中最难管理的环节,但利用电子商务可以通过改善供应链、核心企业和客户之间的沟通来有效地降低生产组织的困难程度。核心企业使用电子商务系统协调与供应商的准时供应程序,与多个供应商之间协调制订生产计划。此外,由于在订单处理中可以提供核心企业有关产品销售和服务的实时信息,这样在一定程度上会使销售预测变得精确,反过来又会大大改善生产组织管理。

(四) 库存管理

通过电子商务系统,库存管理者和供应商可以追踪现场库存商品的存量情况,获得及时的信息,实现对存储物资的有效管理,及时反映进销存动态,并且实现跨区域、多库存的管理,提高仓储资源的利用率,进而促使库存水平降低,减少总的库存维持成本。

(五) 配送与运输管理

通过电子商务系统,对配送中心的发货进行监视,对货物运至仓库进行跟踪,同时实现对配货、补货、拣货和流通加工等作业的管理,使配送的整个作业过程实现一体化的物流管理。此外,通过对运输资源、运输方式、运输线路的管理和优化,对运输任务进行有效的组织调度,降低运输成本,并实现对运输事项和货物的有效跟踪管理,确保指定的货物能够在指定的时间运送到指定的地点。

（六）销售管理

销售机构可以通过互联网进行产品宣传,与客户进行交流,并将信息反馈给生产计划部门,以帮助计划部门制订合理的生产计划。网络销售也成为现在一些企业重要的销售渠道。

（七）客户管理

应用电子商务系统,核心企业的客户通过互联网可以非常方便地联络有关服务问题,通知并要求解决所发生的任何服务问题,而核心企业则通过互联网接受客户投诉,向客户提供技术服务、互发紧急通知等。这样,可以大大缩短对客户服务的响应时间,改善与客户间的双向通信流,在留住已有客户的同时,吸引更多的客户加入供应链。

（八）电子支付管理

通过电子商务系统与网上银行紧密相连,并用电子支付方式替代原来的支票支付方式,用信用卡方式替代原来的现金支付方式,这样既可大大降低结算费用,又可加速货款回笼,提高资金使用效率。同时,利用安全电子交易协议,可以保证交易过程的安全,消除对网上交易的顾虑。

根据电子商务与供应链管理的结合应用,可以构建电子网络化的供应链管理系统模型,如图 6-4 所示。

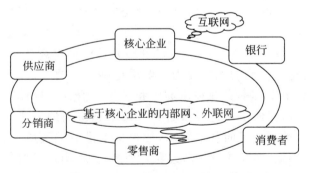

图 6-4 基于电子商务系统的供应链管理系统模型

二、基于电子商务的供应链管理特点

电子商务时代的供应链是一个基于电子商务的集成供应链,是一种新型的联盟或合作性供应链体系。基于电子商务的供应链,是所有合作者都实现了电子化运作,利用互联网进行商品交易、信息交换、企业协作等活动的供应链模式,其主要特点如下。

（一）供应链"电子网络化"

供应链各个组织之间建立网络化的联系,已经成为现代供应链发展的趋势,电子商务为这种网络化的实现提供了强有力的支持。电子网络化的供应链可以使所有的合作组织通过互联网协同处理供应链各流程及流程间的诸多事务,能够为供应链成员快速、及时地提供信息,满足市场对企业快速反应的要求,从整体上提高了供应链运作的效率和效能。电子网络化的供应链不仅能使供应链成员之间在网上从事的电子活动保持一致性和系统性,还能促使互联网之外的非电子活动尤其是供应链各个节点之间的物流活动保持一致性和系统性,能够为整个供应链组织保持最优库存水平和及时配送提供保证。比如,物流配送中心向供应商提出订单这个过程,就可以使用计算机通信方式,借助增值网(value added network,VAN)上的电子订货系统和 EDI 技术来自动实现。物流配送中心通过计算机网络收集下游客户订货的过程也可以自动完成。知识经济时代竞争的成败不再取决于企业的规模、资产、设备,而取决于信息资源的开发和利用,凭借网络技术扩展自己的生存空间。

（二）供应链管理机构虚拟化

由于供应链的电子网络化,供应链管理中的各种决策活动可以通过网络来实现,从而使供应链的管理机构虚拟化。随着电子商务的出现和信息技术的快速发展,"虚拟机构"管理供应链及供应链资源已成为一种趋势。

数字信息流和计算机网络改变了企业与企业及企业内部的运作方式,不仅跨越和打破了企业内部各机构的传统的分工和界限,也使电子网络化供应链所处的环境素质要求更高、知识含量更大、更要求智能化。这就需要有一个与电子网络化供应链管理要求相适应的"虚拟供应链管理机构",依托数字信息处理系统,来高效率处理企业内部以及整个供应链的业务流程及交叉业务的信息流事件。对于企业而言,在同一时间要处理多个主题时,对涉及需要决策机构平衡的主题,可通过网络递交给虚拟机构,这将极大地提升流程业务处理能力。

在激烈的供应链市场竞争环境下,供应链管理的目标是提高整体效率,降低整体成本,提高整个供应链及所有合作者的竞争能力。电子化供应链的虚拟管理机构可谓灵活快速的信息机制的替代物,由于其本身处在市场中和对市场信息的透彻了解,其能对市场的变化和需求作出快速反应,促使供应链及其合作者用动态协同的方式共同运作,提升其处理流程业务的能力,极大地迎合了时代的要求,使得整个供应链及所有合作者实现由事务型作业向知识型作业的转变、由功能管理向过程管理的转变、由产品管理向客户管理的转变、由实体库存管理向虚拟库存管理的转变、由交易管理向协同合作管理的转变。

（三）数据信息型的集中管理

企业运作的集中管理模式其本质上是对企业的营销、生产、质量、财务、物资和设备等各方面的事务运作的集中管理。电子商务不仅为单个企业的集中管理提供了支持,基于电子商务的供应链电子网络化也为整个供应链实现数据信息型的集中管理提供了支持。其本质体现在:互联网对整个供应链实现集成、集约、规范和协同的数据信息化处理。这将大大推动供应链管理模式的革命,使供应链管理水平极大提高,在一个更高的层次上获取供应链经营的多赢效应。

信息、数据是现代供应链生产和发展的基础,也是供应链协同运作的血脉。基于电子商务的供应链电子网络化,供应链合作组织的信息、数据可以更便捷地快速传递,从而使供应链运作全过程的管理和控制都依赖于信息、数据来实施。这在客观上促使形成了供应链协同运作的数据信息型的集中管理模式。供应链数据信息型的集中管理将对整个供应链及合作企业的营销、技术、生产、财务等管理和控制产生深刻影响,并对企业管理的体制、内容、模式的变革起到极大的推动作用。

虽然,供应链数据信息型的集中管理将会涉及企业管理诸多方面,可能会使企业面临对其业务流程和职能的重新审定和划分。同样,原有的供应链流程也将面临优化或重组。但无论如何,电子商务为实现供应链电子网络化提供了基础平台,而电子网络化的供应链运作及管理必将向着数据信息型的集中管理方向发展。

(四) 优化、精练的协同化管理

基于数据信息型的集中管理模式的供应链系统的运作,一方面要求各合作企业具有生产、加工和利用信息的技术能力;另一方面,很多的流程业务通过互联网在很短的时间内即可完成,从而使互联网之外的其他业务流程更显得紧迫,这就客观要求参与供应链的各合作企业能够快速响应供应链需求,以快速响应市场。由此,各合作企业必须立足于整个供应链管理的高度及企业信息数据的运作逻辑层面,来重新审视企业内部各种业务覆盖的范围及其交叉重叠的程度,进行内部各业务的重新划分与组合,彻底消除企业内部的重复运作。然后,通过重新审视与企业外部组织的业务分工来决定本企业的业务覆盖范围,与外部组织的业务接口、功能划分、信息数据的共享等。

供应链各合作企业通过内部业务流程的优化,杜绝了企业内部各部门之间的业务重复运作,减少了冗余的中间层次,以一个优化、精练、具有竞争实力的实体融入供应链系统中,参与供应链的协同运作和管理,通过这些精练的主要参与者的群体智慧来协同决策,力争把可分配的利润扩大。

基于数据信息型的集中管理模式的供应链系统的运作,还要求供应链的协同决策机构基于电子商务,从系统的角度来统筹规划整个供应链的流程活动,处理好物流活动和商流活动,以及供应链上各企业之间物流活动的关系,追求整个供应链的最优化。这不仅包括储存、运输、包装等物流服务,还包括预测、咨询、财务、规划等许多活动,涵盖了供应链上中下游,整合了供应商、制造商、分销商、零售商及物流服务提供商的资源,使整个供应链的运作效率与电子网络化的供应链相匹配,并达到最优。这正是协同化管理的核心。

三、基于电子商务的供应链管理的优势

(一) 有利于保持现有客户关系和促进业务增长

电子商务使企业间的竞争逐渐演化成供应链间的竞争。为吸引更多新客户、维护现有客户,要求为其提供更快捷、成本更低的商务运作模式,保持和发展与客户达成的密切关系,使供应链提供新的业务增值,提升客户的满意度与忠诚度。而基于电子商务的供应链

管理直接沟通了供应链中企业与客户间的联系,并且在开放的公共网络上可以与最终消费者进行直接对话。

(二)有利于满足客户需求

通过实施基于电子商务的供应链管理,可以实现供应链系统内的各相关企业对产品和业务电子化、网络化的管理。同时,供应链中各企业通过电子商务手段实现有组织、有计划的统一管理,可减少流通环节、降低成本、提高效率,使供应链管理达到更高的水平,满足客户需求。

(三)有利于开拓新业务和新客户

实施基于电子商务的供应链管理,不仅可以实现企业的业务重组,提高整个供应链效率,而且保留了现有客户。由于能够提供更多的功能、业务,必然吸引新客户加入供应链,同时也带来新业务。从本质上讲,通过实施基于电子商务的供应链管理,无论是企业还是客户,都会从中获得利益,产生新的业务增值。

(四)有利于提高营运绩效和分享信息

实施基于电子商务的供应链管理,能为供应链中各个企业通过完整的电子商务交易服务,实现全球市场和企业资源共享,及时供应和递送货物给顾客,不断降低运营和采购成本,提高运营绩效。基于电子商务的供应链交易涉及信息流、产品流和资金流,因而供应链中的企业借助电子商务手段可以在互联网上实现部分或全部的供应链交易,从而有利于各企业掌握跨越整个供应链的各种有用信息,及时了解顾客的需求以及供应商的供货情况,也便于让顾客进行网上订货并跟踪。

四、电子商务技术在供应链管理中的目标

(一)信息共享

现代供应链日趋复杂,大型跨国公司往往有数以百计的不同部门和办公地点,建立高速有效的计算机网络,使从不同地点采集到的不同形式的数据信息能快速进入整个供应链计算机系统。而每个供应链管理使用者,都能按照自己的工作特点和权限,从该计算机系统中取得符合自己要求的信息。所以,信息共享包括两种含义,即信息获取和信息个性化。

(二)数据分析和决策支持

供应链管理者的任务是根据已知的信息,来为供应链的计划、实施和运行提供决策支持。共享实施信息为管理者提供了科学决策的条件,但如何通过分析信息获得有用的知识呢?日新月异的信息技术为数据分析提供了条件,运算速度突飞猛进的计算机和不断突破的算法,为供应链管理者在合理的时间内作出正确的决策提供了支持。

(三)流程再造

信息技术的另一个重要贡献就是帮助企业审视自身供应链的构造,主动采用全行业通

用的行之有效的商业模式。这一点对中国的企业尤为重要,因为在采用先进供应链管理软件的同时,企业自身供应链的模式、流程也会向先进公司看齐,这种管理思维、管理模式的进步,必将带来企业效益的提高。

五、基于电子商务的供应链构建

(一) 供应链的建模技术

从供应链模型的发展来看,其经历了从简单模型到复杂模型、从单阶段模型到多阶段模型、从单产品模型到多产品模型、从国家模型到国际模型、从确定型模型到随机型模型的发展过程。

按分析和研究的方法不同,供应链优化模型又可以分为排队论模型(Queuing Theoretic Models)、对策论模型(Game Theoretic Models)、网络流模型(Network Flow Models)和策略评价模型(Options Valuation Models)等。

排队论模型主要用于研究生产企业在平稳生产状态下的情况,如各个设备或车间等的输出率等,并对资源分配进行优化,如合理安排各个设备的加工任务、合理安排人员的加工任务等,以实现提高生产效率的目标,如利用 M/G/1 排队系统研究生产批量和生产准备时间的关系等问题。

对策论模型主要用于研究供应商与制造商之间、制造商与销售商之间的相互协调,如研究制造商和销售商之间的协调,确定制造商和销售商各自的对策,确定产品价格、订货时间等,使它们都能获得比原来更好的收益。

网络流模型主要用于研究供应链中成员的选择、布局及供应链的协调问题。用网络流模型来表示一个供应链有其独特的优点,它能很方便地表示供应链中各种活动的先后次序。

策略评价模型主要用于研究供应链在不确定情况下的管理和协调问题。对跨国企业而言,经常会有不确定事件发生,如汇率波动、政府政策改变或新技术的发明等。企业会采取各种策略对此作出反应,如调整供应链成员的数量、采用不同的生产技术等。策略评价模型提供了一种对采取的措施和策略进行评价的方法。策略评价模型一般是随机动态规划模型,目标是使各个时期的期望费用总和最小或总收益最大。

这些模型中,有的运用了整数规划法或混合整数规划法,建立全球供应链模型、全球制造与分销的资源优化供应链模型、面向供应链优化的动态需求计划模型。也有的将整数规划法与线性规划法相结合,如提出基于资源配置的供应链设计模型。

由于供应链涉及的问题很多,在一个模型中同时考虑所有的因素几乎是不可能的,要建立一个比较接近实际情况而又可以求解的供应链模型是很困难的。从上面的介绍可以看到,一部分研究人员仅提出一个模型框架,并没有对具体模型进行研究,甚至没有任何数学公式表示。而且在现有的一些模型中,有些重要的因素没有考虑或很少考虑,例如,很少考虑供应链中的信息流、现金流,很少考虑供应链重组。

(二) 供应链管理的构筑

供应链管理的建立不仅是构筑一种协调性的生产管理、物流管理和信息管理体系,还是一种企业之间在文化战略、体制上的重大变革和融合。如果没有做到后者,单单靠前者是无法保证供应链管理顺利发展,并产生重大绩效的。

真正有效的供应链体系应当是在企业内部各业务流程有机整合的状况下,再与其他企业进行融合或协作,以发挥整个产业链的整体绩效。所以,要构筑供应链体系,就应该在业务调整和管理能力的培育上,实现从内到外的发展。具体来讲,整个供应链管理的构造流程分为如下几个阶段。

1. 传统的金字塔形组织

(1) 垂直形的组织结构。目前大多数企业所采用的组织结构都是垂直形的,其根本特点在于以大规模消费者为目标市场,通过大量生产和大量销售,以降低成本和提高部门内的效率为战略重点,来取得竞争上的优势,实现战略目标。

(2) 推动式供应链。在传统的组织结构中,整个业务的流程以推为主,供应链的绩效好坏直接取决于生产商的决策,而且整个产业作业流程都是围绕生产商来进行的。而销售预测工作是一个关键,为了提高预测的精度和准确性,生产商往往需要借助第三方来取得各种数据,并作出相应分析。即便如此,处于下游的零售商作出订货决策之前,其任何预测都是有误差和风险的。而且在推动式供应链模式下,还有一个问题是电子化交易的局限性。虽然供应链上有些企业进行了电子化网络的投资,然而由于这种投资属于企业个体的行为,没有被纳入整个产业的发展中。因此,不能形成产业的标准,同时为其他企业所接受。这样的结果使得电子网络的功能仅仅局限在订货、发货或企业内部管理中,不能对整个产业链确定商品的开发、物流和销售管理给予有效的信息分析和指导,也使信息投资的功能大打折扣。

2. 企业内部流程再造

(1) 企业内组织结构的变革。实施供应链管理的这一阶段是在充分认识传统组织结构和供应链运作的基础上,根据迅速、柔性化地应对顾客的要求,对企业内部的整个组织体制和业务流程进行再造,其目的在于通过企业内各机能的综合和协调,最大限度地满足顾客的需求,从而为今后发展企业间供应链打下基础。在具体的业务管理中,为了实现这个目标,不仅要对商品管理实施控制和协调,也要对商品信息的提供、适当的促销手段与方法、适当的价格、快速的物流、合理的库存管理等业务流程实行全方位的管理。要做到这一点,首先就要变革原有的垂直形的组织结构和企业运作方式,建立扁平化的管理组织。一般而言,这种新型的管理组织在生产企业中可以考虑实行以顾客类别为基准的项目团队,即针对特定的渠道或主要客户建立起组织横断的网络结构,在每个项目团队中,原有企业的各项职能都包含在内,这样既有利于职能之间的协调与综合管理,又有利于针对特定的顾客迅速、有效地开展商品开发和运作。

(2) 标准 EDI 的采用。要提高企业内部的经营效率,除了组织结构的变革和发展外,还需要在具体的业务层次上实现创新。这种业务层次的活动涉及两个方面:一是组织内部的业务流程管理,即不同职能、不同部门之间的业务整合;二是企业间业务流程管理,这涉及企业与外部企业之间的业务往来。目前,企业组织内部的业务管理多是利用 ERP 来进行整合,ERP 是在 MRP II 的基础上通过前馈的物流和反馈的信息流与资金流,把客户需求和企业内部的生产活动,以及供应商的制造资源整合在一起,体现完全按照用户需求制造的一种供应链管理思想的功能网链结构模型。组织间的业务流程多是最初通过 POS 数据的共有,随后是大范围采用 EDI 来实现业务上的整合。需要指出的是,在供应链发展的第二阶段,企业之间不是一种全面的战略联盟关系,而仅仅是在业务层面实现协调运作。这种合作无论对哪一方而言,都是大有裨益的,它大大降低了商品生产、经营中的决策失误和风险,有机地整合了业务流程,所以,标准 EDI 的采用是组织内部效率化的一个重要标志。

（3）信息共享。在第二阶段,无论是零售业者还是生产商,为了能明确地应对不同地域消费者的差异化市场需求,就必须具备宏观营销的观念,即在生产和销售的连接上,不仅实现 POS 数据的共享,还要试图通过 EDI 的广泛实施,寻求整个业务流程的短缩和加速,以及所有业务信息的共享。一般 EDI 运用的范围包括从订货、发货、商品进货等到 ASN（预先发货通知）、新商品信息、销售促进信息、电子结算等各种经营管理活动信息的交互与共享,这样不仅使企业内的业务效率得到提高,而且其他公司也因为信息的共享而产生较好的绩效。因此,信息共享的意识和努力是企业在第二阶段中必须具备的。

3. 企业间的组织融合

（1）企业间业务流程的全面结合。在第二阶段,企业之间虽然形成了战略联盟,但是从总体上看,这种合作的范围十分有限,仅仅是在部分业务层次上实现合作。所以,不可能发挥非常大的供应链效应。而进入第三阶段就需要真正按照供应链管理的思想,以企业战略为核心,实现所有企业组织、战略和业务流程的全面结合（图 6-5）。

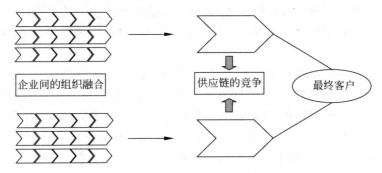

图 6-5　企业间的组织融合

（2）企业间的信息共享。在第三阶段,企业之间的信息共享不是部分信息的共享,而是信息的全面共享,通过这种全面的信息共享,最终实现企业之间高效率、协调化的经营和管理。一般来说,利用数据库信息的共享实现合作企业绩效提高的主要领域有：①在库位置、库存补足率、补货的正确性、前置时间、销售利益、及时配送等经营决策；②新产品的开发、外部委托、定价等与商品销售规划相关的决策；③与营销有关的决策,如与地域特征相吻合的店铺开发、促销、广告、POP（产品证明）、商品陈列等。由此可见,这种信息共享的程度和发挥的作用是巨大的。

（3）合作文化的形成以及互联网的全面采用。在该阶段,需要构筑一种企业之间相互依赖、相互协调的企业文化。在这个文化的基础之上,推动跨越企业界限的团队活动,即由参与企业共同来对供应链全过程的活动实行管理和控制。从方法和工具上说,企业之间共同管理活动的实现是通过互联网技术进行的,所以,企业内部网络和外部网络的使用是第三阶段的必要手段,否则信息共享、共同预测和共同计划就无法实现。除此之外,还要关注供应链管理协调和软件环境的标准化,没有这一条件,企业间很难有效地进行沟通和互动,乘数效应也难以实现。

(4) 针对性营销的实施。在该阶段表现出来的一个营销范式是企业根据顾客数据分析和宏观市场分析,把握消费者动向,并将其及时转化到整个供应链运作中,形成确定的商品和消费者群体培育。其结果是供应链与供应链之间的竞争日益激化,消费者之间的分化愈加明显,这时要求企业的各种营销活动必须对应特定的顾客群体来进行。

4. 价值网络的实现

供应链发展的第四阶段是实现整个产业效率的最优化。价值网络中的虚拟企业本身可能就是一个小型网络,它进一步融合其他网络和没有形成供应链体系的单个企业,共同构成价值创造的综合网络体系。这种价值网络的一个最大特点是能够有效地应对多样性的顾客需求,并在最短的时间内对不同的顾客需求作出反应,小型网络之间或网络与单个企业之间有时是一种竞争关系,有时又是一种合作关系,这样始终保持一种灵活、动态的联盟关系。

(三)供应链管理电子化阶段

供应链管理电子化的过程经历了四个发展阶段,正在迈向第五阶段。

第一阶段,公司利用网站、电子邮件等手段,向客户介绍自己或者供应原材料。

第二阶段,公司利用网站或其他方法,从客户那里得到反馈意见和信息。

第三阶段,公司利用互联网的发展,开始允许客户通过公司网站下单订购产品,并通过信用卡付款。

第四阶段,客户与公司开始通过供应链计算机网络,分享实时信息。

以上四个阶段,在不同公司内、不同发展时期,可能都有一定应用。未来发展方向的第五阶段,就是整个供应链网络的同步化。多维的供应链网络迅速电子化,为各个公司之间基于实时信息分享的合作提供了可能,这将成为供应链管理的下一个热点。

由于越来越多的企业采用了以客户为中心的模式以增加利润,其对供应链的要求也越来越高,能对客户需求作出迅速、精确、可靠的反应。这就要求信息实时交流,如投资水平、预计数量和销售趋势等。企业不仅能对客户作出迅速应答,而且能有效降低存货,提高组织利润。互联网以一种更具协作性的模式代替了原来的那种专有的商业流程,已经开始改变公司、客户、合作伙伴、雇员在全球范围内的互动方式,促进企业朝着第五阶段——供应链的自动化和能有效利用电子商务的电子供应链方向发展。

(四)电子供应链构建方法

基于所有合作者都实现了电子化运作而形成的供应链体系可称为电子供应链或者电子网络化供应链。电子供应链的构造同样涉及供应链的长短、规模大小、网络状况等因素。其内容包括:各成员使用的信息系统类型,生产和仓储设施的位置和能力,根据不同交货行程所采用的运输方式等。电子供应链的构造要遵循一定的规则和方法,并需要整合各参与者的信息资源和行为。

1. 电子供应链构建的三个"E"

企业构建电子供应链需要从建设三个"E"开始。

(1) 企业资源计划(ERP)。从供应链的视角看,ERP的本质就是企业内部的供应链管理。ERP 集中企业内部价值链的所有信息,合理调配企业各方面的资源。如果企业内部都没有实现供应链管理,就不可能延伸到外部去,更无从谈起参与供应链的协同化管理。

(2)企业管理咨询(EIP),又称企业门户。它是建立在协同商务概念上的应用平台,主要是提供一个把信息进行集中的通道,让分布在世界各地的员工、客户和合作伙伴进行相互交流,加快沟通。EIP 还支持与其他管理系统的连接。

(3)电子供应链管理(ESCM)。ESCM 集中不同合作企业的关键数据,包括订货、预测、库存状态、生产计划、运输安排、在途物资、销售分析、资金结算等数据。供应商、分销商、零售商实现了供应链上的信息集成,达到共享采购订单的电子接收与发送、多位置库存自动化处理与控制、周期盘点等重要信息。这就是电子商务下的供应链系统,由多个合作者构成,就如同一个企业一样。

2. 电子供应链构建方法

电子供应链构建的三个"E"中,前两个是基础和前提,在此基础上,才能考虑电子供应链的具体构建方法。企业可以从不同的需求出发,选择顺流或逆流的构建方法。

(1)顺流构建法。顺流构建法是指在构建供应链时,从本企业的原材料需求出发,逐步寻找最上游的供应商,依照自己的产品制造或销售服务特点来设计供应链流程,直到最终消费者。电子供应链顺流构建步骤如图 6-6 所示。

(2)逆流构建法。逆流构建法是从市场的需求出发去构建从零售商到本企业的供应商的供应链。此法与顺流构建法的流程恰好相反,从最终消费者的上一级零售商或分销商开始,不断地寻找为满足需求而必须参与其中的企业,从而形成完整的供应链。电子供应链逆流构建步骤如图 6-7 所示。

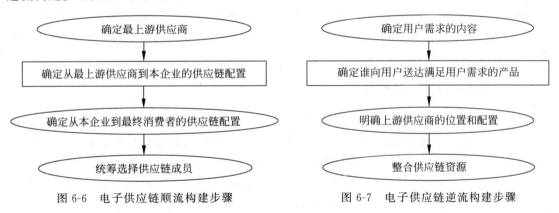

图 6-6 电子供应链顺流构建步骤　　　　　图 6-7 电子供应链逆流构建步骤

第三节　电子商务环境下的供应链管理方法

一、快速响应

(一)快速响应的含义

快速响应是美国纺织服装业发展起来的一种供应链管理方法。它是美国零售商、服装制造商以及纺织品供应商开发的整体服务概念,目的是减少原材料到销售点的时间和整个供应链上的库存,最大限度地提高供应链管理的运作效率。美国纺织服装联合会将其定义为:"制造者为了在精确的数量、质量和时间要求的条件下为顾客提供产品,将订货提前期、人力、材料和库存的花费降到最小;同时,为了满足竞争市场不断变化的要求而强调系统的柔性。"马歇尔·费雪和阿南思·拉曼(Marshall Fisher and Ananth Raman,1996)将其定义为:缩短制造和分销提前期的一系列技术方法,主要包括信息技术(EDI、销售点即时信息、条形码)、物流技术(自动仓储、空运)和先进制造技术。D. H. 金凯德(D. H. Kincade)等在比较了纺织、服装和其他供应消费品中现存的理论和实际中关于QR战略的定义后认为,快速响应可以被定义为五种技术,即库存控制(inventory control)、信息共享(information sharing)、条形码(barcoding)、生产计划(production planning)和颜色深浅分拣(shade sorting)。可以看出,这些技术主要涉及流通领域的管理。

但是,这种严格划分的定义有其明显的局限性。例如,QR战略不可避免地影响制造领域,而且在制造过程中同样存在快速响应制造技术。在我国,快速响应制造技术被列为"对国民经济和制造业特别重要的重大综合技术",并且将快速响应制造技术定义为对市场现有需求和潜在需求作出快速响应的制造技术的集成。

通常人们认为快速响应是一种连接供应商和零售商运作的战略,通过共享POS信息来预测商品的未来补货需求,以及不断地预测未来发展趋势以探索新产品的机会,其目的是对不断变化的市场作出快速响应;另外,人们已经达成共识,快速响应不是个别技术的简单组合,而是通过这些技术的使用来加强和完善整个流通管理效率的动态优化系统。而且,快速响应作为一种战略,已经从最初只注重供应商的集成发展到整个供应链的集成,其内容除了流通领域的合作,还包括制造领域、产品设计领域和组织管理方面。

在运作方面,双方利用EDI来加速信息流,并通过共同组织活动来使前置时间和费用最少。QR的着重点是对消费者需求作出快速反应。QR的具体策略有待上架商品准备服务(floor ready merchandise)、自动物料搬运(automatic material handling)等。

(二) 快速响应供应链的内涵

快速响应供应链的内涵就是在供应链企业之间建立战略合作伙伴关系,整个供应链体系能及时对需求信息作出反应,为消费者提供高价值的商品或服务。传统的供应链体系只是单纯以制造商为出发点,产品经分销商、零售商到达消费者手中,制造商只与分销商有直接的信息沟通,不容易了解消费者的真正需求。制造商根据分销商的历史订货情况预先决定生产什么,而分销商又是根据零售商的订货记录来决定向制造商订货。整个供应链上,只有零售商直接面对消费者,对消费者的需求了解得比较全面。后续环节都是根据对前一环节的分析来决定自己的行为,而有关消费者需求的信息在整个供应链上传递时会发生损失和变形,或者由于利用传统方式传递信息而产生时滞,使生产与需求脱节。而在快速响应供应链体系运作过程中,供应链企业从以产品/物流为核心转向以集成/合作为核心。在集成/合作思想的指导下,供应商和制造商把它们相互的需求和技术集成在一起,以实现为制造商提供最有用产品的共同目标。这样就能在消费者、零售商与制造商之间建立快速响应的网络联系,直接沟通,免除商品运动和信息传递的损失,使物流和信息流更高效地运行。

快速响应供应链以消费者需求为驱动源,供应链企业可以降低供应链总成本、降低库存成本、提高信息共享水平、改善相互之间的交流、保持战略伙伴相互之间操作的一贯性，并产生更大的竞争优势，以满足供应链节点企业的财务指标、质量、产量、交货期、用户满意度的需求，使企业的业绩得到改善并提高自身的利益。相互之间良好的合作关系也保证了相互之间利润的公平分配，供应链成员之间也才能真正实现长期的、战略性的、稳定的合作伙伴关系。可以说，以前上下游企业间的关系是一种在一定的市场份额下如何分配利益的关系；而在快速响应供应链管理中，成员之间则是一种共同努力扩大市场份额、利益共享的关系。

（三）QR 的产生背景

美国的纤维纺织行业在 20 世纪 70 年代后半期出现了大幅度萎缩的趋势，造成这种状况的主要原因是当时美国的纺织品进口大幅度上升。到 20 世纪 80 年代初，进口产品几乎占据了美国纺织品市场的 40%。美国的纺织业为遏制这种产业下滑的趋势，提高劳动生产效率，在加大设备投资的同时，也在积极争取美国政府对进口纺织品的限制。尽管如此，美国国产纺织品市场萎缩的状况仍然没能改变。为此，1984 年美国 84 家大型企业结成了"爱国货运动协会"，该协会在积极宣传美国产品的同时，委托零售业咨询公司——Kurt Salmon 调查、研究提升美国纤维产业的方法。最后，Kurt Salmon 的研究报告指出，尽管纺织品整个产业链的某个环节的生产效率比较高，但是整个产业链或供应链的效率非常低。鉴于这种状况，报告提出通过信息的共享以及生产商与零售商之间的合作，确立起能对消费者的需求作出迅速响应的 QR 体系，正式掀起供应链构筑的高潮。

（四）QR 的实施阶段

1. 第一阶段

对所有商品单元条码化，即对商品消费单元用 EAN/UPC 条码标识，对商品贸易单元用 ITF-14 条码标识，而对物流单元则用 UCC/EAN-128 条码标识。利用 EDI 传输订购单报文和发票报文。条码技术为我们提供了一种对流通中的物品进行标示和识别的方法，企业可通过该技术及时了解有关产品在供应链中的位置，进而作出快速响应。

2. 第二阶段

在第一阶段的基础上增加与内部业务处理有关的策略。如自动补货与商品即时出售等，并采用 EDI 传输更多的报文，如发货通知报文、收货通知报文等。

一般情况下，供应商接到订单后到商品出库是通过人工操作的。为了提高作业效率和准确性，一些厂商开始采用自动拣货系统（或自动补货系统）。通过定向分拣系统和条形码商品检验系统，可以实现高效的供货作业。

3. 第三阶段

与贸易伙伴密切合作，采用更高级的 QR 策略，以对客户的需求作出快速反应。一般来说，企业内部业务的优化相对较为容易，但贸易伙伴进行合作时，往往会遇到诸多障碍，每个企业必须把自己当成集成供应链系统的一个组成部分，以保证整个供应链的整体效益。例如，Vanity Fair 与 Federated Stores 是北美地区的先导零售商，在与它们的贸易伙伴采用联合补库系统后，它们的采购人员和财务经理就可以省出更多的时间来进行选货、订货和评估新产品。

（五）实施 QR 的成功条件

美国是 QR 的发源地，有许多企业都已经开始实施 QR，并取得成功。1991 年，学者布莱克本（Blackburn）在对美国纺织服装业研究的基础上，认为实施 QR 成功的五项条件如下。

1. 改变传统的经营方式、经营意识和组织结构

（1）企业不能局限于依靠本企业独自的力量来提升经营效率的传统经营意识，要树立通过与供应链各方建立合作伙伴关系，努力利用各方资源来提高经营效率的现代经营意识。

（2）零售商在垂直型 QR 系统中起主导作用，零售店铺是垂直型 QR 系统的起始点。

（3）在垂直型 QR 系统内部，通过 POS 数据等销售信息和成本信息的相互公开和交换，来提高各个企业的经营效率。

（4）明确垂直型 QR 系统内各个企业之间的分工协作范围和形式，消除重复作业，建立有效的分工协作框架。

（5）必须改变传统的事务作业的方式，通过利用信息技术来实现事务作业的无纸化和自动化。

2. 开发和应用现代信息处理技术

这些信息处理技术有条形码技术、电子订货系统、POS 数据读取系统、EDI 技术、电子支付系统、VMI、连续补货等。

3. 与供应链各方建立战略伙伴关系

其具体内容包括以下两个方面：一是积极寻找和发现战略合作伙伴；二是在合作伙伴之间建立分工和协作关系。合作的目标定为：削减库存，避免缺货现象的发生，降低商品风险，避免大幅度降价现象发生，减少作业人员和简化事务性作业。

4. 改变传统的对企业商业信息保密的做法

将销售信息、库存信息、生产信息、成本信息等与合作伙伴交流分享，在此基础上，要求各方在一起发现问题、分析问题和解决问题。

5. 缩短生产周期和减少商品库存

具体来说，供应方应努力做到：缩短商品的生产周期；进行多品种、少批量生产和多频度、少数量配送，降低零售商的库存水平，提高顾客服务水平；在商品实际需要将要发生时采用 JIT 生产方式组织生产，减少供应商自身的库存。

（六）实施 QR 的收益

对于零售商来说，需要销售额的 1.5%～2% 的投入，以支持条码、POS 系统和 EDI 正常运行。实施 QR 的收益是巨大的，它远远超过其投入。它可以节约销售费用的 5%，这些节省不仅包括商品价格的降低，也包括管理、分销以及库存等费用的大幅度减少。Kurt Salmon 的大卫·科尔（David Cole）在 1997 年曾说过："在美国那些实施第一阶段 QR 的公司每年可以节省 15 亿美元的费用，而那些实施第二阶段 QR 的公司每年可以节省费用 27 亿美元。"他提出，如果企业能够过渡到第三阶段（联合计划、预计和补库），每年可望节约 60 亿美元的费用。

根据研究结果,实施 QR 的效果如表 6-4 所示。

表 6-4　实施 QR 的效果

对象商品	实施 QR 的企业	零售业者的 QR 效果
休闲裤	零售商：沃尔玛 服装生产厂家：Semiloe 面料生产厂家：Milliken	销售额：增加 31% 商品周转率：提高 30%
衬衫	零售商：J. C. Penney 服装生产厂家：Oxford 面料生产厂家：Burlinton	销售额：增加 59% 商品周转率：提高 90% 需求预测误差：减小 50%

研究结果显示,零售商在应用 QR 系统后,销售额大幅度增加,商品周转率大幅度提高,需求预测误差大幅度减小。

(七) 实施 QR 的效果

随着电子商务的出现,传统的供应链将转变为基于互联网的开放式的网络供应链,而且电子化交易手段大大扩展了客户的选择空间和时间,要求企业以更快的速度来适应这种变化,QR 可以帮助企业在电子商务环境下提升供应链的运作效率。

1. 价格政策更加灵活

电子商务可以通过改变与网站相连的数据库中的数据而更方便地随时调整价格。这项功能保证了电子商务可以基于目前的库存和需求来设定价格,增强了企业对价格的反应能力。

2. 极大缩短了企业的补货周期

快速响应是零售商与其供应商密切合作的策略,零售商和供应商通过利用 EDI 来加快信息的流动,并共同重组其业务活动,以实现订货前导时间的最短化。在补货中应用 QR 可以将交货前导时间减少 75%,如图 6-8 所示。

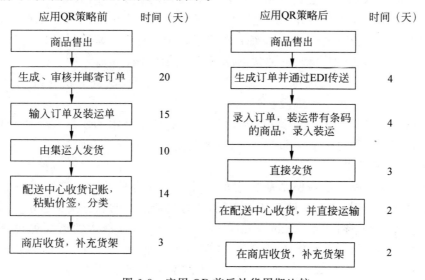

图 6-8　应用 QR 前后补货周期比较

3. 降低产品的处理成本

制造商利用电子商务向消费者直接销售,会减少与产品有关的供应链环节,缩短了供应链,从而降低产品的处理成本。

4. 降低库存商品贬值风险

消费者下订单之前和他收到的产品之间有一个滞后期,利用电子商务,企业可以有效推迟产品的生产,直到订单出现。例如,戴尔公司仓库中放的都是零配件,直到消费者的订单出现才被装配成计算机。QR 系统的应用保证了戴尔公司可以降低库存成本,以及由此减小库存产品贬值的可能性。

5. 提高运营绩效

实施基于电子商务的 QR,一方面能使供应链各个企业降低生产成本,缩短需求的响应时间和市场变化时间,能为客户提供全面服务,使客户能够获得最好品质的产品和服务,同时实现最大增值;另一方面能为供应链中各个企业提供完整的电子商务交易服务,实现全球市场和企业资源共享,及时供应和递送订货给客户,不断降低运营和采购成本,提高运营效率。

6. 促进供应链成员之间的合作

通过 QR,电子商务企业可以方便地共享整个供应链的需求信息,加强合作。互联网也可以被用来共享供应链内的计划和预测信息,有助于降低整个供应链的成本,使供需更一致。QR 成功地整合供应链的各系统,其信息处理成本也会降低。

(八)QR 的新发展

从提出 QR 策略到如今,其已有 20 多年的发展历史,如今尽管 QR 的原则没有变化,但 QR 的策略及技术却今非昔比。20 世纪 80 年代末到 90 年代初,在市场竞争的强大压力下,一些先导企业开始重新评估和重构它们做生意的方式,从而导致对供应链物流和信息的重组活动。在 20 世纪 80 年代,人们对供应链的优化的聚焦点是技术解决方案,现在已转变为重组其做生意的方式以及与贸易伙伴密切合作。

目前在欧美,QR 的发展已跨入第三阶段,即 CPFR 阶段。CPFR 是一种建立在贸易伙伴之间密切合作和标准业务流程基础之上的经营理念。它应用一系列技术模型,这些模型具有如下特点:开放,但安全的通信系统;适应于各个行业;在整个供应链上是可扩展的;能支持多种需求(如新数据类型、各种数据库系统之间的连接等)。

我国学者已经对 CPFR 进行了研究,提出了基于 CPFR 的供应链管理的运作过程模型,分为计划、预测和补给三个阶段。

而对于基于快速反应的供应链管理来说,伴随着信息技术的发展和经济全球化,快速响应供应链管理也变得更加复杂和动态化,主要表现在以下两个方面。

1. 供应链流程再造

这一趋势是快速响应供应链战略发展的主流。因为合理的工作流程比信息技术更加重要。在这方面,由于具体的条件和环节不同,流程再造的目的和方法也就不一样。

(1)基于增值的分销战术(value added distribution)。该战术的指导思想是将这个供应链的活动分为两部分:基本生产(零件制造和部件装配)和二次生产(最终装配和销售)。而且,在制造过程中根据顾客的要求尽可能延迟产品的最后成型时间,尽可能地使产品到达顾客手中之前的每一项工作,都能增加产品的价值。

（2）基于时间的配送战术（time based distribution）。传统的配送战术是基于营销通道理论的,主要途径是建立多级仓库。而在新的战术中,在制造商与零售商之间,只有一个中心仓库,大大缩短货物的运输时间,从而加快对顾客需求的反应速度,分销商的总成本也大幅度降低。

2. 物流网络的集成

为了更好地达到快速响应的目的,快速响应供应链应当密切关注整个物流网络涉及的技术和方法的发展,不断地吸收、利用。这其中有工厂的组织和规划技术、自动存取技术、仓库管理技术、运输中的车辆管理技术等。

随着全球市场的形成,供应链管理受到前所未有的重视,QR 在供应链内部集成的基础上进入针对外部环境的变化而不断实施供应链流程再造的阶段,进而发展到整个物流网络的集成。

二、有效客户反应

（一）有效客户反应的含义

有效客户反应,是指生产厂家、批发商和零售商,以满足顾客要求和最大限度地降低物流过程费用为原则,及时作出准确响应,使提供的物资供应或服务流程最佳化的一种供应链管理战略。

ECR 的目标是建立一个具有高效反应能力和以客户需求为基础的系统,使零售商与供应商以业务伙伴方式合作,提高整个供应链的效率,大幅度降低成本、库存,提高物流速度和服务水平。

要实施 ECR,首先应联合整个供应链所涉及的供应商、分销商以及零售商,改善供应链中的业务流程,使其最合理、有效;然后,以较低的成本,使这些业务流程自动化,以进一步减少供应链的成本和时间。具体地说,实施 ECR 需要将条码、扫描技术、POS 系统和 EDI 集成起来,在供应链之间建立一个无纸系统,以确保产品能不间断地由供应商流向最终客户,同时,信息流能够在开放的供应链中循环流动,为客户提供最优质的产品和适时准确的信息,如图 6-9 所示。

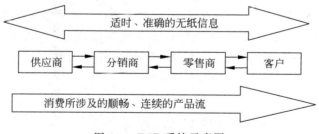

图 6-9 ECR 系统示意图

ECR 的四大要素是:高效产品引进（efficient product introductions）、高效商品品种（efficient store assortment）、高效促销（efficient promotion）以及高效补货（efficient replenishment）（图 6-10）。

（1）高效产品引进。通过采集和分享供应链伙伴间时效性强的更加准确的购买数据,

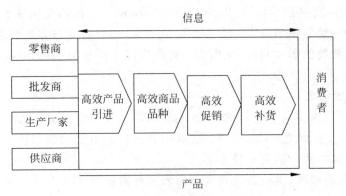

图 6-10　ECR 的运作过程

提高新产品销售的成功率。

(2) 高效商品品种。通过有效地利用店铺的空间和店内布局,来最大限度地提升商品的获利能力。

(3) 高效促销。通过简化分销商和供应商的贸易关系,使贸易和促销的系统效率最高,如消费者广告、贸易促销等。

(4) 高效补货。从生产线到收款台,通过 EDI,以需求为导向的自动连续补货和计算机辅助订货等技术手段,使补货系统的时间和成本最优化,从而降低商品的售价。

(二) ECR 产生的背景

美国食品市场营销协会联合 16 家企业与流通咨询企业 Kurt Salmon,在对食品业的供应链进行调查、总结、分析后,于 1993 年 1 月提出了改进该行业供应链管理的详细报告。该报告系统地提出了有效客户反应的概念和体系,随后 ECR 概念被零售商和制造商所接纳并被广泛地应用于实践。ECR 之所以能在美国食品杂货行业得到全面认可和实践,其主要原因和背景在于以下几个方面。

1. 竞争激化

20 世纪 80 年代末,美国食品杂货行业中出现了新型的零售业态,如批发俱乐部(wholesale club)和仓储式商店(mass merchant),对原有的超市构成了巨大的威胁。作为零售行业亟待提高的能力首先是如何在最短的时间内对顾客的需求作出响应,从而实现快速、差异化服务,同时借助单品管理,提高零售企业的作业效率。正是在这种要求和发展目标的引导下,美国食品杂货行业开始了 ECR 的实践和探索,并最终形成了供应链构建的高潮。

2. 成本高、消耗增加

在传统的经营体制中,由于市场中生产企业间竞争加剧,各企业为了保持自己的销售额和市场份额的不断增长,纷纷采取直接或间接的方法降低商品的销售价格或经销价格,通过各种有利的交易条件,来保证商品销售的竞争力,其结果是生产商的负担加重,各种促销活动日益损害生产企业的利益。而生产企业为了将损失降到最小,只能不断扩大新产品的生产,却又导致企业之间无差异竞争加剧。ECR 的推行能够有效解决上述问题,避免无效商品的生产、经营,通过确定商品的培育、经营,提高产销双方的效率。

3．对消费者需求的重视

为了取得竞争的短期效果,许多企业往往不是通过提高产品质量、制定合理的价格来满足消费者的需求,而是以高价、眼花缭乱却不甚满意的商品以及大量诱导广告和促销活动来吸引消费者转换品牌。这样,消费者不能得到他们需要的产品和服务,得到的往往是高价和不甚满意的商品。对应于这种状况,企业必须真正从消费者的需求出发,提供满足消费者需求的商品和服务。

（三）ECR 系统的构建

ECR 作为一个供应链管理系统,需要把市场营销、物流管理、信息技术和组织革新技术有机结合成一个整体使用。组成 ECR 系统的技术要素主要有信息技术、物流技术、营销技术和组织革新技术,如图 6-11 所示。

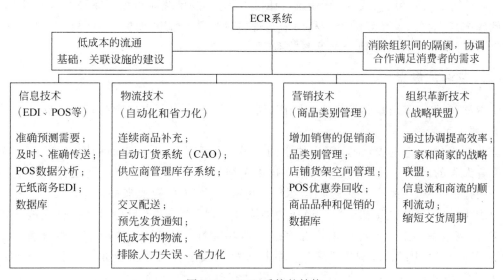

图 6-11　ECR 系统的结构

（四）ECR 的实施方法

1．为变革创造氛围

对大多数组织来说,改变对供应商或客户的内部认知过程,即从敌对态度转变为将其视为同盟的过程,将比实施 ECR 的其他相关步骤更困难。创造 ECR 的最佳氛围首先需要进行内部教育以及通信技术和设施的改善,同时需要采取新的工作措施和回报系统。

2．选择初期 ECR 同盟伙伴

对于大多数刚刚实施 ECR 的企业来说,建议成立 2～4 个初期同盟,然后成立 2～3 个联合任务组,专门致力于已证明可取得巨大效益的项目。以上计划的成功将提升企业实施 ECR 的信誉和信心。

3．开发信息技术投资项目

具有很强的信息技术能力的企业要比其他企业更具竞争优势。连接实施 ECR 的企业的系统将是一个无纸的、完全整合的商业信息系统,既可降低成本,又可使人们专注于其他

管理以及产品、服务和系统的创造性开发。

(五)实施 ECR 的原则

(1) 以较少的成本,不断致力于向食品杂货供应链客户提供更优的产品、更高的质量、更好的分类、更好的库存服务以及更多的便利服务。

(2) ECR 必须由相关的商业带头人启动。该商业带头人应决心通过代表共同利益的商业联盟代替旧式的贸易关系,来达到获利的目的。

(3) 必须利用准确、适时的信息以支持有效的市场、生产及后勤决策。这些信息将以 EDI 方式在贸易伙伴间自由流动,它将影响以计算机信息为基础的系统信息的有效利用。

(4) 产品必须随其不断增值的过程,从生产到保障,直至流动到最终客户的购物篮中,以确保客户随时获得所需产品。

(5) 必须采用通用、一致的工作措施和回报系统。该系统注重整个系统的有效性(即通过降低成本与库存以及更好的资产利用来实现更优价值),清晰地标识出潜在的回报(如增加的收入和利润)并且公平地分配这些收益。

(六)ECR 的意义

ECR 模式在许多国家和地区迅速推广,所覆盖的领域由原先的食品行业扩展到流行服装行业、超级市场等。

随着技术的飞速进步,企业间实体空间的分离性和在线虚拟空间的网络性,前所未有地改变着人类的沟通方式;企业间的关系也由单纯的竞争关系逐渐转化为通过合作达到共赢。在这样的市场环境下,企业迫切需要利用更有效的 ECR 模式来提高经营效率。

ECR 是杂货业供应商和销售商最佳的供给链管理系统,主要目标是降低供应链各环节的成本,提高效率。杂货业经营的产品多是一些功能性产品,每一种产品的寿命相对较长(生鲜食品除外)。因此,订购数量多或少的损失相对较小。其他行业如纺织服装业经营的产品多属创新型产品,每一种产品的寿命相对较短,订购数量或多或少存在一定的采购风险。

ECR 强调以客户需求为核心的效率改进,使真正的供应链成员企业间的合作成为可能。成员企业间解除战略伙伴关系后,通过信息共享、合作竞争,由供应链的"推动"转变为需求链的"拉动",更加有效地刺激客户需求,从而实现并提高客户价值;反过来,又可以促进成员企业在经营管理观念、方式、流程和决策方面进行变革,实时响应市场上随时出现的消费动向,最终实现供应链整体优化的目标。

(七)ECR 的实施效果

根据欧洲供应链管理委员会的调查报告,接受调查的 392 家公司,其中制造商实施 ECR 后,预期销售额增加 5.3%,制造费用减少 2.3%,销售费用减少 1.1%,仓储费用减少 1.3%及总盈利增加 5.5%。而批发商和零售商也有相似的获益:销售额增加 5.4%,毛利增加 3.4%,货仓费用减少 5.9%,货仓存货量减少 13.1%及每平方米的销售额增加 5.3%。由于在流通环节中缩减了不必要的成本,零售商和批发商之间的价格差异也随之减小,这些节约了的成本最终将使消费者受益。

对客户、分销商和供应商来说，除了这些有形的利益之外，ECR 还有着重要的不可量化的无形利益。

(1) 客户。增加选择和购物便利，减少无库存商品，货品更新鲜。

(2) 分销商。提高信誉，更加了解客户情况，改善与供应商的关系。

(3) 供应商。减少缺货现象，加强品牌的完整性，改善与分销商的关系。

三、企业资源计划

(一) 企业资源计划的含义

企业资源计划最初由美国著名的 IT(信息技术)研究公司 Gartner Group 在 1990 年提出。ERP 是在 MRPⅡ 和 JIT 的基础上，通过前馈的物流、反馈的物流和资金流，把客户需求和企业内部的生产活动，以及供应商的制造资源结合在一起，体现完全按用户需求制造的一种供应链管理思想的功能网链结构模式。ERP 是一种全新的管理方法，它通过加强企业间的合作，强调对市场需求快速反应、高度柔性的战略管理以及降低风险成本、实现高收益目标等优势，从集成化的角度管理供应链问题。ERP 的特征包括四个方面：①超越了 MRPⅡ 的范围和集成功能；②支持混合方式的制造环境；③支持动态的监控能力，提高业务绩效；④支持开放的客户机/服务器计算环境。

近几年来，伴随着电子商务的推广，全球经济一体化进程不断加快，IT 飞速发展，内部网/互联网技术的广泛应用，企业所处的商业环境发生了根本性变化。顾客需求瞬息万变，技术创新不断加速，产品生命周期不断缩短，市场竞争日益激烈，这些构成了影响企业生存与发展的三股力量：顾客、竞争和变化。为了适应以这三股力量为特征的外部环境，企业必须进行管理思想的革命、管理模式与业务流程的重组、管理手段的更新，从而在全球范围内引发了一场以业务流程重组为主要内容的管理模式革命和以 ERP 系统应用为主体的管理手段改革。

(二) ERP 的产生与发展

自 18 世纪产业革命以来，手工业作坊向工厂生产的方向发展，出现了制造业，所有企业几乎无一例外地追求基本相似的目标，即实现企业资源(包括资金、设备、人力等)合理、有效地利用，以期企业利润最大化。这一目标的追求使制造业的管理者面临一系列的挑战：生产计划的合理性、成本的有效控制、设备的充分利用、作业的均衡安排、库存的合理管理、财务状况的及时分析等。于是，应付上述挑战的各种理论和实践也就应运而生，首先被提出而且被人们研究最多的是库存管理方法和理论。这期间的研究主要是寻求解决库存优化问题的数学模型，而没有认识到库存管理本质上是一个大量信息的处理问题。直到计算机的商业化应用为企业管理信息处理开辟了新纪元。

ERP 的产生可追溯到物料需求计划和及时生产。1970 年，约瑟夫·A. 奥里基(Joseph A. Orlicky)，乔治·W. 普洛瑟(George W. Plossl)和奥利弗·W. 怀特(Oliver W. Wight)三人在 APICS 的学术年会上，首先提出了物料需求计划的概念和基本框架，并得到该协会的大力支持和推广。而 JIT 方式最早由日本丰田汽车以"看板"管理的名称开发出来，并应用于生产制造系统,其后 JIT 方式的"及时"思想被广泛接受并大力推广。近年来,在供应链管理中,特别是由制造业和零售企业组成的生产销售联盟,极其重视 JIT 哲学。但应明确的是,及时管理方式与物料需求计划在经营目标、生产要求方面是一致的,但在管理思想上是不同的。MRP 讲求推动概念和计划性,而 JIT 讲求拉动概念和及时性;MRP 认为库存必要,而 JIT 认为一切库存都是浪费。

ERP 的产生和发展经历或即将经历以下几个阶段。

1. 物料需求计划

企业的信息管理系统对产品构成进行管理,借助计算机的运算能力及系统对客户订单、在库物料、产品构成的管理能力,依据客户订单,按照产品结构清单展开并计算物料需求计划,实现减少库存、优化库存的管理目标。该阶段包括 20 世纪 60 年代发展起来的时段式 MRP(亦称为基本 MRP 或简称 MRP)及 20 世纪 70 年代的闭环 MRP。

2. 制造资源计划

MRP Ⅱ 是在 20 世纪 80 年代发展起来的,它是在 MRP 管理系统的基础上,增加了对企业生产中心、加工工时、生产能力等方面的管理,同时将财务的功能囊括进来,在企业中形成以计算机为核心的闭环管理系统,这种管理系统已经能够动态监测产、供、销的全部生产过程。

3. 企业资源计划

进入 20 世纪 90 年代后,出现了 ERP 的概念,其进一步发展了 MRP Ⅱ 的理论和方法。这一阶段以计算机为核心的企业级的管理系统更为成熟,系统增加了包括财务预测、生产能力、调整资源调度等方面的功能。配货企业实现 JIT 管理、全面质量管理和生产资源调度管理及辅助决策的功能,成为企业进行生产管理及决策的平台工具。

4. ERP 的发展趋势

为了为企业提供更好的管理模式和管理工具,ERP 在不断地吸收先进的管理技术和 IT,如人工智能、并行工程、互联网、数据库等。未来的 ERP 将更体现柔性,灵活性地适应企业变化的需求,ERP 软件在应用范围上不断向各行各业渗透,系统集成性不断深化;在技术和应用上不断向互联网靠拢,为企业开展电子商务提供有力支持。

(三) ERP 与 MRP、MRP Ⅱ 的关系

1. MRP 是 ERP 的核心功能

只要是制造业,就必然从供应方买来原材料,经过加工或装配,制造出产品,销售给需求方,这也是制造业区别于金融业、商业、采掘业、服务业等的主要特点。MRP 是从产品的结构或物料清单出发,实现物料信息的集成,形成一个上窄下宽的锥状产品结构,即顶层是出厂产品,属于销售部门的业务;底层是采购的原材料或配套件,是物资供应部门的业务;中间是制造件,是生产部门的业务。如果要根据需求的优先顺序,在统一的计划指导下,把企业的产、供、销信息集成起来,就离不开产品结构(或物料清单)。MRP 主要用于生产"组装"型产品的制造业,如果把工艺流程同产品结构集成在一起,就可以把流程工业的特点融合进来。

一般来说,MRP 是一种既保证不出现短缺、又保证不出现积压库存的计划方法,解决了制造业所关心的缺件与超储的矛盾。所有 ERP 软件都把 MRP 作为其生产计划与控制

模块,MRP 是 ERP 系统不可缺少的核心功能。

2. MRPⅡ是 ERP 的重要组成

MRP 解决了企业物料供需信息集成问题,但是没有说明企业的经营效益。MRPⅡ与 MRP 的主要区别就是它运用了管理会计的概念,用货币形式说明了执行企业的"物料计划"带来的效益,实现了物料信息与资金信息的集成。衡量企业经营效益首先要计算产品成本。产品成本的实际发生过程,还是要以 MRP 系统的产品结构为基础,得出每一层零部件直至最终产品的成本。再进一步结合市场营销,分析各类产品的获利性。MRPⅡ把传统的账务处理与发生账务的事务结合起来,使与生产相关的财务信息直接由生产活动生成,改变了资金信息滞后于物料信息的状况,便于实时作出决策。

ERP 是一个高度集成的信息系统,传统的 MRPⅡ系统主要包括的制造、供销和财务三大部分依然是 ERP 系统不可跨越的重要组成。从管理信息集成的角度来看,从 MRP 到 MRPⅡ,再到 ERP,是制造业管理信息集成的不断扩展和深化,每一次进展都是一次重大的质的飞跃,然而它们又是一脉相承的。

3. ERP 和 MRPⅡ的区别

1) 资源管理方面

MRPⅡ系统主要侧重对企业内部人、财、物等资源的管理;ERP 系统则提出了供应链的概念,即把客户需求和企业内部的制造活动以及供应商的制造资源整合在一起,并对供应链上的所有环节进行有效管理,包括订单、采购、库存、计划、生产制造、分销、财务管理等。

2) 生产管理方面

MRPⅡ系统把企业归类为几种典型的生产方式来进行管理,如重复制造、批量生产、按订单生产、按订单装配、按库存生产等,针对每一种类型都有一套管理标准。而 ERP 系统则能很好地支持和管理如多品种、小批量生产和"看板"生产这种混合型制造环境,满足企业多元化经营需求。

3) 管理功能方面

ERP 系统除了 MRPⅡ系统的制造、分销、财务管理功能外,还增加了:支持整个供应链物料流通体系中供、产、销各个环节增加的运输管理和仓库管理;支持生产保障体系的质量管理、实验室管理、设备维修和备品备件管理;支持对工作流(work flow)的管理。

4) 事务处理方面

MRPⅡ系统通过计划的及时滚动来控制整个生产过程,它的实时性较差,一般只能实现事中控制。而 ERP 系统支持在线分析处理(online analytical processing,OLAP)、售后服务及质量反馈,强调企业的事前控制能力。此外,MRPⅡ系统中,财务系统只是一个信息的归结者,它的功能是将供、产、销中的数量信息转变为价值信息,是物流的价值反映。而 ERP 系统则将财务功能和价值控制功能集中到了整个供应链上。

5) 跨国或跨地区经营事务处理方面

电子商务的发展使得企业内部各个组织单元之间、企业与外部的业务单元之间的协调变得越来越多和越来越重要。ERP 系统运用完善的组织架构,可以支持跨国或跨地区经营的多国家、多地区、多工厂、多语种、多币值的应用需求。

6）计算机信息处理技术方面

随着 IT 的飞速发展、网络通信技术的应用，ERP 系统得以实现对整个供应链信息的集成管理。ERP 系统除了已经普遍采用的诸如图形用户界面（GUI）技术、结构化查询语言（SQL）、关系数据库管理系统（RDBMS）、面向对象技术（OOT）、第四代语言/计算机辅助软件工程、客户机/服务器和分布式数据处理系统等技术之外，还要实现更为开放的不同平台交互操作，采用适用于网络技术的编程软件，增强了用户自定义的灵活性和可配置性功能，以满足不同行业用户的需要。

（四）ERP 的核心管理思想

ERP 的核心管理思想就是实现对整个供应链的有效管理，主要体现在以下几个方面。

1．体现对整个供应链资源进行管理的思想

在电子商务时代，企业竞争不是单一企业之间的竞争，而是一个企业的供应链和另一个企业的供应链之间的竞争。仅靠企业自身的资源不可能有效地参与市场的竞争，还必须把经营过程中的有关各方如供应商、制造工厂、分销系统、客户等纳入一个紧密的供应链中，才能有效地安排企业的产、供、销活动，进一步提高效率和在市场上获得竞争优势。ERP 系统实现了对整个企业供应链的管理，满足了企业在电子商务时代市场竞争的需要。

2．体现精益生产、同步工程和敏捷制造的思想

ERP 系统支持对混合型生产方式的管理，其管理思想表现在两个方面：一是精益生产思想，即企业按照大批量生产方式组织生产时，把客户、销售代理商、供应商、协作单位纳入生产体系，形成利益共享的合作伙伴关系。这种合作伙伴关系组成了企业的一个供应链。二是敏捷制造思想。当市场发生变化，企业遇有特定的市场和产品需求时，企业的基本合作伙伴不一定能满足新产品的开发、生产的要求。这时，企业就会组织一个由特定的供应商和销售渠道组成的短期或一次性供应链，形成"虚拟工厂"，把供应和协作单位看成企业的一个组成部分，运用同步工程组织生产，用最短的时间将新产品打入市场，时刻保持产品的高质量、多样化和灵活性。

3．体现事先计划与事中控制的思想

ERP 系统中的计划体系主要包括主生产计划（master production schedule，MPS）、物料需求计划、能力计划、采购计划、销售执行计划、利润计划、财务预算和人力资源计划等，且这些计划功能与价值控制功能已完全集成到整个供应链系统当中。

同时，ERP 系统通过定义与事务处理相关的会计核算科目与核算方式，以便在事务处理发生时自动生成会计核算分录，保证了资金流与物流的同步处理和数据的一致性，从而实现了根据财务资金现状追溯资金的来龙去脉，并可以进一步追溯所发生的相关业务活动，改变了资金信息滞后于物料信息的状况，便于实现事中控制和实时作出决策。

此外，计划、事务处理、控制与决策功能都在整个供应链的业务处理过程中实现，要求在每个业务流程处理过程中最大限度地发挥个人的工作潜力与责任心。流程与流程之间则强调人与人之间的合作精神，以便在组织中充分发挥个人的主观能动性与潜能，实现企业管理从金字塔式组织结构向扁平式结构的转变，加快企业对市场动态变化的响应速度。

4．体现了"五流"合一的现代先进管理思想

在供应链上除了人们已经熟悉的物流、资金流、信息流外，还有容易为人们所忽略的增值流、工作流。

从形式上看,客户是在购买商品或服务,实际上,客户是在购买商品或服务时获得能带来效益的价值。各种物料在供应链上移动,是一个不断增加其技术含量或附加值的增值过程。企业仅靠成本、生产率或生产规模的优势打价格战是不够的,要靠价值的优势打创新战,而 ERP 系统要提供企业分析增值过程的功能。

信息、物料、资金都不会自己流动,物料的价值也不会自动增加,要靠企业的业务活动,即工作流或业务流程,它们才能流动起来。ERP 系统提供针对各种行业的行之有效的业务流程,而且可以按照竞争形势的发展,随着企业工作流(业务流程)的改革在应用程序的操作上作出相应的调整。

(五) ERP 的物流管理

ERP 的功能模块包括生产控制(计划、制造)、物流管理(分销、采购、库存管理)和财务管理(会计核算、财务管理)、人力资源管理等。这里重点以典型的生产企业为例来介绍 ERP 的物流管理。

1. 分销管理

销售的管理是从产品的销售计划开始的,对其销售产品、销售地区、销售客户等各种信息进行管理和统计,并可对销售数量、金额、利润、绩效、客户服务作出全面的分析。分销管理模块大致有以下三个方面的功能。

(1) 对于客户信息的管理和服务。它能建立一个客户信息档案,对其进行分类管理,进而对其进行有针对性的客户服务,以达到最高效率地保留老客户、争取新客户的目的。

(2) 对于销售订单的管理。销售订单是 ERP 的入口,所有的生产计划都是根据它下达并进行安排的。而销售订单的管理则贯穿了产品生产的整个流程,它包括客户信用审核及查询、产品库存查询、产品报价、订单输入、变更及跟踪、交货期的确认及交货处理。

(3) 对于销售的统计与分析。系统根据销售订单的完成情况,依据各种指标作出统计,如客户分类统计、销售代理分类统计等,再就这些统计结果对企业实际销售效果进行评价。

2. 库存控制

该模块用来控制存储物料的数量,以保证稳定的物流支持正常的生产,但又最小限度地占用资本。它是一种相关的、动态的及真实的库存控制系统。它能够结合、满足相关部门的需求,随时间变化动态地调整库存,精确反映库存现状。其具体功能如下。

(1) 对所有物料进行库存管理,作为采购部门制订采购计划、生产部门制订生产计划的依据。

(2) 收到订购物料,经过质量检验入库,生产的产品也同样要经过检验入库。

(3) 收发料的日常业务处理工作。

(4) 库存状况查询和预警。

3. 采购管理

确定合理的订货量、优秀的供应商和保持最佳的安全储备。能够随时提供订购、验收的信息、跟踪和催促外购或委外加工的物料,保证货物及时到达。建立供应商的档案,用最新的成本信息来调整库存的成本。其具体功能如下。

(1) 供应商信息查询(查询供应商的能力、信誉等)。

（2）采购订单处理（包括委托加工单的处理）。

（3）催货（对外购或委托加工的物料进行跟催）。

（4）采购与委托加工统计（统计、建立档案、计算成本）。

（5）价格分析（对原材料价格分析、调整库存成本）。

思考题

1．什么是供应链？它的结构是什么？

2．什么是供应链管理？它的管理思想与传统的企业管理思想有何不同？

3．基于电子商务的供应链管理有哪些内容？

4．供应链管理的模式有哪些？它们之间的区别有哪些？

5．什么是快速响应、有效客户反应？它们之间有哪些区别和共性？

即测即练

第七章

电子商务物流的优化与控制

【本章导读】

1. 电子商务物流的优化与控制的概念、内容与主要实现途径。
2. 基于时间的电子商务物流控制的概念与相应的控制方法。
3. 基于成本的电子商务物流控制的概念与相应的控制方法。
4. 基于客户满意的电子商务物流控制的概念与相应的控制方法。

亿兆通：助力搭建智慧供应链物流管理体系

内蒙古亿兆华盛电子商务有限公司成立于 2017 年，在内蒙古自治区鄂尔多斯市空港物流园区注册。公司当前具备自有平台研发团队、市场营销团队，注册资金 1 000 万元，专注于大宗商品物流运输业务。

近几年，以信息技术为引领的物流行业，以及以全球化竞争为趋势的供应链竞争管理不断步入主流渠道，在创新、协调、绿色、开放、共享的发展理念指导下，内蒙古亿兆华盛电子商务有限公司依托在传统供应链领域耕耘多年的经验，借助互联网、云计算、大数据、物联网、移动互联网、区块链等先进技术，搭建了亿兆通大宗商品第四方物流 SaaS（软件即服务）协同管理云平台，打通大宗商品物流业务线上协同场景，促进物流行业降本增效。

一、平台模式

亿兆通平台定位于第四方大宗商品物流 SaaS 协同管理云平台，从第四方角度出发，以 SaaS 模式构建，同时为物流业务中的货主企业、物流公司、司机以及车后市场商户提供针对性服务。

平台角色有货主企业、物流公司、司机、后市场商铺。

货主企业：物流业务中提供生产货源的企业，一般为大型生产制造工厂，亿兆通平台为其提供优质、稳定的承运方，辅助其进行物流管理工作。

物流公司：一般为 3PL 公司，物流业务中的关键枢纽，亿兆通平台为其提供大量货源、车源信息，帮助其进行车队管理、财务管理、税务筹划等。

司机：物流业务中的实际承运人，亿兆通平台为其提供覆盖业务的全流程服务以及车后市场的灵活服务。

后市场商铺:包含加油站、加气站、保险、轮胎、ETC(电子不停车收费系统)、货车维修等针对物流运输业务后市场服务的商户,亿兆通平台以规模优势和平台技术优势为其提供便利。

二、平台服务

平台根据业务场景不同,提供三大服务体系。

(1)物流 SaaS 协同系统。亿兆通平台提供一套完整的物流协同管理系统,货主企业、物流公司、司机等仅需在线注册即可使用,通过线上进行合同签订、发派车、智能进出厂、在途跟踪、在线支付结算、财务对账、数据统计等工作,实现物流业务线上流程打通,各参与方均可实现线上协同,业务处理更加高效。

(2)货车后市场服务。亿兆通与后市场商户进行战略合作,利用平台技术为商户搭建一套营销管理系统,或与商户的本身系统进行对接,便捷司机消费,帮助商户线下引流。

(3)物流金融服务。平台利用大数据、云计算、区块链等先进技术,积极与银行、P2P(个人对个人)、信托、产业基金等资金渠道合作,基于物流公司在平台实际发生的业务,为其提供多种类型的融资产品,解决其资金短缺问题,确保物流运输业务平稳流畅地运行。

目前,亿兆通平台所提供大宗商品智慧物流解决方案已初有成效,能够满足货主企业、物流公司、司机及车后市场商户业务要求,下一步平台将继续进行市场推广和流程标准化工作,同时建立云仓储体系、辅助搭建智慧物流园区、筹备开设多式联运业务、研发洁能环保绿色物流解决方案,扩充平台生态,让物流各方参与者享受到电子商务的红利。

资料来源:内蒙古亿兆华盛电子商务有限公司:亿兆通:助力搭建智慧供应链物流管理体系[EB/OL].(2019-12-02).http://www.chinawuliu.com.cn/xsyj/201912/02/345780.shtml.

对一个企业而言,无论采取何种电子商务物流模式,物流系统建立后,都必须实行严格的控制,才能保证系统设立目标的实现。因为在系统运行过程中,外界环境等客观因素的变化会造成系统某些环节的不适应。同时,系统工作人员的主观因素也往往会造成系统运行中的某些偏差。通过控制及时发现问题,并采取合理措施加以解决,才能使系统不断完善。本章是供应链思想在物流领域的具体实践和应用。物流的核心是如何对物流过程中的物料流和信息流进行科学的计划与控制,同时涵盖了企业大部分的后台活动,所以必须和电子商务应用相结合。

第一节　电子商务物流控制的概念

电子商务的物流作业流程和普通商务一样,目的都是将用户所订货物送到其手中,其主要作业环节与一般物流的作业环节一样,包括商品包装、商品运输、商品储存、商品装卸和物流信息管理等。在物流过程中,货物随着时间的推移不断改变自己的形态和场所位置,不是处于加工、装配状态,就是处于储存、搬运和等待状态。由此可见,物流不畅,将会导致生产停顿、成本上升、顾客满意度下降等一系列问题,因此必须加强对物流过程的控制。

一、电子商务物流优化与控制的含义

电子商务物流的控制是指对物流战略规划、物流计划实施及物流运作过程的实际成效经过信息反馈与预定的目标进行对比评价,检验两者的差别、偏差,并及时采取措施进行纠正,以达到实现预期目标的目的。而电子商务物流的优化则是在对系统进行分析、评价、控制的基础上,采取科学的方法、合理的措施对现有电子商务物流系统及其运作过程加以改进,以降低物流成本,提高物流效率和经济效益。

二、电子商务物流控制的主要内容

与普通物流系统的控制一致,电子商务物流系统的控制也将从稳定性、效益性、速度性、环保性、安全性等几方面进行。

(一)稳定性控制

很少有企业能单独完成整个物流系统的建构。绝大多数物流系统因为是多主体的联合,就存在一个稳定性的问题。具有相对独立性的物流系统参与主体出于自身利益的考虑,可能会选择退出联盟,从而对整个系统造成冲击。尤其是那些占有某种垄断资源或是某一物资的主要供应者的主体的退出,对物流系统的冲击是巨大的,甚至是毁灭性的。另外,本企业从事物流工作的人员也存在一个稳定性问题。物流管理部门重要人员的离职或一般人员的高频率流动都会给企业带来很大损失,而竞争对手却可能从中获益。

针对第一种情况,一方面,应注重在联合主体共赢的基础上建立长期合同关系;另一方面,通过分散供应、销售渠道等方式减少系统对某一主体的过度依赖,提高系统弹性。针对第二种情况,则应提高人力资源管理的水平,满足员工要求,增加其归属感。

(二)效益性控制

成本控制和质量控制是效益控制中不可分割的两个方面。成本控制以保证质量为前提,但片面追求质量也是不明智的。

质量控制的内容和目标是降低原材料进货的不合格率及生产中的废品率和销售中的毁损率,并保证不同原材料按比例供应。

成本控制以物流活动为基础,分为采购(选择采购方)、运输(运输工具、线路选择)、仓储(零库存控制等)、流通加工、配送成本控制五个方面。

(三)速度性控制

新经济的规则是"快鱼吃慢鱼",企业要加快满足市场需求的速度,物流速度的加快是关键。加快物流速度需要加强不同物流活动间的衔接配合,包括对某些工具(如托盘)实施的标准化、与合作对象间签订强调速度的合作协议、改进生产工艺、选择最优运输线路等。

（四）环保性控制

经济和社会的发展使人们的环保意识增强，企业也应重视培养员工的环保意识，并对废物的回收、运输燃料耗费、包装的环保性等方面加以控制。

（五）安全性控制

安全性控制主要体现在加强防火、防盗等安全设施建设和提高运输安全水平两个方面。

三、实现电子商务物流优化与控制的主要途径

对电子商务企业来说，要实现物流系统的优化与有效控制，必须注意以下几个方面。

（一）仓储

电子商务企业的流动资金大部分被库存商品所占用，降低库存可以减少流动资金的占用，加快资金周转速度。但是，库存降低是有约束条件的，它要以满足客户需求为前提。实现仓储的优化与控制可以考虑以下几方面的内容。

（1）实行 ABC 管理。为了使有限的时间、资金、人力、物力等企业资源得到更有效的利用，应将管理的重点放在重要的库存物资上，对库存物资进行分类管理和控制。

（2）应用预测技术。销售额的估计和出货量的估计需要正确的预测，这是库存管理的关键。由于库存量和缺货率是相互制约的因素，所以要在预测的基础上，制定正确的库存方针，使库存量和缺货率协调，取得最好的效果。

（3）科学的库存管理控制。使用相关方法、手段、技术、管理及操作方法进行库存控制，通过建立完善的反馈机制，严格控制物资的选择、规划、订货、进货、入库、储存直至最后出库。通过这一过程，实现企业在满足销售需求下合理控制库存的目标。库存控制应综合考虑各种因素，满足以下三方面要求：第一，降低采购费和购入价格等综合成本；第二，减少流动资金，减少盘点资产；第三，提高服务水平，建立完善的反馈机制，防止缺货。

（二）运输

对于电子商务企业来说，运输是其物流系统的重要组成部分，这是由电子商务自身跨区域的特点决定的。因此，实现对电子商务企业运输的有效控制与合理化具有重要意义，实现优化与有效控制的途径主要有以下几个方面。

（1）运输网络的合理配置。应该区别储存型仓库和流通型仓库，合理配置配送中心，中心的设置应该有利于货物直送比率的提高。

（2）选择最佳的运输方式。首先要决定使用水运、铁路、汽车或航空。如果使用汽车，还需要考虑车型及是使用自有车辆还是委托运输公司。

（3）提高运送效率。努力提高车辆的运行率和装载率，减少空车行驶，缩短等待时间或者装载时间，提高工作效率，降低燃料消耗。

（4）推进共同运输。提倡部门、集团、行业间的合作，以及批发、零售、配送中心之间的

配合,提高工作效率,降低运输成本。

当然,运输的合理化还必须考虑包装、装卸等有关环节的配合及其制约机制,必须依赖有效的信息系统,才能实现改善的目标。

(三)配送

对于电子商务物流系统来说,配送是物流系统中的重要环节之一。要实现对配送的有效控制及合理化,国内外有一些可供借鉴的经验。

(1)推行具有一定综合程度的专业化配送。通过采用专业设备、设施及操作程序,取得较好的配送效果,并降低配送过分综合化的复杂程度及难度,从而实现配送合理化。

(2)推行共同配送。通过共同配送,可以最近的路程、最低的配送成本完成配送。

(3)推行准时配送系统。准时配送是配送合理化的重要内容。只有配送准时,用户才有资源把握,才可以放心地实施低库存或零库存,有效地安排接货的人力和物力,以追求最高效率的工作。另外,保证供应能力也取决于准时供应。

(4)推行即时配送。即时配送可以体现电子商务企业的竞争优势。即时配送是电子商务企业快速反应能力的具体化,也是物流系统能力的体现。即时配送成本较高,但它是整个配送合理化的重要环节。此外,在 B2B 业务中,即时配送也是用户实现零库存的重要手段。

(四)物流成本

物流成本的优化管理主要包括以下几个方面。

(1)物流成本预测和计划。成本预测是对物流成本指标和计划指标进行测算与平衡、寻找降低物流成本的有关技术经济措施,以指导成本计划的制订。而物流成本计划是成本控制的主要依据。

(2)物流成本计算。在计划开始执行后,对产生的生产耗费进行归纳,并以适当方法进行计算。

(3)物流成本控制。采取各种方法严格控制和管理日常的物流成本支出,使物流成本降到最低限度,以实现预期的物流成本目标。

(4)物流成本分析。对计算结果进行分析,检查和考核成本计划的完成情况,找出影响成本升降的主客观因素,总结经验,发现问题。

(5)物流成本信息反馈。收集有关数据和资料并提供给决策部门,使其掌握情况并加强成本控制,保证目标的实现。

(6)物流成本决策。根据物流成本信息反馈的结果,决定采取以最少耗费获得最大效果的最优方案,指导今后的工作,更好地进入物流成本管理的下一个循环过程。

(五)物流信息系统

为了有效地对物流系统进行管理和控制,必须建立完善的信息系统,信息系统的水平是物流现代化的标志。电子商务时代最大的特征就是以信息为主,所以物流信息系统的建设要求有更高的起点。电子商务物流信息系统建设一般包括以下几方面内容。

(1)即时有效的物流管理系统。它需要提供即时准确的物流信息,充分满足物流系统各项作业需求,并能整合相关的硬件设备与软件系统,提供格式化的表单,使由进货入库到出库运送的各个作业环节,均能做到灵活地管理与控制。

(2)运输规划与安排系统。鉴于电子商务跨地区的特点.物流系统的运输规划及安排就显得非常重要。在运输作业及管理需求上,要能提供全面性的运输作业信息管理,能够有效地处理运(配)送时间、运(配)送路线、人员薪资/应收账款、相关设备及客户订单等管理事项。同时,该系统也能提供整体运输作业中全程的管理功能,包括装卸和车辆专用场管理,以及回程载运管理等。

(3)订货管理系统。订货管理是一套完整的账务处理系统,它能处理物流中心每项货品的销售过程,控制每项货品的明确资料。该过程包括从电子商务客户下达订单开始到开具账单,直到信息进入仓储管理系统进行配送业务。

(4)物流运作决策支持系统。物流运作决策支持系统的设计是针对进一步提高物流作业水平的一套决策支持系统。这个系统通过界面连接物流管理系统,成为一个高层管理者实现管理控制的工具。它能协助管理人员在复杂的物流作业决策上,迅速而有效地作出正确的选择。

需要强调的是,物流系统的控制与优化追求的并非只是各个单一环节的合理化,而是应从整体效益出发,力求在确保实现整体目标的前提下,对各个物流环节进行优化。

第二节 基于时间的电子商务物流控制

获取竞争优势的方法多种多样,如今,时间成为新的竞争焦点。纵观近 40 年来制造业的发展史,可以概括为七个字:"更便宜、更好、更快。"20 世纪 60 年代,重点是降低成本,提高劳动生产率,为顾客提供更便宜的产品,竞争焦点是成本。20 世纪 80 年代,竞争转移到质量方向,制造更好的产品,提供更好的服务,竞争焦点是质量。20 世纪 90 年代和 21 世纪,成本、质量当然仍是重要的竞争手段,但是,在许多行业中,时间正成为新的竞争焦点。需求趋向多样化、个性化,快速响应市场需求,是企业竞争的新定律。时间代替质量,成为新的竞争焦点。

电子商务的优势之一就是能大大简化业务流程、降低交易成本。而电子商务下企业成本优势的建立和保持必须以可靠与高效的物流运输作为保证。现代企业要在竞争中取胜,不仅需要生产适销对路的产品、采取正确的营销策略和强有力的资金支持,更需要加强"品质经营",即强调"时效性",其核心在于服务的及时性、产品的及时性、信息的及时性和决策反馈的及时性。这些都必须以强有力的物流能力作为保证。以生产企业为例,有关调查研究的数据显示,物流对企业的影响是公认的,90% 以上的人认为较重要,其中 42% 的人认为很重要,仅有 9.2% 的人认为不重要。

一、基于时间的电子商务物流控制的概念

所谓基于时间的电子商务物流控制,就是指电子商务过程中以时间为依据,以快速满足市场需求、服务顾客为目的,对物流过程所进行的监督和控制。在当今市场需求变化迅

速、企业竞争越来越激烈、顾客需求的多样化、个性化越来越明显的环境下,基于时间的物流控制已成为企业(特别是电子商务企业)赢得竞争优势,甚至获得利润的最重要手段之一。比如,销售条款提供 10 天内付款给予 2% 折扣的优惠,意味着买家如果在 10 天内支付,就要从发票总额中扣除 2% 的折扣给予买家。如果发票金额是 1 000 元,10 天内支付将会导致 20 元的折扣,或者是为产品支付 980 元。如果买入商品的公司在本月第一天获取送达物,然后在本月第 10 天前支付货款,将收到一项折扣。如果一家企业能够在支付到期现金前卖出产品,这实际上是享受到免费库存,甚至可以获得在到期日前这些天中的积累利息。在具有强大库存和高周转率的情况下,这些折扣与利息是相当可观的。

基于时间的物流主要表现为及时完成和减少物流总成本的两个概念——延迟与集中运输(以下简称"集运")。成功的以时间为基础的物流系统要求我们理解延迟与集运在提高物流生产率中的潜力。

(一) 延迟

所谓延迟,就是指将一种产品的制造和配送延迟到收到客户的订单后再进行,那么不合适或错误的生产及库存部署就能自动被减少或消除,从而减少了传统做法中的坏账和积压。延迟有两种表现形式:生产延迟和物流延迟。

1. 生产延迟

以反应为基础的生产能力将重点放在满足客户要求的灵活性上,做到"在恰当的时间、恰当的地点和恰当的条件下,将恰当的产品以恰当的成本和方法提供给恰当的消费者",也称"7R"法(R 为 right 的第一个字母)或适时生产制。生产延迟的主张是:按一张订单在一段时间生产一种产品,在获知这个客户的精确要求之前,不做任何准备工作或采购部件。

生产延迟的目标在于尽量使产品保持中性及非委托状态,理想的延迟应该是制造相当数量的标准产品或基础产品以实现规模经济,而将最后的特点,诸如颜色等推迟到接到客户的委托以后再完成。

2. 物流延迟

物流延迟的基本概念是在一个或多个战略地点对全部货品进行预估,而将进一步库存部署延迟到收到客户的订单。一旦物流程序被启动,所有的努力都将被用来尽快将产品直接向客户方向移动,从而消除不必要的库存。物流延迟的重点是强调时间,在中央地区储存不同的产品,当收到客户订单时作出快速反应。集中库存减少了用来满足所有市场区域高水平使用而需要的存货数量,如连锁商店的配送中心。

(二) 集运

集运即把大批量的运输联系在一起而具有的运输经济性(实载率高、吨位大、费率低)。

1. 市场范围

集运最基本的形式是将一个市场区域中到达不同客户的小批量运输结合起来。为了抵消批零间的矛盾,常有三种集运方式。

(1) 集运的货物可以从几个地点集中到一个集运中心,在那里完成分拣作业,分别再按时间不同运往不同方向。

(2) 整车集运。物流企业在某个特定日期按计划分别用整车将货物送到目的地。

（3）物流企业可以利用其他的第三方物流的服务来实现小规模运量。在货运交易市场集中后,几个小规模运量又变成第三方物流的某一方向的大批量集运。

2. 按计划定期送货

按计划定期送货即在每周可选择的日期将收集的货物发送到特定市场。预定送货计划通常以强调集中运输互惠互利的方式与客户沟通。若遇客户有特别要求,需要对任何批量的货物在任何特定时间发送,则给物流带来了挑战,办法有:①用特定的运输方式(航空);②委托别的物流公司;③自己加班完成,但这种服务与收费是成反比关系的。

二、基于时间的电子商务物流控制技术

基于时间的电子商务物流控制的基本理念是根据需求拉动思想,追求消除一切浪费的结果。体现在控制方式中,准时制和目标管理是它的两大支柱。同时,物料需求计划及其在流通领域的应用配送需求计划(distribution requirement planning,DRP)作为物流控制的重要技术,在以时间为基础的物流控制中也起着重要的作用。这里简单介绍这几种物流控制技术。

(一) 准时制物流

1. 准时制与准时制物流

准时制是在精确测定生产各工艺环节作业效率的前提下按订单准确地计划,消除一切无效作业与消费为目标的一种管理模式。换句话说,准时制就是将必要的零件以必要的数量在必要的时间送到生产线,并且只将所需要的零件、所需要的数量、在正好需要的时间送到生产线。

准时制物流是一种建立在准时制管理理念基础上的现代物流方式。可以说,准时制物流的核心是实时交货,即企业在掌握客户用料进度的基础上,实时将其所需物料提供到位,以最终提高客户的满意程度,并减少供应链的费用支出。

准时制是由日本丰田汽车公司在 20 世纪 60 年代实行的一种生产方式,1973 年以后,这种方式对丰田公司渡过第一次能源危机起到了突出的作用,后引起其他国家生产企业的重视,并逐渐在欧洲和美国的日资企业及当地企业中推行开来。现在这一方式与源自日本的其他生产、流通方式一起被西方企业称为"日本化模式",其中,日本生产、流通企业的物流模式对欧美的物流产生了重要影响。近年来,准时制不仅作为一种生产方式,也作为一种物流模式在欧美物流界得到推行。

准时制物流是为适应 20 世纪 60 年代消费需求变得多样化、个性化而建立的一种生产体系及为此生产体系服务的物流体系。在准时制生产方式倡导以前,世界汽车生产企业包括丰田公司均采取福特式的"总动员生产方式",即一半时间人员和设备、流水线等待零件,另一半时间等零件一运到,全体人员总动员,紧急生产产品。这种方式造成了生产过程中物流不合理的现象,尤以库存积压和短缺为特征。生产线要么不开机,要么一开机就大量生产,这种模式导致了严重的资源浪费。丰田公司的准时制在这种情况下问世了,它采取的是多品种、少批量、短周期的生产方式,大大削减了库存,优化了生产物流,减少了浪费。

2．准时制物流的目标和内容

准时制的基本思想是"杜绝浪费"，"只在需要的时候，按需要的量，生产需要的产品"。这是准时制的基本含义。而准时制物流的最终目标就是供应链上所有要素同步，减少无效作业，做到采购、运输、库存、生产、销售及供应商、用户的营销系统一体化，促进物料与产品的有效流动，杜绝生产与流通过程的各种浪费。

要实现上述目标，第一步是要实现可预测性交货，即在预期的时间内，把所承诺的物资或商品运抵消费者或消费单位；第二步，实现了可预测性交货后，供应商和用户共同研究，制订一个以逐渐增加交货的次数和减少每次交货的数量为主要内容的物资供应计划。

3．准时制物流的实现

物流系统可以看作由供应、运输和需求等要素组成的物料处理网络，它的实现表现为订货采购、运输配送、装卸搬运、储存保管、客户服务等具体的业务活动的有机结合，因此，适时交货的实现需要这几个方面有效配合。

（1）采购。物料的供应是从采购开始的。现实生活中，实现准时制的企业需要一个稳定的供应者，供货方式也必须是经常的和小批量的，即供应商能稳定而频繁地提供适当的物料，同时，要与供应商建立一种以互利为基础的协作关系。由于企业不可能把过多的时间和精力花费在和成百上千个供应商建立伙伴关系上，为此，用户（企业）首先必须对众多供应商的资格以其提供商品的质量、合作的愿望、技术上的竞争力、地理位置和价格等条件的优劣进行筛选评定。在供货过程中，供应商也应及时了解用户的经营与库存计划，以提供灵活可靠的交货，使用户在需要的时刻得到供应品。

（2）运输配送。由于运输直接影响交货的速度，进一步影响交货的提前期和交货成本，在任何准时制系统中都是一个关键因素。准时制系统要求企业必须对经营地点及仓库的选址和运输工具、路线选择、运距、费率等进行系统优化，并按照经营活动的性质、针对的目标市场与消费群体，结合用户的期望和竞争对手提供的服务水平，来安排合理的运输计划，并在运输过程中采用高效的控制技术，做到忙而不乱、有条不紊。

（3）仓储。一般来说，过去的库存掩盖着企业经营管理中的某些缺陷，在准时制的需求拉动效应下，库存慢慢减少，问题和薄弱环节也会逐渐暴露出来。随着问题的不断解决，企业库存会下降到一个适当水平，同时各项仓储费用的浪费也随之减少。而这个问题的解决过程就是对费用和收益的均衡过程，即要对减少的保管费用、减少的资金占用及利息支出与由于交货次数增加引起的订货和运输费用的增加进行权衡，以确定最佳的送货频度和库存水平。由此可以看出，准时制确立了"库存是一种负债而非资产"的新概念。企业会因为库存而支付大量的费用，造成企业价值的减少，这就要求企业乃至整个社会大力发展那些供货物出入库和储存保管所需要的各种高效机械和工具，提高劳动效率和储存保管质量，运用现代科学技术，现代管理方法和手段，使储存设备朝着省力、省地、多功能方向发展。

可以这样说，准时制并不是减少库存的一种举措，然而库存的减少确是成功实施准时制的一个结果。企业在和制造商或分销商的密切合作与信息网络支持下，通过快速反应物流（quick response logistics）与库存补充系统，就能实现适时供货、降低成本和改进服务等多重战略目标。

以上各个主要环节目标的分别实现，并不能保证整个物流系统最优，需要从全局出发，各方面根据适时交货的要求相互配合，实现整个供应链的优化。因此，必须有高水平的系统来支持,这个系统应该由商品供应计划系统和物流系统相结合构成。

(二)快速响应

1.快速响应的定义

快速响应是在准时制思想的影响下产生的,是为了在以时间为基础的竞争中占据优势,建立起来的一整套对环境反应敏捷且迅速的系统。因此,快速响应是信息系统和准时制物流系统结合起来实现"在合适的时间和合适的地点将合适的产品交给合适的消费者"的产物。

QR系统的目的在于,最大限度地提高供应链的运作效率,对客户的需求作出最快反应。它是由技术支持的一种业务方式和管理思想。即在供应链中,为了实现共同的目标,在各链节之间进行的紧密合作。一般来说,共同的目标包括:①提高顾客服务水平,即在正确的时间、正确的地点用正确的商品来响应消费者的需求;②降低供应链的总成本,增加零售商和厂商的销售额,提高零售商和厂商的获利能力;③减少原材料到销售点的时间和整个供应链上的库存,最大限度地提高供应链的运作效率。

2.快速响应的实施步骤

快速响应系统的重点是对消费者需求作出快速响应。QR的具体策略有待上架商品准备服务、自动物流搬运等。实施QR包括以下三个阶段。

第一阶段:对所有的商品单元条码化,即对商品消费单元用EAN/UPC条码标识,对商品贸易单元用ITF-14条码标识,而对物流单元则用UCC/EAN-128条码标识。

第二阶段:在第一阶段的基础上增加与内部业务处理有关的策略。

第三阶段:与贸易伙伴密切合作,采用更高级的QR策略,对客户的需求作出快速响应。

3.快速响应的基本原理及其效果

快速响应是零售商及其供应商密切合作的策略,应用这种策略,零售商和供应商通过共享POS系统信息、联合预测未来需求、发现新产品营销机会等对消费者的需求作出快速的响应。从业务操作的角度来讲,贸易伙伴需要用EDI来加快信息的流动,并共同重组它们的业务活动,以将订货提前期和成本极小化。在补货中应用QR可以将交货提前时间降低75%,如图7-1所示。

4.快速响应系统的作用

通过快速响应系统可加快对业务信息的处理速度,缩短提前时间、周转期及调整时间,降低物流成本,加快物流速度、满足客户的多方面需求。

(三)目标管理方法

准时制管理方式采用拉动的概念,强调生产的准时化和准时交货,若这个过程中的某一个环节发生问题,则会影响整个过程。因此,准时制管理方式特别重视发挥员工的积极性,是一种高度挖掘人力资源的生产系统。

目标管理是指整个物流系统的所有工作人员具有及时发现系统中出现的问题、查明原因并加以改善的责任和能力。需要指出的是,整个物流系统中需要以现代信息技术为纽带。由于供应商、生产商、代理商、零售商之间的联系千丝万缕、错综复杂,如此长而复杂的流通渠道可能使信息反馈缓慢而紊乱,甚至产生信息失真,使各方无法协调。只有通过现

图 7-1 应用 QR 前后补货周期比较

代信息系统,才能把供应商、生产商、代理商和零售商紧密联结在一起,并进行协调和优化管理,使企业之间形成良好的关系,使产品、信息的流通渠道最短,从而可以使消费者需求信息沿供应链逆向准确、迅速地反馈到生产厂商,生产厂商据此对产品的增加、减少、改进、质量提高、原料的选择等作出正确的决策,保证供求良好地结合。也就是要实行供应链的集成,使企业与其上、下游之间建立有形或无形的联系,把供应商、生产厂家、分销商、零售商等在一条链路上的所有环节都联系起来并进行优化,形成贯通一体的同步的网络体系,对市场需求作出快速反应。为此,各企业必须采用现有的先进技术与设备和科学的管理方法,共同为销售提供良好的服务。现代化手段包括计算机技术、通信技术、机电一体化技术、语音识别技术,如 ID(身份标识号码)代码、条码、EDI、条码应用标识符等。运用这些技术,在企业内部建立内部网,外部通过互联网,为准时制物流系统的建立服务。

(四) 物料需求计划

物料需求计划是讨论库存资源的管理,做到在需用的时候所有物料都能配套备齐,而在不需用的时刻,又不过早地积压,从而达到既降低库存又不出现物料短缺的目的。

1. MRP 的概念

物料需求计划是指根据产品结构各层次物品的从属和数量关系,以每个物品为计划对象,以完工日期为时间基准倒排计划,按提前期长短区别各个物品下达计划时间的先后顺序。换句话说,物料需求计划是依据市场需求预测和顾客订单制订产品生产计划,然后基于产品生产进度计划,组成产品的材料结构表和库存状况,通过计算机计算出所需材料的需求量和需求时间,从而确定材料的加工进度和订货日程的一种实用技术。

2. MRP 的逻辑原理

如图 7-2 所示,MRP 主要由三部分构成:主生产计划(或基本生产进度计划)、物料清单、库存信息(或库存状态记录)(inventory status records,ISR)。

1) 主生产计划

主生产计划是确定每一具体的最终产品在每一具体时间段生产数量的计划。这里的

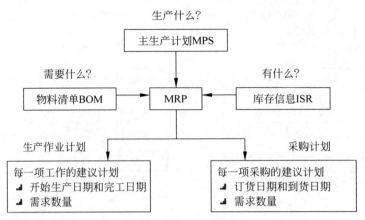

图 7-2　MRP 的逻辑原理

最终产品是指对于企业来说最终完成、要出厂的完成品,它要具体到产品的品种、型号。这里的具体时间段,通常是以周为单位,在有些情况下,也可以日、旬、月为单位。主生产计划详细规定生产什么、什么时段应该产出,它是独立需求计划。主生产计划根据客户合同和市场预测,把经营计划或生产大纲中的产品系列具体化,使之成为展开物料需求计划的主要依据,从而起到从综合计划向具体计划过渡的承上启下作用。

2)物料清单

MRP 系统要正确计算出物料需求的时间和数量,特别是相关需求物料的数量和时间,首先要将企业所制造的产品结构和所有要使用到的物料数据输入系统。产品结构列出构成成品或装配件的所有零部件、组件等的组成、装配关系和数量要求。它是 MRP 产品拆零的基础。在此基础上,为了便于计算机识别,必须把产品结构图转换成规范的数据格式,这种用规范的数据格式来描述产品结构的文件就是物料清单。它必须说明组件(零部件)中各种物料需求的数量和相互之间的组成结构关系。

3)库存信息

库存信息是保存企业所有产品、零部件、在制品、原材料等存在状态的数据库。在 MRP 系统中,将产品、零部件、在制品、原材料甚至工装工具等统称为"物料"或"项目"。为便于计算机识别,必须对物料进行编码。物料编码是 MRP 系统识别物料的唯一标识。

(1)现有库存量:在企业仓库中实际存放的物料的可用库存数量。

(2)计划收到量(在途量):根据正在执行中的采购订单或生产订单,在未来某个时间段物料将要入库或将要完成的数量。

(3)已分配量:尚保存在仓库中但已被分配掉的物料数量。

(4)提前期:执行某项任务由开始到完成所消耗的时间。

(5)订购(生产)批量:在某个时段内向供应商订购或要求生产部门生产某种物料的数量。

(6)安全库存量:为了预防需求或供应方面的不可预测的波动,在仓库中经常应保持最低库存数量作为安全库存量。

根据以上各个数值,可以计算出某项物料的净需求量:

$$净需求量=总需求量+已分配量-计划收到量-现有库存量-安全库存量$$

MRP 的工作原理就是根据以上三个部分的内容,产生生产作业计划和采购计划,达到降低生产库存、提高生产物流效率的目的。

3．MRP 的特点

（1）需求的相关性。如根据订单确定所需产品的数量之后,由产品结构文件即可推算出各种零部件和原材料的数量。

（2）需求的确定性。MRP 计划都是根据主生产进度计划、产品结构文件和库存文件精确计算出来的,品种、数量和需求时间都有严格的要求,不可改变,即刚性需求。

（3）计划的复杂性。由于产品的所有零部件需要的数量、时间、先后关系等要准确地计算出来,当产品的结构复杂、零部件数量特别多时,必须依靠电子计算机来计算。

4．实施 MRP 的优越性

（1）由于各个工序对所需要的物资都按精密的计划适时、适量地供应,一般不会产生超量库存,对于在制品还可以实现零库存,从而节约库存费用。

（2）有利于提高企业管理素质。企业只有加强物流的信息化、系统化和规范化管理,才能协调好供应、生产和销售及售后服务工作。

（五）配送需求计划

配送需求计划的概念是物料需求计划在流通领域的应用。在这种方式下,企业可以根据用户的需求计划制订订货计划,从而确定恰当的库存水平,有效地进行库存控制。它主要解决分销物资的供应计划和调度问题,达到既保证有效地满足市场需要又使得配置费用最低的目的。

DRP 的逻辑原理如图 7-3 所示。

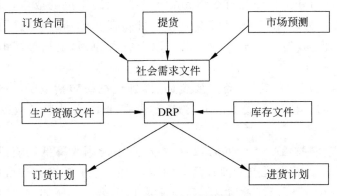

图 7-3　DRP 的逻辑原理

DRP 逻辑原理图中输入的文件如下。

（1）社会需求文件。其包括所有用户的订货、提货和供货合同,以及下属子公司、企业的订货。此处还要进行市场预测,确定一部分需求量。

（2）库存文件。对自有库存物资进行统计列表,以便对社会需求量确定必要的进货量。

（3）生产资源文件。其包括可供应的物资品种和生产厂的地理位置等,地理位置与订货提前期有关。

DRP 逻辑原理图中输出的文件如下。

（1）送货计划。用户有送货计划时，为了保证按时送达，要考虑作业时间和路程，应提前一定时间开始作业。对于大批需求可实行直送，对于数量少的可实行配送。

（2）订货、进货计划。其是指从生产厂订货、进货的计划。对于需求物资，如果仓库内无货或者库存不足，则需要向生产厂订货，当然也要考虑一定的订货提前期。

DRP 的原理是更精确地预测需求和揭示该信息以用于制订生产计划。公司运用 MRP 并与总体生产结合，可以减少原材料存货。产品存货则是通过使用 DRP 来减少的，大部分的 DRP 模型比标准的 MRP 模型更为综合，DRP 也计划运输。

DRP 与 MRP 结合后是一个可提高客户服务水平和降低总的物流与制造成本的有力工具。

第三节　基于成本的电子商务物流控制

电子商务物流在将商品(或物资)由生产者手中移送至消费者的过程中，必然产生大量的物流费用(或称物流成本)。因此，控制和降低物流成本就成为电子商务物流管理中最为关键的环节之一，也是人们利用电子商务的一个主要目的。

电子商务物流成本是指在进行电子商务物流活动过程中所发生的人、财、物耗费的货币表现。它是衡量电子商务物流经济效益高低的一个重要指标。

要加强电子商务物流成本的管理，必须明确在当今电子商务活动中物流成本的特征及存在的问题。由于目前我国大多数企业采用的财务会计制度中没有单独的物流项目，一般是将所有发生的成本都列入费用一栏，这样做的结果是很难对企业发生的各种物流费用作出准确、全面的计算和分析。加上有很多是物流部门无法掌握的成本，如物流服务中过量服务产生的成本等。另外，由于物流成本的各项目间存在此消彼长的关系，即某些项目成本的减少，可能会引起其他项目成本的增加。以上各种原因，更增加了电子商务物流成本控制的难度。

实现电子商务物流现代管理，首先要全面、准确地把握包括电子商务系统内外发生的各项物流成本在内的整体物流成本。也就是说，要降低物流成本必须以系统整体成本为对象。

此外，在努力控制物流成本的同时，还应当注意不能因为降低物流成本而影响对用户的物流服务质量水准。特别是电子商务活动的特点之一是多频度、定时进货的要求极为普遍，这就要求物流企业或部门能针对这一特点采取相应措施。例如，为了迎合顾客的要求，及时地配送发货，物流企业可能需要进行物流配送中心或据点等设施的投资。显然，如果仅为削减物流成本而节省这种投资，就会影响电子商务系统对顾客的物流服务质量。

进行基于成本的电子商务物流控制，不仅要把握企业对外的物流费用，而且要掌握企业内部发生的物流费用。也就是说，对物流成本的计算，除了通常所理解的仓储、运输等传统物流费用外，还应当包括流通过程中的基础设施投资、商品在库维持等一系列费用，诸如配送中心的建设、EDI 等信息系统的构筑、商品在库保存等相关的费用都是现代物流管理中重要的物流成本。当然，投资的成本还应考虑投资可能获得的收益和回报率等因素。

一、基于成本的电子商务物流控制的概念

(一)电子商务物流成本的概念

电子商务物流成本是指在进行电子商务物流活动过程中所发生的人、财、物耗费的货币表现。

(二)电子商务物流成本的构成

要进行物流成本控制,首先就要对物流成本有个正确的认识。物流成本是由物流费用按一定对象汇集而构成的。物流费用是指物料、产品、商品等的空间位移过程中所消耗的各种活劳动和物化劳动的货币表现,具体表现为物流各环节所支出的人力、物力和财力等的总和。一般地,物流成本主要由以下几部分构成。

1. 人工成本

人工成本是指为物流从业人员支出的费用,如工资、奖金、津贴、社会保险、医疗保险、员工培训费等。

2. 作业消耗

作业消耗是指物流作业过程中的各种物质消耗,如包装材料、燃料、电力等的消耗,以及车辆、设备、场地设施等固定资产的磨损折旧费。

3. 物品损耗

物品损耗是指原料、半成品、协作件、商品等对象在运输、装卸搬运、储存等物流作业过程中的合理损耗。

4. 利息支出

利息支出属于再分配项目的支出,用于各种物流环节占用银行贷款的利息支付等。

5. 管理费用

管理费用是指组织、控制物流过程支出的各种费用,如通信费、办公费、线路租用费、差旅费、咨询费等。

上述物流成本存在相互作用、相互制约的关系。物流成本管理不是降低某一环节的费用支出,而是追求物流总费用最低。因此,需要用系统集成的观点分析和控制物流费用消耗。

(三)电子商务物流成本的分类

从不同的角度来划分,电子商务物流成本的种类可以有不同的划分,如按范围不同可分为广义物流成本和狭义物流成本,按与流转额的关系可分为可变成本和相对不变成本;按物流活动的逻辑顺序可分为供应物流成本、生产物流成本、销售物流成本和退货物流成本等。下面我们从物流费用的支出形式、物流费用的主要用途、物流活动的逻辑顺序等方面对电子商务物流成本进行分类。

1. 按物流费用的支出形式划分

按物流费用的支出形式,电子商务物流成本可分为企业支付的物流费用和支付给其他

物流服务组织的物流费用。前者称为直接物流成本,包括材料费、人工费、燃料动力费、折旧费、银行利息支出、维护保养费、管理费及其他费用;后者称为委托物流成本,包括运输费、包装费、保管费、手续费、租金支出和其他费用。

这种分类法的优点是可以反映外购物流与自行提供物流的成本,便于检查物流费用在企业各项日常支出中的比例。这种方法比较适合于生产企业和流通企业的物流成本管理。

2. 按物流费用的主要用途划分

按物流费用的主要用途,电子商务物流成本大致可分为以下几种。

(1) 物流作业费用。物流作业费用是指直接用于物品实体运动各环节的费用,包括包装费(运输包装费、集合包装与解体费等)、运输费(营业性运输费、自备运输费等)、保管费(物品保管、养护费等)、装卸费(营业性装卸费、自备装卸费等)、加工费(外包加工费、自行加工费等)。

(2) 信息费用。信息费用是指用于物流信息收集、处理、传输的费用,包括:线路租用费,入网费,网站维护费,计算机系统硬件、软件支出等。

(3) 物流管理费用。物流管理费用是指用于对物流作业进行组织、管理的费用,包括物流现场管理费、物流机构管理费等。

这种分类方法可用来比较不同性质费用所占的百分比,发现物流成本问题发生在哪个环节。这种方法比较适用于专业物流企业或综合性物流部门的物流成本分析与控制。

3. 按物流活动的逻辑顺序划分

按物流活动的逻辑顺序,电子商务物流成本可分为供应物流费用、生产物流费用、销售物流费用、逆向物流费用和废弃物流费用等,相应发生的费用如下。

(1) 供应物流费用。供应物流费用是指供应商调运物料到本企业过程中发生的手续费、运输费、商品检验费等。

(2) 生产物流费用。生产物流费用是指生产过程中发生的包装费、储存费、装卸搬运费等。

(3) 销售物流费用。销售物流费用是指商品销售过程发生的物流费,如运输费、储存费、包装费、流通加工费、配送费等。

(4) 逆向物流费用。逆向物流费用是指在生产和销售过程中因废品、不合格品导致退货、换货所产生的物流费用。

(5) 废弃物流费用。废弃物流费用是指企业用于处理废弃物的费用,如排污费、污水处理费、垃圾清运费等。

这种分类法便于分析物流各阶段的成本发生情况,较适用于生产企业及综合性物流部门。

(四) 电子商务物流成本控制的含义与基本思路

1. 电子商务物流成本控制的含义

控制是进行调节,使系统能达到预期目标的一切手段。物流成本控制是采用特定的理论、方法、制度等对物流各环节发生的费用进行有效的计划和管理,以降低物流成本,提高物流效率和经济效益。

电子商务物流成本控制就是以现代通信为基础,特别是以互联网为基础,应用现代信息技术对电子商务物流各环节发生的费用所进行的计划和管理。

2.电子商务物流成本控制的基本思路

对物流成本仅仅采用一般的成本管理方法是不够的,需要从更高层次、更广阔的领域来进行控制。在此,我们以物流系统管理的总成本法为提纲,提出物流成本控制的基本思路。

1)从供应链的视角来降低物流成本

从一个企业的范围来控制成本的效果是有限的,应该从原材料供应到最终用户整个供应链过程来考虑提高物流效率和降低成本。例如,有些制造商的产品全部通过批发商销售,其物流中心与批发商物流中心相吻合,从事大批量的商品储存和输送。然而,随着零售业中折扣店、便民店的大量出现,客观上要求制造商必须适应这种新型的业态,展开直接面向零售店的配送活动。在这种情况下,原来的投资就有可能沉淀,又要建立新型的符合现代配送要求的物流中心及设施。尽管从制造商的角度来看,这些投资增加了物流成本,但从整个供应链来看,却增强了供应链的竞争力,提高了物流绩效,使用户满意度提高、商品销售增加,使单位商品分摊的物流成本下降。又如,传统的采购管理强调通过供应商之间的竞争而降低进价,却往往导致仓储费用、资金占用成本上升,使供应风险增大。从供应链管理的视角来看,强调与供应商形成合作伙伴关系,会使企业采购风险大大下降,实现准时采购与零库存,结果其仓储费用、资金占用成本的下降可能大大超过进价降低的收益。

2)通过优化顾客服务来削减成本

一般来说,提高服务水平会增加物流成本,如多频率、少批量配送会增加运输成本,缩短顾客的订货周期和降低订货的满足率会增加仓储成本。显然,我们不可能通过降低服务水平来削减物流成本。但是,可以通过对顾客服务的优化,在不降低服务水准甚至提高服务水准的前提下,降低物流成本。优化顾客服务的第一步是明确顾客究竟需要什么样的服务项目和水平。为此,必须与顾客进行全方位、频繁的沟通,深入了解客户的生产、经营活动的特点;要经常站在客户的立场考虑问题,模拟客户的行为。第二步是消除过度服务。超过必要量的物流服务,必然带来物流成本的上升,而客户的满意程度并没有有效地提高。换句话说,任何不能使客户满意度有效提高的服务都是过度服务,都必须削减。例如,配送频率过高,不仅物流成本上升,而且用户(零售商)的订货、接货、上架等手续增加,使客户满意度不能有效提高,应相应减少配送次数。第三步是实现物流服务的规模化、网络化、专业化。物流服务的规模化、网络化可以使顾客能就地就近、随时得到服务,并得到专业化服务,从而有效地降低物流成本。

3)重视企业内部物流成本的控制

一般企业都十分重视降低外购物流费用,而对企业内部物流成本却较少关注。多数物流成本发生在企业内部,重视企业内部物流成本的控制,是降低物流总成本的主要途径。应在企业内部设立专门的物流成本项目,分清物流成本控制的关键点;应用管理会计方法,分析物流成本的习性,改善企业物流成本管理。

4)借助现代信息系统的构筑降低物流成本

缺少及时、准确、全面的信息是产生车辆空载、重复装卸、对流运输等无效物流现象的根源,也是导致库存周转慢、库存总量大的重要原因。为此,企业必须依靠建立现代化信息系统,提高物流管理的科学性、精确性,降低物流成本。

5）通过物流外包降低成本

将企业物流业务及物流管理的职能部分或全部外包给第三方物流企业,并形成物流联盟,也是降低物流成本的一个有效途径。一个物流外包服务提供者可以从规模经济、更多的门到门运输、减少车辆空驶等方面为公司实现物流费用的节约,并体现出利用这些专业人员与技术的优势。另外,一些产生额外费用的突发事件,如紧急空运和租车等问题的减少增加了工作的有序性和供应链的可预测性。

6）依靠标准化降低物流成本

物流标准化,包括物流技术、作业规范、服务、成本核算等方面的标准化,对于降低物流成本具有重要意义。技术上的标准化可以提高物流设施、运载工具的利用率和相互的配套性;物流作业和服务的标准化可以消除多余作业和过度服务;物流成本核算的标准化能使各企业的成本数据具有可比性,从而可以使标杆学习法在物流管理中推广并发挥作用。

二、基于成本的电子商务物流控制的方法

（一）量本利分析在物流成本控制中的应用

1. 物流成本的分类

量本利分析的基本原理是将成本划分为变动成本与固定成本,从而找出销售量（或业务量）与固定成本、变动成本及利润之间的关系,通过业务量的增加,减少分摊到单位业务量上的固定成本,从而使单位成本下降。量本利分析的第一步是根据物流成本与物流业务量的变动关系将物流成本划分为固定成本、变动成本与半变动成本。

（1）固定成本。固定成本是指在一定范围内,不随业务量的增减而变动的成本,如固定资产折旧费、财产保险费、管理人员工资、广告费、研究与开发费用、职工培训费等。

（2）变动成本。变动成本是指与业务量成正比的费用,如燃料成本、装卸费用、计件工资、包装材料成本等。为了简化,我们通常假设单位业务量的变动成本是不变的。这一假设在一定物流业务量范围（通常是企业设计规模）是正确的,但超过一定业务量,可能产生加班工资等成本,单位业务量的变动成本会上升。

（3）半变动成本。半变动成本是指总额受业务量变动的影响,但变动的幅度与业务量的增减不保持比例关系的成本,如辅助材料成本、设备维修费等。半变动成本可以划分为混合式半变动成本和阶梯式半变动成本。混合式半变动成本可分解为固定成本和变动成本。如设备维修费用,可分解为定期预防性检修费和故障维修费,前者可视为固定成本,后者因与设备使用时间直接相关,可视为变动成本。阶梯式半变动成本是在相关范围内保持不变,当物流业务量超过相关范围时,其总额将呈跳跃式上升的成本。如采用铁路整车运输的货物运费,车辆标重假设为 60 吨,则不到 60 吨的任何货运量运费相同,超过 60 吨而不到 120 吨的任何货运量的运费也相同。对这种半变动成本,当总业务量较大时（如每次发运都有几千吨）可视为变动成本;当总业务量不大时（如每次发运为几百吨）则要慎重,须进行灵敏度分析。

2. 量本利分析模型

设固定成本为 FC,变动成本为 VC,单位变动成本为 V,业务量为 Q,总成本为 TC,则

$$TC = FC + VC = FC + V \times Q$$

再设单位业务量的收费(单价)为 P,盈利为 R,在不考虑增值税的情况下,物流系统量本利关系可用以下公式表示:

$$R = P \times Q - TC = P \times Q - (FC + V \times Q) = (P - V) \times Q - FC \qquad (7\text{-}1)$$

当利润为零时,式(7-1)可表示为

$$(P - V) \times Q = FC$$

$$Q_b = \frac{FC}{(P - V)}$$

此时业务量(Q_b)称为盈亏平衡点业务量,见图7-4,又称保本点。

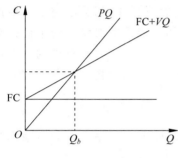

图 7-4　盈亏平衡分析示意图

如果目标利润为 R,则

$$Q_R = \frac{(FC + R)}{(P - V)} = Q_b + \frac{R}{(P - V)}$$

Q_R 称为保利点,即企业为实现目标利润所应达到的目标业务量(或销售量)。

3. 在成本控制中的应用

量本利分析通常假定成本是已知的,再由成本推导利润及业务量。但是,若将公式稍加变换,也可用成本控制的方法。

假设一定时期的业务量 Q 是既定的,即可能在合同中已经确定了。对第三方物流企业而言,这种情况是可能的。所谓既定,并非固定的意思,而是说这一变量是由外部环境决定的,企业无法控制。在这种情况下,企业要实现目标利润 R,就必须控制固定成本或变动成本。由式(7-1)可得

$$FC = (P - V) \times Q - R$$

$$V = P - (FC + R)/Q$$

上两式说明,只有将固定成本或单位变动成本控制在公式右边数字的范围以内,才能实现目标利润 R。

4. 量本利分析的局限性

量本利分析是以固定成本不随业务量变动,单位业务量的变动成本也不随业务量变动为假设前提的。这在一定范围内是可行的,但超过一定范围,固定成本和单位变动成本都会上升。当业务量增长达到一个临界值时,边际成本等于边际收益(MC=MR),业务量如果超过这一临界值,总利润将会下降。在经济学上,这一临界值称为利润最大化的均衡点。

(二)活动成本法及其在物流成本控制中的应用

1. 活动成本法的含义

所谓活动成本法(activity-based costing,ABC)是一种以活动(包括作业、业务、增值等)为对象的成本核算、分析与控制方法体系。活动成本法试图将所有的有关费用与完成增值活动联系起来,即需要被分配费用的是消费一定的资源的活动(作业)而非分配给一个组织或一个产品。活动成本法可以为物流企业不断改善经营管理提供准确、及时的有关活动、活动量、活动对象的信息,从而可以用活动成本法所提供的信息,来改善企业物流成本管理过程。

活动成本法的基本特点是基于活动成员承担的活动及其变革所引起的成本增加和减少,在物流企业组织中应用活动成本法并进行物流成本管理的关键步骤是成本分配和成本分析,这两个步骤体现了活动成本法的基本特点。

2. 成本分配方式

活动成本法的成本分配过程如下。

(1) 分析物流过程(如运输、仓储、配送等环节)中的活动实施成本。这一过程也称为成本确认,即所有与完成物流功能有关的成本都应该包括在以活动为基础的成本中,所有与预测和订货管理、运输、库存控制、仓储、包装、配送等有关的成本都必须予以分离。

(2) 将成本分配到所管理的活动中。要将成本分配到活动中,就需要分析这项活动有无必要、能否给客户带来增值。例如,如果分配的目标是一张客户订单,那么由完整周期产生的所有成本都可归结为总的活动成本,而以活动为基础的物流成本的典型分析单位是客户订单、渠道、产品和增值服务。由此可见,成本是根据所挑选出来作为观察对象的分析单位的变化而变化的。物流过程的活动通过这样的成本分配方式,可以为物流经营管理及物流系统规划、设计、运行提供许多极为有用的信息。

3. 活动成本分析方法

活动成本法的分析基础是活动(作业、业务等),应用活动成本法首先必须对活动本身进行分析,然后挖掘成本动因和建立活动计量体系。

1) 分析活动

分析活动的内容要点如下。

(1) 活动的必要性。分析活动首先要对不必要的活动进行确认。判断一项活动是否必要,通常可以从三个方面进行考察:第一,对用户是否必要。如对用户是必不可少的,那么这项活动就是必要的。第二,对成功运营是否必要。若对成功运营是必要的,那么这项活动也是必要的。第三,能否合并。若能合并到其他活动,则合并之。除此以外的活动都应予以删除。

(2) 活动量比较。仅凭本公司物流活动业务量的效率、效益,不足以说明问题,需要将其与其他公司相同或相近的活动进行比较分析,从而发现相对差距和值得改进之处。

(3) 各项活动之间的联系分析。要实现一定目标,需要经过一系列物流活动,而这一系列活动必须相互协调,才能消除重复性活动,将活动占用的时间降至最少。

2) 挖掘成本动因

寻找导致不必要活动或不佳活动产生的原因,从而为最终消除不必要的活动和活动成本找到依据。否则,这些不必要活动在经过一段时间后又会重新出现。

3) 建立活动计量体系

活动分析和成本动因分析都是定期进行的,但物流活动是每一天都在进行的。为了确保每一项活动都对生产、经营、服务作出贡献,需要建立活动计量体系。其步骤如下。

(1) 确定目标。此即确定满足用户需求和成功经营的目标体系。

(2) 将目标落实到参与活动的人员。每一参与活动的人员都应了解企业目标的重要性及各目标之间的关系。企业目标经过层层分解,落实到每个参与活动的人员。

(3) 采用多种计量方法。寻找对每项活动进行计量、评价的方法,正确反映每项活动对总目标的贡献大小,作为改进活动和进行奖励的依据。

4．活动成本法的应用

活动成本法在企业物流和物流企业中有着广泛的应用。据美国在部分运输与物流企业中的抽样调查发现，29％左右的企业用活动成本法取代了原来的传统成本法，超过50％的企业使用活动成本法作为传统成本系统的补充，另外还有15％的企业用活动成本法作为辅助成本系统和分析的工具。在使用的领域方面，调查发现使用频率较高的部门是运输部门，而后依次是仓储部门、会计部门和外购部门。在货主和运输企业被调查者的反映意见中，赞成使用(包括极为赞成、很赞成)活动成本法的人数占90％以上。据有关专家分析，活动成本法在物流组织中应用前景广阔。

活动成本法(并结合价值链和价值分析等方法)可以在以下方面降低物流企业成本。

（1）通过价值流重新设计，消除不必要的物流作业活动。精心设计物流服务项目的实现过程，是活动成本法降低活动成本乃至整个物流总成本的关键所在。

（2）按照增值的要求进行业务流程重组，改革一切不利于增值的业务流程，减少物流活动时间和物流活动作业量。

（3）选择合适的物流活动成本项目和数量标准。

（4）尽可能地共享活动，减小资源消耗。若用户需求有共性，在可能的情况下，尽可能采用共享活动的服务方式。

（5）重新处置未使用资源。挖掘企业现有资源潜力，对富余资源可考虑重组、出租、出售。

（三）绝对成本控制和相对成本控制

1．绝对成本控制法

绝对成本控制法是一种把成本支出控制在一个绝对金额以内的成本控制方法。绝对成本控制从节约各种费用支出，杜绝浪费的途径进行物流成本控制，要求把营运生产过程发生的一切费用支出都列入成本控制范围。标准成本和预算控制是绝对成本控制的主要方法。

2．相对成本控制法

相对成本控制法是指通过成本与产值、利润、质量和功能等因素的对比分析，寻求在一定制约因素下取得最优经济效益的一种控制方法。

相对成本控制扩大了物流成本控制领域，要求人们在努力降低物流成本的同时，充分注意与成本关系密切的因素，诸如产品结构、项目结构、服务质量水平、质量管理等方面的工作，目的在于提高控制成本支出的效益，即减少单位产品成本投入，提高整体经济效益。两种成本控制的比较见表7-1。

表 7-1　绝对成本控制与相对成本控制的比较

比较项目	绝对成本控制	相对成本控制
控制对象	成本支出	成本与其他因素的关系
控制目的	降低成本	提高经济效益
控制方法	成本与成本指标之间的比较	成本与非成本指标之间的比较
控制时间	主要在成本发生时或发生后	主要在成本发生前
控制性质	属实施性成本控制	属决策性成本控制

(四) 标准成本与定额成本控制法

1. 标准成本的含义及其制定

标准成本控制法在生产企业应用得比较成熟,物流企业也可以在其基础上,结合活动成本法进行物流成本控制的实践。

1) 标准成本的含义

标准是比较各数量值或各质量值的指标或基准。标准成本是指在一定假设条件下应该发生的成本。由于对标准宽严程度的看法不同,理论上有多种不同的标准成本概念。

(1) 理想标准。其是指在现有最理想、最有利的作业情况下达到的成本指标。

(2) 过去业绩标准。其是指依据以前各期成本实际水平制定的标准。

(3) 良好业绩标准(正常标准)。它是指在目前的生产经营条件下,尽力提高生产效率、避免损失、耗费的情况下所应达到的水平。良好业绩标准广泛应用于企业的标准成本控制之中。

2) 标准成本的制定

产品的标准成本是由产品的直接材料、直接人工费和直接制造费用组成的,其基本形式是以各自"数量"标准乘以相应的"价格"标准。制定物流作业的标准成本、业务数量标准通常由技术部门研究确定;费用(价格)标准由会计部门和有关责任部门研究确定,同时尽可能吸收负责执行标准的职工参加各项标准的制定,从而使所制定的标准满足实际物流活动的要求。

2. 定额成本控制法

1) 定额成本控制法的含义

定额成本控制法是在成本计算的基本方法(简单法、分批法、分步法)的基础上,为达到及时控制产品成本的目的而汇集生产费用的一种特殊方法。

2) 定额成本控制法的基本原理与应用

为了及时揭示实际费用脱离定额的差异,定额成本控制法在实际费用发生时,将其划分为定额成本和定额差异两部分来汇集,从中揭示成本差异并分析差异产生的原因,并反馈到管理部门予以纠正。

月终以产品定额成本为基础,加减所汇集和分配的成本定额差异,就得到了产品、业务的实际成本 C_r ,即

$$C_r = C_q + \Delta C_{rq}$$

式中, C_q 表示定额成本; ΔC_{rq} 表示定额成本差异。

三、物流各环节对电子商务物流成本的影响及优化控制方法

对电子商务物流的各个环节来说,从物流网点的规划设计、物流设施的规模定位、物流设施的平面布局到库存物资的运输、保管、装卸搬运、包装和流通加工,每一环节的成本都对物流总成本有着深刻的影响。因此,加强对其中每一个环节的成本控制都是物流成本控制的重要内容。其中,运输保管、装卸搬运、包装与加工流通在后面的章节中会分别加以介绍,这里重点对物流网点的规划设计与物流配送规划的具体方法进行简单介绍。

（一）物流网点选址

1. 物流网点选址的概念

所谓物流网点，就是指物流系统中货物运往最终消费者过程中临时经停的地方，如制造商、供应商、仓库、配送中心、零售商等。而网点选址是指用科学的方法确定物流系统中网点的数量、位置和规模，从而合理规划物流网络的结构和布局，使物流成本最小。

2. 物流网点选址的方法

近年来，选址理论迅速发展，各种各样的选址方法越来越多。特别是计算机的应用，促进了物流系统选址的理论发展，为不同方案的可行性分析提供了强有力的工具。

选址的方法大体上有以下几种。

（1）专家选择法。专家选择法是指以专家为索取信息的对象，运用专家的知识和经验，考虑选址对象的社会环境和客观背景，直观地对选址对象进行综合分析研究，寻求其特性和发展规律并进行选择的一种选址方法。专家选择法中最常用的有因素评分法和德尔菲法。

（2）解析法。解析法是指通过数学模型进行物流网点布局的方法。采用这种方法时首先应根据问题的特征、已知条件及内在的联系建立数学模型或者图论模型，然后对模型求解，获得最佳布局方案。采用这种方法的优点是能够获得较为精确的最优解；缺点是对一些复杂问题建立恰当的模型比较困难，因而在实际应用中受到很大的限制。解析法中最常用的有重心法和线性规划法。

（3）模拟计算法。模拟计算法是指将实际问题用数学方法和逻辑关系表示出来，然后通过模拟计算及逻辑推理确定最佳布局方案的方法。这种方法的优点是比较简单，缺点是选用这种方法进行选址，分析者必须提供预定的各种网点组合方案，以供分析评价，从中找出最佳组合。因此，决策的效果依赖于分析者预定的组合方案是否接近最佳方案。

（4）启发式算法。该法是针对模型的求解而言的，是一种逐次逼近的方法。对产生的结果进行反复判断和实践修正，直到满意为止。该方法的优点是模型简单，需要进行方案组合的个数少，因而容易寻求最佳的答案；缺点是由这种方法得出的答案很难保证是最优化的，一般情况下只能得到满意的近似解。

3. 物流网点选址模型

1）单点选址模型

单点选址是指在规划区域内设置唯一网点的物流设施的选点问题。单点选址也有很多不同的模型，如重心模型、层次加权法模型、因素评分法模型和交叉中值模型等。这里重点介绍重心模型和层次分析法模型。

（1）重心模型。物流网点的单点选址问题可以描述如下：设有 n 个客户（收货单位）$P_1, P_2, \cdots, P_n$ 分布在平面上，其坐标分别为 (x_i, y_i)，客户的需求量为 w_i，费用函数为设施（配送中心）与客户之间的直线距离乘以需求量。确定设施 P_0 的位置，使总运输费用最小。

令 a_j 为配送中心到收货点 P_j，每单位量、单位距离所需运费；w_j 为 P_j 的需货量；d_j 为 P_0 到 P_j 的直线距离，则总运输费用 H 为

$$H = \sum_{j=1}^{n} a_j w_j d_j = \sum_{j=1}^{n} a_j w_j \left[(x_j - x_0)^2 + (y_j - y_0)^2 \right]^{1/2}$$

那么,满足 H 最小化的点 (x_0^*, y_0^*) 就是单个网点的最佳选址位置。由于上式为凸函数,最优解的必要条件为满足

$$\frac{\partial H}{\partial x_0}\bigg|_{x_0 = x_0^*} = 0 \ \text{和} \ \frac{\partial H}{\partial y_0}\bigg|_{y_0 = y_0^*} = 0$$

令

$$\frac{\partial H}{\partial x_0}\bigg|_{x_0 = x_0^*} = 0, \ \frac{\partial H}{\partial y_0}\bigg|_{y_0 = y_0^*} = 0$$

可得

$$x_0^* = \frac{\sum_{j=1}^{n} a_j w_j x_j / d_j}{\sum_{j=1}^{n} a_j w_j / d_j}, \quad y_0^* = \frac{\sum_{j=1}^{n} a_j w_j y_j / d_j}{\sum_{j=1}^{n} a_j w_j / d_j}$$

(2)层次分析法模型。物流网络布局问题也不仅仅是总运输费用最小的优化问题,它涉及经济、社会、环境、货运通道等多个层面,需进行综合分析和评估。当筛选出若干个备选方案后,可采用层次分析法来选择最优方案。

层次分析法的基本步骤可分为提出总目标、建立层次结构、求同层权系数、求组合权系数、评价、一致性检验。

层次分析结构一般可分为三层,即目标层、准则层和方案层。对于物流网点详细选址问题,目标层就是选择最优的园区位置,方案层就是已被筛选出的若干备选方案,主要是设计准则层的结构。

评估一个选址方案的优劣有许多质量指标,主要可分为三大类,即经济指标、社会指标和环境指标。

经济指标主要包括运输成本、地价租金、与工商业联系紧密度、是否接近消费市场、劳动力条件等。

社会指标主要包括与城市规划用地是否相符、是否缓解当地交通压力、对城市居民影响等。

环境指标主要包括环境污染的影响程度、与货运通道网是否衔接以及地理位置是否适合等。

因此,可将准则层扩展成两层结构,具体层次结构如图 7-5 所示。

2)多点选址模型

对于大多数企业而言,在物流网点规划时要决定两个或多个网点的选址问题。这个问题虽然比较复杂而且解决方法都并非完善,但精确法、多重心法、混合整数线性规划法、模拟法、启发式算法等都还是具有重要参考价值的。

(二)物流配送规划

1. 配送问题

配送是物流中一个重要的、直接与消费者相连的环节。配送是将货物从物流节点送达

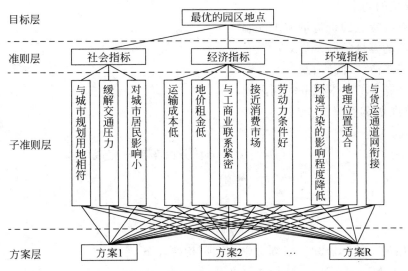

图 7-5　物流网点选址层次分析

收货人的过程。配送是在集货、配货基础上,完全按用户要求包括种类、品种搭配、数量、时间等方面的要求所进行的运送,是"配"和"送"的有机结合形式。

配送规划的定义为:对一系列装载点和(或)卸货点,组织适当的行车线路,使车辆有序地通过它们,在满足一定的约束条件(如货物需求量、发送量、交发货时间、车辆容量限制、行驶里程限制、时间限制等)的情况下,实现一定的目标(如路程最短、费用最少、时间尽量少、使用车辆数尽量少等)。

配送线路合理与否对配送速度、成本、效益影响很大,特别是多用户配送线路的确定更为复杂。采用科学、合理的方法来确定配送线路,是配送活动中非常重要的一项工作。

2. 配送规划的数学模型

1)问题

运输计划确定后,便确定了每个配送中心的配送范围,当具体一批订单确定后(经适当调整),还需编制配送计划,即车辆的运用种类、运用数量,各车辆的运送线路,装载货物量在各客户点的停留时间等,使车辆运用台数和总车辆走行公里最少(提高满载率,降低运输成本)。

这里的问题是车辆是从一个配送中心出发,向多个客户点送货,然后在同一天内返回该配送中心,要安排一个满意的运行路线和时间,称为编制配送计划。

2)已知条件

(1)配送中心拥有的车辆台数为 m,每辆车的载重量(吨位)为 $W_i(i=1,2,\cdots,m)$。

(2)需求点 P_j,数量为 n,每个点的需货量为 $R_j(j=1,2,\cdots,n)$。

(3)每辆车每日最大运行距离(或时间)为 $L_i(i=1,2,\cdots,m)$。

(4)配送中心到各需求点的距离及需求点之间的距离(或时间)为 $C_{ij}(i=0,1,\cdots,n-1;$ $j=1,2,\cdots,n,i<j,i=0$ 表示配送中心)。

3)目标

车辆应用数,车辆类型及各车走行路径(运货量及送货次序),使总运输费用(距离或时间等)最小(或实载率最高,用车数最少等)。

4) 需满足的约束

(1) 所有收货点的货物量需求限制。

(2) 车辆的容量限制。

(3) 车辆距离(时间)限制。

(4) 每个顾客的要求服务时间限制。

5) 整数规划模型

令

$$y_{ik} = \begin{cases} 1 & \text{点 } i \text{ 的任务由车辆 } k \text{ 完成} \\ 0 & \text{否则} \end{cases}$$

$$x_{ijk} = \begin{cases} 1 & \text{车辆 } k \text{ 从点 } i \text{ 行驶到点 } j \\ 0 & \text{否则} \end{cases}$$

则总费用最小的物流配送规划数学模型可构造如下:

$$\min z = \sum_i \sum_j \sum_k C_{ij} x_{ijk} \tag{7-2}$$

$$\sum_i R_i y_{ik} \leqslant W_k \quad \forall k \tag{7-3}$$

$$\sum_k y_{ik} = 1 \quad i = 1, 2, \cdots, m \tag{7-4}$$

$$\sum_i x_{ijk} = y_{jk} \quad j = 0, 1, \cdots, m; \ \forall k \tag{7-5}$$

$$\sum_j x_{ijk} = y_{ik} \quad i = 0, 1, \cdots, m; \ \forall k \tag{7-6}$$

$$X = (x_{ijk}) \in S \quad S = \left\{ (x_{ijk}) \ \middle| \ \sum_{i \in R} \sum_{j \notin R} x_{ijk} \leqslant |R| - 1, R \in \{1, 2, \cdots, m\} \right\} \ \forall k \tag{7-7}$$

$$y_{ik} = 0 \text{ 或 } 1 \quad i = 0, 1, \cdots, m; \ \forall k \tag{7-8}$$

$$y_{ijk} = 0 \text{ 或 } 1 \quad i, j = 0, 1, \cdots, m; \ \forall k \tag{7-9}$$

模型中,式(7-2)为目标函数,总运输距离(时间、成本)最小;式(7-3)为容量约束,表示分给车辆 k 的任务量之和不大于车辆容量;式(7-4)表示每一任务只能由一辆车完成,该式作为对一些现实情况的合理抽象,力图避免多辆车在一次旅行中访问同一运输任务而造成不必要的浪费;式(7-5)、式(7-6)表示两变量 x_{ijk} 和 y_{ik} 之间的关系;式(7-7)为支路消去约束;式(7-8)与式(7-9)为变量取值约束。

3. 物流配送的算法

国内外对物流配送车辆优化调度问题做了大量而深入的研究,目前物流配送车辆优化调度的求解方法非常丰富,并且不断有新的成果产生。究其实质,基本上可将求解方法分成精确算法和启发式算法两大类。

1) 精确算法

精确算法是指可求出其最优解的算法,主要有分枝定界法(branch and bound approach)、割平面法(cutting planes approach)、网络流算法(network flow approach)、动态规划方法(dynamic programming approach)。

2）启发式算法

由于物流配送车辆的优化调度问题是 NP（非确定性多项式）难题，精确算法的计算量一般随问题规模的增大呈指数增长，因此，在实际中，其应用范围十分有限。寻找近似算法是必要的和现实的。为此，专家们主要把精力花在构造高质量的启发式算法上。启发式算法主要有构造算法（如节约算法、插入算法、最临近算法等）、两阶段算法（如先分组后路径算法、先路径后分组算法等）和亚启发式算法（如遗传算法、模拟退火算法、神经网络算法等）。

第四节　基于客户满意的电子商务物流控制

面对日益激烈的国内、国际市场竞争和消费者价值取向的多元化，加强物流管理、改进顾客服务是创造持久竞争优势的有效手段之一。从物流的角度来看，（对）顾客服务是所有物流活动或供应链过程的产物，顾客服务水平是衡量物流系统为顾客创造时间和地点效用能力的尺度。顾客服务水平决定了企业能否留住现有的顾客及吸引新的顾客。当今的每一个行业，从汽车到服装业，消费者都有很大的选择余地，顾客是企业的上帝，顾客服务水平直接影响企业的市场份额和物流总成本，并最终影响其盈利能力。同时，物流服务的本质就是满足顾客的需求，具体包括顾客需要的商品（保证有货）、可以在顾客需要的时间送达（保证送到）及达到顾客要求的质量。因此，在企业物流运作中，提供顾客满意的服务是至关重要的环节。

一、基于客户满意的电子商务物流控制的概念

（一）客户服务

顾客服务的定义是随企业而变化的，不同的企业对顾客服务这一概念往往有不同的理解。如供应商和它的顾客对顾客服务的理解就有很大的不同。从物流的角度看，客户服务可以理解为衡量物流系统为某种商品或服务创造时间和空间效用好坏的尺度，包括从接收顾客订单开始到商品送到顾客手中为止的所有服务活动。而电子商务物流客户服务与物流客户服务从根本上而言，并没有本质的区别，即都是从接收客户订单开始到商品送到客户手中并使客户关系长期化、为满足客户需求而发生的所有服务活动。

（二）电子商务物流客户服务的高要求

电子商务物流的概念是伴随电子商务技术和社会需求的发展而出现的，是电子商务真正的经济价值实现不可或缺的重要组成部分。

电子商务要求快捷、高速、划分细致的物流方式，客户希望所定制的产品能够快速、有序、灵活、方便地送达，而电子商务物流正是具有电子化、信息化、自动化、网络化、智能化、柔性化等特点，能真正根据消费者需求的变化来灵活安排物流活动，实现以客户为中心，也就是要求物流配送中心根据客户需求多品种、小批量、多批次、短周期的特点，灵活组织和实施物流作业。

（三）客户满意

与客户服务不同,客户满意是指顾客通过将一个产品可感知的效果(或结果)与其期望值比较后,所形成的愉悦或失望的感觉状态。从构成市场组合的四要素来看,客户满意反映了顾客对企业提供的产品或服务是否满意的全方位的评价。因而,客户满意是比客户服务更广泛的概念。

客户服务的质量直接影响顾客满意度。客户服务的目标之一是"第一次就做好",以避免顾客不满意。研究显示,每当有一个顾客对所购买的产品和服务不满意时,就会有 19 个潜在顾客投向其他厂商。当然,顾客的不满是难以杜绝的,但这也有助于企业发现潜在的问题,通过有针对性的改善和提高,能减少未来的投诉。对顾客投诉处理得当,还可以提高顾客的忠诚度。因此,客户服务的质量是实现高水平客户服务的关键,进而有助于获得高的客户满意度。

客户服务的定义是随企业而变化的,不同的企业对客户服务这一概念往往有不同的理解。例如,供应商和它的顾客对客户服务的理解就有很大的不同。从物流的角度看,客户服务可以理解为衡量物流系统为某种商品或服务创造时间和中间效用好坏的尺度,这包括从接收顾客订单开始到商品送到顾客手中为止的所有服务活动。

（四）基于客户满意的电子商务物流控制

所谓基于客户满意的电子商务物流控制,就是指电子商务过程中以客户满意为依据,以快速满足市场需求、服务顾客为目的,对物流过程所进行的监督和控制。

二、电子商务物流中客户服务的要素体系

对于物流服务控制与评价要素,研究者提出了许多不同的见解。如拉隆德(Lalonde)等(1976)从供应商的角度出发,指出物流服务要素由可利用率、订货提前期、物流系统弹性、物流系统信息能力、物流系统机能障碍及产品售后服务六个要素构成,并将物流客户服务要素按交易流程划分为交易前要素、交易中要素和交易后要素三大类,如图 7-6 所示。

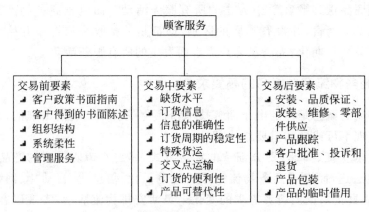

图 7-6　顾客服务的构成要素

门策(Mentzer)等(2001)则认为,与传统的服务质量研究一样,物流服务也牵涉处理订购和运送产品的人员、订购的程序以及错误的处理等。因此,综合这些情况,他们将物流服务质量的衡量要素划分为人员接触质量(personnel contact quality)、订购释放量(order release quantities)、信息质量(information quality)、订购程序(order procedures)、订购准确性(order accuracy)、订购情况(order condition)、订购质量(order quality)、订购不一致处理(order discrepancy handling)及及时性(timeliness)九个要素。

在电子商务环境下,传统的物流服务控制要素也不再完全符合电子商务环境下的新情况。因此,根据电子商务物流服务的特点,并综合门策等的观点,可构建如下的电子商务物流服务质量的衡量要素体系。

(一)系统亲和性

在传统的物流交易中,消费者必须通过与服务人员的接触和互动来完成交易。然而,在电子商务环境下,由于经营环境的虚拟性,消费者不再需要与服务人员进行直接接触,取而代之的是系统的网页界面。因此,消费者在网上购物时,原本需要由服务人员来帮助解决的问题,必须在网页上加以说明,让消费者可以很顺利地完成交易。从各电子商务网站中可以发现,几乎所有网站都有订货流程说明或者常见问题(FAQ)回答。另外,在传统交易中,消费者总是希望服务人员亲切、有礼貌。同样,在电子商务环境下,消费者直接与订购系统打交道,订购系统在设计上是否舒适、美观、便利,直接影响消费者的购物心理与感觉。因此,电子商务网站订购系统的设计要具有很好的亲和性。

(二)信息完整性与易得性

消费者在网上商店购买商品时,由于不能像在实体商店中那样直接接触商品,因此,企业必须非常注重网页上的商品说明,以使消费者能有足够的信息确定某一商品是否是自己需要的,并作出相应的购买决策。在现有的电子商务网站中,几乎各家网站都提供商品的信息,如品牌、功能、价格、材质、尺寸等,不过各家网站对商品信息揭露的程度会有所不同。在虚拟环境下,信息越完整,越能帮助消费者作出正确的购买决策,消费者对该网站的满意度也就越高。因此,提供的信息是否完整、信息是否容易获得也是评价电子商务网站物流客户服务质量的重要标准之一。

(三)客户定制性

在网络购物市场不断发展的情况下,各家网站都在寻求各种途径,以期给消费者带来更多的便利。在网上购物的构成中,许多网站都为消费者提供了不同程度的个性化定制服务,最常见的就是可让消费者选择最方便的付款和收取货物的方式,如目前多数网上商城提供的付款方式都包括货到付款、网上银行付款、邮局汇款、银行电汇等,而收取货物的方式则可采用邮寄、快递、第三方物流配送等。另外,很多网站还提供订单查询服务。所有这些订货系统的服务,主要是为了提供给消费者的一种贴心的设计与服务,以满足消费者各自的需求。因此,可以将这类服务归纳为系统的定制性。

(四）系统安全性

现有电子商务网站中,多数网站都要求消费者注册成为会员,否则无法进行交易。同时,大部分网站也都提供在线刷卡缴费的方式,这些服务都牵涉消费者个人资料甚至个人隐私问题。而这些个人资料是否安全、是否能得到很好的保护,直接关系到消费者对网站的信心。因此,电子商务网站必须采取切实可行的措施,来保证系统信息的安全。

(五）系统响应性

目前,多数网络商店都会在订单提交成功后,向消费者发送订单确认信息,从而可以让消费者再次确认此次购物的商品信息、商家信息和自己的收货信息。若有不符,可及时进行修改。另外,几乎所有的网上商店都提供客服专线或客服信箱,可以为消费者解答网站上缺乏的信息,以及订货、送货、退货等问题。这些服务主要包括网站主动为消费者提供服务和对消费者问题的回应等,此处我们将其归结为系统的响应性。网站服务的响应性越好,就越能帮助消费者解决购物过程中的疑虑及问题。

(六）系统可靠性

在网络购物过程中,网络的速度、出错的频率也是在线购物者非常重视的问题之一。另外,存货状况也是物流服务中的一个重要问题,网上购物者有时会碰到所需商品缺货的情况,这牵涉网站本身或供应商的库存和协调问题,以及网站上存货资料的迅速更新问题。这些问题直接关系到网上商店能否有在网络连接上、库存上让消费者可靠、有效地订到所需的商品的能力,因此可将其归纳为系统可靠性。

(七）收货及时性

当消费者完成订货及付款程序后,便进入收货阶段,等待网上商店处理订单,并按照消费者选择的配送方式将货物送到消费者指定的地点。如同一般物流过程一样,消费者等待货物送达时间的长短及是否准时送达是物流服务的重要指标,快捷而准时的服务是消费者所期望的,这就是配送时间服务的及时性。网上商店不论是自建物流还是与第三方物流公司合作,都必须有良好的进出货、配送体系,这样才能实现上述目标。

(八）收货正确性

物流服务的目标就是在恰当的时间、恰当的地点将恰当数量的良好质量的恰当商品送到销售者手中。因此,在强调快速、准时之外,送达货物的正确性也是物流服务质量的重要评价标准之一。只有送达的商品正确,才能使消费者免去与客服人员沟通以及退换货等商品往来的手续和时间的困扰,保证客户的满意度。

(九）服务保证性

消费者在收到商品时可能会发生商品与订购的商品不同或有损坏,甚至根本没有收到商品的情况。网上商店为防止这些问题的发生,需要事先规划好发生这类问题的处理措施和方法,保证在发生这些问题时,会给消费者一个及时、合理、满意的处理结果。这些措施和方法代表了网站对消费者的责任,也可让消费者在购物时感觉更有保障。

三、基于顾客满意的电子商务物流控制

(一)客户服务的衡量

在明确了哪些客户服务要素较为重要以后,管理层必须制定服务业务标准,员工也应经常地向上级汇报工作情况。顾客服务绩效可以从以下四方面进行评价和控制。

(1)制定每一服务要素的绩效量化标准。

(2)评估每一服务要素的实际绩效。

(3)分析实际绩效与目标之间的差异。

(4)采取必要的纠正措施将实际绩效纳入目标水平。

电子商务物流的客户服务可以从如上所述的四个方面进行评价。

企业所重视的服务要素同时也应当是其顾客所认为的重要因素。例如,在存货可供率、送货日期、订货处理状态、订单跟踪及延期订货状态等要素方面需要企业与顾客进行良好的沟通。由于许多企业在订货处理过程方面的技术落后,提高顾客服务水平在这一领域里大有潜力可挖。在电子商务环境下,通过与顾客的计算机联网可以大大提高信息传递与交换的效率,顾客可以获取动态即时的库存信息,在缺货时可自主安排产品替代组合,还可以得知较准确的送货时间与收货日期。

(二)顾客服务战略的阻碍因素

由于许多企业都缺乏有效的和稳定的顾客服务战略,即使是那些管理十分出色的企业在实施顾客服务战略时也会碰到棘手的阻碍因素。

例如,销售人员有时为得到一张订单而向顾客承诺不切实际的送货时间,结果使企业不得不缩短这张订单的订货周期。为此要加快服务,从而打乱了原本稳定的订单处理程序,导致产品拣选、配送和运输成本上升,甚至可能因"多米诺效应"引发整个物流系统混乱。

企业的顾客服务标准和绩效期望在很大程度上受到竞争环境及行业传统的影响。管理层要深刻理解本行业的特点、规则、顾客的期望,以及提高顾客服务水平所需的成本费用。许多企业在实践中没有评估顾客服务水平的成本与收益,也缺乏有效的手段确定有竞争力的服务水平。这导致决策反馈信息往往来自希望无限度提高服务水平的销售部门,或者来自本行业内的传统观点及某些过于强烈的顾客抱怨,这些信息会导致企业过度反应。

企业在产品研究与开发,以及广告促销上往往投入巨大。但是,要获得长期的盈利与发展,同样离不开对顾客服务水平的充分研究和正确决策。

(三)提高顾客服务绩效

企业通常可以通过以下四个方面来提高顾客服务绩效。

(1)透彻地研究顾客的需求。

(2)在认真权衡成本与收益的基础上确定最优的顾客服务水平。

(3)在订货系统中采用最先进的技术手段。

(4) 考核和评价物流管理各环节的绩效。

有效的顾客服务战略应立足于深刻理解顾客对服务的需求。客户服务审计和调查研究必不可少,一旦确定顾客对服务的需求,管理层必须制定合适的顾客服务战略,以实现企业长期盈利和收回投资的目标。最优的顾客服务水平能以较低的服务成本为企业留住最有价值的顾客群。

制订有效的顾客服务方案所需的顾客服务标准应满足以下要求。

(1) 反映顾客的观点。

(2) 能为服务业绩提供可操作和有针对性的评估方法。

(3) 为管理层提供调整业务活动的线索。

(四) 确定最优顾客服务水平

1. 成本与服务

物流客户服务水平就是设定的物流活动水平的结果。这就意味着每一客户服务水平都有相应的成本水平。事实上,根据特定的物流活动组合,对应每一物流服务水平都有许多相同的物流系统成本方案。一旦了解销售与成本之间的大致关系,就有可能将成本与服务对应起来,如图 7-7 所示。

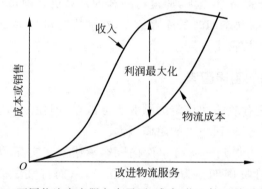

图 7-7 不同物流客户服务水平下,成本-收入悖反关系示意图

随着物流活动水平的提高,企业可以达到更高的客户服务水平,成本则会加速增长。在大多数经济活动中,只要活动水平超出其效益最大化的点,人们就能观察到这种一般现象。销售-服务关系中的边际收入递减和成本-服务曲线的递增将导致利润曲线形成如图 7-7所示的形状。

不同服务水平下收入与成本之差就决定了利润曲线。因为利润曲线上有一个利润最大化点,所以规划物流系统就是要寻找这一理想的服务水平。该点一般在服务水平最低和最高的两个极端点之间。

2. 确定最优服务水平

一旦已知一个服务水平下的收入和物流成本,就可以确定使企业利润最大化的服务水平,用数学方法来找出这个利润最大点。下面看一看其中的原理。

假设企业目标是利润最大化,即与物流有关的收入与物流成本之差最大化。在数学上,最大利润在收入变化量和成本变化量相等的点上实现,即边际收入等于边际成本时。设已知销售-服务(收入)曲线为 $R = 0.5\sqrt{SL}$,其中 SL 为服务水平,表示订货周期为 5 天的

订单所占的比重。相应的成本曲线已知为 $C=0.000\,55SL^2$,则最大化利润(收入减去成本)的表达式就是

$$P=0.5\sqrt{SL}-0.000\,55SL^2 \tag{7-10}$$

式中,P 表示利润。

用微积分可求出方程(7-10)的利润最大化点。这样,利润最大化条件下,服务水平的表达式为

$$SL^*=\left(\frac{0.25}{0.001\,1}\right)^{2/3}$$

因此,$SL^*=37.2$,也就是说,约 37% 的订单应该有 5 天的订货周期。

思考题

1. 什么是电子商务物流的优化与成本控制?它包括哪些主要内容?
2. 什么是基于时间的电子商务物流控制?
3. 在基于时间的电子商务物流控制中,延迟和集运的含义分别是什么?
4. 简述 JIT 物流的含义及其实现途径。
5. 什么是 QR?其实施步骤是什么?
6. 简述 MRP 的含义及其基本逻辑原理。
7. 简述电子商务物流成本的含义、构成及分类。
8. 简述电子商务成本控制的含义及其基本思路。
9. 简述量本利分析法、活动成本法的含义及其在电子商务物流成本控制中的应用。
10. 什么是物流网点选址?有哪些方法?
11. 物流配送规划的概念是什么?如何进行物流配送规划?
12. 什么是客户服务?物流客户服务的要素有哪些?
13. 如何确定最优的客户服务水平?

 案例视窗

纳贝斯克食品集团公司的活动成本核算法

纳贝斯克(Nabisco)食品集团公司(以下简称"纳贝斯克集团")是一家以食品为主营业务的公司。它有 5 家经营公司,产品组合包括坚果、麦片奶酥、牛排调料、人造黄油、灰芥子、狗食饼干。由其 1998 年的会计报表可知:纳贝斯克集团的年销售额约为 26 亿美元。其中,运输费用支出 1.05 亿美元、仓储费用支出 3 500 万美元,管理费用支出 2 000 万美元。

以往,纳贝斯克集团采用的是标准成本法核算体系,划分成本的会计科目如下:

运输	向客户进行运送成本	5 300 万美元
	向仓库补货成本	5 200 万美元
仓储	12 座普通干货用仓库	2 600 万美元
	13 座冷藏库	900 万美元
管理	公司总部和一座区域公司	2 000 万美元

纳贝斯克集团决定将传统的成本控制方法改变为活动成本法,对成本进行了如下转换

(单位：万美元)：

会计核算清单		活动成本	
工资	123	订单处理	75
津贴	90	客户服务	115
差旅费	80	管理费	103
总成本	293	总成本	293

纳贝斯克集团采用活动成本法将155亿美元的物流成本分摊到5家公司不同的产品组合上。在实际应用中,运用了两大作业成本体系:对变动成本采用的是高级、复杂的体系;对管理成本则采用简单的核算体系。

下面是纳贝斯克集团如何对运输成本进行活动成本法核算的。

在运输成本核算中,重要的是得出正确的运输费率。根据公司所提供的运输费用支付凭单,可以得出各种产品单位体积重量的运费率。例如,将产品从工厂A运至仓库1,运费率计算如表7-2所示。

表7-2　由工厂A运至仓库1的运输成本

项　　目	在总运输体积中所占比重/%	运输成本分摊/美元	单位体积重量/千克	单位体积重量的运费率/美元
库存A	30	150	80	1.88
库存B	50	250	50	5.00
库存C	20	100	90	1.11
合计	100	500	220	7.99

货物运送要经历两个阶段:从工厂到配送中心和从配送中心到客户。表7-2计算的是第一阶段的运费率,按照此法,可逐一将所有相关的运费率计算出来。

接下来需要将费用分摊到不同产品上。对于产品A,从有关库存A的单据中可得出如图7-8所示的相关信息。

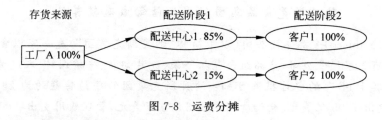

图7-8　运费分摊

据此,得出库存A所分摊的成本(表7-3)。

表7-3　库存A所分摊的成本

存货来源地	配送阶段1	配送阶段2	总　成　本
工厂A　100 000 (单位体积重量)	配送中心 185 000 成本/1.88 美元 159 800 美元	客户1 100% 成本/2.20 美元 187 000 美元	346 800 美元

据此方法,可依次得出每个库存产品所分摊的成本。根据活动成本法提供的资料,纳贝斯克集团的管理者较直接地对费用成本的细节有所了解,从而能更有效地对过程进行控制。较以往使用的传统成本核算法,活动成本法的应用使纳贝斯克集团的成本控制效率提高了。

问题:

1. 同传统的成本核算法相比,活动成本法的优越性体现在哪里?

2. 纳贝斯克集团采用的活动成本法中有什么地方尚待改进?

即测即练

第八章

电子商务环境下的物流外包管理

【本章导读】

1. 物流外包的概念、优劣势和理论基础。
2. 第三方物流定义、分类及其与电子商务的关系。
3. 物流外包的策略。
4. 第四方物流的定义、特征和运作模型。

惠尔-家化模式

在商业领域,日益加剧的竞争和快速变化使一些组织重新思考它们的实力和核心优势。它们越来越关注其核心业务流程以及外包非核心业务流程给外部服务提供商。企业可以外包任何一种功能,从物流到人力资源、信息技术、薪酬设计,甚至制造。外包是增长最迅速的领域之一,物流外包在近年来更是成为制造商和贸易商降低运营成本、提高利润率的有效途径。随之而来的问题是,企业在物流外包选择物流供应商的时候面临诸多问题,与供应商的磨合与推进也缺乏经验。

中国民营物流十强之一的上海惠尔物流有限公司(以下简称"惠尔物流")和我国的民族日化巨头上海家化联合股份有限公司(以下简称"上海家化")从2000年经过多年的相互砥砺和磨合,由局部而全程,由短期而长期,由战术而战略,开了国内大型企业整体物流外包的先河,我们拟通过对这一典型案例的剖析,为企业物流外包和第三利润源泉的开拓提供一些参考。

【双方简介】 惠尔物流是一家总部设在上海,以遍布全国的配送网络和先进的仓储管理为核心,为广大客户提供个性化整体物流解决方案的第三方物流供应商,目前稳居国内民营物流十强榜单。上海家化以自行开发、生产、销售化妆品、个人保护用品、家庭保护用品以及洗涤类清洁用品为主营业务,拥有六神、美加净、清妃等诸多驰名品牌,营销网络遍及全国,是中国最早、最大的民族化妆品企业。

【项目背景】 上海家化已有的物流设施比较齐全,有一支国内领先的企业物流管理团队,且具有同营销网络相匹配的仓储运输网络,但上海家化的供应商众多,协调管理困难,总体物流运作成本较高,缺乏规模效益,影响了公司整体经济效益的提高。上海家化为了做大、做强自己的主业,迫切需要寻找一家专业的第三方物流商帮助其降低整体物流成本、提高物流效率。

【解决方案】　在对上海家化的物流运作系统各个环节进行全面考察的基础上,惠尔物流的物流咨询和运作专家对上海家化的总体物流成本进行深入分解,找出上海家化物流系统中可以改善的部分、继续维持的部分、必须放弃的部分,然后对物流系统从人员、管理、设施和流程方面进行全面整合,并分步骤加以实施。

第一阶段:承接上海地区成品物流。其包括:上海地区成品发往全国各地的运输和终端配送;全国性运输网络的优化和管理。

第二阶段:接管全国各地RDC(区域分发中心)。其包括:全国各中转仓的仓储和分拨业务;全国各地销售公司的终端配送管理(包括仓储管理、终端配送、促销品赠品配送、退货管理、二次包装、产品拆零分拣等)。

第三阶段:强化CDC(中央分发中心)的管理。其包括:上海家化中央工厂及6个联营厂产成品的集中仓储管理及对外分拨业务;中央分发中心至全国各中转仓、销售公司以及直供商等一级客户的区域运输配送、产品拆零分拣等。

第四阶段:提升原材料物流管理水平。其包括:对生产线物料实施及时配送;上线前组装;原材料采购和库存的集约化管理。

【实施效果】　在与上海家化合作后,惠尔物流负责每年数万吨、价值20亿元的货物运输与中转,在数万平方米的仓库里面管理着四五千种产品和数万个批次的上海家化产品,并准确地根据上海家化的订单及时发往全国数百个目的地。通过整合和外包,上海家化的库存大幅度下降,资金周转速度更快,物流成本大幅下降,每年节省千万元。同时上海家化的市场反应也更加迅速,生产和销售的力量更加集中,惠尔物流也由此更加完善了全国终端网络配送体系,并成为上海家化的全面战略合作伙伴,开了国内整体物流外包的先河。这种合作模式被业内公认为"惠尔-家化模式"!

随着市场竞争的激烈化和国际化,对于现代企业的物流管理而言,传统的"纵向一体化"模式已经不能适应技术更新快、投资成本高、竞争全球化的制造环境。现代企业应更注重高价值生产模式,更强调速度、专门知识、灵活性和革新,集中企业资源于经过仔细挑选的、少数又有竞争力的核心业务,也就是那些使它们真正区别于竞争对手的技能和知识,把其他一些虽然重要,但不是其核心业务的职能(如运输、仓储、分拣、配送等物流环节)外包给专业的物流服务商,实施物流外包战略,从而增强企业的竞争力。

资料来源:张俊.惠尔-家化相携手 物流外包写华章[J].中国储运,2005(3):10-11.

第一节　物流外包概述

外包就是将一些传统上由企业内部成员负责的非核心业务以外加工方式转让给专业的、高效的供应商,以充分利用公司外部最优秀的专业资源,从而降低成本、提高效率、提高企业自身竞争力的一种管理策略。自20世纪80年代以来,物流外包已成为商业领域的一大趋势。所谓物流外包,就是指生产或销售等企业为集中精力增强核心竞争力,而将其物流业务以合同的方式委托给专业的物流公司(第三方物流)运作。外包是一种长期的、战略的、相互渗透的、互利互惠的业务委托和合约执行方式。

一、实施物流外包的驱动因素

企业把物流业务运作外包主要有两大驱动力:第一,要把资源集中在企业的核心竞争力上,以获取最大的投资回报。那些不属于核心能力的功能应被弱化或者外包,而物流通常不被大多数的制造企业和分销企业视为其核心能力。第二,事实证明,企业单靠自己的力量来降低物流费用存在很大的困难。尽管 20 世纪 70—90 年代,企业在提高物流效率方面已经取得了巨大的进展,但要想实现新的改善,企业不得不寻求其他途径,包括物流外包。企业将自己的物流业务外包给运行良好的第三方物流公司,可以获得如下优势。

(1) 集中有限的资源发展核心业务。在资源有限的情况下,为取得竞争中的优势地位,公司只掌握核心功能。电子商务企业通过外包关键的物流、信息技术处理和售后服务,可以更加集中精力和资源发展自己的核心业务,取得更大的竞争优势,更好地满足客户的需求。

(2) 实现规模效益、降低成本。电子商务要求多批次、小批量配送和实时配送,并强调对客户的高水平、个性化的服务,这使物流运作的难度比传统销售方式更大,运输成本、仓储成本也居高不下。而且电子商务的跨区域性使得客户可能在地理分布上十分分散,送货的地点不集中。如何实现物流运作的敏捷性、加快交货速度、提高服务水平、优化成本,成为电子商务公司物流系统运作的核心问题。企业物流资源配置服务提供者拥有比电子商务公司更有效、更便宜的完成物流业务的技术和知识,通过"共享租用"模型,不同的电子商务公司可以共享配送和售后服务,实现物流服务的规模效益。同时,许多第三方物流服务供应商在国内外都拥有良好的运输和分销网络,在组织企业的物流活动方面更有经验、更专业化。所以,通过物流业务外包,电子商务企业可以减少运输设备、仓库和其他物流设施所必需的投资。

(3) 改进客户服务,加速销售。通常电子商务企业在包装、配送、售后服务、产品召回等一系列服务方面做得不够完善,而这些服务对于电子商务企业吸引和留住顾客又是非常重要的。由于第三方物流企业在信息网络和配送节点上具有资源优势,它们在提高客户满意度上具有独到的优势。可以利用强大、便捷的信息网络来提升订单的处理能力,缩短对客户需求的反应时间,进行直接到户的点对点配送,实现商品的快速交付。设施先进的第三方物流企业具有对物流全程监控的能力,通过其先进的信息技术和通信技术加强对在途货物的监控,及时发现、处理配送过程中出现的意外事故,保证订货及时、安全送到目的地,这有助于保证货主货物的安全,也能尽量实现电子商务企业对顾客安全、准点送货的承诺。服务水平的提高会提高顾客的满意度、增强企业信誉、促进产品销售、提高利润率,进而提高市场占有率。

(4) 分散风险。企业可以通过物流外包分散由政府、经济、市场、财务等因素产生的风险。企业自身的资源、能力是有限的,通过外包,与外部的合作伙伴分担风险,企业可以变得更有柔性,更能适应变化的外部环境。外包电子商务物流对于利用其效益并且已经与合适的外包伙伴进行必要的定位分析的公司来说可能是个办法。然而,对于另一些公司来说,外包可能具有特别大的危险。

二、物流业务外包战略的潜在风险

尽管大多数公司都承认与第三方物流公司进行合作有着诸多明显的优势,但许多企业并没有更多地将物流业务外包出去。这是基于对以下风险的考虑。

(一)物流业务外包会对企业有关职能部门形成冲击

企业物流活动外包往往会影响企业的内部业务流程,需要企业的内部业务流程重组。这个过程很可能对所有员工都产生影响,遭到企业内部员工的抵制而对企业正常的生产经营产生负面影响。

(二)信息共享会带来信息安全问题

将物流外包给第三方时,只有供需双方实现信息和技术资源的共享,物流外包的优势才会体现出来,第三方物流公司才可以根据电子商务企业的具体情况进行操作,做到及时配送等,从而在降低成本的同时提高服务质量。但是,这些具有经济价值的信息和技术可能由于物流供应商的"不忠"而导致信息资源变换,使商业机密外泄。

(三)物流业务外包可能会降低用户满意度

非核心业务的物流外包可能对企业员工产生负面激励的效果,会影响企业的核心业务,减弱甚至偏离实施全面质量管理或连续改进的初衷。另外,企业过于依赖第三方物流服务商,但又无法控制或影响它们。从长期来看,对物流活动的失控可能阻碍核心业务与物流活动之间的联系而降低客户满意度。

(四)难以对物流供应商进行监督和控制

短期内企业能够以管理第三方物流服务商的知识和能力来弥补其技术职能成本。但事实上存在这样的风险,即通过物流活动的长期外包,第三方物流服务商会认识到企业缺乏专家技术,而提供较差的服务或提高价格,企业必须确认管理第三方物流服务商需要什么技能,尤其要确认,为了有效管理第三方物流服务商需要多少技术设计或信息系统的专家技能。这样,就会增加企业的经营成本和风险。

(五)外包依赖控制程度

企业需要在长期依赖某一个第三方物流服务商和依赖多个第三方物流服务商之间权衡。长期依赖某一个第三方物流服务商会对其资本投资、效率提高具有潜在的好处,但又会使其滋生自满情绪而让企业难以控制。为了便于控制,企业应该选择多个第三方物流服务商,但是这种短期行为又会使企业的成本提高或服务质量降低。

综上所述,物流外包虽然具有成本节约等方面的优势,但同时隐藏着潜在的风险。这也是有些企业放弃物流外包而选择物流自营的原因之一。

三、物流外包决策的因素分析

物流的目标是以尽可能低的总成本,对原材料、在制品和制成品的库存进行地理上的定位。物流涉及信息、运输、存货、仓储、物料搬运和包装等各方面的集成。就具体企业来说,根据业务类型、作业的地理区域、产品和材料的重量/价值比率,物流开支一般占销售额的 5%～35%。物流成本通常被解释为业务工作中非常重要的成本之一,仅次于制造过程中的物料费用或批发、零售产品的成本。

由于物流对企业的成本影响如此之大,企业对其物流能力的解决是至关重要的。物流能力是自身建立还是外包,是企业面临的最重要也是最困难的决策之一。一个拥有一流物流能力的企业可以通过向顾客提供优质服务获得竞争优势。确定是企业自营还是外包物流这一战略问题要求企业明确自己的核心能力,即那些令自己与众不同并能立于不败之地的特点。如果决定将某项与最根本的核心能力紧密相关的产品或服务外包出去,就必须精心挑选供应商,而且要以双方结成紧密的战略联盟为前提。因此,企业在进行外包决策时首先考虑以下几方面问题。

(一)企业战略

企业战略是市场竞争中企业生存和发展的总纲领,是企业发展中带有全局性、长远性和根本性的问题,也是企业经营思想、经营方针的集中表现。它是对"我们要成为什么样的组织"的正确回答。中国很多企业由于受传统经营理念的影响,在决策过程中,自给自足的思想占据优势。而实际上即使是大公司也不可能完全实现自给自足。比如,福特公司曾希望能在其纵向一体化程度最高的生产厂里制造所有所需零件,并建立包括内陆港口和一个错综复杂的铁路网络和公路网络在内的运输渠道。但如今的福特公司早已放弃了这种想法,其 50%的零部件需从外部购买,并且根据各分公司的不同情况来确定其物流能力是自建还是外包。企业越追求自给自足,企业的规模会越大,管理任务也就越复杂、多元化。这样很可能导致管理层由于过度分散而无法有效管理。所以,企业在决定"是自建还是外包"时,要把这种自给自足的情感因素剔除。

在企业的战略决策中,核心竞争力是重要的因素。成功的企业都通过将资源集中在一个或有限的几个能力中,而超过竞争者,发掘与众不同的竞争优势。而且,这些企业都会将其所需要的核心能力建立在行业平均水平以上,并围绕其竞争优势开展业务,很少将资源投向非核心能力。所以,明确物流能力是否是其核心能力,企业是否能够积极地利用这种能力去获得竞争优势,是企业决定"是自建还是外包"首先要考虑的。

(二)企业规模

企业规模大小体现了企业的资金实力及企业生产的复杂程度。一般来讲,企业的规模越大,其生产的复杂程度就会越高,同时与供应商和销售商有着千丝万缕的联系。如果物流能力外包,企业的生产经营结构就要进行大范围的调整,而这个调整成本往往非常高,同时会影响企业的供应网络和销售网络的稳定性。另外,企业的规模比较大,其中一个表现就是物流资源相对比较丰富,如拥有自己的运输力量和仓储设施等,如果企业自身能够对这些资源进行有效的利用和管理,自营物流可能只需投入少量的成本进行技术更新就可以同时满足自身和消费者的需求。在这种情况下,自营会以比外包更低的成本达到相同的服务水平。另外,企业还可以利用过剩的物流网络资源拓展外部业务,逐步积累物流服务经验、技术和所需的资金,发展专业化物流,为企业以后的长远发展开拓道路。而对于中小型企业来说,资金的规模小,生产的变动性大,一方面无力投入大量的资金进行自有物流设施的建设;另一方面由于企业内部业务流程重组风险的存在,还可能受到企业内部员工的抵制和产生资源浪费。因此,可以利用物流能力外包来突破资源"瓶颈",使企业发展获得较高的增长速度。

(三) 成本

"如何使总成本最低"是企业在制定物流战略时首先要考虑的问题,也是企业追求的目标之一。当然,这里所要降低的成本并不是物流的功能成本,而是整个企业的运营总成本。企业需要对物流成本的构成有一个全面的了解,并具有对需要展开的功能成本进行分析和动态成本计算的能力。当然,在实践中对有效的物流过程进行总成本计算,还是比较困难的。但是,企业可以对自营的成本与外包后潜在的成本进行分析比较,这是目前一种比较有效的能够证明外包是否对企业有益的方法。

另外,由于物流成本与增加的物流绩效之间有着非线性比例的关系,一个为了快速交货而保持高存货的企业与承担较少义务的企业相比,也许要承受加倍的物流成本。因此,企业关键是要掌握使自己的物流能力与顾客的期望和需求相匹配的艺术,对顾客的承诺是形成物流战略的核心,据此来确定企业物流的总成本,并确定物流能力是自建还是外包。

(四) 服务质量

在今天的经营环境中,如果企业愿意承担必需的资源开支,几乎物流服务都是能实现的。例如,在地理上靠近顾客的位置建立一个专用仓库,或使一支车队保持随时待运的状态等。这种物流服务在顾客下单后几乎可以即时响应顾客需求,但是这样做的代价是高昂的。物流服务在本质上是服务优势和服务成本的一种平衡。企业需要了解物流服务供应商的管理深度和幅度、战略导向,看供应商的服务是否能满足本企业的需求,尤其是供应商的发展战略要与需求企业相匹配或类似。

一般来说,供应商基本的物流服务水准可以从三个方面来衡量:可获得性;作业效率;服务可靠性。可获得性意味着拥有库存,能始终如一地满足顾客对材料或产品的需求。根据传统的方法,存货的可获得性越高,所需的存货投资就越大。虽然现在科学技术正在降低存货可获得性与高额存货投资的相关性,但仍需关注存货可获得性的开发。作业效率是处理从订货到交付的过程。作业效率涉及交付速度和交付的一致性。企业一般会首先寻求实现物流服务的一致性,然后加快交付速度。物流的作业表现也可以从其在适应通常和异常的顾客需求中是否灵活及故障的恢复来考察。服务可靠性涉及物流的可获得性和作业效率的精确衡量。只有全面地衡量,才有可能确定总的物流作业是否实现所期望的服务目标。从企业角度来看,物流能力是自建还是外包要从以上三个方面去衡量物流的质量。

四、物流外包的理论基础

(一)核心能力理论

1990 年,普哈拉(Prahalad)和哈默尔(Hamel)在《哈佛商业评论》上发表了《企业核心能力》一文,标志着核心能力理论的诞生。普哈拉和哈默尔认为,企业的核心能力是一种稀缺的、难以模仿的、有价值的、可延展的能力。核心能力是企业可持续获得竞争优势与新业务发展的源泉,它们应成为公司的战略焦点,企业只有具备核心能力、核心产品和市场导向这样的层次结构,才能在全球竞争中取得持久的领先地位。

奎因(Quinn,1992)指出,企业应该持续地在具有核心能力的业务上进行投资,而将不具备核心能力的业务进行外包。外包非核心业务可使企业提高管理注意力,加大对绩效显著工作的资源的分配,而将相对劣势的工作交给外部组织承担。类似地,企业通过专注于具有核心能力的产品生产或服务,将非核心业务或职能,如物流服务通过合同的形式外包给第三方物流公司,不仅可降低成本,而且可提高质量(Maltz,1993)。

蒂斯(Teece,1998)则认为,核心能力是指许多有差别的技能、补偿资产和惯例的集合,它可以在某些领域为企业提供一种竞争能力,强化企业的竞争优势。

综上所述,企业核心竞争力是指企业独具的、支撑企业可持续性竞争优势的核心能力。它可更详细地表达为,企业核心竞争力是企业长时期形成的,蕴含于企业内质中的,企业独具的,支撑企业过去、现在和未来竞争优势,并使企业长时间内在竞争环境中能取得主动的核心能力。依据核心能力理论,企业必须将有限的资源集中在核心业务上,强化自身的核心能力,而将自身不具备核心能力的业务以合同的形式(外包)或非合同的形式(战略联盟或合作)交由外部组织承担。企业就可以通过与外部组织共享信息、共担风险、共享收益,以整个供应链的核心竞争力赢得竞争优势。

依据核心能力理论,企业只有在物流资源可用于多种用途,是企业所具有的稀缺的、难以模仿的、有价值的、可延展的核心能力,而且物流资源在公司范围能够得以保持的情况下,才不应该外包,而是自己运作。而当物流不是企业的核心能力,且企业的物流资源与能力难以满足企业自身的需求与顾客需求时,企业就应该实施外包,将物流交给第三方物流企业运作。对于第三方物流企业来说,从事的是专业化的物流服务,一般拥有专门的知识和信息网络,在物流服务水平、服务质量等方面可以获得竞争优势;为众多的物流需求企业提供服务,能够实现规模经济;规模经济的结果是带来了成本的降低。所以,物流经营是第三方物流企业的核心能力。企业将物流交给外部组织,就可以强化自身在产品研发、核心部件的生产和销售等方面的核心能力。同时,可以充分利用外部企业的核心能力获得互补能力,提高交易质量,并以整个供应链的竞争优势提高企业的竞争力。

总之,依据核心能力理论,只有物流是企业的核心能力,企业才应该自营物流。否则,不管企业持有多少物流资源,只要物流不是企业的核心能力或虽是企业的核心能力但自身或集团公司内部在物流运作上不具有可持续的竞争优势,企业就应该将其外包,利用外部资源,以整个供应链的能力和资源增强企业的竞争优势。

（二）交易费用理论

罗纳德·科斯（Ronald Coase）在 1973 年发表的《企业的性质》一文中开创性地提出"交易费用"的概念，认为市场运行中存在交易费用，它是"运用价格机制的成本"，至少包括两项内容：①获取准确市场信息的费用，即企业收集有关交易对象和市场价格的确定信息必须付出费用；②谈判和监督履约的费用，即为避免冲突就需要谈判、缔约并付诸法律，因而必须支付的有关费用。

威廉姆森（Williamson）在科斯等的基础上深化了交易费用的分析，一方面对交易费用重新界定：交易费用是在交易过程中所需费用的一种统称，交易成本包括：交易当事人必须相互寻找交易对象的成本；双方必须收集、传达和交换信息的成本；对交易的商品进行必要描述、检查和度量的成本；合同谈判、起草、签订及履行的成本。另一方面对交易费用的决定因素进行了区分和总结，指出了交易费用产生的原因。威廉姆森认为决定市场交易费用的因素可以划分为两组：第一组是交易主体行为的两个基本特征；第二组是有关交易特性的三个维度。

1. 契约人的行为假设

威廉姆森提出了与"经济人"假设相区别的"契约人"概念，并指出其行为有两个基本特征。

（1）有限理性。其意思是人们"意欲合理，但只能有限达到"，交易主体在经济活动中其感知和认识能力是有限的。也就是说，人们在收集和加工处理大量相关市场信息方面，其能力受到自身很多局限。

（2）机会主义。其含义是交易主体以欺诈手段追求自身利益的行为倾向是以有限理性假设为前提的。正是由于人的理性有限，有的交易者可以利用信息不对称环境或某种有利的讨价还价地位欺诈对方。机会主义假设扩展了传统理论中人的自利动机，为"经济人"在自利的引导下寻求策略性行为留下了空间。

2. 交易性质的分类

威廉姆森认为交易费用还和交易特性有关，即资产专用性、交易不确定性和交易频率。

（1）资产专用性。当一项耐久性投资被用于支持某些特定的交易时，所投入的资产即具有专用性。在这种场合，假如交易资产已经投入而交易被终止，所投入的资产将全部或部分地因无法改作他用而受损。资产专用性主要有四种类型：场地资产专用性、物质资产专用性、人力资产专用性及专项资产。它们的共同特征是，一旦形成，则很难移作他用，因此交易双方具有很强的依赖性，一方违约将使另一方产生巨大的交易风险。

（2）交易不确定性。由于市场环境的复杂多变，交易双方的稳定性受到影响。另外，交易双方的信息不对称和相互依赖程度的不对称，也增加了交易中的不确定性，进而增加履约风险。

（3）交易频率。交易频率和交易费用线性相关，频繁的交易行为意味着反复地签约，因而导致较高的平均成本和交易费用。

首先，对物流外包来说，不仅可以降低生产成本（一般来说，除非资产的专用性非常高和市场的不确定性非常大），也可以降低交易费用。这是因为，当资产的专用性水平比较低时，企业很容易在市场上找到物流服务供应商，这样由第三方物流企业的机会主义所带来的要挟就不存在，市场交易的效率就会高于纵向一体化的代理效率。导致内部一体化代理效率低下的原因在于：采用内部的垄断经营，一方面，对内部顾客来说缺少对比性绩效标杆，服务价格又带有某种程度的垄断性，因此，物流自营很容易掩盖内部运作的低效性。另一方面，由于业务量主要依赖企业内部，物流部门很容易产生惰性，久而久之，物流质量、物流水平和物流效率都会受到不利影响。特别是，内部运作又将使企业组织规模扩大，为了强化管理职能，势必会增设管理机构。由此不仅会产生较高的管理费用，随着管理层级的增加，还极易滋生官僚主义作风，使管理效率下降，并增加官僚成本。

其次，对于长时间物流外包合作关系，双方会时常保持沟通，因此可使搜寻交易对象的信息费用大为降低。另外，基于物流伙伴提供的个性化服务建立起的合作关系，也可减少各种履约风险。即使在服务过程中产生某种冲突，双方也会为了维持长期的合约关系，通过协商加以解决，从而避免无休止的讨价还价，甚至提出法律诉讼而导致的费用。

最后，物流外包的合作性关系的建立，将会促使第三方物流企业"组织学习"，从而有助于提高第三方物流企业对不确定性环境的认知能力，减少因"有限理性"而产生的交易费用。同时，合作性关系的建立在很大程度上可以抑制第三方物流企业的机会主义行为。因为一次性的背叛和欺诈在长期合作中会导致"针锋相对"的报复和惩罚，第三方物流企业可能就会失去物流业务。所以，这会使因机会主义而产生的交易费用降到最低程度。

然而，必须注意的是，随着资产专用性和服务复杂性的提高，市场交换的交易费用会随之上升。但只有当资产专用性、服务复杂性或市场不确定性达到相当高的程度时，外包的交易费用才会高于内部组织的交易费用(组织成本)。

如果通过市场交易，主要依靠的是价格机制。事实上，市场运行总面临高昂的交易费用，包括获取有关交易信息、讨价还价、签约和实施交易协调等方面的费用。另外，在市场不确定的情况下，一旦物流供应商违约，就会给企业带来很大影响。因此，只有供应风险低、非专用性的公共物流服务才适用市场规制。

总之，物流外包不仅可以大大降低采购成本，还可以更好地控制和降低各种交易费用。从交易全过程来看，采用物流外包，能避免交易中的盲目性，减少搜寻信息的成本；物流外包能减少讨价还价的成本；能有效地节约交易中的监督执行成本，并减少机会主义行为而发生的成本；有利于提高双方对不确定性环境的应变能力，降低由此带来的交易风险。同时，物流外包企业与外部企业之间的合作竞争关系，又有利于激发第三方企业更好地提高物流效率和市场效率，否则，企业有可能在将来更换服务伙伴，甚至实施物流自营。

(三) 委托-代理理论

委托和代理实际上是经济发展到一定水平时的一种分工形式，是随着社会化大生产的发展而产生的。委托-代理最早提出是为了研究股份制公司的治理体制问题。委托-代理最早由罗斯(Ross,1973)提出。詹森(Jensen)和梅克林(Meckling)(1976)将委托-代理关系定义为"契约下，一个人或一些人(委托人)授权另一个人(代理人)为实现委托人的效用目标最大化而从事的某种活动"。授予代理人某些决策权力，利用报酬机理吸引代理人，并对代理人进行约束监督等都包含在委托-代理关系之内。解决委托-代理关系的主要出发点是使代理方忠实地服务于委托方，实现预期的代理效果。但这种情况很难出现，原因在于：首先，委托方和代理方都是独立的法人实体，有自己的利益目标，而这些目标并不都是完全一致的。其次，存在不完全信息，这在一定意义上容易产生一种非协作和非效率。这主要体现在两个方面,即道德风险和逆向选择问题。因此,委托-代理理论的核心问题就是通过设计合理的激励监督机制,控制代理成本,实现预期效益最大化。

在物流外包的情况下,企业出于增强自身核心竞争力的考虑,将非核心能力的物流业务部分或全部地外包出去,实际上就是将自身的物流系统交由代理人去实施。这里,外包物流业务的企业即是委托人,物流服务提供商即是代理人。从本质上来说,物流需求企业和物流提供企业间存在的是一种委托-代理关系。从物流需求企业的角度来看,都追求自身效益的最大化(物流总成本最低,货物交付的及时性以及服务质量),同时知道第三方物流企业也追求自身效用的最大化(利润最大化)。因此,物流需求企业必须设计出第三方物流企业能够接受的契约。这一契约能够使第三方物流企业在追求自身效益最大化的同时,实现物流需求企业的效益最大化。

委托-代理关系可能产生两种问题:第一,由于物流消费企业缺乏必要的资料和能力,因而不能准确地辨别物流供应商的能力,由此会造成委托人的逆向选择。第二,由于外包后企业对第三方物流的具体业务不再予以干涉,而只是关注物流服务的最终结果,从而对本企业的物流活动失去控制。由此造成第三方物流企业签约后可能会采取欺诈行为,产生道德风险。

在物流外包中,避免逆向选择包括两方面问题:第一,物流委托企业必须改变只重视价格的传统标准,转而形成一个涵盖价格和服务质量以及未来不断改进等因素的综合标准。第二,第三方物流企业必须加强自身的建设,向委托企业发出一系列信号,诸如,反映成本的报价信息,反映其服务水平的服务标准及以前服务记录,反映其创新能力的新技术使用情况及高附加值的新型服务项目等信息,向委托企业表明自身的实力。当然,传递信号是有成本的,过度的信号成本支出对企业来说也是一个不可忽视的成本负担,这里有一个平衡的问题。

避免道德风险可以采取两种方法:其一,可以给第三方物流企业一定的价格补偿。建立一个合理的评价体系,采取一定的激励措施。其二,加强双方的协作关系,增大第三方物流企业的转换成本。第一种方法的核心是建立一套科学、可行的评价指标体系。有了这个指标体系,可以在第三方物流提供的服务比较好时,采取一定的正向激励措施,如增加订单,给予更多的优惠。第二种方法则是引导第三方物流企业在为委托企业提供专门服务的设施上进行投资,甚至委托企业可以为其提供部分资金帮助,以实施技术改造等。

第二节　电子商务与第三方物流

第三方物流是一个新兴的领域,目前已得到越来越多的关注。第三方物流的思想已成为物流领域一个重要内容。当前的市场状况更加引起人们对物流职能的高度重视、对外包物流的兴趣。因此,如何有效率地、合理地调整物流,以满足多变的市场需求变得日益重要。第三方物流由于其在专业技术和综合管理方面的显著优势得到了迅速的发展。

一、第三方物流的概念、分类和特点

(一)第三方物流的概念

第三方物流的概念源自管理学中的"外包",即企业充分利用外部资源为企业内部的生产经营服务,动态地配置自身和其他企业的功能与服务。将"外包"的概念引入物流管理领域,就产生了第三方物流的概念。

1. 第三方物流的产生是社会分工的结果

在"外包"等新型管理理念的影响下,各企业为增强市场竞争力、培养核心竞争力,将企业的资金、人力、物力等有限的资源都投入核心业务中,通过寻求社会化分工协作来取得效率和效益的最大化。专业化分工的结果导致许多非核心业务从企业生产经营活动中分离出来,其中就包括物流业。将物流业务委托给专业的第三方物流公司负责,可以降低物流成本,完善物流活动的服务功能,进而实现企业资源的合理配置,以及效率、效益最大化的企业目标。

2. 第三方物流的产生是新型管理理念的要求

进入 20 世纪 90 年代后,现代信息技术特别是计算机技术的迅猛发展与社会分工的进一步细化和专业化,推动管理技术和思想迅速更新,由此产生了供应链、虚拟组织等一系列强调内、外部协调和合作的新型管理理念。这既增加了物流活动的复杂性,又对物流活动提出了零库存、准时制、快速反应、有效的顾客反应等更高的要求,使传统的运输或者仓储企业很难全部承担此类业务,由此产生了全方位、集成化、专业化物流服务的需求。第三方物流的思想和第三方物流企业正是为了满足这种需求而产生的。第三方物流的出现,一方面迎合了个性需求时代企业间专业合作(资源配置)不断变化的要求;另一方面实现了物流供应链的整合,提高了物流服务质量,加强了对供应链的全面控制和协调,促进供应链达到整体的最佳性能。

3. 第三方物流是改善物流与强化竞争力相结合的产物

企业物流的探索与实践经历了成本导向、利润导向、竞争力导向等发展阶段。将改善物流服务质量与提高竞争力相结合是物流理论与技术成熟的标志,也是第三方物流概念出现的逻辑基础。

4. 物流领域的竞争激化导致综合物流业务的发展

随着经济自由化和贸易全球化的发展,物流领域的政策不断放宽,也导致了物流企业自身竞争的激化,物流企业不断地拓展服务内涵和外延,从而导致第三方物流的出现,成为第三方物流概念出现的历史基础。

第三方物流随着物流业发展而发展,第三方物流是物流专业化的重要形式。物流业发展到一定阶段必然出现第三方物流,而且第三方物流的占有率与物流产业的水平之间有着非常规律的相关关系。西方国家的物流业实证分析证明,独立的第三方物流要占社会的 50%,物流产业才能形成。所以,第三方物流的发展程度反映和体现了一个国家物流业发展的整体水平。

目前关于第三方物流的定义有很多,国内外还没有一个统一的定义。比较普遍的理解是:第三方物流是指交易双方的全部或部分物流的外部提供者。第三方是相对于第一方供应方和第二方需求方而言的,它通过与第一方或第二方的合作来提供专业化的物流服务,它不拥有商品,不参与商品的买卖,而是为客户提供以合同为约束、以结盟为基础的、系列化、个性化、信息化的物流代理服务。因此,其又称为合同物流、物流外协、全方位物流服务公司、物流联盟等。第三方就是指提供物流交易双方的部分或全部物流功能的外部服务提供者。在某种意义上,它是物流专业化的一种形式。

（二）第三方物流的分类

由于物流服务种类的多样性和企业物流外包的多样性,物流服务提供者的类型也是多种多样的。对于第三方物流的类型有多种划分方法。

(1) 按照物流企业完成的物流业务范围的大小和所承担的物流功能,可将物流企业分为功能性物流企业和综合性物流企业。功能性物流企业,也叫单一物流企业,即它仅仅承担和完成某一项或几项物流功能。按照其主要从事的物流功能可将其进一步分为运输企业、仓储企业、流通加工企业等。而综合性物流企业能够完成和承担多项甚至全部的物流功能。综合性物流企业一般规模较大、资金雄厚,并有良好的物流服务信誉。

(2) 按照物流企业是自行完成和承担物流业务还是委托他人进行操作,可将物流企业分为物流自理企业和物流代理企业。物流自理企业就是平常人们听说的物流企业,它可进一步按照业务范围进行划分。物流代理企业同样可以按照物流业务代理的范围,分为功能性物流代理企业和综合性物流代理企业。功能性物流代理企业包括运输代理企业、仓储代理企业和流通加工代理企业等。综合性物流代理企业包括跨境电商物流企业、供应链管理企业和信息技术服务企业等。

在西方发达国家第三方物流的实践中,有以下几点值得注意:第一,物流业务的范围不断扩大。一方面,商业机构和各大公司面对日趋激烈的竞争,不得不将主要精力放在核心业务上,将运输、仓储等相关业务环节交由更专业的物流企业来操作,以求节约和高效;另一方面,物流企业为提高服务质量,也在不断拓宽业务范围,提供配套服务。第二,很多成功的物流企业根据第一方、第二方的谈判条款分析比较自理的操作成本和代理费用,灵活运用自理和代理两种方式,提供客户定制的物流服务。第三,物流产业的发展潜力巨大,具有广阔的前景。

（三）第三方物流的特点

1. 信息网络化

信息流服务于物流,信息技术是第三方物流发展的基础,在物流服务过程中,信息技术实现了数据的快速、准确传递,提高了库存管理、装卸运输、采购、订货、配送、订单处理的自动化水平,使订货、包装、保管、运输、流通加工实现一体化;企业可以更方便地使用信息技术与物流企业进行交流和协作,企业间的协调和合作可以在短时间内迅速完成。常用于支撑第三方物流的信息技术有实现信息快速交换的 EDI 技术、实现资金快速支付的 EFT 技术、实现信息快速输入的条形码技术和实现网上交易的电子商务技术。所以,随着现代信息技术的发展,第三方物流得以迅速发展,它已成为现代物流的重要运作方式。

2. 关系合同化

首先,第三方物流是通过合同的形式来规范物流经营者和物流消费者之间的关系的。物流经营者根据合同的要求,提供多功能直至全方位一体化的物流服务。一般来讲,第三方物流为客户企业提供的服务有基本业务、附加值业务及高级物流服务,并以合同来管理其所提供的物流服务活动及其过程。其次,第三方物流公司发展物流联盟也是通过合同形式来明确各物流联盟参与者之间的关系。

3. 功能专业化

第三方物流公司所提供的服务是专业化的服务,对于专门从事物流服务的企业,它的物流设计、物流操作过程、物流管理都应该是专业化的,物流设备和设施都应该是标准化的。

4. 服务个性化

不同的物流消费者要求提供不同的物流服务,第三方物流企业根据消费者的要求,提供针对性强的个性化服务及增值服务。

二、第三方物流与电子商务

电子商务是信息化、网络化的产物,随着互联网技术的发展,电子商务的应用也越来越广泛,电子商务与传统商务的本质区别,就是它以数字化网络为基础进行商品、货币和服务交易,目的在于减少信息社会的商业中间环节,缩短周期,降低成本,提高经营效率,提高服务质量,使企业有效地参与竞争。电子商务与第三方物流的关系体现在以下几个方面。

(一) 电子商务的发展离不开现代物流,而第三方物流是现代物流发展的必然结果

电子商务的任何一笔交易过程和传统商务过程一样,都包含几种基本的"流",即信息流、商流、资金流和物流。物流作为"四流"中最为特殊的一种,是指物质实体(商品或服务)的流动过程,具体指运输、储存、装卸、保管、物流信息管理等各种活动。物流虽然只是电子商务中的一个环节,但它的作用是很重要的。其主要体现在:物流是商品最终价值的实现过程;在整个电子商务交易活动中,物流是以商流的后续者和服务者的姿态出现的,没有物流,商流活动将是一纸空文;对于电子商务企业来说,最需要完善的就是物流和配送。由于信息流的快速、准确传递,物流和配送的持续时间在电子商务环境下会大大缩短,这也对电子商务的物流系统提出了更高的要求。这就为第三方物流提供了巨大的发展空间。

(二) 电子商务的发展推动了第三方物流的发展

在电子商务环境下,消费者在网上的虚拟商店购物,并在网上支付,信息流和资金流的运作过程很快就能完成,剩下的工作就只有实物的物流处理了,物流中心成了所有企业和供应商对用户的唯一供应者。可见,物流中心的作用越来越突出。电子商务的跨时域性与跨区域性,要求其物流活动也具有跨区域或国际化特征。电子商务按其交易对象可分为B2C和B2B。在B2C形式下,如A国的消费者在B国的网上商店用国际通用的信用卡购买了商品,若要将商品送到消费者手里,对于小件商品,可以通过邮购;对于大件商品,则由速递公司完成交货。目前,这些流通费用一般均由消费者承担,对于零散客户而言,流通费用显然过高。如在各国(地区)成立境外分公司和配送中心,利用第三方物流,由客户所在国(地区)配送中心将货物送到客户手里,可大大降低流通费用,提高流通速度。在B2B形式下,大宗物品的跨国运输是极为繁复的,如果有第三方物流公司能提供门到门的服务,则可大大简化交易、减少货物周转环节、降低物流费用。网上商店一般都是新建的企业,不可能投资建设自己的全球配送网络,甚至全国配送网络都无法建成,所以它们对第三方物流的迫切要求是很容易理解的。

（三）电子商务对物流的新要求

电子商务对物流的要求与传统经营方式对物流的要求有显著的不同,主要表现在以下几个方面。

1. 供应链管理

在传统的经营模式下,供应商、企业、批发商、零售商及最终用户之间是相互独立的,企业内部各职能部门之间也是各自按照本部门的利益开展生产经营活动。供应链管理的目的是通过优化提高所有相关过程的速度和确定性,使所有相关过程的净增价值最大化,以求提高组织的运作效率和效益。实行供应链管理可以使供应链中的各成员企业之间的业务关系得到强化,变过去企业与外部组织之间的相互独立关系为紧密合作关系,形成新的命运共同体。供应链管理可以显著提高物流的效率、降低物流成本,大大提高企业的劳动生产率。

2. 零库存生产

电子商务的运作一般要求企业通过网络接收订单,随后按照订单要求组织生产,即以需定产。与传统的"先生产、后推销"的做法完全不同。在传统的经营方式下,无论生产企业或销售企业都必须保证一定的库存,还必须承担商品销不出去的风险。电子商务要求企业的物流运作必须满足零库存生产的需要。

零库存生产源自英文"just in time",意指供应者将原材料、零部件以用户所需要的数量在所需要的时间送到特定的生产线。零库存生产是在电子商务条件下对生产阶段物流的新要求。它的目的是使生产过程中的原材料、零部件、半成品及制成品高效率地在生产的各个环节中流动,缩短物质实体在生产过程中的停留时间,并杜绝物品库存积压、短缺和浪费的现象。

零库存生产要求企业的每一个生产环节都必须从下一环节的需求时间、数量、结构出发来组织好均衡生产、供应和流通,并且无论是生产者、供应商还是物流企业或零售商,都应对各自的下游客户做正确的需求预测。电子商务既为零库存生产创造了条件,又要求企业通过零库存生产来产生效益。

3. 信息化和高技术化

物流信息化是电子商务物流的基本要求,没有物流的信息化,要做到物流的高效运作是不可能的。企业信息化是开展电子商务的基础,物流信息化是企业信息化的重要组成部分。物流信息化表现为物流信息的商品化、物流信息收集的数据化和代码化、物流信息处理的电子化和计算机化、物流信息传递的标准化和实时化、物流信息储存的数字化等。物流信息化能更好地协调生产与销售、运输、储存等各环节的联系,对优化供货程序、缩短物流时间及降低库存都具有十分重要的意义。物流信息化必须有物流的高技术化做保证。物流的高技术化是指在物流系统应用现代技术,实现物流处理的自动化与智能化。目前,物流领域应用的高技术主要有以下几方面:条形码技术、ERT(电阻层析成像)、GPS等。

4. 物流配送的全球化

电子商务的运作本身是跨国界的,打破了传统经营方式中地理范围的限制。但是,电子商务为众多企业拓展市场边界的同时,也对企业的物流配送提出了全球化服务的要求。

近年来,随着科技的进步,特别是网络技术的发展,世界经济的全球化进程越来越快,加入WTO后,中国国内市场国际化及国际市场国内化的趋势十分明显。能否为全球用户提供满意的物流配送服务将成为衡量我国企业国际竞争力的重要因素。

物流配送的全球化要求我国企业对物流各系统的相关要素进行合理的调整,选择最佳的物流配送模式,按照国际惯例来组织物流运作。同时,物流配送的全球化趋势也使传统的生产企业不得不依靠专业的物流企业提供国际性的物流配送服务,并且它们之间的关系变成了新型的战略伙伴关系。

物流配送的全球化势必要求物流组织的网络化,即物流企业必须在全球范围内设立物流组织,形成反应灵敏、步调一致、信息沟通快捷的物流运作体系,才能适应电子商务提出的"三准原则"(即准确的货物,在准确的时间,送到准确的地点),并以尽可能低的成本和尽可能短的时间为全球客户提供优质的物流服务。

5. 物流服务的多功能化与社会化

电子商务的物流要求物流企业提供全方位的服务,既包括仓储、运输服务,又包括配货、分发和各种客户需要的配套服务,使物流成为连接生产企业与最终用户的重要环节。电子商务的物流要求把物流的各个环节作为一个完整的系统进行统筹协调、合理规划,使物流服务的功能多样化,更好地满足客户的要求。

随着电子商务的发展,物流服务的社会化趋势越来越明显。在传统的经营方式下,无论是实力雄厚的大企业,还是三五十人的小企业,一般都由企业自身承担物流职能,导致物流的高成本、低效率。而在电子商务条件下,特别是对小企业来说,在网上订购、网上支付实现后,最关键的问题就是物流配送,如果完全依靠自己的能力来承担,肯定是力不从心,特别是面对跨地区甚至跨国界的用户时,将显得束手无策。因此,物流的社会化将是适应电子商务发展的一个十分重要的趋势。

第三节 电子商务环境下的物流业务外包策略

一、电子商务企业物流业务外包步骤

电子商务企业的物流外包决策对于电子商务企业来说是一把"双刃剑",一方面,成功实施物流业务外包能帮助电子商务企业降低成本、增强竞争优势、提高市场占有率;另一方面,它也容易被竞争对手模仿并赶超,因此电子商务企业应不断改善资源配置,对现有电子商务企业结构进行改造,使电子商务企业获得持续的竞争优势。另外,电子商务企业要增强物流外包的风险防范意识,在自己的核心业务、优势资产和特殊关系的培育上不断努力,提高自身的核心竞争力。为了使外包物流获得成功,有以下几个步骤。

(一) 明确物流外包的内容、范围和形式

在明确电子商务企业经营目标的前提下,对电子商务企业的资源进行重新组合。对于电子商务企业的优势资源及建立在此基础上的核心业务不断完善,而对于其他非核心的业务,如运输、库存和配送等业务活动则采取外包的方式。电子商务企业应该在比较内部完

成本与外包成本的基础上,准确地界定需要外包的物流业务的范围,即对于外包哪些物流活动、在一个多大的区域范围、面对什么类型的顾客、要运送什么样的商品等事先有一个准确的界定。因此,要分析电子商务企业的优势与劣势,并和物流服务提供商的优、劣势比较、综合,找出具体的物流外包业务。同时,电子商务企业应根据自身资源配置状况、技术能力配备状态、成本控制需求、产品竞争力以及长期发展战略等因素,来确定物流业务外包的内容和形式。从目前大多数电子商务企业物流外包的类型来看,主要有以下几种。

1. 物流业务完全外包

对于物流业务完全外包的电子商务企业来说,应设有专门的物流管理部门,选择相对固定的物流供应商,并以中长期合同为手段,要求物流供应商利用自身的资源为其提供服务,并将物流供应商的管理纳入其生产管理体系中。对于这种方式,目前一些新兴的电子商务企业采用得比较多。电子商务企业可以根据自身需要,寻找一家或多家物流外包供应商为其提供配套服务。

2. 物流业务部分外包

物流业务部分外包即电子商务企业将一部分"不适合"自己直接运作的物流业务外包给物流供应商,这种"不适合"可能是电子商务企业人、财、物资源及其他方面因素引起的。这种外包方式也称为"选择性"外包,其对一些规模较大或自身本来就具备部分物流运作能力或部分物流运作能力已成为自身核心竞争力的重要组成部分的电子商务企业比较适用。

3. 战略联盟

通常意义下的战略联盟,大多数指相同电子商务企业或相关电子商务企业之间的合作联盟关系,如物流企业之间,制造企业与供销企业之间等,但从目前物流外包形式看,电子商务企业与物流供应商之间建立战略联盟关系也越来越多,这是一种长期的战略合作关系,如广东的宝洁公司与宝供物流公司就采用这一模式。

(二) 做好电子商务企业内部工作

要对电子商务企业的物流业务实行外包,首先要对现有的物流业务安排重新设计,同时,提高核心业务在整个电子商务企业中的地位。另外,物流业务的外包将会对电子商务企业的经营方式产生重大影响,电子商务企业的生产、营销、财务、人力资源等部门的运作方式和工作内容必须进行相应的变革,这会涉及部分员工的现有利益,使部分管理人员可能从合作之初就产生抵触情绪,导致更低的业绩水平和生产率。如何将物流外包而导致的电子商务企业震荡降低到最低水平,是每一个电子商务企业决策者不可回避的棘手问题。认真倾听下属单位和员工的意见应该是一个比较明智的选择。通过倾听,可以准确了解员工的真实想法和他们的利益所在,从而可以制订相应的措施。另外,在电子商务企业总体战略决策的基础上,让员工明白和理解电子商务企业的物流外包决策同样可获得切实可行的效果。

(三) 选择合适的物流服务提供商

在选择物流服务提供商的时候,电子商务企业的决策者在明确自己的物流需求的基础上,深入调查物流服务提供商的管理水平、信息技术支持能力、自身的可塑性和兼容性、行业运营经验等,其中战略导向尤为重要,确保提供商有与电子商务企业相匹配或类似的发展战略。考察物流服务提供商完成自己需求的能力,从而选择最适合自己的物流服务供应商。

(四)物流外包的实施和管理

作为物流外包服务的用户要实时监督和评估外包的物流业务性能,并及时与厂商进行沟通,以谋求相互的依赖和长期的合作。由于物流外包至少涉及两个不同的企业,需要通过强化文化管理来消除各种摩擦和冲突,如强调双赢的经营理念、目标一致的团队文化等明确服务要求,共同编制操作指引。由于电子商务企业的外包业务不是其核心业务,所以在相关方面缺少相应的专业知识。对所需要的物流服务不能够量化或量化不够明确,很可能会使双方在条款理解上出现偏差,从而导致外包失败。在提出明确的服务要求之后也不能认为外包作业只是供应商单方面的工作。为了保证作业流程顺畅、信息交流便捷,电子商务企业还应该与供应商一起制定相应的操作指引。只有这样,才能保证双方对口工作人员在作业中步调一致。

(五)制定评估标准并采用激励措施

一般情况下,对供应商服务水平的评估是基于合约条款,而合约条款多数只对结果作出描述,因此对外包业务过程不能进行有效的评估,也不能建立适宜的持续改进机制。随着时间的推移,需求商准备向供应商增加外包项目时,才发现供应商已不符合电子商务企业进一步发展的要求。不能有效考核工作,正是管理薄弱的环节。当建立合作关系后,依据既定合约,充分沟通协商、详细列举绩效考核标准,并对此达成一致。绩效评估和衡量机制不是一成不变的,应该不断更新,以适应电子商务企业总体战略的需要,促进战略的逐步实施和创造竞争优势。实施外包变革是一个长期的、艰巨而又曲折的过程,合约的签订只是外包的开始。在这个过程中,需要不断地对完成的活动进行考核,甚至包括外包决策,使每个步骤都能达到预期的目的,从而确保变革的有效性。电子商务企业不断对供应商进行考核的目的是促使供应商的核心能力得到长期、持续、稳定的发展。

需求商不仅对供应商不断进行考核,也要对电子商务企业内部与外包活动相关的职能进行持续监控。外部虽不是电子商务企业的核心能力,但它日益成为电子商务企业创造竞争优势的重要贡献者。过去,外包决策是基于扩大生产规模而采取的一种短期战术行为;现在,它是基于实现资本有效利用的长远目标而考虑的,电子商务企业管理者应时时关注、考核自身的核心能力,同时找出问题,加以解决。

绩效考核标准应立足实际,不能过高而使供应商无法达到,同时要有可操作性,但是标准应该包含影响电子商务企业发展的所有重要因素。良好的工作业绩应该受到肯定和奖励,供应商或企业内部职能部门即使对所做的工作有自豪感,也需要得到承认和好的评价。表扬、奖励、奖品都是一种激励因素,管理者应充分应用一切有效的方式和方法来达到激励的目的。

二、电子商务企业物流业务外包策略

在电子商务企业与第三方物流的合作中,按照委托-代理理论,电子商务企业是委托人,是主动方,电子商务企业是抱着诚意进行其物流业务外包的,因而在外包合作中处于不利的位置。而第三方物流作为代理人,则极易出现逆反选择和败德行为。从电子商务企业的角度,针对电子商务企业与第三方物流合作风险,应采取相应的措施进行防范控制。

(一)加强对物流供应商的选择管理

以上对物流外包合作风险的分析清楚地表明,从物流服务的需求方企业来讲,最大的风险来自委托-代理关系中代理人所固有的逆反选择和败德行为。电子商务企业必须认识到自己在合作关系中所处的这种劣势地位,在选择外包合作伙伴的时候,有针对性地采取措施来防范信息风险,包括以下几个方面。

(1)选择方法和流程必须合理。目前,电子商务企业选择第三方物流的方法和流程往往存在弊端,如招标选择时只注重价格或声誉,甚至凭主观印象来决定合作伙伴,对第三方物流的真正实力了解得不够,在实际的操作过程中就容易出现其物流服务水平无法满足电子商务企业要求的情况。因此,在挑选物流供应商时,应首先考虑物流供应商的核心竞争力是什么,有的物流企业偏重于物流方案策划,有的物流企业侧重于业务的组织实施,有的物流企业具有综合性运作的协调能力,也有的物流企业偏重于某一物流环节的生产组织(如仓储、运输)等。例如,联邦快递和 UPS 公司最擅长的服务是包裹的限时速递;中国储运总公司的核心竞争力在于其有大型的仓库。

(2)完善物流外包招标书的撰写和物流合同的编制。大多数准备外包其物流业务的企业缺乏相关的经验,如何编制招标书和合同来选择和约束第三方物流,使其完全满足电子商务企业的物流需求,对电子商务企业而言是个难题。招标书和合同对物流服务的要求明确,对第三方物流的责任划分清楚,最大限度地防范代理人的逆反选择和败德行为。

(3)建立基于互联网、面向电子商务的第三方物流管理信息交换平台,一方面有利于电子商务企业与物流供应商之间进行及时的信息沟通,提高电子商务企业的物流管理水平和供应商的物流服务水平;另一方面有利于加快和加强对第三方物流服务过程中有关产品库存、物流指令的执行情况、物流费用等信息的实时跟踪管理,提高信息的共享度和透明度,从而有效地减少信息传输错误,降低委托-代理关系中存在的信息风险,并及时对风险进行管理控制。

 **案例视窗**

当当网的物流外包

当当网 1999 年 11 月正式开通,目前面向全世界网上购物人群提供近百万种商品的在线销售服务,包括图书、音像、家居、化妆品、数码、饰品等数十种精品门类,在全球已拥有 1560 万的顾客群体。

当当网耗时 7 年多修建的"水泥支持"——庞大的物流体系,近 5 万平方米的仓库分布在华北、华东和华南。当当网自行开发、基于网络架构和无线技术的物流、客户管理、财务等各种软件支持,每天把大量货物通过航空、铁路、公路等不同运输手段发往全国和世界各地。在全国 180 个城市里,大量本地快递公司为当当网的顾客提供"送货上门,当面收款"的服务。

当当网目前有三个配送中心。其中,北京物流中心位于南五环芦求路北段宏大英龙物流中心,仓库总面积 2.9 万平方米。当当网的产品除先前经营的图书、音像业务外,还兼营家居百货等业务,目前该库内储存了 20 万种图书、上万种 CD(激光唱盘)/VCD(激光压缩视盘)及众多的软件、上网卡等商品。上海、广州两地的物流中心主要储存的产品与北京基本相似,仓储面积各 1 万平方米。其他地区暂时未设置物流中心,据企业内部人士介绍,未来将在成都设立 RDC,主要辐射西南地区。届时,当当网的仓储物流中心布局将形成以北京为中心辐射"三北"地区;以上海为中心辐射华东、华中地区;以广州为中心辐射华南、华中地区;以成都为中心辐射西南地区的网络布局和覆盖模式,从而建立就近下单、就近配送,辅之异地发货的供应模式。

北京物流中心主要分为普货储存区、贵重品储存区、分拣区、包装区、发货区、退货区等,主要储存区类型为轻置货架区、重置货架区。面积储存区大约为 2 万平方米,退货区为 0.3 万平方米,其他区域约为 0.6 万平方米。整体区域拥有管理人员、操作人员 120 余名,分成错峰时间制,大多数操作人员都隶属于劳务公司,当当网只是进行业务管理。

当当网的经营模式与其他电子商务企业基本一致,都属于无店铺经营型。当当网配送系统的目标是提供快速、方便、经济的服务。在配送系统上,当当网模仿亚马逊的模式,建立了自己的配送中心。当消费者在当当网单击购货的"确定"键后,当当网的配送系统就开始运转。首先,由当当网的销售平台将订货信息传给离客户最近的配送中心。其次,配送中心接到订单,备好货,再通过快递公司或中国邮政城际干线送至目的地城市配送商处。最后,目的地城市配送商进行二次配送。

基于以上的物流模式,当当网主要采取干线供应商和配送供应商相结合的模式进行运作。就北京而言,干线运输公司主要有 CRE(中铁快运)、飞豹,而配送公司主要是按照分区运作的方式进行分包,共有 7 家供应商进行服务,主要为同城快递业务。

资料来源:当当网电子商务案例分析[EB/OL]. (2011-11-14). https://doc. mbalib. com/view/717ad0f9602826ab014bcd5131a57aed. html.

(二) 建立合作信用机制,加强信用管理

首先,合作双方要重视共识的达成,因此必须树立正确的合作观念。

(1) 视第三方物流合作为战略合作伙伴关系,而非交易关系。交易关系注重短期利益,战略合作伙伴关系则追求长远发展。

(2) 物流合作为价值中心,而非成本中心。对物流服务购买方而言,第三方物流合作不仅能降低库存持有成本和物流服务管理成本等电子商务企业物流综合成本,还能使电子商务企业获取提高核心竞争力、提高客户满意度、提高电子商务企业灵活性等诸多利益。

(3) 合作双方要明确各自职责范围,共同制订合作计划。

其次,在物流服务供应方的客户化定制方案、物流服务购买方的内部工作计划和操作管理流程中,要明确合作中各自的工作任务,以及工作细节和要求,针对存在的问题进行认真协商并达成共识。

再次,要树立共赢的目标。合作中共赢目标的树立和实践可以避免或消除一些物流合作陷阱。合作双方的共赢,意味着合作中双方共享信息、共御风险,从而双方都获得更多利益,具有更强的竞争力。当合作中市场环境变化或其他因素引起某一方的合理利益受损

时，合作双方应秉着公平与灵活的原则进行适当变更，以确保合作共赢目标的实现。例如，协议中根据物流服务购买方的产品数量确定了一定费率，但市场环境变幻莫测，物流服务购买方的产品数量发生了很大变化，远低于协议中费率对应的数量基础，如果双方能够按照共赢目标，根据实际情况对协议进行适当变更，则仍然能在市场风险中保证物流服务供应商获取合理的利润。但是，如果物流服务购买方没有考虑合作方的利益，坚持按协议费率履行，物流服务供应方的合理利润就难以实现，甚至会出现亏损。这种情况下，供应方很可能以降低服务质量来确保自身利润的实现，导致双方合作的长远利益受损。

最后，要不断增进合作信用。信任是合作开始的基石，也是合作成功的关键。它要求合作双方保持相互信任态度，更重要的是合作者要从自身做起，用行动来获得对方的信任。对物流服务供应方而言，从公司高层管理者到基层操作人员，必须努力实践对物流服务购买方的各项承诺，用实际行动获得合作方的信任。对物流服务购买方而言，必须统一思想，努力克服内部管理人员及员工对物流外包的抵触情绪，通过各种工作使合作方理解公司对外包物流工作的重视、认可为维护合作关系所做的努力，从而获得对方的信任。

（三）明确分工责任，加强绩效评价管理

第三方物流合作是在分工基础上的合作，因而要求物流服务供应方和购买方在磋商合作协议时，必须对合作中各自的责任进行明确分工。从总的责任分工来说，物流服务购买方在程序和系统的设计方面起领导作用，而物流服务供应方则在执行这些活动时起领导作用。具体执行物流合作方案时，必须在明确合作各方的工作任务的基础上，根据合作目标制定各项任务的规则和要求，并按照相应标准对工作绩效进行适时评估，这样在合作出现问题时，就可以及时进行协商改进，避免事态的恶化和造成严重损失，从而防范合作风险。

（四）建立开放式交流机制，不断增进合作信任

建立开放式交流机制，使合作双方在一种制度化而又比较轻松的环境下坦诚交流，以及时发现并有效解决合作中出现的问题。开放式交流的方式可因人、因地而异。例如，作业层每天的电话交谈、双方客户服务代表每月的电话会、双方项目管理人员一年数次的相互拜访、定期的绩效评估交流等。这样有利于电子商务企业与外包物流服务提供商之间增进理解和信任，及时解决物流外包中的一系列问题，从而提高工作质量和工作效率，使物流供应商的服务真正融入电子商务企业的整个供应链中。

（五）制订处理突发事件的应急措施

供应链物流管理是多环节、多通道的一个复杂的系统，很容易发生一些突发事件。供应链物流管理中，对突发事件的发生要有充分的准备。对于一些偶发但破坏性大的事件，可预先制订应变措施和应对突发事件的工作流程，成立应变事件的处理小组。

（六）合作协议中明确终止条款

合作协议对合作关系的稳定、合作责任及义务的明确等方面起着重要作用，同时，随着环境的变化和市场竞争的加剧，第三方物流合作的终止和变更是常见的现实（在欧洲，第三

方物流合作关系的更新速度很快,几乎一半的合作关系通过重新协商终止,75%终止合作关系的第三方物流服务购买方会与其他的第三方物流供应商重新合作)。因此,在第三方物流协议中应明确合作终止条款,一方面,当终止条款中规定的某些情况出现预兆时,双方可以根据情况进行理性的协商,及时采取措施加以改进,避免当合作双方利益受到很大损失之后,以终止协议来结束合作;另一方面,协议终止条款将有效约束双方合作行为,使合作双方为了获得长远利益,保持长期合作关系,从而避免损失的出现。

第四节 电子商务与第四方物流

在美国,不少第三方物流服务提供商管理和协调整个物流的运作,已取得令人满意的效果,为货主企业节约了不少成本。但是,当物流作为跨地区甚至跨国的全球化运作时,第三方物流服务提供商在综合技术、集成技术、战略和全球扩展能力方面存在局限,不得不转而求助于咨询公司、集成技术提供商等物流服务提供商,由其评估、设计、制订及运作全面的供应链集成方案,由此形成了第四方物流(forth-party logistics,4PL)。作为一个全新的概念,第四方物流的提出融合了诸多现代管理思想。从本质上讲,第四方物流对物流过程进行功能整合,对物流作业有了更大的自主权。它以整合供应链为己任,向企业提供完整的物流解决方案,与第三方物流仅能提供低成本的专业服务相比,第四方物流则能控制和管理整个物流过程,并对整个过程提出策划方案,再通过电子商务把这个过程集成起来,以实现快速、高质量、低成本的物流服务。电子商务中的第三方物流是对传统物流的继承和突破,而第四方物流则完全是电子商务环境下的新兴产物,包含更多的管理创新意识。由于其强调协同合作,对第三方物流并不构成威胁,相反,二者相互补充,可进一步扩大物流服务范围、增强物流服务能力、提高物流管理水平。

一、第四方物流的定义

美国著名管理咨询机构埃森哲公司最早提出了第四方物流的概念:"第四方物流供应商是一个供应链的集成商,它对公司内部和具有互补性的服务供应商所拥有的资源、能力和技术进行整合和管理,提供一整套供应链解决方案。"第四方物流主要是对制造企业或分销企业的供应链进行监控,在解决企业物流问题的基础上,整合社会资源,解决物流信息充分共享、社会物流资源充分利用的问题。

对于这个定义,我们应该从如下几个方面去把握。

(1) 第四方物流既不是委托企业全部物流和管理服务的外包,也不是完全由企业自己管理和从事物流,而是一种中间状态,这一点与第三方物流的外包性质是有所不同的。之所以如此,其原因在于物流业务的外包有一定的优势。例如,它能够减少委托企业在非核心业务或活动方面的精力和时间、改善服务、有效地降低某些业务活动方面的成本,以及简化相应的管理关系等。但是与此同时,企业内部的物流协调与管理也有其好处,即它能够在组织内部培育物流管理的技能,对客户服务水准和相应的成本实施严格的控制,并且与关键顾客保持密切的关系和直接面对面地沟通。正是出于以上两方面的考虑,第四方物流并没有采用单一的模式来满足企业物流的要求,而是将两种物流管理形态融为一体,在统一的指挥和调度之下,将企业内部物流与外部物流整合在一起。

(2) 由于前一个性质所决定,第四方物流组织往往是主要委托客户企业与服务供应组织(如第三方、IT 服务供应商及其他组织)之间通过签订合资协议或长期合作协议而形成的组织机构。在第四方物流中,主要委托客户企业反映了两种身份:一是它本身就是第四方物流的参与者,因为第四方物流运作的业务中包含委托客户企业内部的物流管理和运作,这些活动需要企业直接参与,并且加以控制;二是主要委托客户企业同时也是第四方的重点客户,它构成了第四方生存发展的基础或市场。由于上述两重身份所决定,在第四方物流组织中,主要委托客户企业不仅有资本上的参与,而且它们也将内部的物流运作资产、人员和管理系统交付给第四方使用,第四方在使用这些资产、系统的同时,向主要委托客户企业交纳一定的费用。

(3) 第四方物流是委托客户企业与众多物流服务提供商或 IT 服务提供商之间唯一的中介。由于第四方物流要实现委托客户企业内外物流资源和管理的集成,提供全面的供应链解决方案,因此,仅仅是一个或少数几个企业的资源是无法满足这种要求的,它势必在很大程度上整合各种管理资源,这样第四方物流内部可能在企业关系或业务关系的管理上非常复杂。尽管如此,对于委托客户企业而言,它将整个供应链运作管理的任务委托给的对象只是第四方物流。所以,任何因为供应链运作失误而产生的责任,一定是由第四方承担,而不管实际的差错是由哪个具体的参与方或企业造成的,这是第四方物流全程负责管理的典型特征。

(4) 第四方物流大多是在第三方充分发展的基础上产生的。从前面几个内涵可以看出,第四方物流的管理能力应当是非常高的,它不仅要具备某个或某几个业务管理方面的核心能力,而且要拥有全面的综合管理能力和协调能力,其原因是要将不同参与企业的资源进行有机整合,并根据每个企业的具体情况,进行合理安排和调度,从而形成第四方独特的服务技能和全方位、纵深化的经营诀窍,这显然不是一般的企业所具备的。从发展的规律来看,第四方物流的构成主体除了主要委托客户企业外,高度发达和具有强大竞争力的第三方物流才是第四方物流孕育的沃土。这些企业由于长期以来从事物流供应链管理,完全具有相应的管理能力和知识,并且目前优秀的第三方已经在从事各种高附加值活动的提供和管理,具备了部分综合协调管理的经验,所以,这类企业才有可能发展成为第四方。相反,没有第三方市场的充分发展,特别是优秀第三方物流企业的形成和壮大,第四方物流是很难形成的,这不是通过简单的企业捏合就能实现。这里有必要强调的是,有些人将提供信息解决方案的 IT 服务供应商或企业软件供应商等同于第四方,这是完全错误的观点。虽然第四方物流中往往有 IT 方案供应商的参与,也需要建立大量的信息系统,但是,第四方如同我们在前面探讨的那样,它是一种全方位物流供应链管理和运作服务的提供商,而且它与委托客户是一种长期持续的关系,双方牢牢地捆在一起,并且具备集成各种管理资源的能力,这不是单一的 IT 服务供应商能涵盖的。

如图 8-1 所示,通过第四方物流这一中心,将第三方物流和技术服务供应商结合起来,第四方物流扮演了管理和指导多个第三方物流的角色。也就是说,第四方物流是在第三方物流的基础上对管理和技术等物流资源进一步整合,为客户提供全面意义上的供应链物流解决方案。

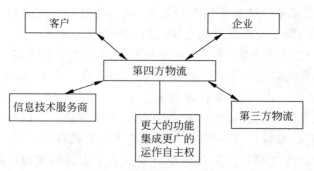

图 8-1　第四方物流示意图

因而,第四方物流的出现,突破了单纯发展第三方物流的局限性,能真正地做到低成本运作,实现最大范围的资源整合。第四方物流可以看成物流一体化进入更高层次后的产物。随着对物流服务更深层次、更全面要求的提高,制造商和零售商日益趋向外包其物流业务。作为能与客户的生产、市场及分销数据进行全面、在线连接的一个战略伙伴,第四方物流必将具有广阔的发展前景。需要指出的是,第四方物流虽然发展前景广阔,但进入的门槛很高。国外研究表明,企业要想进入第四方物流领域,必须具备以下条件。

(1) 拥有国际水准的供应链策略制定、业务流程重组、技术集成和人力资源管理能力。

(2) 在集成供应链技术和外包能力方面处于领先地位。

(3) 在业务流程管理和外包的实施方面拥有一大批富有经验的供应链管理专业人员。

(4) 能同时管理多个不同的供应商,具有良好的关系管理和组织能力。

(5) 具有全球化的地域覆盖能力和支持能力。

(6) 具有对组织变革问题的深刻理解和管理能力。

二、第四方物流的特征

4PL 具有策划、实施和监督供应链管理方面的能力。4PL 概念的中心思想是,企业集中于其核心能力的发展,把在销售、运作和供应链管理上的责任移交给 4PL 供应商。4PL 信息平台使企业之间的信息可以更快地交换,从而可以预计在什么地方、什么时间需要多少什么样的产品,最优化地配置企业资源,并通过费用、质量和速度的优化,实现最佳物流方案的制订。4PL 最重要的作用在于,以 IT 为依托,在整个供应链管理上,对资源进行分配。

从第四方物流的概念和基本特性可以看出,第四方物流在现实的运作过程中,其表现出来的功能特点如下。

(1) 提供了一整套完善的供应链解决方案。第四方物流集成了管理咨询和第三方物流的能力,不仅能够降低实时操作的成本和改变传统外包中的资产转换,还能够通过优秀的第三方物流、技术专家和管理顾问之间的联盟,为客户提供最佳的供应链解决方案。

(2) 执行、承担多个供应链职能和流程的运作。第四方物流开始承接多个供应链职能和流程的运作责任,其工作范围远远超过了传统的第三方物流的运输管理和仓库管理的运作,包括制造、采购、库存管理、供应链信息技术、需求预测、网络管理、客户服务管理和行政管理。第四方物流通过影响整个供应链来增加价值。第四方物流充分利用一批服务提供商的能力,包括第三方物流、信息技术供应商、呼叫中心和电信增值服务商等,再加上客户和第四方物流的自身优势,第四方物流能够通过提供一个全方位的供应链解决方案来满足企业的复杂需求,它关注供应链管理的各个方面,既提供不断更新和优化的技术方案,又能满足客户的独特需求。

三、电子商务环境下第四方物流的运作模型

在当今的供应链环境中,随着市场竞争的加剧,企业对降低物流成本的追求导致物流服务提供商有必要从更高的角度来看待物流服务,把提供物流服务从具体的运输管理协调和供应链管理上升到对整个物流供应链的整合优化和供应链方案的再造设计。现代技术的不断更替和电子商务影响力的迅速扩展使顾客期望越来越高,供应链上各节点企业对内要求整合资源和对外要求扩展的需求不断扩大。顾客未满足的期望推动企业重新评估它们的供应链战略,这些因素相互作用,共同推动了第四方物流的产生。

第四方物流是集合和管理包括第三方物流在内的物流资源、物流技术、设施,依托现代信息技术提供完整的供应链解决方案,这种关于供应链的有影响的、综合的解决方案,将给顾客带来更大的价值。第四方物流不仅控制和管理特定的物流服务,而且对整个物流过程提出策划方案。所以,第四方物流高效率运作必须有强有力的电子商务平台的支持,电子商务也就构成了第四方物流模型的重要组成部分。

第四方物流的运作模型有协同运作模型、方案集成商运作模型和行业创新者模型。

(1)协同运作模型。第四方物流和第三方物流共同开发市场,第四方物流向第三方物流提供一系列服务,包括技术、供应链策略、进入市场的能力和项目管理的能力。第四方物流在第三方物流公司内部工作,其思想和策略通过第三方物流这样一个具体实施者来实现,以达到为客户服务的目的。第四方物流和第三方物流一般会采用商业合同或者战略联盟的方式合作。

(2)方案集成商运作模型。在这种模型中,第四方物流为客户提供运作和管理整个供应链的解决方案。第四方物流对本身和第三方物流的资源、能力和技术进行综合管理,借助第三方物流为客户提供全面的、集成的供应链解决方案。第三方物流通过第四方物流的方案为客户提供服务,第四方物流作为一个枢纽,可以集成多个服务供应商和客户的能力。

(3)行业创新者模型。在行业创新者模型中,第四方物流为多个行业的客户开发和提供供应链解决方案,以整合供应链的职能为重点,第四方物流将第三方物流加以集成,向下游的客户提供解决方案。在这里,第四方物流的责任非常重要,因为它是上游第三方物流的集群和下游客户集群的纽带。行业解决方案会给整个行业带来最大的利益。第四方物流会通过卓越的运作策略、技术和供应链运作实施来提高整个行业的效率。

四、案例

飞协博(以下简称"Flexport")作为第四方物流企业,致力于整合和协调整个供应链,提供全方位的物流服务。通过先进的数字化平台,Flexport 能够实时监控、管理和协调供应链

的各个环节。智能技术如人工智能和大数据分析被应用于货物跟踪、库存管理和运输优化,以提高整体效率。利用科技将跨境物流运输链条变得可视和可控,以此使客户和自身实现降本增效,并结合组织管理形式的创新,突破行业的规模"天花板",进而形成自身的品牌价值。

Flexport 研发了一系列数字化工具产品,将收发货人、船公司、码头、海关的操作动作、文件全部线上化和数据化,并采用了地图和图表等多形式、多维度的呈现形式。目前,该系统内有1万余家用户和供应商,覆盖多家海运承运商。具体来说,收货人在向工厂下订货需求时,就会在平台创建一个订单,从订货沟通、工期产量、价格商定、证单文件到最后的付款结算,都可以在一个订单统一管理和完成。其中,工厂向进口方提供的报价方案中,需计入运输费用,而大多数航运电商平台,只能在工期结束,工厂产生运输需求之后介入,因而无法参与报价环节,平台的价值便被削弱。订单的整个流转过程中,用户只需看到十几个关键节点,但 Flexport 会采集超过120个数据节点,一旦订单出现异常,系统便会及时预警,方便用户查看。此外,不同的角色都可以在系统内对自己的客户体系进行管理。以收货人为例,其全球的供应商和客户企业会被清晰地标注在世界地图上,单击后则可以看到该客户的详细资料。

实现可视后,可控就有了先决条件。但相比快递,海运集装箱运输的复杂度要乘以 N。仅以取货为例,传统货代只能凭经验预测,向船公司订舱和预留集装箱。对船公司而言,货代在这一环节误差越大,不仅效率越低,还有成本损失。但在 Flexport 的体系里,收发货人之间沟通的工期、产量全部被记录在线,并可实时调整(费用也会相应改变)。Flexport 可以根据这些信息,精准预测柜数,并规划取货路线。其中,柜数的准确率在90%以上,由此与船公司形成良好的合作关系。除此之外,企业间的贸易会存在不同的工厂交付期,进而Flexport 的每一个订单中的货物都会有两个编号,一个是货物批号,一个是物流编号。这样即使工厂订单被拆成多笔物流订单,分布在不同的集装箱,也都能够便于收发货人管理物流信息。同时,Flexport 对物流的追踪,会拆解到一票货中的每一个单品——如一个集装箱中某一件衣服。这样做的好处在于,海运时间往往长有月余,便于收货人掌握运输中的货物库存,以及最重要的离岸价,便于收货人及时调整市场策略。

Flexport 深知物流是服务行业的本质属性,因而其通过建立由销售、操作员、客服等5~6人组成的专属顾问小组,提供长期追踪的贴身服务。而在具体的解决方案上,一方面,系统可以通过算法,高效为专属顾问推荐备选方案;另一方面,Flexport 信奉"less is more"的原则,专属顾问会基于对企业偏好的了解,从系统中挑选出2~3个方案,以此兼顾解决方案的生成效率和契合度,并在客户有诉求时做到及时响应。

资料来源:人人对标的科技型货代「Flexport」,如何估值32亿美元? | 36氪专访[EB/OL].(2019-09-20). https://www.36kr.com/p/1724249702401.

思考题

1. 企业物流业务外包的含义是什么?
2. 企业物流业务外包的原因有哪些?
3. 第四方物流的概念是什么?
4. 按照提供物流服务的不同,物流服务提供者有哪几种类型?

5. 选择一个企业进行调查研究,看这个企业的哪些物流业务是外包的,外包是否符合企业的利益,对物流外包业务提供者的选择与考核是如何进行的。

即测即练

第九章

包装与流通加工

【本章导读】

1. 包装的定义、分类和功能。
2. 包装在物流中的地位及其作用。
3. 包装的技术和标志。
4. 包装的标准化和合理化。
5. 流通加工的定义、功能和分类。
6. 流通加工的合理化。

探索可循环快递包装规模化发展新模式

2021年,中国快递业务量突破1 000亿件,连续8年稳居世界第一,8家快递企业成功上市,形成3家年业务量超100亿件、收入规模超1 000亿元的品牌快递集团。

在电子商务行业迅速发展的同时,我国也在加快推进快递包装减量化、可循环利用方面的建设。2021年,我国可循环快递箱(盒)投放量达630万个,电商快件不再二次包装率达80.5%,新增3.6万个包装废弃物回收装置的网点。

一、可循环包装推广存在的问题

作为快递包装绿色治理中的重要一环,快递包装的循环应用是必然选择,长期以来却受限于政策、成本、产品等多方面因素,难以得到推广、普及。

(1)快递包装的循环应用涉及主体众多,如快递企业、电商企业、个人用户、包装生产和销售企业,以及社区物业、垃圾处理机构等,其中上游电商经营者的包裹占快递业务量70%以上,成为快递包装治理的关键。

然而,尽管邮政管理部门对快递企业的监管规范持续强化,但对于其他主体缺少有效管理手段,使得推行效果受到限制。因此,相关法律法规以及标准体系亟待完善,上下游也需要更好地协同。

(2)在循环快递包装产品、技术和应用模式等方面也存在不足,其中成本问题是电商、快递企业首先考虑的因素,也决定着绿色环保类的新型材料能否大面积推广。

快递循环箱主要涉及物料成本和运维成本两部分,为保证包装多次循环,采购塑料箱的成本往往是同规格纸箱的 15～20 倍,箱子使用寿命为 30～40 次,而在循环运营过程中还要进行循环管理系统建设,以及投入包装回收调拨、清洗维护等成本,整体上相较使用传统纸箱并没有明显的成本优势。

二、对可循环包装推广的政策扶持与引导

近年来,国家相关部门出台了一系列扶持与引导政策,促进企业积极回收利用包装物,鼓励企业使用可循环、易回收的替代产品,优化包装设计等。

比如,国家邮政局推动在《中华人民共和国电子商务法》等法律中增加快递包装治理相关条款,引导寄递企业围绕绿色包装等重点领域加强科技创新。《快递暂行条例》《快递市场管理办法》和《快递服务》国家标准中明确了快递生产作业相关要求,且国家邮政局印发《邮件快件包装废弃物回收箱应用参考》,稳步推进包装废弃物回收再利用。

与此同时,为鼓励邮政快递企业在邮政快递网点设置符合标准的包装废弃物回收装置,对回收后外形完好、质量达标的包装箱、填充材料等重复使用,以及引导邮政快递企业快递员上门、驿站回收等,国家邮政局也正积极探索构建邮件快件包装物回收“逆向物流”模式。2021 年 3 月 12 日正式施行的《邮件快件包装管理办法》中,进一步明确了包装选用要求和原则,规定寄递企业应当严格执行包装物管理制度,优先采用可重复使用、易回收利用的包装物,减少包装物的使用,并且鼓励寄递企业建立健全工作机制和回收流程,对包装物进行回收再利用。

而在国家整体规划层面,2020 年国务院办公厅转发国家发展改革委、国家邮政局等八部门《关于加快推进快递包装绿色转型的意见》,提出推进快递包装“绿色革命”,明确 2022年和 2025 年可循环快递包装应用的量化目标。2021 年 7 月国家发展改革委发布的《“十四五”循环经济发展规划》再次明确,到 2025 年可循环快递包装应用规模达到 1 000 万个。

除此之外,对于绿色包装生产、绿色快递物流和配送体系建设、专业化智能化回收设施建设等项目,国家相关部门也将在资金、信贷、债券等方面给予支持,促进包装减量和绿色循环的新模式、新业态发展。

三、产品和技术创新

2021 年 12 月,国家标准化管理委员会发布《快递循环包装箱》编制通知,其中提道:循环包装是促进快递包装绿色转型,杜绝过度包装、推进塑料污染治理的有效方法之一。循环包装可以通过结构设计、智能识别、优化调度和数据可视等手段,实现材料耐用可循环、包装回收无废弃、成本可控可降低等目标,并能利用大数据智能分析和全流程实时监控的技术,提升邮政快递绿色化和智能化水平。

实际上,为努力占据市场主导地位,越来越多的快递、电商和包装企业开始争相发力,积极研究推广性强、成本低廉的环保包装技术,使循环快递包装的产品和技术得到快速发展。

京东物流早在 2017 年就首发试点循环快递箱——青流箱,其由可复用材料制成,箱体正常情况下可以循环使用 50 次以上,破损后还可以回收再生。同时,青流箱无须胶带封包,在循环使用的同时可做到不产生任何一次性包装垃圾,并配合自行研发的循环包装管理系统,借助唯一码和 RFID(射频识别)管理技术,实现循环包装全流程监控。此外,在京东生

鲜业务中,已全面推行使用可折叠保温周转箱,代替一次性泡沫箱,通过京东逆向物流返回仓库循环使用。京东循环冷链箱使用寿命超过 1.5 年,平均单箱使用次数达 130 次,历年累计使用次数达 1.8 亿次,有效减少了一次性泡沫箱和冰袋、干冰的使用。

顺丰速运推出的新一代循环快递箱"π-box",最多可循环 70 次,不用胶带封装,用魔术贴黏合即可重复利用,整箱材料 96% 可回收、易清理、抗戳穿性能较上一代产品提升 100%,有效保护寄件安全。"π-box"采用简单易操作的自锁底折叠结构和全箱体魔术贴黏合模式,免去使用胶带纸、拉链等易耗材料。目前,"π-box"已经率先在杭州、上海等地试点应用,共推出 6 种规格,寄件人可根据自身需求及物品实际大小,选择使用,价格与以往纸箱一致。

小象回家公司自主研发生产的智能环保循环包装箱,采用新材料制成,耐磨耐压,防水防潮,可使用 3 年以上。其在打包过程中,可免去对胶带、打包带、编织袋的使用,箱体可加装 RFID 芯片,采用新一代物联网技术跟踪追溯,保证货物在运输过程中的安全防遗失。此外,独创的平底可折叠设计,只需将折叠侧边向两侧一拉,箱子即可成型,无须进行底部盒盖组装(或粘接)固定或封口,安全卡扣一按即封箱完毕,反之即可数秒内完成折叠收纳。这些创新设计可极大提升物流打包效率,也满足易拆解的需求。

菜鸟裹裹方面此前曾推出"绿色包裹"活动,这些包裹能够在自然界中降解,减少环境污染,是一项推进快递包装环保化的有效措施,后又升级开展"纸箱回收行动",通过回收快递纸箱实现循环利用,鼓励更多的人加入环保网购的队列中来。

四、试点全面启动

国家发展改革委办公厅、商务部办公厅、国家邮政局办公室印发《国家发展改革委办公厅 商务部办公厅 国家邮政局办公室关于组织开展可循环快递包装规模化应用试点的通知》,明确在 2022 年 1 月至 2023 年 12 月,以寄递企业为主体,联合上下游相关方共同开展试点,试点范围以企业到个人消费者以及个人消费者之间的邮件快件规模化应用可循环包装为主,优先选择品类适宜且业务量较大的快递路线或城市(区域)开展。三部门于 2023 年底组织专家对试点工作开展评估验收,总结提炼成功模式和典型做法,在全国予以推广。

试点主要内容包括:提升可循环快递包装产品绿色设计和标准化水平,培育可循环快递包装可持续使用机制,发挥电商平台可循环包装推广应用作用,完善可循环快递包装基础设施,创新可循环快递包装回收模式,健全可循环快递包装调拨运营网络等。

其中,在标准化方面,提出联合行业上下游企业和其他寄递企业,研究使用统一的可循环快递包装编码和规格型号;在可持续使用机制方面,提出联合电商企业、连锁商超,推动在生鲜配送、散货物流等场景中推广应用可循环可折叠快递包装、可循环配送箱、可复用冷藏式快递箱;在完善基础设施方面,提出联合电商企业、可循环包装企业、商业机构、物业服务企业等,合作设立快递共配终端、可循环快递包装协议回收点;在健全调拨运营网络方面,提出试点企业统筹当地分拨中心、仓储场地等现有资源,联合可循环包装企业、电商企业合理谋划建设可循环快递包装清洗、调拨场地,确保试点范围内可循环快递包装高效循环流转使用。此外,还应强化技术创新应用,采取逆向物流、联合第三方企业运营等方式,同步监控可循环快递包装状态和物流状态,畅通信息对接和数据转换,实现可循环快递包装流向的全链条实时监控,提升循环率和周转效率。

可以看到,试点内容涵盖可循环快递包装的产品、技术、基础设施、标准化、运营模式等方面,为系统推进可循环快递包装规模化发展指明方向,未来发展值得期待。

资料来源:探索可循环快递包装规模化发展新模式[EB/OL].(2022-03-18). http://www.tcecps. com/index. php?case=archive&act=show&aid=755.

第一节　包　装　概　述

一、包装的概念

我国《包装术语 第 1 部分:基础》国家标准 GB/T 4122.1—2008 将包装明确定义为:"为在流通过程中保护产品,方便储运,促进销售,按一定技术方法而采用的容器、材料及辅助物等的总体名称。也指为了达到上述目的而采用容器、材料和辅助物的过程中施加一定方法等的操作活动。"这一定义把包装的物质形态和盛装产品时所采取的技术手段和工艺操作过程,以至装潢形式和包装的作用连成一体,比较完整地说明了包装的含义。我们可以从两方面来理解这一定义:一是指包装商品所用的物料,包括包装用的容器、材料、辅助物等;二是指包装商品时的操作过程,包括包装方法和包装技术。可见,包装是包装物及包装操作的总称。

二、包装的分类

包装的门类繁多、品种复杂,这是由于要适应各种物资性质的差异和不同运输工具等各种不同的要求和目的,从而使包装在设计、选料、技术、形态等方面出现了多样化。

(一)按包装层次分类

1. 单件包装

单件包装指直接对单个商品进行包装。它是为提高商品的价值或者为保护商品,把适当的材料、容器等添加在商品上的状态或为此实施的技术。单件包装还能够在商品上起到表示特色等信息传播作用。

2. 内包装

内包装指对包装商品的内部进行包装。它是为了避免商品受水分、湿气、光、热、撞击等因素的影响,把适当的材料、容器等添加在商品上的状态或为此实施的技术。若不需要将被包装商品放入箱子、袋子、桶等容器,则包装作业就此结束。

3. 外包装

外包装指对包装商品的外部进行包装,它是把商品或包装商品放到箱子、袋子、罐、桶等容器里而进行的再一层包装,在容器上添加记号、指示箭头,或为此实施的技术。

(二)按包装所起的主要作用分类

1. 销售包装

销售包装又称商业包装、消费者包装,是为满足消费的需要而做的包装。前述的单件包装基本相当于销售包装。销售包装通常随同商品卖给消费者,也有很多销售包装参与商品消费,销售包装一般与商品直接接触,包装体与商品体在生产中结合成一体。它起着直接保护、美化、宣传商品的作用,以及方便商品陈列展销和消费者识别选购的促进销售作用,便于消费者携带、使用、保存和识别。

2. 物流包装

物流包装又称工业包装,是在物流过程中为保护商品、方便储运而做的包装。内包装和外包装基本属于物流包装。它通常不随商品卖给消费者,一般不与商品直接接触,是由许多小包装(销售包装)集装而成的。物流包装往往需要内包装和外包装共同作用,其外部结构与尺寸要与储存、装卸、运输等作业所用设备、工具有很好的配合性;具有较强的抵御外界因素,如常见的侵蚀、侵害、碰撞、损坏等的能力;必须有按规定标准印刷的标识,指导包装物件的装卸搬运;还要注明商品名称、货号、规格、重量、数量、颜色、生产厂家、生产日期,以及发货单位与收货单位等标识,这样才能发挥其保障商品安全,方便储存、运输、装卸,加速交接、点验的作用。

物流包装可进一步分为单件物流包装和集合物流包装。单件物流包装,是指采用箱、桶、袋、包、坛、罐、篓、筐等容器对商品进行的包装。按其使用的材料,可以分为由纸、木、金属、塑料、化学纤维、棉麻织物制成的容器或绳索。集合物流包装,是指为适应现代化运输、装卸、搬运等作业方式的要求,将若干个单件包装组合成一件集合包装。常用的集合物流包装有集装袋(包)以及适应托盘系列和集装箱系列的集合包装。

(三)按包装容器软硬程度不同分类

1. 硬包装

硬包装又称刚性包装,是指充填或取出包装的内装物后,容器形状基本不发生变化,质地坚硬或坚牢的包装。这类包装中,有的质地坚牢,能经受外力的冲击,如油桶、油罐、钢瓶、硬质木材和硬质塑料等;有的质地坚硬,但脆性较大,如玻璃和陶瓷包装等。

2. 半硬包装

半硬包装又称半刚性包装,是介于硬包装和软包装之间的包装。例如,瓦楞纸箱、板纸箱、竹类、树枝类、藤条类、塑料软管等。

3. 软包装

软包装又称柔性包装,是指包装内的充填物或内装物取出后,容器形状会发生变化,且材质较软的包装,如纸袋、铝箔包装、塑料薄膜、纤维织品包装及复合材料的包装等。

(四)按产品的经营习惯分类

1. 内销商品包装

内销商品包装是商品在国内移动、周转和销售的包装。对于内销商品包装的销售包装和物流包装的划分,只是相对的,不是绝对的,有时物流包装可视为销售包装,有时销售包装也起着物流包装的作用。

2. 出口商品包装

出口商品包装是供出口商品的包装。按国际贸易经营习惯,分为国际运输包装和国际销售包装。国际运输包装主要考虑运输路程和运输方式的不同,采用集合包装形式;国际销售包装除保持其本身的特性外,还要考虑商品销往国的不同要求和特点。

3. 特种商品包装

特种商品包装是指工艺美术品、古文物、军需用品等的包装,对于这些物品的保护措施,在防压、抗震、抗冲击等方面比一般商品包装要求更高。

三、包装的功能

商品包装有以下几种功能:保护商品、方便物流过程、促进商品的销售,以及方便顾客消费和提高客户服务水平。

(一)保护商品

商品包装的一个重要功能就是保护包装内的商品不受损伤。在商品运输途中,由于运输工具或运输道路的原因,商品难免会受到一定的冲击或者压力,这样,就会使商品受到损害;在商品的储存过程中,因为商品要层叠堆积排放,所以,商品会受到放在它上面的其他商品的压力,这样,可能也会损害商品。另外,在商品的储存过程中,商品可能还会受到外部自然因素的侵袭,比如,被雨水淋湿,被虫子、老鼠咬坏等。因此,商品要有好的包装,能够抵挡这些侵袭。

在设计商品的包装时,要做到有的放矢。要仔细分析商品可能会受到哪些方面的侵扰,然后针对这些方面来设计商品的包装。比如,如果商品在运输途中可能会受到外力的侵袭,容易受到碰撞,那么就需要对商品进行防震包装或缓冲包装,可以在商品的内包装和外包装之间塞满防震材料,以减缓外界的冲击力;如果商品比较容易生锈,可以采用特制的防锈包装方法,如防锈油方法或真空方法;如果商品比较害怕蚊虫的侵蚀,那么可以在商品中加入一定的防虫剂,以防止商品受到损害。

(二)方便物流过程

商品包装的一个重要作用就是提供商品自身的信息,如商品的名称、生产厂家和商品规格等,以帮助工作人员区分不同的商品。在商品的储存过程中,仓库工作人员也是通过商品包装上的商品标志来区分商品,进行存放和搬运的。在传统的物流系统中,商品包装的这些功能可以通过在包装上印刷商品信息的方式来实现。如今,随着信息技术的发展,更多使用的是条形码技术。条形码技术是在计算机的应用实践中产生和发展起来的一种自动识别技术,它是为实现对信息的自动扫描而设计的,是一种快速、准确而可靠地采集数据的有效手段。仓库管理人员在使用扫描仪对条形码进行扫描的同时,商品的详细信息就可以输入物流信息系统中,进而物流信息系统可以发出指示,指导工作人员对该商品进行相应的操作。这样,就可以极大地提高物流过程的整体效率。

此外,适当的商品包装也能够提高搬运商品的效率。商品从生产到销售可能会经历很多次的搬运过程。如果产品包装设计过大,那么可能非常不利于搬运;相反,如果商品包装设计过小,可能会使搬运的效率大大降低。所以,在设计商品包装时,应根据搬运工具的不同来设计合理的包装。而且,还要注意考虑如何使各种搬运工具能够更好地对商品进行操作。

（三）促进商品的销售

一般来说,商品的外包装必须满足商品运输的种种要求。因此,在设计外包装的时候可能会更加注重包装的实用性。而对于商品的内包装而言,因为它要直接面对消费者,所以必须注意它外表的美观大方,要有一定的吸引力,以促进商品的销售。

杜邦定律(美国杜邦化学公司提出)认为:63％的消费者是根据商品的包装来进行购买的,而国际市场和消费者是通过商品来认识企业的。因此,商品的包装就是企业的面孔,优质的、精美的商品包装能够在一定程度上促进商品的销售,提升企业的市场形象。

在电子商务这种独特的消费形式中,特别是在 B2C 这种消费形式中,消费者首先能够看到的就是商品的包装。只有商品包装吸引人,消费者才会有兴趣继续去浏览有关商品的其他描述,进而产生购买行为。

（四）方便顾客消费和提高客户服务水平

企业对商品包装的设计应适于顾客使用,要与顾客使用时的搬运、存储设施相适应。这样成本可能会高一些,但是,拥有了长久的顾客关系,企业的生存和发展就有了保证。这也是商品包装的一大功能。

第二节　包装的地位与作用

一、包装的地位

在社会再生产过程中,包装处于生产过程的末尾和物流过程的开始,既是生产的终点,又是物流的起点。作为生产的终点,它是最后一道工序,标志着生产的完成,包装必须根据产品的性质、形状和生产工具进行,必须满足生产的要求。作为物流的起点,包装完成后便具有物流的能力。在整个物流过程中,包装可发挥对产品的保护作用,最后实现销售。从这个意义上讲,包装对物流起着决定性的作用。

在现代物流观念形成以前,包装被天经地义地看成生产的终点。因而,包装一直是生产领域的活动,包装的设计往往是从生产终结的要求出发,从而常常不能满足流通的要求。物流理论认为,包装与物流的关系比与生产的关系密切得多,作为物流起点的意义比作为生产终点的意义大得多。因此,包装属于物流系统,这是现代物流的新观念。

二、包装的作用

（一）包装在运输中的作用

（1）保护作用。产品在从出厂到用户的整个流通过程中,都必须进行运输,产品在运输过程中会遇到震动、挤压、碰撞、冲击以及风吹、日晒、雨淋等的损害。合理的包装就要保护产品不受自然环境和外力的影响,从而保护产品的使用价值,使产品实体不致损坏、散失、变质和变形。

（2）方便作用。产品外包装的体积、长宽高的尺寸、重量与运输工具的标重、容积相匹配，可提升高运输工具的装载能力、减小运输难度、提高运输效率。

（二）包装在装卸搬运中的作用

（1）有利于采用机械化、自动化装卸搬运作业，降低劳动强度和难度，加快装卸搬运速度。

（2）在装卸搬运中使商品能够承受一定的机械冲击力，达到保护商品、提高工效的目的。

（三）包装在储存中的作用

（1）方便计数。

（2）方便交接验收。

（3）缩短接收、发放时间，提高速度及效率。

（4）便于商品堆、码、叠放。

（5）节省仓库空间，进而节省仓容。

（6）良好的包装能抵御储存环境对商品的侵害。

第三节　包装技术及标记

包装作业时所采用的技术和方法简称包装技法，对任何包装件操作都有技术问题和方法问题，通过包装技法，才能使运输包装体和产品（包括小包装）形成一个有机的整体。

一、产品包装材料应具备的性能

从现代包装具备的使用价值来看，包装材料应具备以下几个方面的性能：保护性能、加工操作性能、外观装饰性能、方便使用性能、节省费用性能、易处理性能等。

（一）保护性能

保护性能主要是指保护内装物，防止其变质，保证质量。企业在选择包装材料时，应注意开发研究包装材料的机械强度、防潮吸水性、耐腐蚀性、耐热耐寒性、透光性、透气性、防紫外线穿透性、耐油性、适应气温变化性、无毒、无异味等。

（二）加工操作性能

加工操作性能主要是指易加工、易包装、易充填、易封合，且适合自动包装机械操作。企业在选择包装材料时，应注意研究包装材料的刚性、挺力、光滑度、易开口性、热合性和防静电性等。

（三）外观装饰性能

外观装饰性能主要是指材料的形、色、纹理的美观性，能产生陈列效果，以提高商品身价和激发消费者的购买欲。企业在选择包装材料时,应注意研究包装材料的透明度、表面光泽、印刷适应性,不因带静电而吸尘等。

(四)方便使用性能

方便使用性能主要是指便于开启包装和取出内装物,便于再封闭。企业在选择包装材料时,应注意研究包装材料的开启性能、安全性能,并使其不易破裂。

(五)节省费用性能

节省费用性能主要是指经济、合理地使用包装材料。企业在选择包装材料时,应注意研究如何节省包装材料费用、包装机械设备费用、劳动费用,提高包装效率,降低自身重量等。

(六)易处理性能

易处理性能主要是指包装材料要有利于环保、有利于节约资源。选择包装材料时,应注意研究包装材料的回收、复用再生等。包装材料的性能,一方面取决于包装材料本身的性能;另一方面取决于各种材料的加工技术。随着科学技术的发展,新材料、新技术不断出现,包装材料满足商品包装的性能需求会不断地完善。

二、包装材料

包装材料与包装功能存在着不可分割的联系,为了保证和实现物品包装的保护性、便利性等功能,常用的包装材料有以下几种。

(一)纸质包装材料

在包装材料中,纸的应用最为广泛,它的品种最多、耗用量也最大。由于具有价格低、质地细腻均匀、耐摩擦、耐冲击、容易黏合、不受湿度影响、无毒、无味、质轻、易加工、废弃物易回收、适于包装生产的机械化等特性,纸质包装在现代包装中占有重要的地位。纸作为包装材料有纸袋、瓦楞纸箱和纸箱,其中瓦楞纸箱是颇受欢迎的纸质包装材料。用瓦楞纸做的纸箱具有一定的刚性,因此有较强的抗压、抗冲击能力。但是,纸的防潮、防湿性较差,这是纸质包装材料的最大弱点。

(二)木材包装材料

木材包装是指以木板、胶合板、纤维板为原材料制成的包装。常用的包装材料有各种箱、桶、笼、托盘等。由于木材作为物品的外包装材料,具有抗压、抗震等优点,木材包装至今在包装材料中仍占有十分重要的地位。但由于木材资源有限,而且用途比较广泛,国家已采取限制使用木材的措施,作为包装材料前景不佳。其使用比例在不断下降。

(三)草制包装材料

这是比较落后的包装材料,原材料是各种天然生的草类植物,将这些草类植物经过梳理、编织成诸如草席、蒲包、草袋等包装物。草制包装由于防水、防潮能力较差,强度很低等原因,在物流中的作用逐渐下降,有被淘汰的趋势。

（四）金属包装材料

金属包装材料即把金属压制成薄片用于物品包装的材料,通常有金属圆桶、白铁内罐、储气罐、金属丝网等。目前,在世界金属包装材料中,用量最大的是马口铁（镀锡薄钢板）和金属箔两大品种。马口铁坚固、抗腐蚀、易进行机械加工,表面容易进行涂饰和印刷,尤其用马口铁制作的容器具有防水、防潮、防污染等优点。金属箔是把金属压延成很薄的薄片,多用于食品包装,如糖果、肉类、奶油乳制品的包装等。

（五）纤维包装材料

纤维包装材料即用各种纤维制作的袋状包装材料,天然的纤维材料有黄麻、红麻、大麻、织布麻、棉花等;经工业加工提供的纤维材料有合成树脂、玻璃纤维等。

（六）陶瓷与玻璃包装材料

玻璃具有耐风化、不变形、耐热、耐酸、耐磨等优点,尤其适合各种液体物品的包装。陶瓷、玻璃制作的包装容器容易洗刷、消毒、灭菌,能保持良好的清洁状态。同时,它们可以回收复用,有利于包装成本的降低。然而,玻璃、陶瓷也有它们最大的缺点,即在超过一定的冲击力的作用下容易破碎。

（七）合成树脂包装材料

用合成树脂制作的各种塑料容器、塑料瓶、塑料袋和塑料箱等,在现代包装中所处的地位越来越重要。合成树脂包装材料有如下特点和优点:透明,对容器内包装的物品不必开封便一目了然;有适当的强度,可以保护商品的安全;有较好的防水、防潮、防毒等性能;有耐药、耐油性能;耐热、耐寒性能较好,对气候变化有一定的适应性;有较好的防污染能力,使包装的物资既安全又卫生,密封性能好等。合成树脂的品种超过千种,用于包装的主要有聚乙烯、聚丙烯、聚氯乙烯、聚苯乙烯、酚醛树脂、氨基塑料等十多种。

（八）复合包装材料

将两种以上具有不同特性的材料结合在一起,以改进单一包装材料的性能,发挥包装材料更多的优点。常见的复合材料有三四十种,使用最广泛的包括:塑料与玻璃纸;塑料与塑料;金属箔与塑料;金属箔、塑料、玻璃纸的;纸张与塑料等。

三、一般包装技术和方法

（一）对内装物的合理置放、固定和加固

在包装容器中装进形状各异的产品（固体）,必须合理置放、固定和加固。置放、固定和加固得巧妙,就能缩小体积、节省材料、减少损失。

(二)对松泡产品进行压缩体积

对于松泡产品如羽绒服、枕芯、絮被、毛线等,包装时占用容器的密积太大,会增加运输、储存费用,所以对松泡产品需要压缩体积。其中有效的方法是真空包装,它可大大缩小松泡产品的体积,缩小率为 50%~85%。

(三)合理选择外包装形状、尺寸

在外包装形状、尺寸的选择中,要避免过高、过扁、过大、过重等。过高会重心不稳,不易堆垛;过扁会导致标志刷字和辨认困难;过大使内装量太多,不易销售,且给流通带来困难;过重则使纸箱易破损。

(四)合理选择内包装(盒)形状、尺寸

内包装(盒)一般属于销售包装。在选择其形状、尺寸时,要与外包装(箱)的形态、尺寸相配合,内包装(盒)的底面尺寸必须与包装模数协调,而且高度也应与外包装高度相匹配。

(五)包装外的捆扎

包装外的捆扎对运输包装功能起着重要作用。捆扎的直接目的是将单个物件或数个物件捆紧,以便运输、储存和装卸。而捆扎的功用远多于此,如防止失窃、压缩容积、加固容器等。

四、特殊包装技术和方法

由于产品特性不同,在流通过程中受到内、外各种因素的影响,其物性会发生人们所不需要的变化,或称变质,有的受潮变质,有的受震动冲击而损坏。所以,需要采用一些技术和方法来保护产品免受流通环境各因素的影响。它的范围极为广泛,随着人们对商品养护知识的增加、先进技术应用的加强,这类技术还在不断地发展,为物流质量管理提供了重要的技术保障。常见的针对产品养护特性的包装技术和方法有防震包装、缓冲包装、防锈包装、防霉腐包装、防虫包装、危险品包装等。

(一)防震包装

防震包装又称缓冲包装,在各种包装法中占有重要的地位。产品从生产到开始使用要经过一系列的运输、保管、堆码和装卸环节,这些环节都会有力作用在产品之上,并使产品发生机械性损坏。为了防止产品遭受损坏,就要设法减小外力的影响。所谓防震包装,就是指为减缓内装物受到冲击和振动,保护其免受损坏所采取的一定防护措施的包装。

防震包装主要有以下三种方法:①全面防震包装方法,是指内装物和外包装之间全部用防震材料填满进行防震的包装方法;②部分防震包装方法,是指对于整体性好的产品和有内装容器的产品,仅在产品或内包装的拐角或局部地方使用防震材料进行衬垫的包装方法;③悬浮式防震包装方法,是指对于某些贵重且易损的物资,为了有效地保证在流通过程中不被损坏,外包装容器比较坚固,然后用绳、带、弹簧等将被装物悬吊在包装容器内的包

装方法。在物流中,无论是什么操作环节,内装物都被稳定悬吊而不与包装容器发生碰撞,从而减少损坏。

(二)缓冲包装

缓冲包装有较强的防破损能力,因而是防破损包装技术中有效的一类。此外,还可以采取以下几种防破损保护技术:①捆扎及裹紧技术,其作用是使杂货、散货形成一个牢固整体,以增加整体性,便于处理及防止散堆来减少破损;②集装技术,即利用集装,减少与物资实体的接触,从而防止破损;③选择高强保护材料,通过外包装材料的高强度来防止内装物受外力作用破损。

(三)防锈包装

防锈包装主要有两类:①防锈油防锈蚀包装技术,是指将金属涂封防止锈蚀的技术。用防锈油封装金属制品,要求油层有一定厚度,油层的连续性好,涂层完整,而且不同类型的防锈油要采用不同的方法进行涂覆。②气相防锈包装技术,即在密封包装容器中,使用气相缓蚀剂(挥发性缓蚀剂)对金属制品进行防锈处理的技术。在密封包装容器中,气相缓蚀剂在很短的时间内挥发或升华出的缓蚀气体就能充满整个容器的每个角落和缝隙,同时吸附在金属制品的表面上,从而起到抑制大气对金属锈蚀的作用。

(四)防霉腐包装

在装运食品和其他有机碳水化合物物品时,物品表面可能生长霉菌,在流通过程中如遇潮湿,霉菌生长繁殖极快,甚至延伸至物品内部,使其腐烂、发霉、变质,因此要采取特别防护措施。防霉烂变质的措施,通常是采用冷冻包装、真空包装或高温灭菌的方法。冷冻包装的原理是减慢细菌活动和化学变化的过程,以延长储存期,但不能完全消除食品的变质。高温杀菌法可消灭引起食品腐烂的微生物,因而在包装过程中可使用高温处理防霉。真空包装法可阻挡外界的水汽进入包装容器内,也可防止在密闭的防潮包装内部存有潮湿空气,在气温下降时结露。应当注意的是,采用真空包装法,要避免过高的真空度,以防损伤包装材料。防止运输包装内货物发霉,还可使用防霉剂。防霉剂的种类多,用于食品时必须选用无毒防霉剂。装有机电产品的大型封闭箱,可酌情开设通风孔或通风窗等。

(五)防虫包装

可在包装中放入有一定毒性和气味的驱虫药物,利用药物在包装中挥发出的气体杀灭和驱除各种害虫。常用驱虫剂有苯、对位二氯化苯、樟脑精等。也可采用真空包装、充气包装、脱氧包装等技术,使害虫无生存环境,从而防止虫害。

(六)危险品包装

危险品有上千种,按其危险性质、交通运输及公安消防部门的规定分为十大类,即爆炸性物品、氧化剂、压缩气体和液化气体、自燃物品、遇水燃烧物品、易燃液体、易燃固体、毒害品、腐蚀性物品、放射性物品等,有些物品同时具有两种以上危险性能。对于有毒商品的包装要明显地标明有毒的标志。防毒的主要措施是包装严密不漏、不透气。对有腐蚀性的商品,要注意商品和包装容器的材质不会发生化学变化。金属类的包装容器,要在容器壁涂上涂料,防止腐蚀性商品对容器的腐蚀。对易自燃商品,宜采取特殊包装方式。对于易燃、易爆商品,包装的有效方法是采用塑料桶包装,然后将塑料桶装入铁桶或木箱中,每件净重不超过 50 千克,并应有自动放气的安全阀,当桶内气压达到一定值时,能自动放气。

五、商品包装标记和标志

(一)商品包装标记

1. 商品包装标记的概念

商品包装标记是根据商品本身的特征,用文字和阿拉伯数字等在包装上标明规定的记号。

2. 商品包装标记的种类

(1)一般描述性标记。其也称包装基本标记,是用来说明商品实体基本情况的。例如,商品名称、规格、型号、计量单位、数量、重量(毛重、净重、皮重)、长、宽、高尺寸,出厂日期、地址等。对于使用时效性较强的商品还要写明成分、储存期或保质期,如食品、胶卷、化妆品等。

(2)表示商品收发货地点和单位的标记。它是用来表明商品起运、到达地点和收发货单位等的文字记号。对于进出口商品,这种标记是由商务部统一编制的向国外订货的代号。这种标记主要有三个作用:①加强保密性,有利于物流中商品的安全;②减少签订合同和运输过程中的翻译工作;③发挥运输中的导向作用,可以减少错发、错运等事故。

(3)牌号标记。其用来专门说明商品名称。一般牌号标记不提供有关商品的其他信息,只说明其名称,应列在包装的显著位置。

(4)等级标记。其用来说明商品质量等级,常用"一等品""二等品""优质产品""获×××奖产品"等字样。

(二)商品包装标志

1. 商品包装标志的概念

商品包装标志是用来指明被包装商品的性质和物流活动安全及理货分运的需要进行的文字和图像的说明。

2. 商品包装标志的种类

(1)商品包装识别标志。其也称运输包装收发标志,包括分类标志、供货号、货号、品名规格、数量、重量、生产日期、生产工厂、有效期限、体积、收货地点和单位、发货单位、运输号、件数等。

(2)商品包装指示标志。其也称包装储运图示标志、安全标志或注意标志,主要针对产品的某些特性,提出运输和保管过程中应注意的事项,包括小心轻放、禁用手钩、向上、怕热、怕湿、重心点、禁止滚翻、堆码极限、温度极限等。此标志图形、颜色、形式、位置、尺寸等在《包装储运图示标志》(GB/T 191—2008)中有明确规定。

(3)商品包装警告性标志。其也称危险货物包装标志,主要指包装上用图形和文字表示化学危险品的标志。这类标志为能引起人们的特别警惕,采用特殊的色彩或黑白菱形图形。危险货物包装标志必须指出危险货物的类别及危险等级。其主要有爆炸品、易燃气体、不燃压缩气体、有毒气体、易燃液体、易燃固体、自燃物品、遇湿危险、氧化剂、有机过氧化物、腐蚀性物品、有毒品、感染性物品、剧毒品、放射性物品等。此标志的图形、颜色、标志形式、位置尺寸等,在国家标准《危险货物包装标志》(GB 190—2009)中均有明确规定。

(4) 国际通用装卸货指示标志和国际海运危险品标志。联合国海事协商组织对国际海运货物,规定了国际通用装卸货指示标志和国际海运危险品标志。我国出口商品包装可以同时使用两套标志。

3. 对包装标记和标志的要求

(1) 商品包装标记和标志所使用的文字、符号、图形等必须按国家有关部门的规定办理,不能随意改动。

(2) 必须简明、清晰,易于辨认。

(3) 涂刷、拴挂、粘贴标记和标志的部位要适当。

(4) 选用明显的颜色做标记和标志。

(5) 拴挂的标志选择合适的规格尺寸。

第四节　电子商务与包装管理

一、包装标准化

如今,随着电子商务的发展,商家的市场变得越来越广阔。随着网上交易的进行,原先只局限于有限地理范围的市场空间变得没有边界,世界上的每个角落都会成为企业的市场范围。但这样也产生了一系列的问题。拿商品包装来说,每个国家对于商品的包装都有自己的规范,而各个国家的规范又不尽相同,所以,当商品从一个国家出口到其他国家的时候,可能就会因为这种规范的不同而产生一定的问题。而且,有些个别企业为了自己生产的方便,自行设计了很多不规范的包装,这些都将成为产生问题的隐患。因此,有必要建立一种国际通行的包装标准,要求所有的生产厂商都去遵守并执行,这样,商品的流通才会畅通无阻。

包装的标准化是指对包装的类型、规格、制造材料、结构、造型等给予统一的规定的政策和技术措施。物流过程中,货物的运输、堆码、储存等活动都对包装的外观规格提出了统一化的要求。

(一)实行包装标准化的原因

1. 满足运输、保管、装卸、搬运的要求

包装与物流的各个方面都存在着密切的联系。包装标准化是提高效率、减少货物损失的有效手段。此外,包装标准化还是运输器具和运输机械标准的基础。

2. 满足大规模、大批量的生产要求

在机械化、自动化、系列化的社会化大生产中,只有包装的标准化才能满足大规模、大批量的生产要求。

3. 满足机械化生产要求

由于包装材料的不断革新,塑料和多种复合加工材料的出现,包装正向多样化发展。

从材料变化上看,包装材料朝轻量方向发展,这是由于轻型材料运输费用低、保管储存、装卸搬运方便;从包装加工制造来看,新材料更适于机械化生产,而且利于标准化。

4. 包装标准化可降低流通费用

包装标准化能提高保管效率,降低保管费用;提高运输效率,降低运输费用;提高装卸效率,降低装卸费用;降低运输和装卸中的破损率,减少货物的损耗费用等。从另一个角度来看,包装标准化从设计方面日趋简单化,包装材料也可得到相应的节约,包装作业也更加方便、统一,因而包装费用亦可大幅度降低。

5. 适应国际贸易发展的要求

出于经济的发展,国际贸易中国际物流活动日益加强与扩大,为加强国际合作与交流,包装的标准化已成为各国共同关注的一个问题。

(二)包装标准

包装标准就是对包装标志、包装所用的材料规格和质量、包装的技术要求、包装件的试验方法等的技术规定。包装标准可分为以下三类。

(1)包装基础标准和方法标准。这是包装工业基础性的通用标准,如包装通用术语、包装的尺寸系列、运输包装件试验方法等。

(2)工农业产品的包装标准。这是指对产品包装的技术要求或规定。其中,一种是产品质量标准中对包装、标准、运输、储存等的规定;另一种是单独制定的包装标准,如洗衣粉包装箱,针织内衣包装与标志,铝及铝合金加工产品的包装、标志、运输和储存的规定等。

(3)包装工业的产品标准。这是指包装工业产品的技术要求和规定,如普通食品包装纸、纸袋纸、高压聚乙烯重包装袋、塑料打包带等。

(三)包装标准化管理

包装标准化是指对产品包装的类型、规格、容量、使用的包装材料、包装容器的结构造型、印刷标志及产品的盛放、衬垫、封装方式、名词术语、检验要求等进行统一制定,并贯彻实施。其中,主要是统一材料、统一规格、统一容量、统一标记和统一封装方法。

包装标准化的管理对提高包装质量、降低包装成本、保护内装产品的固有性质、减少其在流通过程中的破损、节约运力、增加经济效益、方便销售、增强产品的竞争力等都有着重要的作用,因此加强包装标准化管理是提高经济效益的一项重要措施。

产品包装的质量必须用其各项标准来衡量。产品没有包装不能进入流通领域,有了包装而无标准也无法鉴别包装质量的优劣。

实现包装标准化,使包装规格型号减少,同类产品可以通用。在包装生产过程中,减少了机器更换规格尺寸和印刷标志的时间,能提高工效、节约工时费用。这为包装生产的连续化、机械化提供了条件,同时节约了包装材料,促进了商品包装的回收复用,减少了包装费用,而且对于保护产品质量、提高运输工具的装载量、加速物流都具有十分重要的意义。

二、包装合理化

包装合理化,一方面包括包装总体的合理化,用整体物流效益与微观包装效益统一衡量；另一方面包括包装材料、包装技术、包装方式的合理组合与运用。

（一）包装合理化的要求

（1）防止包装不足。包装不足包括：包装强度不足；包装材料水平不足；包装容量层次与容积不足；包装成本过低，不能保证有效地包装。

（2）防止包装过剩。包装过剩包括：包装物强度设计过高；包装选择过多；包装技术过高、体积过大；包装成本过高。

（3）用科学方法确定最优包装，包括：确定包装形式，选择包装方法，都应与物流诸因素的变化相适应；必须考虑到装卸、保管、输送的变化大小要求，确定最优包装。

（二）包装合理化的途径

1．包装的轻薄化

由于包装只起保护作用，对产品使用价值没有任何意义，因此在强度、寿命、成本相同的条件下，更轻、更薄、更短、更小的包装，可以提高装卸搬运的效率。而且，轻、薄、短、小的包装一般价格比较便宜。如果是一次性包装，也可以减少废弃包装材料的数量。

2．包装的单纯化

为了提高包装作业的效率，包装材料及规格应力求单纯化。包装规格还应标准化，包装形状和种类也应单纯化。

3．包装的标准化

包装的规格和托盘、集装箱关系密切，也应考虑到和运输车辆、搬运机械的匹配，从系统的观点制定包装的尺寸标准。

4．包装的机械化

为了提高作业效率和包装现代化水平，各种包装机械的开发和应用是很重要的。

5．包装的绿色化

包装的绿色化是指使用无害、少污染、符合环保要求的各类包装物品。其主要包括纸包装，以及可降解塑料包装、生物包装和可食性包装等，它们是包装经营的发展主流。

三、电子商务对包装的影响

商务环境与商品包装之间是一种变化与适应的关系，不同的商务环境对商品包装的功能提出了不同的要求，包装的不同功能也会由于商务环境的变化而得到强化或弱化。电子商务对传统物流提出了新的要求，无论是 B2C 还是 B2B，都要求交货速度快；用户、供应商、承运商之间能进行高效的信息交互；服务的方式更直接，"门对门"或"门对人"；对采购、仓储、包装、分拣、配送等管理的高效一体化管理方案的迫切需求。在这样的情形下，电子商务对包装产品结构有如下影响。

（1）电子商务对包装基本功能的影响。按照传统的包装理论，包装的功能主要有保护产品、方便储运、促进销售。任何商品从生产者到达消费者，都要经历一系列的环节：运输、储存、销售等。因此，在传统的商务环境下，销售是一个重要的环节；而在电子商务时代，销售是在互联网上完成的，消费者是从网上选择自己需要的商品，因此绕过了中间的零售环节,实现了销售渠道的"扁平化"。由于销售渠道的重要性让位于物流渠道,商务环境对包装功能的要求向其基本功能回归,容纳、保护等功能显得相对重要。

(2) 电子商务会促进个性化的包装。假设有一家经营化妆品、护肤品、美发产品的电子商务网站,顾客进入网站后,便可以输入头发长度、发质好坏,皮肤是否油性、皮肤颜色等因素去选择香波和护发剂、沐浴露和润肤霜、粉底和口红、指甲油等。一旦选择一种产品,屏幕就提示消费者选择设计的包装,消费者依据自身的喜好,选择个性化的包装。从手工作坊生产到工业化革命,再到现今的大批量商品销售时代,以至到电子商务,我们看到制造领域的供应链又回到了单一体——仅仅是个体制造产品。当然,这并不是回到原来的地方,而是社会的大大进步。这种个性化的包装,因为产品不是零售[属于电子零售(E-retailing)而不属于传统零售]出去的,而是专门为你定制的,所以产品的价格可能贵些。

(3) 电子商务对包装工艺提出了多样化的要求,对包装结构、材料和功能提出了新的要求。因为订购数量的不同,就要求采用不同的包装工艺流程,包装生产线也就有所不同。在 B2C 中,为了适应小批量包装生产和快速变换包装规格的需要,应加强初级包装(内包装)和二级包装(中包装)的研究开发(包括结构、材料和功能),使其能应对小包裹直接运送到消费者手中而不损坏。

(4) 电子商务要求有多样化的包装适应全球市场。由于电子商务的无国界性,今天的市场越来越变得全球化。这会怎样影响产品的包装方式呢?从一个市场(比如中国市场)到另一个市场要保持包装外观的统一性,这一点非常重要。在产品开发中,在考虑产品具有一定生命周期的条件下,应迎合消费者的要求不断开发出多元化和系列化的包装。系列化的包装是指一个企业或一个商标、品牌的不同种类产品用一个共性的包装特征进行统一风格的设计,如统一画面设计、统一色彩设计、统一文字设计、统一图形设计等。使品种繁多的产品在包装特点上具有共同的辨认性,从而树立产品的整体形象,加深消费者对产品与企业的印象。系列化包装有助于塑造企业的产品形象,有利于巩固和发展名牌产品,提高企业在国际中的竞争力。

第五节　流　通　加　工

一、电子商务与流通加工的产生原因

(一) 流通加工的出现与现代生产方式有关

现代生产发展趋势之一就是生产规模大型化、专业化,依靠单品种、大批量的生产方法降低生产成本,获取规模经济效益,这样就出现了生产相对集中的趋势。这种规模的大型化、生产的专业化程度越高,生产相对集中的程度也就越高。生产的集中化进一步引起了产需之间的分离,产需分离表现为空间、时间及人的分离,即生产和消费不在同一个地点,而是有一定的空间距离;生产和消费在时间上不能同步,而是存在一定的"时间差";生产者和消费者不是处于一个封闭的圈内,某些人生产的产品可供成千上万人消费,而某些人消费的产品又来自其他许多生产者。解决上述分离问题的手段则是运输、储存及交换。

近年来,随着电子商务的快速发展,客户追求差异化、个性化产品和服务的欲望越来越强,企业竞争的焦点将更多地集中在如何对越来越分散、日益扰动的市场作出灵活而快速的响应,更好地满足多样、定制化的客户需求上。然而,现代生产引起生产及需求在产品功能上分离,尽管"用户第一"的口号成了许多生产者的主导思想,但是,生产毕竟有生产的规律,尤其在强调大生产的工业化社会,大生产的特点之一就是"少品种、大批量、专业化",产品的功能(规格、品种、性能)往往不能和消费需要密切衔接。解决这一分离问题的方法,就是流通加工。所以,流通加工的诞生实际上是现代生产发展的一种必然结果。

(二)流通加工不仅是大工业的产物,也是电子商务时代服务社会的产物

流通加工的出现与现代社会消费的个性化有关。消费的个性化和产品的标准化之间存在一定的矛盾,使本来就存在的产需第四种形式的分离变得更加严重。本来,弥补第四种分离可以采取增加一道生产工序或消费单位加工改制的方法,但在电子商务导致的个性化问题十分突出之后,采取上述弥补措施将会使生产及生产管理的复杂性及难度增加,按个性化生产的产品难以组织高效率的、大批量的流通。所以,在出现消费个性化的新形势及新观念之后,其就为流通加工开辟了道路。

(三)流通加工的出现与人们对流通作用的观念转变有关

在社会再生产全过程中,生产过程是典型的加工制造过程,是形成产品价值及使用价值的主要过程,再生产型的消费究其本质来看也是和生产过程一样,通过加工制造消费了某些初级产品而生产出深加工产品。历史上在生产不太复杂、生产规模不大时,所有的加工制造几乎全部集中于生产及再生产过程中,而流通过程只是实现商品价值及使用价值的转移而已。

在社会生产向大规模生产、专业化生产转变之后,特别是电子商务的产生,生产的标准化和消费的个性化出现,生产过程中的加工制造常常满足不了消费的要求。而由于流通的复杂化,生产过程中的加工制造也常常不能满足流通的要求。于是,加工活动开始部分地由生产及再生产过程向流通过程转移,在流通过程中形成了某些加工活动,这就是流通加工。

二、流通加工的概念与流通加工的内容

流通加工是指某些原料或产成品从供应领域向生产领域,或从生产领域向消费领域流动过程中,为了有效利用资源、方便客户、提高物流效率和促进销售,在流通领域对产品进行的初级或简单再加工。流通加工可以看作生产加工在物流领域中的延伸,也可看作物流领域为了更好地服务其对象而使物品发生物理、化学或形状的变化的活动。流通加工的目的主要是在物流过程中方便销售、方便客户、方便组织。

流通加工与一般的生产型加工在加工方法、加工组织、生产管理等方面并无显著区别,但在加工对象、加工程度等方面差别较大,其差别主要体现在如下几个方面。

(1)流通加工的对象是进入流通过程的商品,具有商品的属性,以此来区别多环节生产加工中的环节。流通加工的对象是商品,而生产加工对象不是最终产品,而是原材料、零配件、半成品。

(2)流通加工程度大多数是简单加工,而不是复杂加工。一般来说,如果必须进行复杂

加工才能形成人们所需的商品,那么这种复杂加工应专设生产加工过程,生产过程理应完成大部分加工活动,流通加工对生产加工则是一种辅助及补充。

(3) 从价值观点来看,生产加工的目的在于创造价值和使用价值,而流通加工则在于完善其使用价值,并在不做大的改变的情况下提高价值,更好地满足客户的多样化需要,降低物流成本,提高物流质量和效率。

(4) 流通加工的组织者是从事流通工作的人,其能紧密结合流通的需要进行这种加工活动。从加工单位来看,流通加工由商业或物流企业完成,而生产加工则由生产企业完成。

(5) 商品是为交换和消费而生产的。流通加工是为了消费(或再生产)所进行的加工,这一点与商品生产有共同之处。但是,流通加工有时候也是以自身流通为目的,纯粹是为流通创造条件。这种为流通所进行的加工与直接为消费所进行的加工从目的来讲是有区别的,这又是流通加工不同于一般生产的特殊之处。

流通加工的功能如下。

(1) 克服生产和消费之间的分离,更有效地满足消费需求。这是流通加工功能最基本的内容。现代经济中,生产和消费在质量上的分离日益扩大与复杂。流通企业利用靠近消费者、信息获取灵活的优势,从事加工活动,能够更好地满足消费需求,使少规格、大批量生产与小批量、多样性需求结合起来。

(2) 提高加工效率和原材料利用率。集中进行流通加工,可以采用技术先进、加工量大、效率高的设备,不但提高了加工质量,而且提高了使用率和加工效率。集中进行加工还可以将生产企业生产的简单规格产品,按照客户的不同要求,进行集中下料,做到量材使用,合理套裁,减少剩余料。同时,可以对剩余料进行综合利用,提高原材料的利用率,使资源得到充分、合理的利用。

(3) 提高物流效率。有的产品的形态、尺寸、重量等比较特殊,如过大、过重产品不进行适当分解就无法装卸运输;生鲜食品如不经过冷冻、保鲜处理,在物流过程中就容易变质、腐烂等。对这些产品进行适当加工,可以方便装卸搬运、储存、运输和配送,从而提高物流效率。

(4) 促进销售。流通加工对于促进销售有积极作用,特别是在市场竞争日益激烈的条件下,流通加工成为重要的促销手段。例如,将运输包装改换成销售包装,进行包装加工,改变商品形象,以吸引消费者;将蔬菜、肉类洗净切块分包以满足消费者的要求;对初级产品和原材料进行加工以满足客户的需要,赢得客户信赖,增强营销竞争力。

(一)食品的流通加工

流通加工最多的是食品加工。为了便于保存,提高流通效率,食品的流通加工是不可缺少的。食品的流通加工主要包括以下方面。

(1) 鱼和肉类的冷冻。

(2) 生奶酪的冷藏。

(3) 将冷冻的鱼肉磨碎及蛋品加工。

(4) 生鲜食品的原包装。

(5) 大米的自动包装。

(6) 上市牛奶的灭菌和摇匀。

（二）消费资料的流通知工

消费资料的流通加工以服务顾客、促进销售为目的。

（1）安装做广告用的幕墙。

（2）粘贴标价。

（3）衣料品的标识和印记商标。

（4）家具等的组装。

（5）地毯剪接。

（三）生产资料的流通加工

具有代表性的生产资料加工是钢铁的加工。

（1）钢板的切割。

（2）使用矫直机将薄板卷材展平。

（3）纵向切割薄板卷，使之成为窄幅（钢管用卷材）。

（4）用气割厚板。

（5）切断成型钢材。

这种加工以适应顾客需求的变化、服务顾客为目的。

流通加工不仅能够提高物流系统效率，而且对于生产的标准化和计划化，提高销售效率和商品价值，促进销售将起到越来越重要的作用。

三、流通加工的类型

（一）为弥补生产领域加工不足的深加工

有许多产品在生产领域的加工只能到一定程度，这是由于许多限制因素使生产领域不能完全实现终极加工。例如，钢铁厂的大规模生产只能按标准规定的规格生产，以使产品有较强的通用性，使生产有较高的效率和效益；木材如果在产地完成加工制成木制品，就会造成运输的极大困难，所以原生产领域只能加工到原木、板方材这个程度。进一步的下料、切裁、处理等加工则由流通加工完成。

这种流通加工实际上是生产的延续，是生产加工的深化，对弥补生产领域加工的不足具有重要意义。

（二）为满足需求多样化而进行的服务性加工

从需求角度来看，需求存在多样化和不断变化两个特点，为满足这种要求，经常是用户自己设置加工环节，如生产消费型用户的再生产往往从原材料初级处理开始。

对用户而言，现代生产的要求，是生产型用户尽量缩短流程、尽量集中力量从事较复杂的技术性较强的劳动，而不愿意将大量初级加工包揽下来。这种初级加工带有服务性，由流通加工来完成，生产型用户便可以缩短自己的生产流程，使生产技术密集程度提高。

对一般消费者而言，则可省去烦琐的预处置工作，而集中精力从事较高级、能满足需求的劳动。

（三）为保护产品所进行的加工

一般而言，在物流过程中，直到用户投入使用前，都存在对产品的保护问题，要防止产品在运输、储存、装卸、搬运、包装等过程中遭到损失。其目的是使产品的使用价值得到妥善的保护，延长产品在生产和使用期间的寿命。

（四）为提高物流效率的加工

有一些产品本身的形态使之难以进行物流操作，如鲜鱼的装卸、储存操作困难，过大设备搬运、装卸困难，气体物运输、装卸困难等。进行流通加工，可以使物流各环节易于操作，如鲜鱼冷冻、过大设备解体、气体液化等。这种加工往往改变"物"的物理状态，但并不改变其化学特性并最终仍能恢复原物理状态。

（五）为促进销售的加工

流通加工可以从以下方面起到促进销售的作用：①将过大包装或散装物（这是提高物流效率所要求的）分装成适合一次销售的小包装的分装加工；②将原以保护产品为主的运输包装改换成以促进销售为主的销售包装，以起到吸引消费者、指导消费的作用；③将零配件组装成用具、车辆，以便直接销售；④将蔬菜、肉类、鱼类洗净切块以满足消费者要求；等等。这种流通加工可能是不改变"物"的本体，只进行简单改装的加工，也有许多是组装、分块等深加工。

（六）为提高加工效率的加工

许多生产企业的初级加工由于数量有限、加工效率不高，难以采用先进的科学技术。流通加工以集中加工形式，解决了单个企业加工效率不高的弊病。以一家流通加工企业代替若干生产企业的初级加工工序，促使生产水平有一个发展。

（七）为提高原材料利用率的加工

流通加工利用其综合性强、用户多的特点，可以实行合理规划、合理套裁、集中下料的办法，这就能有效提高原材料利用率、减少损失浪费。

（八）衔接不同运输方式，使物流合理化的加工

在干线运输及支线运输的节点，设置流通加工环节，可以有效解决大批量、低成本、长距离干线运输，多品种、少批量、多批次末端运输和集货运输之间的衔接问题，在流通加工点与大生产企业间形成大批量、定点运输的渠道，又以流通加工中心为核心，组织对用户的配送。也可在流通加工点将运输包装转换为销售包装，从而有效衔接不同目的的运输方式。

（九）以提高经济效益、追求企业利润为目的的加工

流通加工的一系列优点，可以形成一种"利润中心"的经营形态，这种类型的流通加工

是经营的一环,在满足生产和消费要求的基础上取得利润,同时在市场和利润引导下使流通加工在各个领域能有效地发展。

（十）生产-流通一体化的流通加工形式

依靠生产企业与流通企业的联合,或者生产企业涉足流通,或者流通企业涉足生产,形成的对生产与流通加工的合理分工、合理规划、合理组织,统筹进行生产与流通加工的安排,这就是生产-流通一体化的流通加工形式。这种形式可以促成产品结构及产业结构的调整,充分发挥企业集团的经济技术优势,是目前流通加工的新形式。

四、流通加工的地位与作用

一般认为,生产是通过改变物的形态来创造价值,流通则是保持物的原有形态和使用价值。但随着流通现代化的发展,上述概念已发生了很大的变化。现在,工业发达的国家广泛开展流通加工活动,使流通过程更加合理。例如,日本东京、大阪及名古屋地区的 90 家公司,在仓库及流通中心配有加工设备的超过了一半,流通加工的规模也很大。流通加工正日益成为创造物流价值的新途径。

（一）流通加工在物流中的地位

1. 有效地完善了流通

流通加工在实现时间、空间两个重要效用方面确实不能与运输和储存相比,因而,不能认为流通加工是物流的主要功能要素。流通加工的普遍性也不能与运输、储存相比,流通加工不是所有物流中必然出现的。但绝不是说流通加工不重要,实际上它也是不可轻视的,是起着补充、完善、提高、增强作用的功能要素,它能起到运输、储存等其他功能要素无法起到的作用。所以,流通加工的地位可以描述为提高物流水平、促进流通向现代化发展的不可缺少的形态。

2. 是物流中的重要利润源

流通加工是一种低投入、高产出的加工方式,往往以简单加工解决大问题。实践证明,有的流通加工通过改变装潢使商品档次跃升而充分实现其价值,有的流通加工将产品利用率一下提高 20%～50%,这是采取一般方法提高生产率所难以企及的。根据我国近年来的实践,流通加工单向流通企业提供利润绝不亚于从运输和储存中挖掘的利润,因此它是物流中的利润源。

3. 在国民经济中也是重要的加工形式

在整个国民经济的组织和运行方面,流通加工是其中一种重要的加工形态,对推动国民经济的发展、完善国民经济的产业结构和生产分工有一定的意义。

（二）流通加工的作用

1. 提高原材料利用率

利用流通加工环节进行集中下料,是将生产厂家直接运来的简单规格产品,按使用部门的要求进行下料。例如,将钢板进行剪板、切裁,将钢筋或圆钢裁制成毛坯,将木材加工成各种长度及大小的板、方,等等。集中下料可以优材优用、小材大用、合理套裁,有很好的技术经济效果。

2. 进行初级加工,方便用户

用量小或临时需要的使用单位,缺乏进行高效率初级加工的能力,依靠流通加工可让使用单位省去进行初级加工的投资、设备及人力,从而搞活供应、方便用户。目前发展较快的初级加工有:将水泥加工成生混凝土,将原木或板方材加工成门窗,冷拉钢筋及冲制异型零件,钢板预处理、整形、打孔等加工。

3. 提高加工效率及设备利用率

建立集中加工点,可以采用效率高、技术先进、加工量大的专门机具和设备。这样做的好处是:提高了加工质量;提高了设备利用率;提高了加工效率。其结果是降低了加工费用及原材料成本。

4. 充分发挥各种输送手段的最高效用

流通加工环节将实物的流通分成两个阶段。一般来说,由于流通加工环节设置在消费地,因此,从生产到流通加工第一阶段输送距离长,而从流通加工到消费环节的第二阶段距离短。第一阶段是在数量有限的生产厂与流通加工点之间进行定点、直达、大批量的远距离输送,因此,可以采用船舶、火车等大量输送的手段;第二阶段则是利用汽车和其他小型车辆输送经过流通加工的多规格、小批量、多用户的产品。这样可以充分发挥各种输送手段的最高效用,加快输送速度,节省运力、运费。

5. 改变功能,提高收益

在流通过程中进行一些改变产品某些功能的简单加工,其目的在于提高产品销售的经济效益。

所以,在流通领域中,流通加工可以成为高附加值的活动。这种高附加值的形成,主要着眼于满足用户的需要、提高服务功能,是贯彻物流战略思想的表现,是一种低投入、高产出的加工形式。

第六节　流通加工管理

一、生产管理与质量管理

(一)流通加工的生产管理

流通加工的生产管理是指对流通加工生产全过程的计划、组织、指挥、协调与控制,包括生产计划的制订,生产任务的下达,人力、物力的组织与协调,生产进度的控制等。在生产管理中特别要加强生产的计划管理,提高生产的均衡性和连续性,充分发挥生产能力,提高生产效率。要制定科学的生产工艺流程和加工操作规程,实现加工过程的程序化和规范化。

(二)流通加工的质量管理

流通加工的质量管理,应是全员参加的、对流通加工全过程和全方位的质量管理。它包括对加工产品质量和服务质量的管理。加工后的产品,其外观质量和内在质量都应符合有关标准。如果没有国家标准和部颁标准,对其质量的掌握,主要是满足用户的要求。但是,由于各用户的要求不一,质量宽严程度也就不同,所以要求流通加工必须能进行灵活的柔性生产,以满足不同用户对质量的不同要求。

流通加工除应满足用户对加工质量的要求以外,还应满足用户对品种、规格、数量、包装、交货期、运输等方面的服务要求。在产品的流通加工中绝不能违背用户的意愿。对流通加工的服务质量,只能根据用户的满意程度进行评价。

二、不合理流通加工若干形式

流通加工是在流通领域中对生产的辅助性加工,从某种意义来讲,它不仅是生产过程的延续,而且是生产本身或生产工艺在流通领域的延续。这个延续可能有正、反两方面的作用,即一方面可能有效地起到补充完善的作用;另一方面可能产生对整个过程的负效应。各种不合理的流通加工都会产生抵消效益的负效应。

为避免不合理现象,对是否设置流通加工环节、在什么地点设置、选择什么类型的加工、采用什么样的技术装备等,需要作出正确的抉择。不合理流通加工形式表现为以下几种。

(一)流通加工地点设置不合理

流通加工地点设置即布局状况是整个流通加工是否有效的重要影响因素。一般而言,为衔接单品种大批量生产与多样化需求的流通加工,加工地设置在需求地区,才能实现大批量的干线运输与多品种末端配送的物流优势。

如果将流通加工地设置在生产地区,其不合理之处如下。

第一,多样化需求所要求的产品多品种、小批量由产地向需求地的长距离运输会出现不合理。

第二,在生产地增加了一个加工环节,同时增加了近距离运输、装卸、储存等一系列物流活动。

所以,在这种情况下,不如由原生产单位完成这种加工,而无须设置专门的流通加工环节。一般而言,为方便物流的流通加工环节应设在产出地,设置在进入社会物流之前。如果将其设置在物流之后,即设置在消费地,则不但不能解决物流效率问题,反而在流通中增加了一个中转环节,因而也是不合理的。

即使是产地或需求地设置流通加工的选择是正确的,还有一个流通加工在小地域范围的正确选址问题,如果处理不善,仍然会出现不合理现象。这种不合理主要表现在:交通不便;流通加工与生产企业或客户距离较远;流通加工点的投资过高(如受选址地价的影响);加工点周围社会环境条件不良等。

(二)流通加工方式选择不当

流通加工方式包括流通加工对象、流通加工工艺、流通加工技术和流通加工程度等。流通加工方式的确定实际上与生产加工的合理分工有关。分工不合理,本来应由生产加工完成的,却错误地由流通加工完成;本来应由流通加工完成的,却错误地由生产加工去完成,都会造成不合理性。

流通加工不是对生产加工的替代,而是一种补充和完善。所以,一般而言,如果工艺复杂,技术装备要求较高,或加工可以由生产过程延续或轻易解决时都不宜再设置流通加工,尤其不宜与生产过程争夺技术要求较高、效益较高的最终生产环节,更不宜利用一个时期市场的压迫力使生产者变成初级加工者或前期加工者,而由流通企业完成装配或最终形成产品的加工。如果流通加工方式选择不当,就会出现与生产夺利的恶果。

(三) 流通加工作用不大,形成多余环节

有的流通加工过于简单,或对生产及消费作用都不大,甚至有时流通加工是盲目的,不能解决品种、规格、质量、包装等问题,相反却实际增加了环节,这也是流通加工不合理的重要形式。

(四) 流通加工成本过高、效益不好

流通加工之所以能够有生命力,重要优势之一是有较大的投入产出比,因而起着有效补充、完善的作用。如果流通加工成本过高,则不能达到以较低投入实现更高使用价值的目的,除了一些必需的、根据政策要求即使亏损也应进行的加工外,都应看成不合理的。

三、流通加工合理化

流通加工合理化的含义是实现流通加工的最优配量,不仅要避免各种不合理的情况,使流通加工有存在的价值,而且要实现最优。

为避免各种不合理现象,对是否设置流通加工环节、在什么地点设置、选择什么类型的加工、采用什么样的技术装备等,需要作出正确抉择。目前,国内在这方面已积累了一些经验,取得了一定成果。实现流通加工合理化主要考虑以下几方面的因素。

(一) 加工和配送相结合

这是将流通加工设置在配送点中,一方面按配送的需要进行加工;另一方面加工又是配送业务流程中分货、拣货、配货之一环,加工后的产品直接投入配货作业,这就无须单独设置一个加工的中间环节,使流通加工有别于独立的生产,而使流通加工与中转流通巧妙结合在一起。同时,由于配送之前有加工,可使配送服务水平大大提高。这是当前流通加工合理化的重要形式,在煤炭、水泥等产品的流通中已表现出较大的优势。

(二) 加工和配套相结合

在对配套要求较高的流通中,配套的主体来自各生产单位。但是,完全配套有时无法全部依靠现有的生产单位,进行适当的流通加工,可以有效促成配套,大大提升流通作为桥梁与纽带的能力。

(三) 加工和合理运输相结合

流通加工能有效衔接干线运输与支线运输,促进两种运输形式的合理化。利用流通加

工,在支线运输转干线运输或干线运输转支线运输这本来就必须停顿的环节,不进行一般的支转干或干转支,而是按干线或支线运输合理要求进行适当加工,从而大大提高运输及运输转载水平。

(四) 加工和合理商流相结合

通过加工有效促进销售,使商流合理化,也是流通加工合理化的考虑方向之一。加工和配送的结合,提高了配送水平,强化了销售,是加工与合理商流相结合的一个成功的例证。

此外,通过简单改变包装加工,形成方便的购买量;通过组装加工,消除客户使用前进行组装、调试的困难,都是有效地促进商流的例子。

(五) 加工和节约相结合

节约能源、节约设备、节约人力、节约耗费是实现流通加工合理化时要考虑的重要因素,也是目前我国设置流通加工、考虑其合理化的较普遍形式。

对于流通加工合理化的最终判断,是看其是否能实现社会的和企业本身的两个效益,而且是否取得了最优效益。对流通加工企业而言,其与一般生产企业的一个重要不同之处是,流通加工企业更应树立"社会效益第一"的观念,只有在以补充完善为己任的前提下才有生存的价值。如果只是追求企业的微观效益,不适当地进行加工,甚至与生产企业争利,就有违于流通加工的初衷,或者其本身已不属于流通加工的范畴。

思考题

1. 包装主要有哪些作用?
2. 按包装作用不同,包装可分哪几类?
3. 简述特殊包装技法的种类及各自的作用。
4. 流通加工与生产加工的区别是什么?
5. 流通加工的作用是什么?
6. 实现流通加工合理化的主要途径有哪些?

即测即练

第十章

电子商务与物流信息管理

【本章导读】

1. 电子商务物流信息化的概念与内涵。
2. 主要的电子商务物流信息技术的原理。
3. 物流信息与电子商务安全。

中远海运：烟草智慧物流一体化管控平台

近年来，中国烟草行业迅速发展，对物流运输的需求也在不断增加。然而，由于烟草物流涉及重要的供应链环节和监管要求，传统的物流管理方式已经无法满足行业快速发展和高效运作的需求。为了提升烟草物流的效率和安全性，中远海运科技（北京）有限公司与中国烟草总公司合作，开发了烟草智慧物流一体化管控平台。该平台整合了现代物流技术、物联网和大数据分析等先进技术，旨在实现对烟草物流全过程的实时监控、精细化管理和智能化决策支持。平台依托中远海运科技（北京）有限公司丰富的物流供应链管理经验和技术实力，通过数字化转型，为中国烟草总公司提供了一种全新的物流管理解决方案。

第一个层面，结合贵州省烟草商业业务实际，各市州烟草仓储业务信息化水平参差不齐，信息化较差的企业仍然采用传统的仓储平库管理模式，依靠人的经验进行仓储管理。目前各市州都有自己的物流作业相关软硬件系统，满足日常的生产经营需求，但是未完全连接客户、物流相关资源，各系统独立运行，未实现业务间、系统间的协同，部分前端业务数据缺乏线上化功能支持，现场作业信息采集不到位，数据获取能力不足，无法真正起到服务于客户的作用。针对以上问题，不断完善优化信息化部署结构，汇聚内外部、上下游相关方数据信息，打通仓储相关业务、零售户数据链条，实现储配间的协同共享。为了响应行业的智慧物流建设需求，提升贵州省烟草仓储物流智慧能力，实现仓库环境、储位资源、库存状态、仓储作业等信息实时采集。建立企业内部智能仓储管理模型和工商协同智能库存管理模型，逐步形成多指标联动、仓储管理目标可调控的智能仓储模式。提高行业仓储布局合理性和库存周转率，打造既满足企业智能仓储管理需求、又符合行业集约高效发展要求的智慧化仓储资源共享体系。

第二个层面，贵州省烟草商业以城市配送为主，目前也仍然靠人工经验，利用积累下来的配送方式进行卷烟的城市配送，具有整体效率低、配送成本高、配送工作量不均衡等诸多问题,因此需要全面提升并建立健全烟草制品、包装容器和配送工具基础信息库,实现车辆状态、位置等数据实时采集,集成社会交通运输数据,建立信息完备、时效性高的配送数据库。搭建高效、灵活的智能配载模型和具备动态线路规划能力的智能配送模型。优化"干线＋支线"的整体配送网络格局,建立多式联运智慧配送机制,进一步提高烟草配送质量和效率。针对这种情况,明确需要接入的信息系统,进行相关标准的统一,明确本次建设制定全省统一数据集成标准,包括编码标准、集成方式和集成内容等,省、市两级各信息系统供应商根据制定的标准进行数据对接,以信息化和自动化手段为主采集基础数据及业务数据,以确保数据客观、真实、可靠。所涉及的数据接口由行业、省级、市州相关系统集成。行业层面包括与行业物流管控调度系统、一号工程、数字仓储管理系统、工商卷烟物流在途信息系统等对接;省级层面包括与省级卷烟营销管理系统、物流管控平台、财务系统等对接;市州层面包括与市州仓储管理系统、分拣管理系统、市州级物流管控平台、商零在途系统等对接。

此外,除了实时监控和精细化管理,平台还通过大数据分析提供了智能化决策支持。通过对历史数据和实时运输数据的分析,平台能够预测货物需求和市场趋势,帮助中国烟草总公司作出更加准确的运营决策,提高与加强物流运输的效率和成本控制。通过烟草智慧物流一体化管控平台的应用,中国烟草总公司在物流运输方面取得了显著的成果。烟草物流的整体效率得到了大幅提升。

通过这个案例,我们可以看到中远海运科技(北京)有限公司在烟草智慧物流一体化管控平台方面的成功应用。其通过数字化转型和技术创新,为烟草行业提供了全新的物流管理解决方案,推动了烟草物流的现代化进程,进一步提升了中国烟草业在全球市场的竞争力。未来可以提供标准化的烟草物流产品与服务,为整个烟草行业提供贵州烟草物流的应用流程以及互联网化的客户服务能力。按照标准化、体系化、服务化、统一化的管理体系及设计理念,强化烟草物流资源、客户资源、社会资源整合,从产品标准化的全面性、差异性、可复制性等维度全面分析,将贵州烟草产品模式作为行业试点,向全行业推广,支持快速复制应用,提高产品开发效率,降低成本。

资料来源:中远海运:烟草智慧物流一体化管控平台[EB/OL].(2023-09-11).http://www.chinawuliu.com.cn/xsyj/202309/11/616056.shtml.

第一节　电子商务与物流信息化

进入 21 世纪以来,电子商务迅猛发展、方兴未艾。电子商务活动已经形成一股浪潮,迅速渗透到每一个行业领域。在这一过程中,物流活动不可避免地受到影响。电子商务提高了物流业在经济中的地位,使物流活动变得越来越重要,信息化对物流有重大的影响。

一、物流信息的含义与特征

(一)物流信息的含义

信息是客观存在的、有意义的数据,在一切事物运动过程中,通过物质载体所发生的消息、情报、指令、数据、信号,它们所包含的一切可以传递和交换的知识内容就是信息。不同的物质和事物有不同的特征,不同特征要通过一定的物质形式,产生不同的消息、情报、指令、数据、信号。

物流信息就是物流活动所必需的信息,即由物流引起并能反映物流活动实际特征的,可被人们接受和理解的各种消息、情报、文书、资料、数据等的总称。物流信息一般由物流系统内部信息和外部信息组成。

物流系统内部信息是伴随物流活动而发生的信息,包括物流流转信息、物流作业层信息、物流控制层信息和物流管理层信息。

物流系统外部信息是在物流活动以外发生但与物流活动有关联的信息,包括供方信息、需方信息、订货合同信息、交通运输信息、市场信息、政策信息等。

(二) 物流信息的特征

除信息的普遍性质外,物流信息还具有以下特征。

(1) 物流信息涉及面广、数量大。

(2) 高峰时与平时的信息量差别很大。

(3) 每天发生信息的单位(每一件大小)并不一定很大。

(4) 信息发生的来源、处理场所、转达对象分布在很广大的地区。

(5) 要求与商品流通的时间相适应。

(6) 与仓储、生产等本企业其他部门的关系密切。

(7) 货主与物流从业者及有关企业之间物流信息相同,各连接点的信息再输入情况较多。

(8) 有不少物流系统的环节兼信息的中转和转送,贯穿于生产经营活动的全过程。

二、物流信息化的概念与内涵

(一) 物流信息化的概念

物流信息化是指物流企业以业务流程重组为基础,广泛使用现代物流信息技术,控制和集成企业物流活动的所有信息,实现企业内外信息资源共享和有效利用,以提高企业的经济效益和核心竞争力。

(二) 物流信息化的内涵

物流信息化具有深刻的内涵,具体来说有以下五个方面。

1. 以现代物流信息技术为基础

信息化从某种意义上来说,就是现代信息技术的广泛应用过程。物流信息化也是这样,是现代物流信息技术在物流活动中的广泛应用过程。

2. 以物流信息资源开发利用为核心

物流信息资源是物流企业最重要的资源之一,开发利用物流信息资源,既是物流信息化的出发点,又是物流信息化的目标,在整个物流信息化体系中处于核心地位。物流信息资源分内部信息资源和外部信息资源。内部信息资源是指物流企业内部经营管理和各个环节产生的信息资源,如物流计划信息、物流财务信息、物流运输信息、物流仓储信息、物流配送信息等。外部信息资源是指存在物流企业外部,对物流企业有影响的信息资源,如物流市场信息、物流宏观经济信息、物流政策法规信息等。物流信息资源的开发利用,不仅要收集、掌握、加工、处理、存储、传递、使用和拓展内外物流信息资源,而且要在此基础上重新设计物流业务流程,重新定位物流企业内外关系,重新构造物流企业组织架构,重新设计物流制度框架,重新考虑物流企业文化和重新变革管理模式。未来的物流市场竞争,更多的将是物流信息资源的开发和利用效能的竞争。

3. 物流信息化覆盖物流活动的全方面

物流信息化涵盖物流企业生产经营活动的各个方面和全部过程,包括运输信息化、仓储信息化、装卸搬运信息化、包装信息化、流通加工信息化、配送信息化等。物流信息化除覆盖物流活动的各个环节外,还会引起物流企业组织结构、企业文化、企业经营管理理念和模式的变化。

4. 物流信息化的最终目的是增强企业的核心竞争力

在市场经济条件下,只有具有市场竞争和利润驱动的内在动力,才会使企业产生使用先进的物流信息技术改造传统物流的迫切要求。尽管物流信息化会使企业在物流上投入一笔资金,还要承受物流信息化带来的组织变革的阵痛,并承担可能失败带来的风险,但一旦成功将会给企业带来很大的经济效益。沃尔玛从美国一个小镇的杂货店发展成为今天的全球零售商巨头,一个重要的原因是得益于其先进的物流信息化系统;我国海尔的发展很大程度也是得益于物流信息化。因此,物流信息化的根本动力就是增强企业核心竞争力,提高企业的经济效益。

5. 物流信息化是一个过程

物流信息化不是一朝一夕能够实现的,更不能一步到位。特别是对于传统物流企业来说,信息技术开始使用只是在战术层面、在某个物流环节,随着信息技术不断向物流活动的各个环节渗透,会进一步形成战略性影响。从作为自动化的工具和信息沟通的手段,到整个物流活动的信息化,是一个渐进的发展过程。物流信息化随着企业的发展而发展,而物流信息化水平的提高又反过来促进企业的发展,形成一个良性循环,从而推动企业不断向前发展。

三、电子商务与物流信息化

(一)电子商务提升物流业地位,对物流信息化提出迫切要求

在电子商务环境下,消费者在网上商店购物,并在网上支付,实现了信息流、商流和资金流,而电子商务的最终成功要依赖物流。电子商务在提升物流业地位的同时,也要求物流体系必须能够满足电子商务的特殊需求,采用信息化运作方式,实现信息和数据的即时传递,货物的自动识别、分拣和跟踪,以及生产、仓储、运输等各环节的协调。随着物流业地位的提高,它在国民经济中将发挥越来越重要的作用,成为一个国家经济竞争力的表现。物流活动对于一个企业而言也变得越来越重要,这使物流信息化问题变得十分迫切。物流

必须尽快实现信息化,提高自己的效率以适应电子商务的高速发展,否则就成为制约电子商务发展的瓶颈。

(二)电子商务促进物流信息技术的进步

电子商务的发展,使物流信息技术有了一个很大的进步。现代意义下的物流只有在通信网络、信息技术支持下才能实现。没有信息网络的快速信息传递,物流系统是无法实现高效、快捷的服务的。在物流运作中,电子数据交换技术,运用计算机技术进行的运输车辆管理、订货管理、库存控制、配送中心管理及工厂和配送中心的选址分析等都是信息技术在物流中的具体运用形式。同时,在制造领域采用的 CAD、CAM 和 CIM(计算机集成制造)技术,使物流中材料管理的概念得以实现,在零售业中,POS 技术的引入以及数据采集的条形码技术和扫描技术的出现,大大加快了物流信息的反应速度。信息技术提供了对物流中大量的、多变的数据进行快速、准确、及时的采集、分析和处理的功能。它提高了信息反应速度和供应链的透明度,从而大大提高了控制管理能力和客户服务水平,提高了整个物流系统的效益。

(三)物流信息化是电子商务的重要组成部分

一个完整的电子商务交易过程,必然涉及信息流、商流、资金流、物流四种流动过程。其中,电子商务通过计算机和网络通信设备可以比较容易地解决信息流、商流和资金流的问题,而将商品及时地配送到用户手中,即完成商品的空间转移才标志着电子商务过程的结束。从这个意义上讲,物流是"四流"中最特殊的一种,它是指物质实体的流动过程,具体指运输、储存、配送、装卸、保管、物流信息管理等各种活动。所以,物流信息化是电子商务的重要组成部分,离开了物流的信息化,电子商务的过程就不能很好地实现。

第二节 电子商务物流信息技术

物流是一个集中和产生大量信息的领域,由于物流的不断运动,物流信息也随时间不断发生变化,因此信息量较大。要想处理好繁杂的信息,现代信息技术成为管理物流信息的关键。根据物流的功能和特点,物流信息技术主要包括电子数据交换、条形码、射频技术(radio frequency,RF)、计算机网络技术、多媒体技术(multimedia)、地理信息技术、全球卫星导航系统(global navigation satellite system,GNSS)、自动化仓库管理技术、智能标签技术、数据库及数据仓库(DW)技术、数据挖掘技术、网络技术等。在这些信息技术的支撑下,形成了以移动通信、资源管理、监控调度管理、自动化仓储管理、业务管理、客户服务管理、财务管理等多种业务集成的一体化现代物流信息管理系统。

根据参照的标准不同,对物流信息技术系统的分类也不同。一种观点认为,物流信息技术系统包括:①基础技术层面的技术:互联网、GIS、GNSS、条形码技术、射频技术等。②环境体系层面的技术:电子数据交换、涉及企业事务、商务、税务的电子化契约、支付和信用标准。③作业管理层面的技术:JIT、销售时点信息管理系统、有效客户信息反馈、自动连续补货(ACEP)、快速响应等。④管理信息系统层面的技术:分销资源计划,客户关系管理、供应链管理等。另一种是按照功能将其归纳为识别技术(条码和 RF)、转换技术(EDI)、跟踪技术(GIS、GNSS)以及其他常用技术。本章采用后一种分类方法,下面将对这几种技术逐一介绍。

一、物流自动识别技术

自动识别技术是信息数据自动识读、自动输入计算机的重要方法和手段,它是以计算机技术和通信技术的发展为基础的综合性科学技术。自动识别技术近几十年在全球范围内得到了迅猛发展,初步形成了一个包括条形码、磁条(卡)、光学字符识别、系统集成化、射频技术、声音识别及视觉识别等集计算机、光、机电、通信技术于一体的高新技术学科。

(一)条形码技术

条形码技术是 20 世纪在计算机应用中产生和发展起来的一种自动识别技术,也是集条形码理论、光电技术、计算机技术、通信技术、条形码印制技术于一体的综合性技术。条形码技术具有制作简单、信息收集速度快、准确度高、信息量大、成本低和条形码设备方便易用等优点,所以从生产到销售的流通转移过程中,条形码技术起到了准确识别物品信息和快速跟踪物品历程的重要作用,它是整个物流信息管理工作的基础。条形码技术在物流数据采集、快速响应、运输的应用中极大地促进了物流业的发展。

1. 商品条形码简介

1)一维条形码

一维条形码(1-dimensional bar code)是由一组规则排列的条、空及对应的字符组成的标记。其中,"条"对光的反射率低而"空"对光的反射率高,再加上条与空的宽度不同,就能使扫描光线产生不同的电脉冲,形成可以传输的电子信息。由于光的运动速度极快,所以,其可以准确、无误地对运动中的条形码予以识别。

条形码的码制是指条形码条和空的排列规则,常用的一维码的码制包括 EAN 码、交叉 25 码、EAN/UCC-128 码及 39 码。

EAN 码是国际物品编码协会(EAN International)制定的一种商品用条形码,通用于全世界。EAN 码符号有标准版(EAN-13)和缩短版(EAN)两种。我国的通用商品条形码与其等效,主版由 13 位数字及相应的条形码符号组成,如图 10-1 所示,在较小的商品上也采用 8 位数字码及相应的条形码符号。其构成及含义如下。

(1)前缀码。其由 3 位数字组成,是国家的代码,我国为 690,是国际物品编码协会统一决定的。

(2)制造厂商代码。其由 4 位数字组成,我国物品编码中心统一分配并统一注册,一厂一码。

(3)商品代码。其由 5 位数字组成,表示每个制造厂商的商品,由厂商确定,可标识 10 万种商品。

(4)校验码。其由 1 位数字组成,用以校验前面各码的正误。

交叉 25 码(图 10-2)在仓储和物流管理中被广泛采用。1983 年,交叉 25 码完整的规范被编入有关物资储运的条形码符号美国国家标准 ANSI MH10.8 中。1997 年,我国制定了交叉 25 码国家标准,并于 1998 年 3 月开始实施。交叉 25 码是一种连续、非定长,具有自校验功能,且条空都表示信息的双向条形码,常用于定量储运单元的包装箱上。

EAN/UCC-128 码(图 10-3)是由国际物品编码协会、美国代码委员会和自动识别制造商协会共同设计而成的。它是一种连续型、非定长、有含义的高密度代码。EAN/UCC-128码是物流条形码实施的关键,它能够更多地标识贸易单元的信息,如产品批号、数量、规格、生产日期、有效期、交货地等,使物流条形码成为贸易中的重要工具。

6 901234 567892

图 10-1　EAN 码

001234567890

图 10-2　交叉 25 码

ABC01234

图 10-3　EAN/UCC-128 码

对 EAN/UCC-128 码的印刷要求较为宽松,在许多粗糙、不规则的包装上都可以印刷,EAN/UCC-128 码的识别要比前两种码制的识别容易得多。

ABC01234

图 10-4　39 码

39 码(图 10-4)起源于美国,它是第一个字母数字式码制。此码制特别适合于需用字母、数字作为物品标识的应用场合。并且,由于字符集全、编码严禁、条形码位数与数据范围不限,因此,其广泛应用于物流管理系统、汽车制造、机械加工、工业自动化等行业和领域。39 码是离散型的(即字符之间有不代表信息只起分割作用的空白区)、自校验的、长度可变的码制。它的字符集包括 0～9 的数字、A～Z 的 26 个字母及几个特殊符号(—、space、*、\$、/、+、%)。条形码以(*)为起始终止符,总共有 44 个字符。每个 39 码字符有 5 个条(3 宽、2 窄)和 4 个空(1 宽、3 窄),即 9 个元素中有 3 个宽元素、6 个窄元素。

目前,条形码的发展和应用以极快的速度增长,行业的目标是在最小的面积中包含尽可能多的信息。但是,编码越小、越紧凑,扫描出现错误的可能性就越大。因此,新的编码技术融合了找错和纠错的能力。

2) 二维条形码

二维条形码(2-dimensional bar code)是用某种特定的几何图形按一定规律在平面(二维方向)上分布的条、空相间的图形来记录数据符号信息。

一维条形码自出现以来,发展十分迅速,极大地加快了数据采集和信息处理的速度。但是,随着高新技术的发展,一维条形码信息容量已不能满足技术发展的需要。基于这个原因,人们迫切希望发明一种新的条形码,除具有普通条形码的优点外,同时具有容量大、可靠性高、保密和防伪性强、易于制作、成本低等优点,二维条形码正是满足了上述条件的新的条形码方式。

与一维条形码一样,二维条形码也有许多不同的编码方法,或称码制。就这些码制的编码原理而言,通常可分为堆积式二维条形码、矩阵式二维条形码和邮政码三种类型。

堆积式二维条形码是在一维条形码编制原理的基础上,将多个一维条形码在纵向堆叠而产生的,典型的码制如 Code 16K、Code 49、PDF417 等。

矩阵式二维条形码是在一个矩形空间通过黑、白像素在矩阵中的不同分布进行编码,典型的码制如 Aztec、MaxiCode、QR Code、Data Matrix 等。

邮政码是通过不同长度的条进行编码,主要用于邮件编码,如 Postner、BPO 4 StateCode。

在许多种类的二维条形码中,常用的码制有 Data Matrix、MaxiCode、Aztec、PDF417 等。

2. 物流条形码及其应用

物流条形码是物流过程中用以标识具体实物的一种特殊代码,它是由一组黑白相间的条、空组成的图形,利用识读设备可以实现自动识别、自动数据采集。在商品从生产厂家到运输、交换的整个物流过程都可以通过物流条形码来实现数据共享,使信息的传送更加方便、快捷、准确,从而提高整个物流系统的经济效益。

条形码在物流中的应用较为广泛,主要有以下几个方面。

1) 生产管理

在生产中可以应用产品识别码监控生产,采集生产测试数据和生产质量检验数据,进行产品完工检查,建立产品识别码和产品档案,从而有序地安排生产计划,监控生产流程及流向,提高产品下线合格率。

2) 销售信息系统

在商品上贴条形码就能快速、准确地利用计算机进行销售和配送管理。其过程为:对销售商品进行结算时,通过光电扫描读取并将信息输入计算机,然后输入收款机,收款后开出收据,同时通过计算机处理,掌握进、销、存的数据。

3) 仓库管理

(1) 根据货物的品名、型号、规格、产地、牌名、包装等划分货物品种,并且分配唯一的编码,也就是"货号"。按货号管理货物库存和管理货号的单件集合,并且应用于仓库管理的各种操作。

(2) 仓库库位管理是对存货空间的管理。仓库分为若干个库房,库房是仓库中独立和封闭的存货空间,库房内空间细分为库位,细分能够更加明确定义存货空间。在产品入库时将库位条形码号与产品条形码号一一对应,在出库时按照库位货物的库存时间可以实现先进先出或批次管理。

(3) 进行货物单件管理。条形码技术不光可以按品种管理库存,而且可管理库存的具体每一单件。采用产品标识条形码记录单件产品所经过的状态,就可实现对单件产品的跟踪管理,更加准确地完成产品出入库操作。

(4) 一般仓库管理只能完成仓库运输差错处理(根据人机交互输入信息),而条形码仓库管理不仅可以直接处理实际运输差错,还能够根据采集的单件信息及时发现出入库的货物单件差错(如入库重号、出库无货),并且提供差错处理。

(5) 仓库业务管理。其包括出库、入库、盘库、月盘库、移库,不同业务以各自的方式进行,完成仓库的进、销、存管理。

4) 运输中的分货、拣选系统

铁路运输、航空运输、邮政通信等许多行业都存在货物的分拣搬运问题,大批量的货物需要在很短的时间内准确、无误地装到指定的车厢或航班。解决这个问题的办法就是应用物流标识技术,使包裹或产品自动分拣到不同的运输机上。

5) 资产跟踪

美国钢管公司在各地的不同种类的管道需要维护。为了跟踪每根管道,它们将管道的编号、位置编号、制造厂商、长度、等级、尺寸、厚度及其他信息编成一个 PDF417 码,制成标签后贴在管道上,当管道移走或安装时,操作员扫描条形码标签,数据库信息得到及时更新。

 **案例视窗**

条码技术在沃尔玛的应用

沃尔玛是美国最大的百货公司,拥有 29 个配送中心,每个配送中心为 120 家商店服务,公司每天要向各个商店发送 15 万箱货物。它们的做法是用激光打印机打印出 ITF-14 条码(即 14 位交叉二五条码)标签,由拣货员把标签贴到纸箱的顶面,运送系统把纸箱运到分拣机上。在分拣机上,全方位扫描器扫描条码标签,并根据计算机指令,将货物分拣,直至将这些纸箱传送到开往目的地的运输车辆上。

随着商品数量的增多,需要建造新的配送中心。但是,从经济的角度考虑,提高现有配送中心的吞吐能力则是最佳方案。如果要使每个配送中心达到 30 万箱的吞吐能力,就需要打印 30 万张条码标签,需要更多的操作人员来挑拣纸箱,需要把更多的标签贴到纸箱上,把更多的纸箱放到分拣机上进行分拣。同时,分拣机的速度需要从 1.8 米/秒提高到 2.5 米/秒。但是,所有这些还是不够,寻找和采用更为快捷的识别技术,才是提高配送中心的吞吐能力的根本。

2004 年,全球最大的零售商沃尔玛的一项决议,把无线射频识别技术推到了聚光灯下。沃尔玛要求其前 100 家供应商在 2005 年 1 月之前向其配送中心发送货盘和包装箱时使用 RFID 技术,2006 年 1 月前在单件商品中使用这项技术。

作为沃尔玛的供货商,在产品送到配送中心之前,生产厂家必须在所有产品上打印出 UCC/EAN-128 条码。这种条码已成为许多行业的标准,标准规定了条码在箱上的印制位置,以及要表示的信息。

当所有的纸箱都已经事先印制好条码时,条码标签的打印和人工粘贴就不再需要了,这使直通发运更容易实现。在大多数情况下,直通发运量占全部运量的 50%。在新的系统中,标签不再是只贴在纸箱顶面,在纸箱的四面都可以粘贴或印制条码标签,这就要求安装"通道式"扫描系统,用成组的扫描器来扫描纸箱的五个表面。而这种系统的投资回收期预计不超过一年,应用这种系统在降低成本、提高效率方面效果是显而易见的。

资料来源:条码技术在物料搬运中的应用,降低成本的最佳解决方案[EB/OL].(2018-12-04).https://articles.e-works.net.cn/scm/article142619.htm.

(二) RFID 技术

RFID 是英文 radio frequency identification 的缩写,即射频识别。射频识别技术是一项利用射频信号通过空间耦合(交变磁场或电磁场)实现无接触信息传递,并通过所传递的信息达到识别目的的技术。简单地说,RFID 技术是利用无线电波进行数据信息读写的一种自动识别技术或无线电技术在自动识别领域中的应用。

1. RFID 系统的组成及工作原理

RFID 系统在具体的应用过程中,根据不同的应用目的和应用环境,系统的组成会有所不同,但从射频识别系统的工作原理来看,系统一般都由信号发射机、信号接收机、编程器、天线组成。

1) 信号发射机

在射频识别系统中,信号发射机为了达到不同的应用目的,会以不同的形式存在,典型的形式是标签(tag)。标签相当于条码技术中的条码符号,用来存储需要识别传输的信息。另外,与条码不同的是,标签必须能够自动或在外力的作用下,把存储的信息主动发射出去。标签一般是带有线圈、天线、存储器与控制系统的低电集成电路。常见标签的分类有:主动式标签(内部自带电池进行供电,电能充足,信号传送距离远)与被动式标签(内部不带电池,要靠外界提供能量才能工作,传输距离较短);只读标签[内部只有只读存储器(ROM)和随机存储器(RAM)及缓冲存储器]和可读写标签(除了 ROM、RAM 和缓冲存储器之外,还有非活动可编程记忆存储器);识别标签(内部存储的只是识别号码)与便携式数据文件(信息量大,不仅存储标识码,还存储大量被识别项目的其他相关信息,如包装过程、工艺过程说明等)。

2) 信号接收机

在射频识别系统中,信号接收机一般叫作阅读器。根据支持的标签类型不同与完成的功能不同,阅读器的复杂程度是显著不同的。阅读器的基本功能就是提供与标签进行数据传输的途径。另外,阅读器还提供相当复杂的信号状态控制、奇偶错误校验与更正功能等。标签中除了存储需要传输的信息外,还必须含有一定的附加信息,如错误校验信息等。

3) 编程器

只有可读写标签系统才需要编程器。编程器是向标签写入数据的装置。编程器写入数据一般来说是离线(off-line)完成的,也就是预先在标签中写入数据,等到开始应用时直接把标签黏附在被标识项目上。也有一些 RFID 应用系统,写数据是在线(on-line)完成的,尤其是在生产环境中作为交互式便携数据文件来处理时。

4) 天线

天线是标签与阅读器之间传输数据的发射、接收装置。在实际应用中,除了系统功率外,天线的形状和相对位置也会影响数据的发射和接收,需要专业人员对系统的天线进行设计、安装。

其工作原理并不复杂:标签进入磁场后,接收阅读器发出的射频信号,凭借感应电流所获得的能量发送出存储在芯片中的产品信息(passive tag,无源标签或被动标签),或者主动发送某一频率的信号(active tag,有源标签或主动标签),阅读器读取信息并解码后,送至中央信息系统进行有关数据处理。

2. 射频识别技术的特点和 RFID 系统的分类

RFID 凭借其自动数据采集、高度的数据集成、支持可读写工作模式等优势,已成为新一代的自动识别技术。其主要特点如下。

(1) 不需要光源,甚至可以透过外部材料(如包装的箱子或容器等)读取数据。

(2) 信息容量大,能容纳上百亿的字符(一维 EAN/UCC 条形码,容量不过几十个字符;二维 PDF417 条形码,最多也只能容纳 2 725 个数字),可对产品进行详细的描述。

(3) 可重复使用,使用寿命长(可以为 10 年以上),能在恶劣环境下工作。

(4) 能够轻易嵌入或者附着在不同形状、类型的产品上。

(5) 穿透性强,读取距离远(可为数十米),且能无障碍阅读。

(6) 可以写入及存取数据,写入时间比打印条形码短。

(7) 标签的内容可以动态改变。

(8) 能够同时处理多个标签(可以同时处理 200 个以上的标签)。

(9) 标签的数据存储有密码保护,安全性高。

(10) 可以对 RFID 标签所附着的物体进行跟踪定位。

根据射频系统完成的功能不同,可以粗略地把射频系统分成四种类型:EAS 系统(electronic article surveillance,电子商品防窃系统)、便携式数据采集系统、物流控制系统、定位系统。

(1) EAS 是一种设置在需要控制物品出入门口的 RFID 技术。这种技术的典型应用场合是商店、图书馆、数据中心等地的入口,当未被授权的人从这些地方非法取走物品时,EAS 系统会发出警告。

典型的 EAS 系统一般由三部分组成:①附着在商品上的电子标签、电子传感器;②电子标签激活装置,以便授权商品能正常出入;③监视器,在出口形成一定区域内的监视空间。

EAS 系统的工作原理是:在监视区,发射器以一定的频率向接收器发射信号。发射器与接收器一般安装在零售店、图书馆的出入口,形成一定的监视空间。当具有特殊特征的标签进入该区域时,其会对发射器发出的信号产生干扰,这种干扰信号也会被接收器接收,再经过微处理器的分析判断,会控制警报器的鸣响。

(2) 便携式数据采集系统。其使用带有 RFID 阅读器的手持式数据采集器采集 RFID 标签上的数据。这种系统具有比较大的灵活性,适用于不宜安装固定式 RFID 系统的应用环境。手持式阅读器(数据输入终端)可以在读取数据的同时,通过无线电波数据传输方式实时地向主计算机系统传输数据,也可以暂时将数据存储在阅读器中,成批地向主计算机系统传输数据。

(3) 物流控制系统。在该系统中,RFID 阅读器分散布置在给定的区域,并且阅读器直接与数据管理信息系统相连,信号发射机是移动的,一般安装在移动的物体、人上面。当物体、人经过阅读器时,阅读器会自动扫描标签上的信息,并把数据信息输入数据管理信息系统进行存储、分析、处理,达到控制物流的目的。

(4) 定位系统。其用于自动化加工系统中的定位以及对车辆、轮船等进行运行定位支持。阅读器放置在移动的车辆、轮船或者自动化流水线中移动的物料、半成品、成品上,信号发射机嵌入操作环境的地表下面。信号发射机上存储有位置识别信息,阅读器一般通过无线或者有线的方式连接到主信息管理系统。

3. RFID 技术在物流中的应用

1) 高速公路的自动收费系统

高速公路上的人工收费站由于效率低下而成为交通"瓶颈"。RFID 技术应用在高速公路自动收费上,能够充分体现它非接触识别的优势,让车辆在高速通过收费站的同时自动完成收费。据测试,采用这种自动收费方式,车辆通过自动收费卡口车速可保持在 40 千米/小时,与停车领卡交费相比,可节省 30%～70% 的时间。

2) 交通督导和电子地图

利用 RFID 技术可以进行车辆的实时跟踪,通过交通控制中心的网络在各个路段向司机报告交通状况,指挥车辆绕开拥堵路段,并用电子地图实时显示交通状况,能够使交通流量均匀,大大提高道路利用率。通过实时跟踪,还可以自动查处违章车辆,记录违章情况。另外,公共汽车站实时跟踪显示公共汽车到站时间及自动显示乘客信息,可以带给乘客方便。

3)停车智能化管理系统

出入无须停车,系统自动识别车辆的合法性,完成放行(禁止)、记录等管理功能,节约进出场的时间,提高工作效率,杜绝管理费的流失。

4)邮政包裹管理系统

在邮政领域,如果在邮票和包裹标签中贴上 RFID 芯片,不仅可以实现分拣过程的全自动化,而且邮件包裹到达某个地方,标签信息就会被自动读入管理系统,并融入"物联网"供顾客和企业查询。

5)铁路货运编组调度系统

火车按既定路线运行,读写器安装在铁路沿线,就可得到火车的实时信息及车厢内装的物品信息。通过读到的数据,能够确认火车的身份,监控火车的完整性,以防止遗漏在铁轨上的车厢发生撞车事故,同时在车站能将车厢重新编组。

6)集装箱识别系统

将记录有集装箱位置、物品类别、数量等数据的标签安装在集装箱上,借助射频识别技术,就可以确定集装箱在货场内的确切位置,在移动时可以将更新的数据写入射频卡。系统还可以识别未被允许的集装箱移动,有利于管理和保证安全。

7)生产线自动化

用 RFID 技术在生产流水线上实现自动控制、监视,提高生产率,改进生产方式,节约成本。下面举例说明在生产线上应用 RFID 技术的情况。

德国宝马汽车公司在装配流水线上应用射频卡以尽可能大量地生产用户定制的汽车。宝马汽车是基于用户提出的要求样式而生产的:用户可以从上万种内部选项和外部选项中选定自己所需车的颜色、引擎型号、轮胎式样等,这样,汽车装配流水线上就得装配上百种样式的宝马汽车。如果没有一个高度组织的、复杂的控制系统,是很难完成这样复杂的任务的。宝马公司就在其装配流水线上配有 RFID 系统,使用可重复使用的射频卡。该射频卡上带有详细的汽车所需的所有要求,在每个工作点都有读写器,这样可以保证汽车在流水线的各个位置能毫无差错地完成装配任务。

(三)EPC 技术

产品电子代码(electronic product code,EPC)是基于 RFID 与互联网的一种物流信息管理新技术,它通过给每一个实体对象(包括零售商品、物流单元、集装箱、货运包装等)分配一个全球唯一的代码来构建一个全球物品信息实时共享的实物互联网(internet of things,简称物联网)。

1. EPC 与条形码的区别

(1)EPC 编码革命性地解决了条形码无法解决的单个商品识别问题,而且 EPC 是以互联网为信息资源的支撑,应用领域将更加广泛。

(2)EPC 编码结构适合描述几乎所有的货品,同时通过 IP(网际互连协议)地址可以识别网络节点上存有货品信息的计算机。以96位的EPC编码结构为例,它可以对全球2.68亿家公司、每个公司可以对1 600万种商品、每种商品可以对680亿个单品进行唯一标识。

(3) 普通的GTIN(全球贸易项目代码)条形码体系无法依赖于网络资源,若将许多外部数据如价格和保质期等都存储在条形码结构中,会增加成本和编码结构的复杂性。而EPC编码则提供指向这些目标信息的有效网络指针,人们可以通过指针指向的IP地址找到相应的计算机,从而获得所需货品的详细信息。

2. EPC系统的构成与工作流程

1) EPC系统的构成

EPC系统是一个综合性的复杂系统。它由EPC编码体系、射频识别系统及信息网络系统三部分组成,主要包括六个方面,如表10-1所示。

表10-1 EPC系统的构成

系 统 构 成	主 要 内 容	注 释
EPC编码体系	EPC编码标准	识别目标的特定代码
射频识别系统	EPC标签	贴在物品之上或者内嵌在物品之中
	读写器	识别EPC标签
信息网络系统	EPC中间件	EPC系统的软件支持系统
	对象名称解析服务(Object Naming Service,ONS)	
	EPC信息服务(EPC Information Service,EPC IS)	

(1) EPC编码体系。EPC编码体系是EAN/UCC全球统一识别系统的拓展和延伸,是全球唯一识别系统的重要组成部分,是EPC系统的核心和关键。EPC代码是由版本号(标头)、域名管理者(厂商识别代码)、对象分类、序列号等数据字段组成的一组数字,具体结构如表10-2所示。其中,版本号标识EPC的版本号,它使得EPC随后的码段可以有不同的长度;域名管理是描述与此EPC相关的生产厂商的信息,如"可口可乐公司";对象分类记录产品精确类型的信息,如"美国生产的330毫升罐装减肥可乐"(可口可乐的一种新产品);序列号唯一标识货品,它会精确地告诉我们所说的究竟是哪一罐330毫升罐装减肥可乐。

表10-2 EPC代码结构

编码	类型	版本号	域名管理	对象分类	序列号
EPC-64	类型Ⅰ	2	21	17	24
	类型Ⅱ	2	15	13	34
	类型Ⅲ	2	26	13	23
EPC-96	类型Ⅰ	8	28	24	36
EPC-256	类型Ⅰ	8	32	56	160
	类型Ⅱ	8	64	56	128
	类型Ⅲ	8	128	56	64

(2) 射频识别系统。EPC射频识别系统是实现EPC代码自动采集的功能模块,由射频标签和射频识别器组成。射频标签是产品电子代码的载体,附着于可跟踪的物品上,在全

球流通。射频识别器与信息系统相连,是读取标签中的 EPC 代码并将其输入网络信息系统的电子设备。

（3）信息网络系统。信息网络系统由本地网络和全球互联网组成,是实现信息管理、信息流通的功能模块。EPC 系统的信息网络系统是在全球互联网的基础上,通过 EPC 中间件、对象名称解析服务和 EPC 信息服务三大部分的组成来实现全球"实物互联"。其中,EPC 中间件起了系统管理的作用,ONS 起了寻址的作用,EPC IS 起了产品信息存储的作用。

2）EPC 系统的工作流程

EPC 物联网是一个基于互联网并能够查询全球范围内每一件物品信息的网络平台,物联网的索引就是 EPC 代码。在由 EPC 标签、读写器、EPC 中间件、互联网、ONS 服务器、EPC 信息服务及众多数据库组成的实物互联网中,读写器读出的 EPC 只是一个信息参考（指针）,由这个信息参考从互联网找到 IP 地址并获取该地址中存放的相关的物品信息,并采用分布式的 EPC 中间件处理由读写器读取的一连串 EPC 信息。其具体流程如图 10-5 所示。

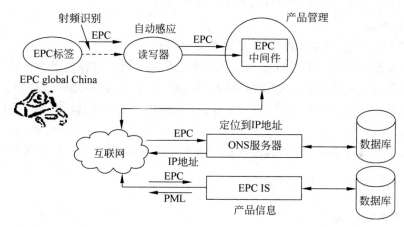

图 10-5　EPC 系统工作流程

资料来源：http://www.visiontech.com.cn/content/consultation/epc_6.htm.

3. EPC 技术的应用模型

（1）出厂。贴有 EPC 标签的产品随着托盘或包装箱运输出厂的时候,包装单元上的 EPC 被识别器识读,该批次产品的出厂信息被记录下来。

（2）入库。产品运到配送中心或仓库,在配送中心的门口装有 EPC 识读器,帮助进行自动点货并 24 小时监控出、入库情况。

（3）发货。发货的时候同样也要通过 EPC 读写器的识读,记录发货时间、地点、批次等相关信息,以便将来跟踪查询。

（4）上架。产品被送到商店摆上货架后,货架上的 EPC 读写器可以随时查询整个商店内任意商品的货架位置、缺货情况及是否已经过期等重要信息。

（5）结算。顾客只要推着购物车从装有 EPC 识读器的出口通过,所购商品的价格、成分、出厂日期等一系列信息可全部出现在计算机终端,可以与银行的自动结算系统联网,实现自动结账,而不必花时间排队等待。

（6）售后。顾客完成结算以后，可以通过 EPC 标签的"灭活"指令对 EPC 标签进行销毁，以保护用户隐私，也可以继续使用，以享受相应的售后服务，并方便厂家在必要时间召回产品。

除了以上所描述的应用模型，EPC 还可以广泛地应用于整个供应链管理，在每个需要记录相关信息的物流节点都可以对 EPC 信息进行识别、比较、更新和保存，以随时对供应链进行管理。

二、物流转换技术——EDI

（一）EDI 的含义和特点

1. EDI 的含义

EDI 的英文全称为 electronic data interchange，即电子数据交换。联合国标准化组织将 EDI 描述成按照统一标准，将商业或行政事务处理转换成结构化的事务处理或报文数据格式，并借助计算机网络实现的一种数据电子传输方法。

2. EDI 的特点

相对于其他的信息传输方式，EDI 呈现出如下特点。

（1）EDI 的使用对象是具有固定格式的业务信息和具有经常性业务联系的单位。

（2）EDI 所传送的资料是一般业务资料，如发票、订单等，而不是一般性的通知。

（3）采用共同标准化的格式，这也是与一般 E-mail（电子邮件）的区别，如联合国 EDIFACT 标准。

（4）尽量避免人工的介入操作，由收送双方的计算机系统直接传送、交换资料。

（二）EDI 的系统构成及工作原理

1. EDI 的系统构成

数据标准化、EDI 软件和硬件及通信网络是构成 EDI 系统的三要素。

1）数据标准化

EDI 标准是由各企业、各地区代表共同讨论、制定的电子数据交换共同标准，可以使各组织之间的不同文件格式，通过共同的标准达到彼此文件交换的目的。

2）EDI 软件和硬件

实现 EDI 需要配备相应的 EDI 软件和硬件。EDI 软件能将用户数据库系统中的信息译成 EDI 的标准格式，以保证传输交换的需要。

（1）转换软件。它可以帮助用户将计算机系统文件转换成翻译软件能够理解的平面文件，或是将从翻译软件接收来的平面文件转换成计算机系统中的文件。

（2）翻译软件。将平面文件翻译成 EDI 标准格式，或将接收的 EDI 标准格式翻译成平面文件。

（3）通信软件。将 EDI 标准格式的文件外层加上通信信封再送到 EDI 系统交换中心的邮箱，或由 EDI 系统交换中心内将接收的文件取回。

EDI 所需的硬件设备有计算机、调制解调器及电话线。由于使用 EDI 进行电子数据交换需通过通信网络,目前采用电话网络进行通信是很普遍的方法,因此 modem(调制解调器)是必备的硬件设备。此外,如果传输时效及资料传输量上有较高的要求,可以考虑租用专线。

3)通信网络

通信网络是实现 EDI 的手段。EDI 通信方式有多种,第一种是点对点,这种方式只有在贸易伙伴数量较少的情况下使用。随着贸易伙伴数目的增多,当多家企业直接用计算机通信时,会由于计算机厂家不同、通信协议相异及工作时间不易配合等而出现问题。为了克服这些问题,许多公司逐渐采用第三方网络,即增值网方式。它类似于邮局为发送者与接收者维护邮箱并提供存储转送、记忆保管、格式转换、安全管制等功能。因此,通过增值网传送 EDI 文件,可以大幅度降低相互传送资料的复杂度和困难度,并提高 EDI 的效率。

2. EDI 的工作原理

我们通过图 10-6 来具体说明 EDI 的工作原理。

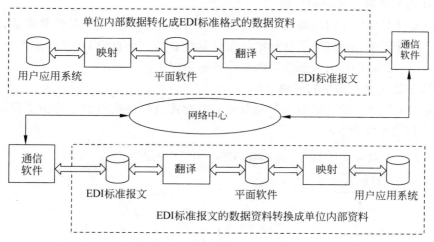

图 10-6　EDI 工作原理示意图

（1）平面文件转换及初始化过程。用户应用系统与平面文件之间的转换过程（即映射）是连接翻译和用户应用系统的中间过程。用户应用系统存储了生成报文所需的数据,该过程的任务就是读取用户数据库中的相关数据,按照不同的报文结构生成平面文件以备翻译。平面文件不必包含用户文件的全部数据,只需包含要翻译的数据。在实际应用中,用户可将翻译系统和应用系统集成起来,在输入数据时,直接生成平面文件,随后再翻译。

（2）翻译过程。翻译就是根据报文标准、报文类型和版本,将平面文件转换为 EDI 标准报文。而报文标准、报文类型和版本由上述 EDI 系统的贸易伙伴清单确定,或由服务机构提供的目录服务功能确定。实际上,翻译的过程就是翻译程序根据标准的句法规则,用规定分隔符将平面文件中的数据连接起来,生成不间断的 ASCII 码(美国信息交换标准代码)字符串,并根据贸易伙伴清单生成报文头,最后生成报文尾。

（3）通信过程。翻译过程结束,生成 EDI 交换通信参数文件,一般包含电话拨号、网络地址或其他的特殊地址符号,以及表示停顿、回答和反应的动作描述码。通信软件根据这些通信设置拨通网络,建立用户的 EDI 服务通道,进行文件传输。

（4）交易接收方从信箱中收取 EDI 信件，翻译、映射并转送到应用系统中做进一步的处理。

（三）EDI 技术在物流领域中的应用

EDI 既准确又迅速，可免去不必要的人工处理，节省人力和时间，同时可减少人工作业可能产生的差错。所以，它已被广泛应用于物流公司、制造商、批发商和运输商的作业流程中。

1. EDI 在物流公司中的应用

物流公司是供应商与客户之间的桥梁，它对调节产品的供需、缩短流通渠道、解决不经济的流通规模问题及降低流通成本有极大的作用。EDI 在物流公司中的应用主要有引入出货单和引入催款对账单。通过 EDI 技术方便、快速地知道出货情况，以便及时补货，并且减轻财务人员的对账工作量，降低对账错误率。

2. EDI 在制造商业务中的应用

制造商与其交易伙伴间的商业行为大致可分为接单、出货、催款及收款作业，其往来的单据包括采购进货单、出货单、催款对账单及付款凭证等。因此，EDI 技术主要应用于引入采购进货单、引入出货单、引入催款对账单及转账系统中。

3. EDI 在运输商业务中的应用

运输商由于其强大的运输能力和遍布各地的营业点而在流通业中扮演了重要的角色。图 10-7 为运输商的交易流程。

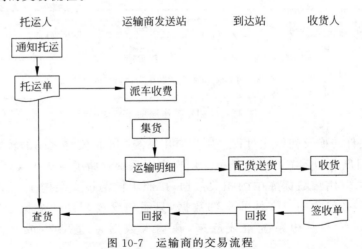

图 10-7　运输商的交易流程

（1）引入托运单。引入托运单可接收托运人传来 EDI 托运单报文，将其转换为企业内部的托运单格式。

（2）托运收货。事先得知托运货物详情后，可调配车辆前往收货。托运人传来的 EDI 托运数据可与发送系统集成，自动生成发送明细单。

（3）送货回报。托运数据和送货回报作业集成，将送货结果及早回报给托运人，提高客户服务质量。此外，对已完成送货的交易，也可回报运费，供客户提早核对。

（4）对账。可用回报作业通知每笔托运交易的运费，同时运用 EDI 催款对账单向客户催款。

（5）收款。对托运量大且频繁托运的客户，可与其建立 EDI 转账作业，通过银行进行 EDI 对账。

4. EDI 在其他业务中的应用

EDI 技术还被广泛地应用于配送中心、批发商以及海关部门和商检中。

三、物流跟踪技术——GIS 和 GNSS

（一）地理信息系统

1. 概述

地理信息系统是多门学科交叉的产物，它以地理空间数据为基础，在计算机软、硬件的支持下，对空间相关数据进行采集、管理、操作、分析、模拟和显示，并采用地理模型分析方法，适时地提供多种空间和动态的地理信息，是为地理研究和地理决策服务而建立起来的计算机技术系统。其基本功能是将表格型数据转换为地理图形显示，然后对显示结果进行浏览、操作和分析。其显示范围可以从洲际地图到非常详细的街区地图，显示对象包括人口、销售情况、运输线路及其他内容。

2. GIS 构成

从应用的角度，GIS 由硬件、软件、数据、方法和人员五部分组成。硬件和软件为 GIS 建设提供环境；数据是 GIS 的重要内容；方法为 GIS 建设提供解决方案；人员是 GIS 建设中的关键和能动性因素，直接影响和协调其他组成部分。

1）硬件组成

硬件主要包括计算机和网络设备、存储设备、数据输入、显示和输出的外围设备等。中央处理器与磁盘驱动器连接在一起提供存储数据和程序的空间；数字化仪或其他数字化设备将地图或航片等资料转换成数字形式送入计算机；绘图仪及其他类型的显示设备用于显示数据处理结果；磁盘机主要用来存储数据、程序或与其他系统进行通信。用户通过显示器或终端控制计算机和外围设备，如绘图仪、打印机、数字化仪等。

2）软件构成

GIS 软件系统是 GIS 运行所必需的各种程序，它包括系统软件、核心软件和应用软件三部分。其中，系统软件指操作系统、数据库管理系统等；核心软件包括数据输入和检验、数据存储和管理、数据变换、数据输出和表示等；应用软件是 GIS 开发人员或用户根据某个专题或模型编制完成特定任务的程序，它与系统软件紧紧相连，是系统软件的扩充和延伸。

3）地理空间数据

地理空间数据是以地球表面空间位置为参照，描述自然、社会和人文经济景观的数据。这些数据可以是图形、图像、文字、表格和数字等。它可以通过数字化仪、扫描仪、键盘等输入设备输入 GIS 中，通过 GIS 的输入处理模块按照一定的数据结构将其转换为标准的数据文件，存放在地理数据库中，便于 GIS 对数据进行处理和提供给用户使用。

4）方法

方法是指系统采用何种技术路线、何种解决方案来实现系统目标。方法的采用会直接影响系统的性能、可用性和可维护性。

5) 人员

人员是 GIS 中的重要构成因素,GIS 不同于一幅地图,而是一个动态的地理模型,仅有系统软、硬件和数据,不构成完整的 GIS,需要人员进行系统组织、管理、维护和数据更新、系统扩充完善、应用程序开发,并采用地理分析模型提取多种信息,为地型学研究和地理决策服务。只有在对 GIS 合理投资与综合配置的情况下,才能建立有效的 GIS。

3. GIS 的分类

按其内容、功能和作用,GIS 可以分为两大类: 工具型 GIS 和应用型 GIS。

1) 工具型 GIS

工具型 GIS 常称为 GIS 工具、GIS 开发平台、GIS 外壳、GIS 基础软件等,它具有 GIS 基本功能,但没有具体的应用目标,只是供其他系统调用或用户进行二次开发的操作平台。如国外的 ARC/INFO、MapInfo 软件,国内的 MapGIS、GeoStar 软件等是建立应用型 GIS 的支持软件。

2) 应用型 GIS

应用型 GIS 具有具体的应用目标、特定的数据、特定的规模和特定的服务对象。通常,应用型 GIS 是在工具型 GIS(基础软件)的支持下建立起来的。这样,可节省大量的软件开发费用,缩短系统的建立周期,提高系统的技术水平,使开发人员把精力集中于应用模型的开发,且有利于标准化的实行。

应用型 GIS 又分为专题 GIS 和区域 GIS。

(1) 专题 GIS: 指具有有限目标和专业特点的地理信息系统,为特定的、专门的目的服务,如道路交通管理信息系统、水资源管理信息系统、矿产资源管理信息系统、农作物估产信息系统、水土流失信息系统、环境管理信息系统等。

(2) 区域 GIS: 主要以区域综合研究和全面信息服务为目标,可以有不同规模,如国家级、地区或省级、市级或县级等为各不同级别行政区服务的区域信息,也有以自然分区或流域为单位的区域信息系统。

4. GIS 的应用

1) 应用于物流领域

GIS 应用于物流分析,主要是利用 GIS 强大的地理数据功能来完善物流分析技术。完整的 GIS 物流分析软件集成了车辆路线模型、最短路径模型、网络物流模型、分配集合模型和设施定位模型等。例如,设施定位模型,用于确定一个或多个设施的位置。在物流系统中,仓库和运输线共同组成了物流网络,仓库处于网络的节点上,节点决定线路,如何根据供求的实际需要并结合经济效益等原则,在既定区域内设立多个仓库,每个仓库的位置,每个仓库的规模,以及仓库之间的物流关系等问题,运用此模型均能很容易地得以解决。

2) 应用于企业

国内一些先进企业,相继采用了 MapInfo GIS 系统,如北京市商业地理信息系统、天津可口可乐电子地图管理系统、已经投入使用的还有小红帽投递管理信息系统、工商银行系统等。

3) 应用于政府部门

应用于政府部门的 GIS,首先是存储政府职能部门的业务信息,集成各种基础地理信息数据,为社会和个人提供专业信息查询等服务。其应用包括设备管理、医疗卫生、旅游、公交、电信、房地产、城市规划、水利项目等。

4）社会个人的 GIS 应用

个人是通过利用政府和相关 GIS 信息公司提供的空间信息服务,满足诸如出行最优线路选择、公共服务设施定位、旅游线路选择和网络虚拟等的需要。个人应用 GIS 的参与者越来越多,规模也越来越大,但建立者和使用者的职能分化也越来越明显,模型分析功能越来越弱,而信息查询功能则越来越强。

 **案例视窗**

GIS 在医疗救护中的应用

以医疗救护为例（图 10-8）,当患者向监控中心请求急救时,监控中心可以从 GIS 电子地图上查看到患者的具体位置,并同时搜索最近的急救车辆,让最近的车辆前去接患者。患者进入救护车后,监控中心可以通过双向通话功能,指导救护车上的医生实施救护治疗,及时通过 GIS 的最优路径功能,给救护车指引道路,使其以最快的速度到达医院或急救中心；而在救护车行进的过程中,患者的家属可以通过 Internet 立即上网查询救护车的行进位置及患者的状态信息。通过 GIS 并结合 GPS 和 GSM（全球移动通信系统）无线通信及网络,在患者、家属、救护车及医生之间建立无缝沟通体系,最终使患者得到快速、及时的治疗。

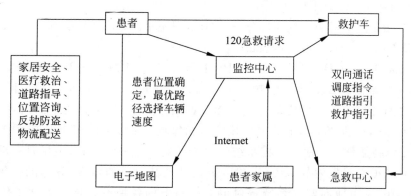

图 10-8　GIS 在医疗救护中的应用示意图

如果在车辆移动目标、家居固定点目标、重点保护单位甚至路灯上都安装了 GPS、GSM 或其他无线通信设备,那么人们在城市生活中,无论是开车、行走或者在单位、家里,都可以通过由 GIS、GPS、Internet 以及无线通信技术构成的综合服务系统获得急救、报警和各种商务服务,真正使人们处于立体的、全方位的数字化生活中,体验数字空间高科技价值。

资料来源：马波. GIS 的实时应用浅谈［J/OL］. 才智,2010（7）：71-72. https://kns. cnki. net/kcms2/article/abstract?v＝oslmGXurZ-qxI0xvr_RlX_uo_nAojDvGyGuo156eBL1gYjJkdwNekd98Y3ECVWWoEfciE6KSn7C-F0yyK1v8Ubs8y1cJbD8m-dh0V1W7OpXZR8M--grW2T-9puThcrK4&uniplatform＝NZKPT&flag＝copy.

(二) 全球卫星导航系统

1. 全球卫星导航系统的含义和特点

全球卫星导航系统(GNSS)是一种利用人造卫星进行导航和定位的技术。这种系统通常由一系列卫星组成,它们在地球上空的轨道上运行,并持续向地面发送无线电信号。用户可以通过接收这些信号,利用时间测距或多普勒测速等方法,计算出自己的地理位置坐标和速度矢量分量。卫星导航系统具有全球和近地空间的立体覆盖能力,可以为全球用户提供全天候、全天时的定位、导航和授时服务。

目前,GNSS 主要包括:美国的全球定位系统(GPS)、苏联/俄罗斯的全球导航卫星系统(GLONASS)、中国的北斗卫星导航系统(BeiDou Navigation Satellite System,BDS)和欧洲航天局的伽利略卫星导航系统(Galileo Satellite Navigation System)。

2. GPS 和 BDS

1) 全球定位系统

全球定位系统的前身为美军研制的子午卫星定位系统。1973 年 12 月,美国国防部批准海陆空三军联合研制新的卫星导航系统——NAVSTART/GPS,简称 GPS。第一颗可运行的原型卫星于 1978 年发射。

GPS 的特点主要有:①定位精度高,在 50 千米以内可达 6~10 米,100~500 千米可达 7~10 米,1 000 千米可达 9~10 米;②观测时间短,目前 20 千米以内相对静态定位,仅需 15~20 分钟;③测站间无须通视,只需测站上空开阔即可;④可提供三维坐标;⑤操作简单;⑥全天候作业,而且功能多、应用广。

GPS 系统包括三大部分:空间部分——GPS 卫星星座;地面控制部分——地面监控系统;用户设备部分——GPS 信号接收机。

(1) 空间部分——GPS 卫星星座。GPS 卫星星座由 21 颗工作卫星和 3 颗在轨备用卫星组成,记作(21+3)GPS 星座。24 颗卫星均匀分布在 6 个轨道平面内,轨道倾角为 55°,各个轨道平面之间相距 60°,即轨道的升交点赤经各相差 60°。每个轨道平面内各卫星之间的升交角距相差 90°,一轨道平面上的卫星比两边相邻轨道平面上的相应卫星超前 30°。

(2) 地面控制部分——地面监控系统。对于导航定位来说,GPS 卫星是一动态已知点。卫星的位置是依据卫星发射的星历(描述卫星运动及其轨道的参数)算得的。每颗 GPS 卫星所播发的星历,是由地面监控系统提供的。卫星上的各种设备是否正常工作,以及卫星是否一直沿着预定轨道运行,都要由地面设备进行监测和控制。地面监控系统的另一重要作用是保持各卫星处于同一时间标准(GPS 时间系统),这就需要地面站监测各卫星的时间,算出钟差,然后由地面注入站发给卫星,卫星再由导航电文发给用户设备。GPS 工作卫星的地面监控系统包括 1 个主控站、3 个注入站和 5 个监测站。

(3) 用户设备部分——GPS 信号接收机。GPS 信号接收机的作用是:能够捕获到按一定卫星高度截止角所选择的待测卫星的信号,并跟踪这些卫星的运行,对所接收到的 GPS 信号进行变换、放大和处理,以便测量出 GPS 信号从卫星到接收机天线的传播时间,解译出 GPS 卫星所发送的导航电文,实时地计算出测站的三维位置,甚至三维速度和时间。

由于 GPS 技术所具有的全天候、高精度和自动测量的特点,作为先进的测量手段和新的生产力,其已经融入国民经济建设、国防建设和社会发展的各个应用领域。

2）北斗卫星导航系统

北斗卫星导航系统由中国政府建造，免费为全球用户提供全天候、全天时、高精度的定位、测速和授时服务。

北斗一号系统（第一代 BDS）由 3 颗卫星提供区域定位服务。从 2000 年开始，该系统主要在中国境内提供导航服务。2012 年 12 月，北斗一号的最后一颗卫星寿命到期，北斗卫星导航试验系统停止运作。2012 年 11 月，第二代 BDS 开始在亚太地区为用户提供区域定位服务。

北斗三号系统空间段由若干地球同步轨道（GEO）卫星、倾斜地球同步轨道（IGSO）卫星和中圆地球轨道（MEO）卫星组成混合导航星座，包括 24 颗地球中圆轨道卫星（覆盖全球）、3 颗倾斜地球同步轨道卫星（覆盖亚太大部分地区）和 3 颗地球静止轨道卫星（覆盖中国），即"3GEO＋3IGSO＋24MEO"的星座构成，卫星与卫星之间具备通信能力，可以在没有地面站支持的情况下自主运行。北斗三号系统于 2020 年 7 月 31 日开通。

BDS 具有以下特点：一是 BDS 空间段采用三种轨道卫星组成的混合星座，与其他卫星导航系统相比高轨卫星更多，抗遮挡能力强，尤其低纬度地区性能优势更为明显。二是 BDS 提供多个频点的导航信号，能够通过多频信号组合使用等方式提高服务精度。三是 BDS 创新融合了导航与通信能力，具备定位导航授时、星基增强、地基增强、精密单点定位、短报文通信和国际搜救等多种服务能力。

BDS 提供服务以来，已在交通运输、农林渔业、水文监测、气象测报、通信授时、电力调度、救灾减灾、公共安全等领域得到广泛应用，服务重要基础设施，产生了显著的经济效益和社会效益。基于 BDS 的导航服务已被电子商务、移动智能终端制造、位置服务等厂商采用，广泛进入大众消费、共享经济和民生领域，应用的新模式、新业态、新经济不断涌现，深刻改变着人们的生产生活方式。中国将持续推进北斗应用与产业化发展，服务国家现代化建设和百姓日常生活，为全球科技、经济和社会发展做出贡献。

3．GNSS 在物流中的应用

1）用于车辆的自定位、跟踪调度

（1）车辆跟踪。利用 GNSS 和电子地图可以实时显示车辆的实际位置，并可任意放大、缩小、还原、换图；可以随目标移动，使目标始终保持在屏幕上；还可实现多窗口、多车辆、多屏幕同时跟踪。利用该功能可对重要车辆和货物进行跟踪运输。

（2）提供出行路线规划和导航。提供出行路线规划是 GPS 的一项重要的辅助功能，它包括自动线路规划和人工线路设计。自动线路规划是由驾驶者确定起点和目的地，由计算机软件按要求自动设计最佳行驶路线，包括最快的路线、最简单的路线、通过高速公路路段次数最少的路线的计算。人工线路设计是由驾驶员根据自己的目的地设计起点、终点和途经点等，自动建立路线库。线路规划完毕后，显示器能够在电子地图上显示设计路线，并同时显示汽车运行路径和运行方法。

2）用于铁路运输

我国铁路开发的基于 GNSS 的计算机管理信息系统，可以通过 GNSS 和计算机网络实时收集全路列车、机车、其他车辆、集装箱及所运货物的动态信息，可实现列车、货物跟踪管理。只要知道货车的车种、车型、车号，就可以立即从近 10 万千米的铁路网上流动的几十万辆货车中找到该货车，还能得到这辆货车现在何处运行或停在何处，以及所行的车载货物发货信息。

3）用于军事物流

GNSS首先是因为军事目的而建立的。在军事物流中,如后勤装备的保障等方面,GNSS应用相当普遍,尤其是在美国。目前,我国军事部门也在运用GNSS。

第三节 基于电子商务的物流信息系统

一、物流信息系统概述

随着互联网技术的广泛应用,目前,基于网络的物流信息系统正成为发展物流业务的基本物理条件。也就是说,基于网络的物流信息系统为物流服务商和厂家提供了一个信息交换平台,这是支撑物流全过程管理的最重要的基础之一。

（一）物流信息系统的定义

所谓物流信息系统,就是一个以人为主导,利用计算机软硬件、网络通信设备,特别是互联网等IT,结合各类机械化、自动化物流工具设备,进行物流信息的收集、传递、加工、储存、更新和维护,实现对实体物流综合管理的数字化、智能化、标准化和一体化,物流业务处理指挥信息化与网络化,以提高整体物流活动的效率和效益,降低整体物流成本,支持企业的现代管理并取得竞争优势的集成化人机系统。

（二）物流信息系统的特征

物流信息系统除了具有信息系统的一般特性,如整体性、层次性、目的性、环境适应性之外,还具有一些自身的特征。

（1）主要为物流管理服务。物流信息系统的目的是辅助物流企业进行事务处理,并在一定程度上为管理决策提供信息支持,因此必须同物流企业的管理体制、管理方法、管理风格相结合,遵循管理与决策行为理论的一般规律。

（2）适应性和易用性强。根据一般系统理论,一个系统必须适应环境的变化,尽可能做到当环境发生变化时,系统不需要经过大的变动就能适应新的外境,这要求系统便于修改。一般认为,最容易修改的系统是积木式模块结构的系统,由于每个模块相对独立,其中一个模块的变动不会或很少影响其他模块。建立在数据库与网络技术基础上的物流信息系统,应具有良好的适应性,并方便用户使用。适应性强,系统的变化就小,当然就会为用户提供方便。易用性是物流信息系统便于推广的一个重要因素,要实现这一点,友好的用户操作界面是一个基本条件。

（3）信息与管理之间存在互为依存的关系。物流管理与决策必须依赖正确的、及时的信息。信息是一种重要资源,在物流管理控制和战略计划中,必须重视对相关物流信息的管理。物流信息与物流管理之间是互为依存的关系。

（4）物流信息系统是一个面向管理的人机系统。物流信息系统在支持企业的各项管理活动时,计算机及物流设备与用户之间不断地进行信息交换,管理人员要负责将数据及时地输入计算机或设备中,计算机在对这些数据进行加工处理后将所获得的信息输出,以满足管理所需,同时在加工处理过程中需要人的适当干预。因此,企业物流信息系统又是一个人机交互的系统。

（5）具有数据库系统的特征和分布式数据处理特征。

（三）物流信息系统的功能

物流信息系统实现了对物流服务全过程的管理,具体而言,物流信息系统具备以下一些功能。

1. 集中控制

这主要是指对物流全过程进行监控。其实现的功能控制有业务流程的集中管理、各环节的收费管理、各环节的责任管理、各环节的结算管理、各环节的成本管理、运输环节的管理、仓储环节的管理、统计报表管理等。通过对各环节数据的统计与分析,得出指导企业运营的依据。

2. 运输流程管理

这主要是指针对运输流程的四个环节而实施的接单管理、发运管理、到站管理、接收管理和运输过程的单证管理,如路单管理、报关单管理、联运提单管理和海运提单管理等。

3. 车（船、飞机等）、货调度管理

这主要是指解决运输过程中的货物配载、车辆（船、飞机等）调度、车辆（船、飞机等）返空等问题。通过使用物流信息系统能够更好地利用集装箱的运输空间,更合理地进行车辆的调度,并能圆满地解决大型运输集团中各分公司的车辆（船、飞机等）返空问题。

4. 仓储管理

这主要是指对货物的入库、出库、在库进行管理。其中,在库管理是指对库中作业的管理,特指货物的包装、拆卸、库中调配、配货等典型的物流服务。通过对出入库货物数量的计算,可以得出准确的货物结存量。此外,还可以根据物流订单信息进行库存的预测管理。

5. 统计报表管理

这是物流信息系统中最主要的信息输出手段,也是企业决策者和客户了解业务状况的依据。它既可以提供动态的统计报表,也可以提供多种特定的统计报表,如货物完整率报表、时间达标率报表、延期签收统计报表、业务量分析图、财务结算统计表、物流企业年度经营情况总结报表等。

6. 财务管理

管理物流业务中与费用相关的各种数据,并建立物流系统和专业财务系统的数据接口。

7. 客户查询

为客户提供灵活多样的查询条件,使得客户可以共享物流企业的信息资源,如货物的物流分配状况、货物的在途运输状况、实时的货物跟踪、货物的库存情况、货物的结存情况、货物的残损情况、货物的签收情况等。

总之,现代物流的关键元素之一为信息流,物流企业只有充分利用现代通信网络的便利,将信息流架构于以互联网为代表的信息网络平台上,实现物流、信息流的统一,从而为企业创造良好的经济效益。

二、基于电子商务的物流信息系统

在电子商务环境下,制造商、供应商和现代物流企业在电子商务平台上完成交易作业,其业务流程是物流、资金流、商流、工作流的一个错综复杂的集合,其业务流程可以分为认证、交易、支付和物流四大类。

结合电子商务环境中现代物流系统化和集成化的发展趋势,针对电子商务、现代物流及相关业务系统的综合集成需求,提出电子商务与现代物流信息系统集成框架,支持跨系统、跨平台、跨区域甚至跨行业的不同类型的电子商务与物流信息服务。

框架除了要有服务平台的通用协同功能(如电子交易、货物跟踪、电子支付、信息认证),实现统一的信息发布、及时的业务作业点信息查询、透明的单证跟踪外,还应将电子商务交易中商户、客户、物流服务商、认证机构、银行和政府机构的数据与业务有机地集成到一个统一的平台上,支持交易信息、物流信息、支付信息、认证信息的交换与集成,支持电子商务、现代物流服务及相关业务系统与信息资源的综合集成与业务协同,并在此基础上,实现对业务流程的管理和监控。

基于电子商务的物流信息系统的组成如下。

(1)综合门户。综合门户的建立基于开放性技术和标准的门户框架,用于提供门户界面的定制服务,通过个性化、交互式、多渠道的访问方式,为电子商务中商户、客户、物流服务商、认证机构、银行和政府机构提供访问信息的集中门户,实现不同系统的复合应用。

(2)电子商务与物流信息动态集成。对电子商务与现代物流集成业务所涉及认证信息、支付信息、交易信息、物流信息的要素、属性、行为和彼此关系进行建模,动态集成和协调对业务执行和决策至关重要的信息,屏蔽底层数据源的位置、类型等物理特性,以统一的视图和接口提供给上层应用,使跨系统的业务流程能够基于一致的信息和知识来运行。

(3)业务流程管理与监控。对业务协同过程的主要协作环节如采购、管理、运输与配送、库存、订单处理和销售、供应商关系、认证及支付等,分析逻辑运行关系,控制流程的运行,实现业务流程管理,在业务流程执行过程中,提供各流程节点的操作提示以及系统通知、预警等信息。

图 10-9 所示为电子商务与物流信息系统集成框架。

三、常用典型电子商务物流信息系统

(一)电子自动订货系统

电子自动订货系统是指企业间利用通信网络(VAN 或互联网)和终端设备以在线连接方式进行订货作业和订货信息交换的系统。按应用范围可分为企业内的 EOS(如连锁店经营中各个连锁分店与总部之间建立的 EOS)、零售商与批发商之间的 EOS,以及零售商、批发商与生产商之间的 EOS 等。

EOS 的基本框架如图 10-10 所示。EOS 及时、准确地交换订货信息,可以缩短从接到订单到发出货物的时间,缩短订货商品的交货期,降低商品订单的出错率,并节省人工;有

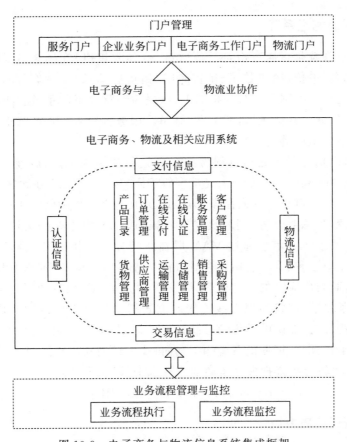

图 10-9　电子商务与物流信息系统集成框架

资料来源：王海强.论电子商务与现代物流信息化的关系[D].北京：对外经济贸易大学，2007.

利于减少企业的库存,提高企业的库存管理效率,同时能防止商品尤其是畅销商品缺货现象的出现。对于生产厂家和批发商来说,通过分析零售商的订货信息,能准确判断畅销商品和滞销商品,有利于企业调整商品生产与销售计划;有利于提高企业物流信息系统的效率,使各个物流业务信息子系统的数据交换更加便利和迅速,丰富企业的经营信息。

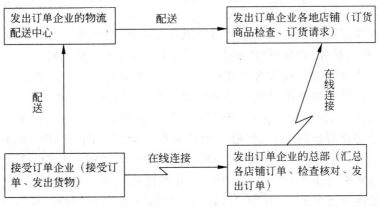

图 10-10　EOS 的基本框架

（二）销售时点信息系统

销售时点信息系统是指通过由自动读取设备（如收银机）在销售商品时直接读取商品销售信息（如商品名、单价、销售数量、销售时间、销售店铺、购买顾客等），并通过通信网络和计算机系统传送至有关部门进行分析加工，以提高经营效率的系统。POS 系统最早用于零售业，以后逐渐扩展至其他领域，如金融、旅馆等服务性行业，利用 POS 信息的范围也从企业内部扩展到整个供应链。

在零售业中，POS 系统的运行过程为：第一，进行流通加工，给店铺待售品贴上条形码或 OCR（optical character recognition，光学字符识别）标签。第二，在顾客购买商品结账时，收银员使用扫描读数仪自动读取商品条形码或 OCR 标签上的信息，通过计算机确认商品的单价、计算顾客购买总金额等，同时反馈给收银机，打印出顾客购买清单和付款总金额。第三，各个店铺的销售时点信息通过 VAN 以在线连接方式即时传送给总部或物流中心。第四，在总部、物流中心和店铺，利用销售时点信息进行库存调整、配送管理、商品订货等作业。第五，在零售商与供应链的上游企业（批发商、生产厂家、物流业者等）结成合作伙伴关系（战略联盟）的条件下，零售商以在线连接的方式把销售时点信息即时传送给上游企业。上游企业依据这些及时、准确的销售信息制订经营计划、进行决策。例如，生产厂家利用销售时点信息进行销售预测，把握消费者购买动向，找出畅销商品和滞销商品，并把 POS 信息与 EOS 信息进行比较分析来把握零售商的库存水平，以此为基础制订生产计划和零售商库存连续补充计划（continuous replenishment program，CRP）。

（三）运输管理信息系统

运输管理信息系统是指为提高运输企业的运输能力、降低物流成本、提高服务质量而采用现代信息技术手段建立的管理信息系统，它是多个专门信息系统的集合。由于第三方物流需求量的增加，运输企业与生产企业及其他流通企业之间建立了战略联盟。为了更好地满足顾客的需要，增强企业的市场竞争力，提升整个供应链的经营效果，许多物流运输企业特别是大型物流运输企业从战略角度出发建立了自己的战略信息系统、应用货物跟踪系统、运输车辆运行管理系统等物流管理信息系统。以下介绍货物跟踪系统和车辆运行管理系统。

货物跟踪系统是指物流运输企业利用物流条形码和 EDI 技术及时获取有关货物运输状态的信息（如货物品种、数量、货物在途情况、交货期限、发货地、到达地、货主、送货车辆、送货责任人等），提高物流运输服务质量的方法。这种方法是在承接货物时利用扫描仪自动读取货物包装或货物发票上的物流条形码等货物信息，通过公共通信线路、专用通信线路或卫星通信线路，把货物的信息传送到总部的中心计算机进行汇总整理并存储。当顾客需要对货物的状态进行查询时，只要输入货物的发票号码，马上就可以知道有关货物状态的信息，查询作业简便、迅速，信息及时、准确。同时，通过货物信息可以确认货物是否将在规定的时间内送到顾客手中，能及时发现没有在规定的时间内把货物交付给顾客的情况，便于马上查明原因并及时改正，从而提高运送货物的准确性和及时性，提高物流服务水平。

在物流运输行业，出于作业中的运输车辆处于分散状态，为便于及时调配车辆，尽量避免车辆完成运输任务后的放空现象，许多企业采用了车辆运行管理系统。在车辆运行管理系统中应用较多的是以下两种。

一是应用 MCA(multi channel access,多信道选取)无线技术的车辆运行系统。该系统由无线信号发射接收控制部门、运输企业的计划调度室和运输车辆组成,计划调度室与运输车辆之间通过无线信号进行双向通话。物流运输企业在接到顾客运送货物的请求后,将货物品种、数量、装运时间、地点和顾客的联系电话等信息输入计算机,同时根据运行车辆移动通信装置发回的有关车辆位置和状态的信息,通过 MCA 系统由计算机确定自动地向最靠近顾客的车辆发出装货指令,由车辆上装备的接收装置接收装货指令并打印出来。这种系统的采用提高了物流企业的运输效率和服务水平,但由于 MCA 无线发射功率的限制,其只能用于同城市的车辆计划调度管理。

二是应用通信卫星、GPS 技术、GIS 技术的车辆运行管理系统。在这种系统中,物流运输企业的计划调度中心与车辆之间的双向通话通过卫星通信进行。物流运输企业计划调度中心发出的装货指令通过公共通信线路或专业通信线路传送到卫星控制中心,由卫星控制中心把信号传送给通信卫星,再由通信卫星把信号传送给运输车辆,而运输车辆通过 GIS 系统确定其所在的准确位置,找出到达目的地的最佳线路,同时通过车载的通信卫星接收天线、GPS 天线、通信联络控制装置和输出输入装置,将车辆所在位置和状况等信息通过卫星传回到企业计划调度中心,以利于调度中心把握全局。这种系统的采用,对于实现全企业车辆的最佳配置、提高物流运送业务效率和顾客满意程度都具有重大意义。其不足之处在于系统建设的投资要求大,通信费用高,不利于企业降低成本。

(四) 决策支持系统

信息科学应用于制造业、服务管理的领域就是决策支持系统。DSS 是管理信息系统的一种逻辑推广,在模型化与决策制定过程中起到了辅助作用。它并不仅仅提供信息,一个决策支持系统允许管理者在给定资金或管理参数的情况下进行"如果……就……"的分析。一个决策支持系统也能联合多种多样的管理科学模型和图解。

思考题

1. 我国电子商务物流信息化过程中存在的主要阻碍有哪些?
2. 举例说明电子商务物流信息识别技术的应用。
3. 电子商务物流信息系统的内涵是什么?举出几个常见的物流信息系统。

即测即练

第十一章

跨境电子商务物流管理

【本章导读】

1. 跨境电子商务的定义以及发展历程。
2. 跨境电子商务相关物流模式以及构成要素。
3. 现代跨境电子商务的经典案例。

网易考拉海购的逆袭之路

曾几何时,网易考拉作为中国跨境电子商务市场的新兴参与者,努力在竞争激烈的行业中确立自己的地位。通过战略创新和对客户满意度的不懈承诺,网易考拉踏上了非凡的转型之旅,并最终取得了成功。

一、初出茅庐的挑战

一开始,网易考拉面临一些挑战,包括来自老牌企业的激烈竞争、有限的品牌认知度以及跨境物流的复杂性。意识到变革措施的必要性,网易结合其在技术、数据分析和供应链管理方面的优势,进行了内部重组。

二、差异化和目标市场的导航

凭借清晰的愿景,网易考拉确定了自己的目标市场和独特的价值主张。它专注于为中国消费者提供广泛的高质量国际产品,同时向他们保证真实性和卓越的客户服务。通过与全球品牌的战略合作,网易考拉获得了稳定的抢手商品供应,吸引了挑剔客户的注意力。

三、建立客户信任和品牌忠诚度

网易考拉致力于在竞争激烈的环境中赢得客户的信任和忠诚度。该平台在产品保证方面投入巨资,确保严格的质量控制和测试程序。通过提供全面的客户支持和无忧的退货政策,网易考拉有效地从竞争对手中脱颖而出,并赢得了客户的信任。

四、跨域集成

考拉依托母公司网易的优势,整合网易音乐、网易严选等跨领域资源,实现协同效应,打造无缝购物体验。消费者可以轻松获得各种产品、音乐推荐和生活方式灵感,从而进一步提高客户参与度。

五、数据驱动战略与技术进步

网易考拉采用先进的数据分析技术来识别客户偏好、浏览行为和购物模式。利用这些有价值的信息,其优化了产品推荐、个性化优惠和营销策略,为个人客户量身定制了购物体验。网易考拉升级了技术基础设施,确保了快速、安全、用户友好的平台,进一步提高了客户满意度。

六、"一带一路"建设加速发展

网易考拉看到了与中国"一带一路"倡议保持一致的机会,该倡议旨在促进与提升参与国之间的贸易和连通性。网易考拉认识到其潜力,扩大了其国际影响力,与"一带一路"沿线国家的供应商合作,并成为促进跨境贸易的平台,通过多样化的产品选择使中国消费者受益。

尾声:网易考拉的复兴

网易考拉通过不懈努力为客户提供优质的正品、卓越的客户服务、专属的跨域整合,成功确定了自己在跨境电子商务市场中的地位。今天,它已成为中国领先的平台之一,以其广泛的国际产品、无缝的购物体验和坚定不移地致力于客户满意度而受到消费者的喜爱。

网易考拉的历程表明,凭借执行良好的战略、以客户为中心的承诺、跨域整合和利用技术进步,即使是相对较新的参与者也可以扭转命运,在动态的跨境电子商务环境中取得成功。

资料来源:李丹.网易考拉海购"领跑"跨境电商进口零售市场的成功与经验做法[EB/OL].(2018-05-22).http://dwjmsw.com/Article/detail/id/548.htm.

第一节　跨境电子商务概述

一、跨境电子商务的概念

跨境贸易是分属不同关境的交易主体之间的商品和劳务交换,而电子商务是具有商业活动的主体利用网络和先进的信息技术所进行的各种商业贸易活动。由此,可以定义跨境电子商务的概念:分属不同关境的交易主体,通过电子商务平台达成交易、进行电子支付结算,并通过跨境电子商务物流及异地仓储送达商品,从而完成交易的一种国际商业活动。

从进出口方向来看,跨境电子商务分为出口跨境电子商务和进口跨境电子商务。

从交易模式来看,跨境电子商务分为 B2B 跨境电子商务和 B2C 跨境电子商务。B2B 模式下,企业运用电子商务以广告和信息发布为主,成交和通关流程基本在线下完成,本质上仍属传统贸易。B2C 模式下,企业直接面对国外消费者,以销售个人消费品为主,物流方面主要采用航空小包、邮寄、快递等方式。

2013 年 E 贸易提出后,跨境电子商务也可分为一般跨境电子商务和 E 贸易跨境电子商务。E 贸易是建立在一般跨境电子商务贸易模式基础上的创新模式,主要将企业、电子商务平台、物流商和金融服务商等贸易链上各公司与海关、商检等职能部门进行整合,通过打造跨境 E 贸易电子商务综合服务平台,实现企业端和政务端的有机结合,以此为外贸企业特别是中小外贸企业提供更为便利的交易渠道和更为简化的交易手续,实现高效的通关速度,最终实现中小外贸企业效益最大化。传统外贸、一般跨境电子商务和 E 贸易跨境电子商务下的交易对象变化如图 11-1 所示。

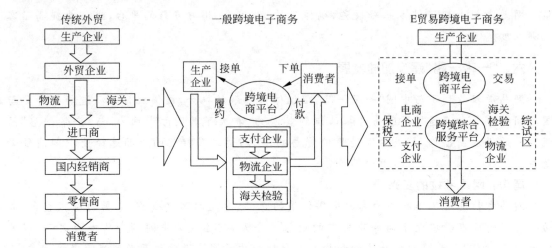

图 11-1　传统外贸、一般跨境电子商务和 E 贸易跨境电子商务下的交易对象变化

资料来源:郭云.平台演进视角下中小外贸企业转型跨境 E 贸易模式研究——以安徽省为例[J].长沙理工大学学报(社会科学版),2019,34(1):126-136.

与传统出口贸易相比,跨境电子商务具有多重优势。

(1) 中间环节少、价格低廉、利润率高。一般而言,传统外贸出口需经过国内工厂、国内出口商、国外进口商、国外批发商、国外零售商、国外消费者六个环节。在这种模式下,外贸中最大份额的利润都被流通的中间环节赚走。在跨境电子商务模式下,出口环节可以简化为国内工厂、国外零售商、国外消费者三个环节,甚至可以进一步简化为国内工厂、国外消费者,直接绕开许多中间商环节。这样,出口价格可以进一步下降,从而提升出口商品竞争力,同时出口商也可以获得大部分的利润。

(2) 可以大大降低外贸企业的成本。外贸企业通过跨境电子商务平台交易,可以减少海外分支机构、降低海外扩张的成本,这使得小企业也有机会开展国际贸易;此外,跨境电子商务的应用使网络营销取代传统的境外营销手段,减少出国谈判磋商的频次,降低外贸企业的交易成本和营销成本。

(3) 可以快速响应市场。跨境电子商务平台不仅是一个交易平台,也是一个信息平台,通过平台上的各类数据,可以直接获得境外市场信息和用户反馈,从而打破信息壁垒,提高对境外市场反应的灵敏度。

二、我国跨境电子商务的发展

我国跨境电子商务起步晚、增速快,经过数年的发展,以稳健、快速的步伐成为中国贸易的全新增长引擎。下面介绍我国跨境电子商务发展的各个阶段和历程,从而帮助我们更好地梳理我国跨境电子商务的发展。

(一)跨境电子商务 1.0 阶段(1999—2003 年)

中国的跨境电子商务起源于 1999 年,以阿里巴巴、环球资源网为典型代表平台。在中国跨境电子商务 1.0 阶段,这些平台主要的商业模式是网上展示、线下交易的外贸信息服务模式。这些网站只是互联网上的黄页,为企业和产品的信息提供一个全球的展示平台,主要定位 B2B 大宗交易。这些平台不涉及任何交易环节,仅仅是对信息流的整合。这些网站通过向进行信息展示的企业收取会员费、竞价推广、提供咨询服务等方式获得盈利。这个阶段还出现了中国制造网、韩国 EC21 网、KellySearch 等大量以供需信息交易为主的跨境电子商务平台。

(二)跨境电子商务 2.0 阶段(2004—2012 年)

2004 年,随着敦煌网的上线,跨境电子商务进入 2.0 阶段。与上一个阶段不同的是,在 2.0 阶段,平台不再单纯进行信息黄页展示,而是将线下交易、支付、物流等流程放到线上,实现交易流程电子化,以 B2B 和 B2C 两种平台模式为主。在这一阶段,平台实现了营收的多元化,将收取"会员费"改成以收取交易佣金为主,即按成交额来收取一定比例的佣金,同时通过平台的营销推广服务、支付服务、物流服务等获得增值收益。

(三)跨境电子商务 3.0 阶段(2013 年至今)

得益于中央及各地政府的高度重视,跨境电子商务行业的规范和优惠政策相继出台,2013 年,我国跨境电子商务正式进入 3.0 阶段。跨境电子商务 3.0 阶段主要有五大特征:大型工厂上线、B 类买家成规模、中大额订单比例提升、大型服务商加入和移动用户量爆发。与此同时,平台服务全面升级,承载能力更强,全产业链服务在线化也是 3.0 阶段的重要特征。

习近平总书记在 2020 年第三届中国国际进口博览会开幕式上强调,中国将推动跨境电商等新业态新模式加快发展,培育外贸新动能。2022 年,中国跨境电子商务市场规模已达 15.7 万亿元,较 2021 年的 14.2 万亿元同比增长 10.56%。此外,2018—2021 年跨境电子商务市场规模(增速)分别为 9 万亿元(11.66%)、10.5 万亿元(16.66%)、12.5 万亿元(19.04%)、14.2 万亿元(13.6%)。[①] 党的二十大报告提出,未来我国将"加快构建新发展格局,着力推动高质量发展","推进高水平对外开放"。

三、跨境电子商务的风险

跨境电子商务的业务流程和环境更为复杂,从而也面临更多的风险,我们将跨境电子商务的风险大致总结为物流风险、网络风险、法律风险和其他风险等。

---

① 2022 年跨境电商市场规模 15.7 万亿元 同比增长 10.56%[EB/OL]. (2023-05-04). https://news.cnstock.com/news,bwkx-202305-5056098.htm.

(一)物流风险

跨境电子商务的物流风险主要体现在运输和通关两个环节。

跨境商品运输需要经过较长的路程,卖家需要负担较高的运费,且物流的时效性难以保证;商品经历数次转运,容易导致外包装及内部的商品破损,甚至发生丢件、少件等情况。

跨境电子商务的出口商品在运输时必须接受各个入境海关的监管和检查,海关检查的环节增加了交易的不确定性。若没有通过检查,则商品可能被扣押或没收,无法送达买家手中。

(二)网络风险

跨境电子商务的网络风险主要包括支付风险、信息风险和信用风险。

跨境交易的双方只需要通过第三方跨境支付平台的虚拟账户就能实现迅速、隐蔽的资金跨境转移,这会带来极大的反洗钱风险。首先,第三方支付企业仅起到一个支付中介的作用,其主要职责就是使资金正常流转,并从该过程中抽取一定的手续费,因此,它们没有自身动力以及外部压力来对交易进行监管与核查;其次,对于托管银行来说,它们听从第三方支付机构的清算指令来进行操作,无法了解境内外两方的客户信息,也不会去审核交易是否真实存在,更难以追查钱款的来源及流向。

跨境电子商务平台上存储了大量的买卖双方交易信息,买方信息的泄露会给买方带来极大的风险,涉及信息安全、资金安全等。此外,平台上的信息准确性也极为重要,错误的信息也会扰乱正常的交易秩序,加大信息处理的成本。

跨境电子商务由于地理位置、文化差异和企业信息化程度等原因,信息不对称。信息不对称带来的双方不安全感和不信任感极有可能导致交易失败。而在正常交易中,也可能存在欺诈、假冒伪劣等信用风险问题。我国跨境电子商务发展时间较短,相关法律制度还不是很健全,加之电商自身的虚拟特性,容易引起信用风险。

(三)法律风险

我国在跨境电子商务这一方面的立法并不完善,虽然《中华人民共和国电子商务法》第二十六条作出相关规定——"电子商务经营者从事跨境电子商务,应当遵守进出口监督管理的法律、行政法规和国家有关规定",但并没有从实质上解决冲突。跨境电子商务利用网络平台进行电子商务交易,这种交易涉及的"跨境"因素是不受地域限制的;但法律法规却因为各国(地区)政治属性、文化特点、发展水平等方面的不同,而存在地域差异。这也就导致了跨境电子商务的无界性和法律的地域性之间的冲突。

(四)其他风险

(1)流动性风险。当商家和消费者在线上进行交易时,货款往往由第三方支付机构暂时保存;只有交易最终达成,该机构才会将货款转移到商家的账户中。那么,在这一时间间隔中,跨境电子商务出口企业可能发生资金周转不开的情况,引发流动性风险。

(2)政策环境风险。跨境电子商务的整个交易过程是全球化的,只有处于价值链不同地位的国家相互协调,才能保证这一过程顺利进行。因此,跨境电子商务企业在很大程度上受到出口国政策环境的影响。

（3）疫情的冲击。疫情期间,世界多数国家都采取了贸易限制措施,这对于跨境电子商务产品的进出口不可避免地产生影响。此外,病毒的防范对冷链的运输也提出了更为严峻的挑战。同时,疫情带来的供应链中断、物流受阻等问题也严重影响了跨境电子商务的发展。

总体而言,跨境电子商务的发展是机遇与风险并存,为了更好地应对各类风险,需要跨境电子商务各方协同合作。对于平台而言,应该进一步优化电子支付服务体系,保障支付安全,还要整合物流资源,提高物流信息化水平;对于商家而言,应该诚信经营,优化产品质量,利用政策优势选择目标市场,打造优质产业链,提升核心竞争力;对于政府而言,应提高跨境电子商务行业的准入门槛,加强市场监管,健全海关、税收、检疫机制,完善通关服务,推进人才培养战略,提高从业人员素质。

第二节　跨境电子商务物流模式

一、跨境电子商务的物流模式的种类

跨境电子商务物流是指在跨境电子商务活动中,将商品从一个国家或地区的卖家运输到另一个国家或地区的买家的整个物流过程。它涉及商品的仓储、包装、运输、报关、清关和最后的配送等环节。跨境电子商务物流与传统的物流相比存在一些特殊性和挑战。首先,由于涉及跨越关境,跨境电子商务物流需要遵守各国(地区)的法律法规和相关制度,包括海关申报、报关程序等。其次,由于涉及不同国家或地区的运输和配送,物流链路较长,需要协调和管理不同的物流服务提供商与合作伙伴。此外,跨境电子商务物流对于物流成本、运输时间和售后服务等方面有着更高的要求。

为了迎接这些挑战,跨境电子商务物流运营商通常会建立自己的全球物流网络和合作关系,与多个物流服务提供商和仓储商合作,以确保商品能够快速、安全地运送到买家手中。同时,跨境电子商务物流也借助技术手段,如物流管理系统、实时追踪和数据分析等,以提高物流运营效率和客户满意度。目前市面上跨境电子商务平台有亚马逊、网易考拉海购、速卖通等,跨境电子商务卖家选择的物流模式也各不相同,接下来我们就了解一下跨境电子商务的物流主要有哪些模式。

（一）直邮模式

直邮模式通常是指商品通过邮政服务直接从境外邮寄到购买者的境内地址,邮政公司负责转运和配送。直邮模式减少了物流过程中的时间和环节,提高了物流效率,简化了物流操作,还可以通过选择适用的免税政策,避免或减少关税和增值税的缴纳,降低了商品的总成本。另外,直邮模式可能存在一些限制,如物流费用较高、境外网站的商品选择有限等因素,因此在制定跨境电子商务物流策略时需要综合考虑各种因素。下面介绍直邮模式的主要特点和主要流程。

首先,主要特点包括：①商品直接从境外发货至购买者手中,避免了中转或仓储环节。

②通常由国际快递公司负责运输,速度相对较快。③适用于商品小件、轻盈易运输、价值较高的情况。

其次,直邮模式的主要流程如图11-2所示。

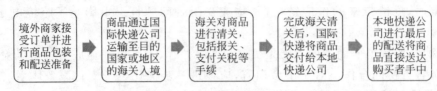

图 11-2 直邮模式的主要流程

(二)跨境仓模式

跨境仓模式通常是指将商品存储在国内境内的跨境仓库中,由中转仓进行分拣和包装,再由国内物流公司进行配送。跨境仓模式具有一定的灵活性和可控性,可以减少国际运输时间和运输成本,并能够对商品进行更加细致的处理和管理。下面介绍跨境仓模式的主要特点和主要流程。

首先,跨境仓模式的主要特点包括:①商品存储在境内的跨境仓库中,减少了国际运输时间和运输成本。②由中转仓进行分拣、包装等处理,可以进行质检、标签贴附和商品组合等操作。③可以根据订单以批次方式进行集中发货,提高物流效率和订单处理效率。一般由境内物流公司负责配送和最后的"末端配送"。

其次,跨境仓模式的主要流程如图11-3所示。

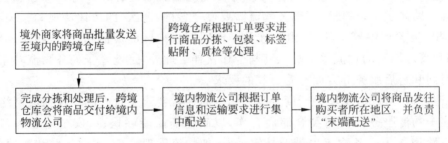

图 11-3 跨境仓模式的主要流程

(三)电商物流平台模式

电商物流平台模式是一种基于第三方物流平台的跨境电子商务物流模式。电商物流平台模式依赖于有效的技术平台和良好的合作关系,通过整合和优化物流资源,为商家提供更便捷、高效的物流解决方案。下面介绍电商物流平台模式的主要特点和主要流程。

首先,电商物流平台模式的主要特点包括:①提供集中的物流解决方案。电商物流平台集成了多个物流服务提供商,为商家提供仓储、分拣、打包、配送等物流服务,商家可以通过该平台选择适合自己的物流供应商。②提高物流效率。通过整合多个物流服务商的资源和网络,电商物流平台可以提供更广泛、更灵活的物流覆盖,减少物流环节和时间成本。③降低对接成本。商家可以通过电商物流平台集中管理业务,减少对接物流服务提供商的时间和成本。

其次,电商物流平台模式的主要流程如图 11-4 所示。

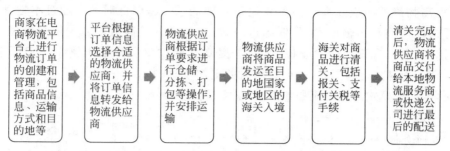

图 11-4　电商物流平台模式的主要流程

（四）跨境物流合作模式

跨境物流合作模式是指不同国家或地区的物流公司进行合作,共同提供跨境物流服务的一种模式。具体的跨境物流合作模式会因合作伙伴、国家（地区）政策和行业特点等不同而有所差异。但通过合作,物流公司能够充分利用各自的优势,提供更高效、更可靠的跨境物流服务。下面介绍跨境物流合作模式的主要特点和主要流程。

首先,跨境物流合作模式的主要特点包括：①跨境合作。跨境物流合作模式涉及不同国家或地区的物流公司之间的合作,通过共同努力提供跨境物流服务。②资源整合。不同物流公司整合各自的物流网络、设施和资源,提供全面的物流解决方案,涵盖国际运输、清关、配送等环节。③合理分工。合作模式中的物流公司会根据各自的专长和服务能力,分工合作,形成协同效应,提高物流服务的质量和效率。

其次,跨境物流合作模式的主要流程如图 11-5 所示。

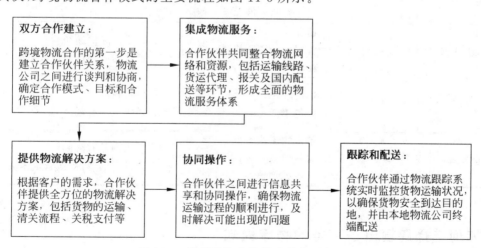

图 11-5　跨境物流合作模式的主要流程

（五）本地仓模式

本地仓模式是一种跨境电子商务物流模式。在这种模式中,商品存储在跨境目的地国家或地区的本地仓库中。本地仓模式的优势在于可以降低国际运输时间和运输成本,提高物流效率和顾客体验。下面介绍本地仓模式的主要特点和主要流程。

首先,本地仓模式的主要特点包括:①本地存储。将商品存储在距离购买者较近的本地仓库,提高物流的响应速度和满足当地市场的需求。②降低时效。通过本地存储,可以减少国际运输时间和运输成本,降低配送时效,提高顾客的满意度。③精细管理。本地仓库可以对商品进行精细管理和分拣,有助于提高仓储效率和降低出错率。④便于售后服务。本地仓库相对接近购买者,使得售后服务更加及时、方便。

其次,本地仓模式的主要流程如图 11-6 所示。

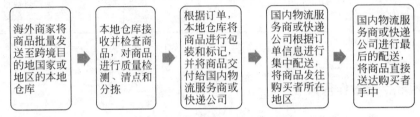

图 11-6   本地仓模式的主要流程

以上几种跨境物流模式的比较如表 11-1 所示。

表 11-1   几种跨境物流模式的比较

物流模式	代表服务产品	优 势	劣 势
直邮模式	eBay 国际站	1. 覆盖面较其他模式更广; 2. 价格低; 3. 通关容易	1. 丢包率高; 2. 时效性不强; 3. 在重量、大小上有限制
跨境仓模式	亚马逊 FBA (fulfillment by Amazon)	1. 速度快; 2. 丢包率低; 3. 发往发达地区非常方便	价格昂贵
电商物流平台模式	菜鸟网络	1. 速度较快; 2. 费用低于国际快递; 3. 在境内出关能力较强	1. 缺乏国际快递经验; 2. 覆盖的海外市场比较有限
跨境物流合作模式	中欧班列	1. 速度较快; 2. 丢包率低	1. 价格较高; 2. 揽收范围有限
本地仓模式	天猫国际	1. 单位物流成本低; 2. 时效性高; 3. 可以处理退换货问题	1. 适用商品有限制; 2. 海外仓的建设、运营成本高

二、如何选择跨境电子商务的物流模式

物流作为电商的支撑,首先要看"物"的属性及要求,再定"流"运作模式及操作。跨境物流时间长且浮动范围大,跨境电子商务由于涉及不同关境,情况较复杂,且各国(地区)间政策差异较大,很难像内贸电商一样通过自建物流的方式来解决跨境电子商务的物流问题。跨境物流是一整条服务链,包括清关、仓储、空运、海运、配送等诸多环节,大部分物流企业规模小、功能单一,单一环节的表现也许过关,综合表现就不尽如人意了。因此,跨境

物流在原有各环节物流功能的基础上进行了拼装,并组合了各国(地区)境内物流,形成了多种服务产品。

选择合适的物流方式,要从航空禁运、带电限运、价值、重量、体积、数量等货物特点,兼顾买家可承受时长等诉求,趋利避害。对于跨境物流的选择,卖家首要看性价比,其次看安全、时效、服务等因素。市场上物流选择众多,各个物流公司与物流渠道所提供的物流服务多种多样,那么跨境电子商务卖家应该如何选择物流呢?

卖家在选择物流模式前,一般会根据平台所卖的产品的大小、规格、安全性、保质期、通过便利性等特点选择合适的物流模式,以及结合物流时效、物流服务、物流成本等方面的问题来选择不同的跨境物流商。具体而言,其包括以下两个步骤。

步骤 1:明确货物属性 首先需要判断货物是普通货物、带电货物(如手机)、纯电商品(充电宝)还是液体货物(如指甲油),通过正常渠道出口或特殊渠道出口。明确货物的尺寸、大小、重量、单位价值,以及不同渠道对包裹的限制,如新加坡邮政小包中收货地选项中不包括东欧、非洲。

步骤 2:设置运费模板 按照货物的属性、发货地、收货地及对时效性的要求在速卖通官网设置相应的运费模板。根据运费模板计算出的试算运费、推荐指数、未收到货物纠纷率、DSR 物流(物品运送时间平均分)来综合考量不同的物流方案。例如,针对 2 千克以上的普通货物,可以选择国际专线或者国际商业快递,因为其特点是时效和价格比较均衡;在有特殊需求的情况下,如需要邮寄电子烟到俄罗斯,则需要选择清关能力较强的物流渠道。

第三节 跨境电子商务物流典型案例

一、直邮模式物流典型案例

海淘直邮平台如亚马逊全球购、eBay 国际站等。这些平台允许消费者直接从境外的卖家购买商品,然后商品通过国际快递直接寄送到消费者所在国家/地区。我们以 eBay 国际站为例,介绍该模式。

eBay 国际站直邮是 eBay 平台上的一种跨境电子商务物流模式,允许卖家将商品直接从其所在国家/地区发送到买家所在国家/地区。下面是 eBay 国际站直邮的一般物流流程。

(1)列出商品。卖家在 eBay 国际站上列出商品,并选择支持直邮的选项。他们提供商品描述、价格、运费以及支持的目的地国家/地区。

(2)下单。买家在 eBay 国际站上浏览和搜索商品,选择并购买他们感兴趣的商品。他们完成支付,包括商品价格和运费。

(3)出货准备。一旦订单支付完成,卖家开始准备商品发货。这包括将商品从卖家所在地的仓库或物流中心发送到指定的国际运输中心。

(4)国际运输。卖家将商品交付给指定的国际运输中心,这通常是一个专门处理 eBay 国际直邮的物流合作伙伴。国际运输中心负责将商品从卖家所在的国家/地区运输到买家所在的国家/地区。

(5) 海关清关。一旦商品到达买家所在的国家/地区,它将接受海关的检查和清关手续。这可能涉及支付进口税、办理海关文件和符合目的地国家/地区的进口规定。

(6) 本地配送。完成海关清关后,商品将由本地物流合作伙伴或邮政服务在目的地国家/地区进行"最后一公里"的配送。买家通常会在指定的地址收到商品。

eBay 国际站直邮的物流模式依赖于卖家的能力将商品直接发送到买家所在的国家/地区,从而提供更广泛的商品选择和国际发货的便利性。然而,实际的物流流程可能因卖家的位置、物流合作伙伴和目的地国家/地区的要求而有所不同。因此,在购买之前,买家应仔细阅读卖家的物流政策和条款,并考虑可能的国际运输时间和额外费用。

资料来源:www.ebay.com.

二、跨境仓模式物流典型案例

亚马逊 FBA 是最为典型的跨境仓模式。卖家将商品运送到亚马逊在目标市场的仓库,亚马逊负责存储、包装和发货,旨在帮助卖家在全球范围内进行跨境销售。这种模式提供了更快的交货时间和更好的物流管理。下面是亚马逊 FBA 跨境仓模式的一般物流流程。

(1) 仓储。卖家将商品运送至亚马逊的 FBA 仓库。亚马逊负责接收、存储和管理商品库存。仓库通常位于全球各地,包括美国、欧洲、亚洲等地,以便更好地覆盖目标市场。

(2) 订单处理。当买家下单购买商品时,亚马逊负责订单处理。它会从适当的 FBA 仓库中选取商品,进行包装和配送。亚马逊的物流系统会根据买家所在地的最佳仓库进行发货,以便加快配送速度。

(3) 包装和配送。亚马逊的 FBA 仓库会对商品进行包装,以确保在运输过程中的安全和保护。它提供标准化的包装要求和材料,以确保商品达到良好的外观和质量标准。一旦包装完成,亚马逊会使用自己的物流网络将商品直接配送给买家。

(4) 客户服务。亚马逊负责处理与订单和物流相关的客户服务。如果买家有任何问题或投诉,它可以联系亚马逊的客服团队获得支持和解决方案。

亚马逊 FBA 跨境仓的物流模式的优势包括以下方面。

(1) 全球物流网络。亚马逊拥有庞大的全球物流网络,覆盖多个国家和地区,可以帮助卖家将商品快速送达全球各个市场。

(2) 仓储和配送服务。亚马逊提供仓储和配送服务,卖家可以将库存委托给亚马逊,让它负责包装和配送,从而减轻了卖家的物流负担。

(3) 提供客户信任。亚马逊作为全球知名电商平台,享有良好的声誉和客户信任度。使用亚马逊 FBA 可以借助它的品牌声誉来增加产品销售的可信度。

资料来源:亚马逊 FBA 商业模式全解读(上)[EB/OL].(2016-07-11).https://www.36kr.com/p/1721128222721.

三、电商物流平台模式物流典型案例

电商物流平台模式以 Cainiao(菜鸟)和 UPS WorldShip 等为代表。这些平台提供综合物流解决方案,包括国际运输、海关清关、配送等服务,为跨境电子商务提供全方位的物流支持。我们以 Cainiao 为例,介绍该模式。

Cainiao 跨境电子商务物流平台是由阿里巴巴集团旗下的物流公司 Cainiao Network 运营的一种物流模式。Cainiao 致力于提供跨境电子商务物流解决方案,为电商企业和消费者之间的国际货物运输提供便捷和高效的服务。

Cainiao 跨境电子商务物流平台的物流模式主要包括以下几个环节。

(1) 仓储和集货。Cainiao 在全球范围内建立了自己的仓储网络,通过与合作伙伴合作,将跨境电子商务商品集中存放在仓库中。这些仓库通常位于距离主要海港或机场较近的地方,以方便货物快速运输。

(2) 海运和空运。Cainiao 与各大航运公司和航空公司建立了合作关系,利用海运和空运的方式将货物从卖家所在国家/地区运输到买家所在国家/地区。通过与多家运输服务商合作,Cainiao 可以选择最佳的航线和运输方式,以确保货物能够快速、安全地到达目的地。

(3) 海关清关。跨境电子商务物流涉及海关的监管和清关手续。Cainiao 与各国/地区海关建立了紧密的合作关系,以便顺利进行海关清关流程。它通过提前准备和提交必要的文件和申报,确保货物符合目的国家/地区的进口要求,并遵守相关的法规和条例。

(4) 最后一公里配送。一旦货物通过海关清关,Cainiao 会将货物交付给最后一公里配送服务提供商,这些服务提供商通常是当地的快递公司。最后一公里配送涉及将货物从仓库或集散中心送到买家的门口,以确保顺利地送达。

Cainiao 通过整合全球物流资源和技术创新,提供可视化的跨境电子商务物流服务,实现了全程可追溯和高效的物流运作。它的目标是提高跨境电子商务物流的效率和可靠性,为电商企业和消费者创造更好的物流体验。

资料来源:https://www.cainiao.com/.

四、跨境物流合作模式物流典型案例

中欧班列(China-Europe block train)是一种跨境物流模式,旨在连接中国与欧洲之间的货物运输。它是一种陆路铁路运输方式,通过铁路线路将货物从中国的起点城市运送到欧洲的目的地城市,中间不需要转运。以下是中欧班列跨境电子商务物流模式的详细介绍。

(1) 线路网络。中欧班列线路网络覆盖了多个中国城市和欧洲城市之间的货物运输路线。目前有多条中欧班列线路,主要集中在中国的主要城市(如重庆、成都、郑州、武汉、苏州等)和欧洲的主要城市(如汉堡、杜伊斯堡、鹿特丹、马拉、华沙等)。这些线路可以根据货物的起点和目的地进行选择。

(2) 货物打包和集装箱。跨境电子商务物流通常使用集装箱作为货物的标准包装方式。商家将商品打包放入集装箱中,并进行必要的安全固定,确保货物在运输过程中的稳定性和安全性。集装箱通常具有标准尺寸和规格,方便在中欧班列线路上装卸和运输。

(3) 境内运输。在货物从商家仓库到达中欧班列起点城市之前,通常需要进行境内运输。这可能涉及使用卡车或其他陆运方式将货物从商家所在地运送到中欧班列的起点城市,以便装载到列车上。

(4) 集装箱装载和海关申报。一旦货物到达中欧班列起点城市,货物将被装载到等待的列车上。在装载之前,需要进行必要的海关申报手续和文件准备。这确保货物在跨境运输过程中符合相关的法规和规定。

(5) 铁路运输。一旦货物装载到中欧班列上,列车将开始从中国的起点城市驶向欧洲的目的地城市。中欧班列的运输时间通常比海运要快,相对于空运则更经济实惠。列车会通过不同的国家/地区,经过中转站和停靠站,最终抵达欧洲目的地城市。

(6) 目的地处理。当中欧班列到达欧洲目的地城市后,货物将从列车上卸载。这可能涉及使用卡车或其他陆运方式将货物从火车站运到目的地仓库或分销中心。在目的地城市进行清关手续,确保货物符合当地的进口规定和要求。

(7) 送达客户。货物通过清关并得到妥善处理后,最终会被送达给客户。这可能涉及最后一程的配送,使用卡车或其他适合的运输方式将货物送到客户指定的地址。

中欧班列跨境电子商务物流模式具有以下优势。

(1) 快速可靠。相对于海运而言,中欧班列的运输时间更快,通常需要几周而不是几个月。它提供了一种快速可靠的物流解决方案,满足跨境电子商务对快速交付的需求。

(2) 经济实惠。中欧班列相对于空运而言成本更低,相对于海运而言速度更快。这使得它成为一种经济实惠的选择,特别是对于重要性较高的商品或需要快速上市的新产品。

(3) 可追踪性。中欧班列提供可追踪性的物流服务,商家和客户可以通过跟踪系统实时了解货物的位置和运输状态。这提供了更好的可见性和管理能力。

(4) 覆盖广泛。中欧班列线路网络覆盖许多中国和欧洲的城市,为商家提供了更多的选择和灵活性。

需要注意的是,具体的物流模式可能会因运输公司、线路和货物类型而有所不同。因此,商家在选择中欧班列跨境电子商务物流时,应与相关的物流服务提供商进行详细沟通,并确保了解整个物流过程的具体细节和要求。

资料来源:http://www.zolep.com/list/? 1-1-29.html.

五、本地仓模式物流典型案例

京东全球购、天猫国际等是跨境物流本地仓模式的典型代表。这些平台在目标市场设有本地仓库,卖家可以将商品存储在当地仓库,并由平台提供的物流合作伙伴完成最后的配送,以实现快速交货。我们以天猫国际为例,介绍该模式。

天猫国际跨境电子商务本地仓的物流模式主要包括以下几个环节。

(1) 采购与备货。天猫国际根据市场需求和销售数据进行采购,将商品存放在本地仓库中备货。备货数量和种类会根据销售预测和产品热度进行调整。

(2) 仓储与管理。天猫国际的本地仓库位于跨境电子商务集中的地区,如自由贸易试验区或跨境电子商务保税区。仓库会根据商品特性进行分类存储,并采用现代化的仓储管理系统进行库存管理、货物追踪和安全控制。

(3) 订单处理。当消费者下单购买跨境商品后,天猫国际会将订单信息发送给本地仓库。仓库根据订单信息进行商品拣货、包装和质检等操作。一旦订单准备好,仓库会将货物交给物流合作伙伴进行配送。

（4）物流配送。天猫国际与物流公司合作，将包裹从本地仓库运送到消费者所在地。物流公司负责运输、清关、海关报关和最后的配送工作。具体的物流方式可能包括空运、快递、陆运或海运等，这取决于目的地和商品特性。

（5）跨境清关。在商品离开本地仓库进入目的国家之前，需要进行跨境清关手续。这包括申报和报关等流程，以确保商品符合相关国家的法规和标准。

（6）送达与售后。一旦商品通过物流配送到达消费者手中，天猫国际将提供售后服务，包括退换货、维修和客户支持等。

总体而言，天猫国际跨境电子商务本地仓的物流模式旨在提供高效、可靠的商品存储和配送服务，缩短跨境交货时间，提高消费者的购物体验。具体的物流流程和合作伙伴可能会因国家、地区和产品类型而有所不同。

资料来源：https://www.tmall.hk/.

六、数字化转型的跨境物流合作——以中国和东盟为例

《"十四五"数字经济发展规划》中提道：大力发展跨境电商，扎实推进跨境电商综合试验区建设，积极鼓励各业务环节探索创新，培育壮大一批跨境电商龙头企业、海外仓领军企业和优秀产业园区，打造跨境电商产业链和生态圈。

下面简单介绍阿里巴巴集团与新加坡航空公司（Singapore Airlines）合作推动中国和东盟跨境物流的数字化转型。

阿里巴巴集团和新加坡航空公司在2018年宣布建立战略合作伙伴关系，旨在加强中国和东盟之间的跨境物流合作，并推动数字化转型。双方合作的核心是通过数字技术和云计算平台提高供应链可见性、效率和服务水平。

该合作包括以下关键方面。

（1）数字化物流平台。阿里巴巴集团与新加坡航空公司共同建立了数字化物流平台，利用大数据、人工智能和物联网等技术，实现供应链各环节的数字化管理和信息共享。这样一来，中国和东盟的企业可以更加高效地进行订单处理、库存管理和物流运输等操作。

（2）跨境电子商务物流。合作双方共同推动跨境电子商务物流的发展，提供更快速、可靠的物流服务。通过整合阿里巴巴集团的跨境电子商务平台和新加坡航空公司的航空网络，加速中国和东盟之间的货物流转，提高交付效率。

（3）数据共享和分析。合作伙伴共享物流数据，并利用数据分析来提供更精确的物流规划和预测。这有助于优化物流运作，降低成本，并提供更好的客户体验。

资料来源：Singapore Airlines in partnership with Alibaba to create smart logistics network[EB/OL]. (2018-08-22). https://postandparcel.info/98004/news/singapore-airlines-in-partnership-with-alibaba-to-create-smart-logistics-network/.

思考题

1. 跨境电子商务的概念是什么？
2. 跨境电子商务与传统出口贸易相比有哪些优势？
3. 我国跨境电子商务的发展历程是怎样的？

4. 跨境电子商务物流有哪些模式？

5. 如何选择跨境电子商务物流模式？

即测即练

第十二章

农村电子商务物流管理

【本章导读】

1. 农村电子商务的定义和优势。
2. 农村电子商务发展历程。
3. 农村电子商务物流模式。
4. 农村电子商务物流发展面临的问题。
5. 农村电子商务物流发展趋势。

"小木耳,大产业"
陕西省商洛市柞水县小岭镇金米村的木耳产业发展

2020年4月,习近平总书记在陕西省调研考察期间,在商洛市柞水县小岭镇金米村的直播平台上,点赞当地特产柞水木耳,成了"最强带货员"。他强调,电商不仅可以帮助群众脱贫,而且能助推乡村振兴,大有可为。2020年4月21日晚,24吨柞水木耳在3个淘宝直播间销售一空,创下历史最佳销售纪录,柞水木耳一时间成为最"出圈"的区域公用品牌。

柞水县位于陕西省南部、商洛市西部,全县植被覆盖率高达78%、森林覆盖率达65%,素有"天然氧吧、城市之肺"之称,有丰富的中草药、银、铜等自然资源,水资源、旅游资源也很丰富。柞水县以农业经济为主,农民主要的收入来自种植农产品和外出务工,但青壮年劳动力较少,农村普遍受教育程度较低,对现代化生产技术掌握较少。柞水县十分贫困,一直是国家扶贫开发工作重点县,也是陕西省11个深度贫困县之一。

由于当地的气候适宜种植木耳且种植历史悠久,开展脱贫攻坚以来,柞水县因地制宜,把木耳产业作为脱贫攻坚的主导产业。2019年7月10日,柞水县出台了《柞水县木耳产业发展奖励扶持办法》,优化木耳产业布局,调整产业结构,扩大种植规模,促进三产融合,打造木耳品牌,提升综合竞争力。截至2023年,柞水县建成木耳生产基地80个、专业村65个、木耳大棚2 770个,年种植木耳1亿袋以上,加强包括木耳产业园、木耳交易所等"五大平台"产业集群,推动产业由单独种植向种养加、产供销、农工贸于一体的产业集群升级。同时利用当地丰富的自然资源,围绕新材料、医药健康、绿色食品、文化旅游、现代服务五大产业体系,从生产端谋划产业链,从加工端谋划销售链,制定形成"电子商务+现代工业、特色农业、旅游服务业"的全产业链项目清单,不断完善电子商务产业体系,形成硅谷效应,带动引领全县电子商务发展。

一、推动基础设施建设,整合物流资源

为切实发挥镇村服务站点的作用,印发了《柞水县标准化电子商务服务网络建设的通知》,明确了县、镇、村三级服务站点建设标准、具体功能、补助政策,引导淘宝、京东、供销社等平台大力建设农村服务网点,完善相关服务功能。整合圆通等9家快递物流企业管理和业务,成立陕西通村物流快递公司,新建占地面积1000平方米的县级快递物流分拣配送中心,新配备智能自动分拣设备,日拣快递单量为1.3万余单,同时开通4条快递线路,配备68台配送车辆,可实现快递物流3天内配送到镇村,打通乡村物流"最后一公里"。

二、建立电商产业孵化园,与龙头企业共建电商平台

柞水县设立电子商务公共服务中心,建成了运营中心、孵化中心、大数据中心、直播中心、电商消费扶贫中心五大板块,入驻企业20余家,镇村电商服务站点82个,电商县域内覆盖率达到100%。本土企业柞水金穗电子商务有限公司倾力打造的农产品电子商务交易平台,是柞水县最专业、规模最大的农产品电子商务交易平台。柞水县还与阿里巴巴、京东、拼多多等电商龙头企业沟通对接,培育了山川文视文化传媒公司等直播企业11家,开展以柞水木耳为主的各类直播带货活动500余场次,柞水农特产品销售额为6000余万元。

三、加大人才培育力度,实施特色电商主体培育计划

柞水县制定《电商人才培训管理办法》和《电子商务培训方案》,引进3家社会培训机构,邀请全国知名电商企业、行业协会的专家级讲师及在电商一线服务的运营者、创业者,开设电商基础班、草根班、政企研修班,对基层干部、有意愿脱贫群众、农村电子商务从业人员、创业人员、涉农企业工作人员进行分批分期培训,广泛普及电子商务知识,提升电子商务发展能力,累计开展电商培训42期8575人次,带动630余人创业就业;以秦岭天下、秦峰农业、农家汇等本土电商企业为引领,带动发展电子商务网店和微店等经营主体473户。

2019年前三季度,柞水县GDP(国内生产总值)约65.27亿元,同比增长5.8%,农村居民可支配收入同比增长10.2%;2019年末,柞水县共实现9921个贫困户脱贫,全年完成脱贫计划103.8%,2020年2月27日,柞水县正式退出贫困地区行列。

资料来源:柞水大力发展农村电商助力乡村振兴[EB/OL].(2023-03-02).https://www.snzs.gov.cn/html/zwgk/xczx/125007.html.

常雪莹.电商经济助推乡村振兴探析 以陕西柞水木耳为例[J].当代县域经济,2022(7):64-66.

第一节 农村电子商务概述

一、农村电子商务的概念

农村电子商务是以数字化、信息化为手段,通过集约化管理、市场化运作、成体系的跨区域跨行业联合,构筑紧凑而有序的商业联合体。作为一种新的贸易方式,农村电子商务

围绕农业生产、农村经济和农民生活进行一系列的信息化和电子化的交易。它不仅提供农产品、生产资料买卖信息和农民生产、生活服务信息,还促进生态农业园、旅游观光区和农家乐等方面的建设。

通过网络平台嫁接各种服务于农村的资源,拓展农村服务业务、服务领域,使之兼而成为遍布县、镇、村的"三农"服务,实现城市和农村的互动。农村电子商务主要提供农产品进城和工业品下乡双向流通服务,是电子商务在农村地区的广泛应用,是现代互联网技术服务于"三农"的具体表现。

与传统的农产品销售相比,农村电子商务具有以下几个特征。

(一)打破传统农产品交易的时间、空间限制

通过互联网,农产品的网络营销可以打破传统农产品交易中时间、空间的限制,在拓展市场的时候也减少了阻碍。农产品消费者可以在互联网上选择满足自己需求的农产品。每个消费者都有其不同的需求特点,这样在尽可能满足不同消费者的不同消费需求的同时,农产品经营者和农产品生产者也能更加方便、有效地获取市场信息,准确地把握市场的走向,并以此指导自己的生产经营活动。

(二)参与主体具有广泛性

农村的电子商务有着极大的包容性,农产品生产者、农产品加工者、农产品经营者、消费者、政府部门等都能够参与其中,并且获得一定的利益。对于农民而言,通过电子商务平台可以获取更广泛的客户群,并通过逐步摸索弄清楚客户的消费喜好和行为特点,以此指导农产品的生产,从而更好地满足消费者的需求,并借此获取更高的消费者忠实度。消费者可以通过完善的电商平台提出自己的要求,由电商平台将其与符合要求的农产品生产者进行匹配,实现买卖双方快速对接,促成交易的达成,解决"买的找不到卖的,卖的找不到买的"的难题。多类型主体的参与使得各方的需求都能得到更加准确的满足,各方的产品或服务都能更快地找到需求者。

(三)优秀的经济性

电子商务能够极大地减少农产品在产销供应链中的各个环节,从而节约成本。交易过程的各方参与者可以实时地获取产品的相关信息,随时进行交流,节省了大量的沟通成本和时间成本,同时省去了多层次的中间成本,并最终返利到供应方和消费者手中。交易双方都经过了电商平台的供需要求条件匹配,大大提高了交易成功的概率,避免了双方供需要求不一致交易失败而造成的损失。仓库物流方面,由于越过了众多的中间方,直接从供给方发货给消费者,农产品的配送路径得到最大可能的优化,物流运输更加经济、高效。

(四)实现农产品流通的规模化

在农村电商中采用网络交易平台,能够将少量的、单独的农产品交易规模化、组织化。农民可能并不是以单个农户或合作社的身份出现,而是将农产品委托给配送中心由其统一组织销售。配送中心对农产品进行统一的质检、分级,明码标价,保证了流通规模化中农产品的质量。

农村电商在精准扶贫中也发挥着强大作用。如建立农村产业,让电子商务得到发展与普及,可以使区域内的有关产业链得到更健全的发展,上下端的生产、设计、物流等环节有了集聚发展的可能性。通过电子商务,将贫困地区的特色农产品对外输出,打造属于当地的农产品品牌,促进该地区经济增长。扩大农村就业,避免就业压力过大的问题,让剩余劳动力的情况得到缓解,指导贫困人口以较低的资本投入进入信息网络体系中来,避免长期以来处在经济弱势地位。缩小区域差距,贫困人口绝大多数在农村,发展农村地区的电子商务,对于贫困人口来说,将同时具备"输血"和"造血"的功能。首先可以保证经营收入的增加,还可以借助电子商务及互联网的方便特点,使贫困地区逐渐接受城市生产方式及生活方式,让该地区的面貌从根本上得到改变。

二、农村电子商务的发展历程

(一)涉农电子商务阶段(1998—2004 年)

20 世纪 90 年代正是我国计划经济转型时期,政府在各项工作中仍然占主导地位。该阶段是农村商务的基础阶段,中心任务是电商基础设施建设,包括农村信息化建设和农村道路建设。我国信息化建设开始于 20 世纪 80 年代,落后欧美国家 20 年,而城乡发展二元化导致农村的信息化建设起步更晚。农村信息化初级阶段,政府在政策和经济投入上发挥主导作用。1994 年,我国开始实施"金农工程",到 2005 年末,"村村通电话工程"取得阶段性成果,累计投资 159 亿元,使 5.28 万个行政村新开通电话,有 11 个省市实现所有行政村通电话。[①] 此后,随着互联网技术和电子商务应用的发展,一大批涉农电子商务网站从无到有地发展起来,提供政策、科技和产品等信息服务的良好的交通设施是电商物流发展的基础条件。"十五"期间实施了大规模农村公路建设,实现了 99.9% 的乡镇、96% 的建制村通公路,分别比 2000 年提高 0.7 和 5.2 个百分点。[②]

(二)发展探索阶段(2005—2015 年)

2005 年被广泛认为是中国农产品电子商务发展元年。2005 年中央一号文件《中共中央 国务院关于进一步加强农村工作提高农业综合生产能力若干政策的意见》首次提及电子商务,有关部门先后出台了旨在提升农村信息化水平的系列政策并配套资金予以支持,该阶段农村信息基础设施、农产品电商都快速发展。该阶段与前一阶段对比,从信息服务转为交易服务。企业开始涉足农产品电商领域,创新了商业模式、促进了农产品网上交易量。我国农产品物流总额 2012 年达到 1.77 万亿元,同比增长 4.5%,农产品物流初具规模。我国的农产品流通体制已经从计划经济模式向市场经济模式发展,并随着我国整体经济体制市场化改革的深入,市场化程度不断提高。

2012 年中央一号文件《中共中央 国务院关于加快推进农业科技创新持续增强农产

---

① 信息产业部确定"村通工程"信息化建设新目标[EB/OL].(2006-02-23).https://www.gov.cn/gzdt//2006-02/23/content_208890.htm.

② "十五"期间全国农村公路建设完成投资 4 178 亿元[EB/OL].(2006-01-17).https://www.gov.cn/jrzg/2006-01/17/content_161217.htm.

供给保障能力的若干意见》提出,充分利用现代信息技术手段,发展农产品电子商务等现代交易方式。2014 年中央一号文件《中共中央 国务院关于全面深化农村改革加快推进农业现代化的若干意见》提出,启动农村流通设施和农产品批发市场信息化提升工程,加强农产品电子商务平台建设。2016 年印发的《电子商务"十三五"发展规划》明确提出,积极发展农村电子商务,开展电子商务进农村综合示范,积极开展电子商务精准扶贫等,为农村电商发展指明方向。

(三)规模化、专业化发展阶段(2016—2020 年)

国家加大对农村电商部署力度,逐步提出更高要求,明确农村电商的主要工作方向是:加大物流基础设施建设和完善县乡村三级农村物流体系;开展电子商务进农村综合示范;健全农村电商服务体系;支持涉农电商载体建设和新模式发展等。2016 年以来,农村电子商务在促进农产品上行、推动农业数字化转型升级、带动农民就业创业和增收、改善提升农村风貌等方面成效显著,成为推动脱贫攻坚、乡村振兴和数字乡村建设的重要抓手。商务大数据显示,2020 年全国农村网络零售额达 1.79 万亿元,是 2015 年的 5.1 倍,远高于全国电子商务整体增速。

(四)"数商兴农"高质量发展新阶段(2021 年至今)

2021 年印发的《"十四五"电子商务发展规划》突出电子商务与一二三产业的融合,推动乡村产业振兴、数字乡村建设,大力实施"数商兴农"行动,加快完善农村电商生态体系。2022 年中央一号文件《中共中央 国务院关于做好 2022 年全面推进乡村振兴重点工作的意见》进一步明确实施"数商兴农"工程,这是发展农村电商的新举措,也是农村电商发展新方向。农业农村部《"十四五"全国农业农村信息化发展规划》指出,到 2025 年,农业农村信息化发展水平明显提升,支撑农业农村现代化的能力显著增强。其在推进农产品电子商务部分提道,构建工业品下乡和农产品进城双向流通格局,鼓励多样化多层次的农产品网络销售模式创新,发展直播电商、社交电商、县域电商等新模式,综合利用线上线下渠道促进农产品销售。培育乡村数字经济,推动城乡要素双向自由流动,鼓励互联网企业向乡村拓展业务,推动先进信息技术与乡村产业深度融合。2023 年以来,我国持续出台相关政策鼓励农产品电商快速发展扩张,预计在政策持续鼓励推动下叠加物流完善,整体农产品电商将加速扩张。

第二节 农村电子商务模式

一、农村电子商务模式的内涵

农村电子商务模式就是在现代网络环境下,在明晰企业经营方式和价值链增值过程的基础上,确立农村电商企业如何更好地将网络技术与农产品生产经营活动紧密结合起来,实现生活服务输送、农村产品上行、工业消费品下行等的运作盈利方式,达到目标利润最大化,赢得核心竞争力的战略组合形式。

依托农村路网、信息网络等基础设施的不断完善,伴随各大电子商务平台的迅速崛起,立足构建高效快速的农产品上行通道,我国农村电子商务衍生出多样化的模式。因此,农村电子商务模式具有条件性、针对性、阶段性、实践性、创新性和可复制性六大特点。显然,农村电子商务模式将影响农村电子商务的发展速度、发展水平和发展质量。研究农村电子商务模式,对于推动农村电子商务健康发展,更好地参与乡村振兴战略实施进程具有重要意义。

二、农村电子商务模式的主要分类

按照买卖双方是直接参与还是通过代理人间接参与电子商务的流程,农村电子商务可以分为三种模式。

(一) A2A 模式

A2A(agent to agent)模式指在农村电子商务市场中,生产者和消费者均通过代理人进行交易的模式,如图 12-1 所示,其中 A 指代理人。A2A 模式适用于农村电子商务初期发展,该模式由政府或平台电商主体牵头,服务的对象是所有农户,由信息员、代理商、客服弥补农户在网络技术、营销策略等知识方面的不足。由平台负责代购代销、产品包装、运输等事宜,重点解决物流配送问题。A2A 模式能够加快一个地区的信息化进程,惠及一方百姓。

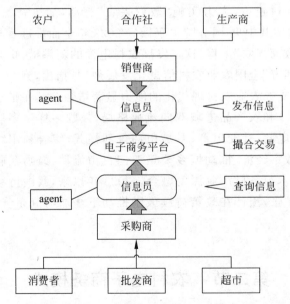

图 12-1　农村电子商务 A2A 模式

基于福建省泉州市"世纪之村"电子商务平台运作的"兰田模式"就是典型的 A2A 模式。2008 年,位于福建省南安市康美镇南部的兰田村创造出一个集信息交流、农村教育、农产品市场、劳务需求、金融服务、村务管理、农村文化建设等为一体的,具有自主知识产权的"世纪之村"农村信息化综合服务平台,被誉为"兰田模式"。这种模式是一种自下而上的发展模式,主要由平台企业、信息员、销售商和采购商四方参与,兰田集团公司作为最主要的平台企业,负责电子商务平台的构建和运营、交易规则的制定和完善、代销代购渠道的建立和管理。而信息员则负责买卖信息的发布,促进买卖活动的成功,一般多由拥有上网能力的农产品商人或者农资商人充当,作为农户与平台、消费者与平台、生产商与平台之间联系的桥梁,是形式中的代理人。生产农副产品的农户或者合作社、提供农资的生产商或者经销人作为销售商,通过信息员发布自己的供货消息,农产品商家、需要农资的普通农户或者合作社作为采购商则通过信息员购买所需商品。这种模式是中国农村信息化领域的一种创新型模式,它极大地加快我国农村信息化建设的进程,缩小农村与城市信息鸿沟,取得了较好的经济效益和社会效益。

(二) A2C 模式

A2C(agent to consumer)模式指在农村电子商务市场中,生产者或者销售者通过代理人与消费者产生营销关系的一种电子商务模式,如图 12-2 所示,其中 A 指代理人,C 指个人消费者。随着电子商务的发展,各地涌现出一批涉农电子商务代理人,有时候也被称为经纪人。这些代理人在淘宝等综合性电子商务平台开店,不仅销售自产的农副产品,还收购其他农户的产品,甚至组织农户成立专业合作社,为网店提供货源。代理人一方面精心打造网店品牌,通过服务扩大市场;另一方面组织当地农户提供货源,从而拉动当地相关农副产品生产和销售。A2C 模式实际是 A2A 模式进化的产物,它同样需要借助电商平台开展交易,但该类电商平台运营相对成熟,具有规范的交易制度体系和信用支付体系,平台的重建与维护费用低,交易安全便捷。

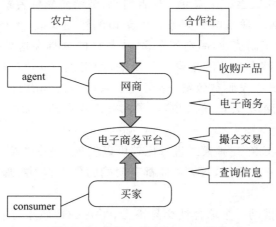

图 12-2　农村电子商务 A2C 模式

A2C 模式下出现了不少成功的案例,"中闽弘泰"就是其中之一。中闽弘泰是福建省安溪县西坪镇南岩村的王大伟兄弟四人在淘宝上经营的茶叶旗舰店。传统茶叶销售需经批发商的多次流通,才能到达零售店内,中间环节多,消费者购买价格也就相应提高了。中闽弘泰通过网络销售,让铁观音从茶园直达客户的茶杯,大大缩短了销售渠道,降低了客户的购买成本。为了保证货源,王大伟组织当地茶农成立了"中闽宏泰茶叶专业合作社",合作社实行"五个统一"管理:统一农资配送供应,统一防治指导,统一生产经营标准,统一学习交流培训,统一其他生产环节把关,保证提供优质铁观音。依托优质的铁观音优质货源和低廉的价格,仅两年多时间,中闽弘泰网店年销售额已经超过 1 000 万元,客户群超过 20

万,中闽弘泰的品牌知名度越来越高。

(三)C2C 模式

C2C(consumer to consumer)模式是指个人卖家与个人买家之间直接通过平台进行交易的农村电子商务模式,如图 12-3 所示。C2C 模式具有极大的广泛性、便捷性和高效性,且准入门槛较低,较快获得了农户和消费者的认可。该模式下农户通过电商平台直接对接市场,农户之间不需经过第三方中介,解决了信息不对称以及"买难、卖难"的问题,实现了以农户为主体,打造"自发性产生,裂变式增长,包容性增长"的产业链条。

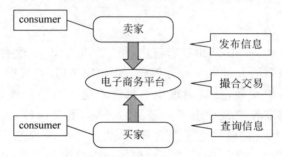

图 12-3　农村电子商务 C2C 模式

C2C 模式中经常提及的是"沙集镇模式"。沙集镇模式,最早出现在江苏省睢宁县沙集镇,2006 年以前,沙集镇以传统的种植、养殖和粉丝生产加工为主,并兼业回收废旧塑料。2006 年末,沙集镇个别农民尝试在淘宝上开店创业,试销简易拼装家具获得成功,众乡亲纷纷仿效,自发地开设网店。随着电子商务在沙集镇的快速发展,不产木材的沙集镇已然形成了颇具规模的家具加工制造业,品类齐全、各式各样的家具在这里几乎都能生产和加工,电子商务的发展带动了整个产业的集聚。三年中,沙集镇有 1 000 多户农民创业。通过家具网络销售,沙集镇农民不仅脱贫致富,还实现了农村经济和农村社会的快速转型。这种以农户为主导的"农户-网络-公司"的 C2C 电子商务模式在湖南农村火爆异常,形成了"人人做电商"的火爆局面。

通过对 A2A、A2C、C2C 三种模式进行比较可以发现,三种模式存在一定的共同特点。

(1)每种模式作为一个系统,每类主体都有明确的分工和利益保证机制,推动了系统的有效运转。

(2)每种模式都要借助一个综合性交易平台,平台的性质略有差别,有的是自建平台,有的是借助第三方电子商务交易平台。

(3)包括平台企业、代理商、农户等在内的各个主体之间共同组成一条价值链,整条价值链的节点互相合作,实现多赢。

(4)通过线上和线下结合的方式,形成完整的服务体系,在一定程度上能够实现信息、资金和物料的顺畅流动,满足农村电子商务的需求。

尽管存在诸多共同点,但是 A2A、A2C、C2C 三种模式在平台建设、交易规则、交易主体、产品来源四个方面都各具特色。A2A 模式依靠自建电子商务平台,而 A2C 模式和 C2C 模式需要借助第三方交易平台;A2A 和 A2C 模式有代理人参与,C2C 模式是生产者直接对接消费者。三种农村电子商务模式的特点如表 12-1 所示。

表 12-1 三种农村电子商务模式的特点

模 式	平台建设和规则制定	交 易 主 体	产 品 来 源
A2A	由牵头企业建设或者由政府机构统筹安排	买卖双方都是信息员,通过代理人交易	代理销售
A2C	第三方平台	代理人是网商,直接面向消费者	代理销售
C2C	第三方平台	生产者是网商,直接面向消费者	自产自销

三种模式各具特色,因此也表现出不同的优势和劣势。三种农村电子商务模式的优劣势对比如表 12-2 所示。

表 12-2 三种农村电子商务模式的优劣势对比

模 式	优 势	劣 势
A2A	1. 实现共赢,平台帮助信息员致富,信息员为农户服务; 2. 受益者涵盖整个地域范围内所有农户; 3. 初步解决困扰农村电子商务的物流配送和农户上网问题; 4. 信息员与买卖双方关系密切,初步保证了买卖双方的信誉,提升交易安全性	1. 平台建设投入成本高,对平台的运营和管理能力要求高; 2. 有较多中间环节,不利于监管; 3. 当前平台经营范围具有区域性
A2C	1. 解决部分特色涉农产品对接全国大市场的问题; 2. 借助第三方交易平台,更方便、更安全; 3. 解决部分农户不能上网的问题	1. 有中间环节; 2. 农户和代理人的关系不稳定; 3. 农户单向销售,没有解决农民"卖难"问题
C2C	1. 解决特色涉农产品直接对接全国大市场的问题; 2. 借助第三方交易平台,更方便、更安全; 3. 生产者对接消费者,渠道更短,利润更高	1. 不能解决大部分农户无法上网和配送的难题; 2. 对农户电子商务应用能力要求高

第三节 农村电子商务物流的特点和挑战

一、农村电子商务物流的特点

由于农业生产与农民生活都存在某些固有特征,而这些固有特征又时刻影响农村物流在各环节的运营方式,进而形成了农村电商物流区别于城市物流以及其他形式物流的特点。

(一)具有很强的季节性

从商品下乡视角看,主要由在城市务工人员为农村家庭购买大件商品,或购入生产资料,因此农忙季节及春节等节假日之前是农村购入商品旺季。

从农村商品进城视角看,由于农民销售的主要是农副产品,其物流配送与各类农副产品收获季节紧密关联。因此,在农副产品收获后的一段时期内,为避免农产品出现更大损耗以及降低农产品仓储成本,农户会较为集中地于网上销售农产品,由此形成农产品销售旺季。

(二)兼具复杂性及多样性

我国农村物流需求量大造成了农村电商物流的复杂性。作为农业生产大国,无论是对农业生产资料的需求还是最终农产品的生产量,都十分巨大,因而需要与之匹配的物流体系。

不同产品的不同物流需求造成了农村电商物流运输方式的多样性。由于我国农业包含农、林、牧、渔、副等多种形式,不同形式的农业生产方式与最终农产品所要求的运输方式和技术要求也有所不同。例如,粮食类农产品可以使用汽车等普通交通工具运输,且技术简单;而生鲜农产品一般使用空运以及冷链运输技术等较为复杂的物流运输流程。

(三)具有分散性

由于我国农村的农业生产方式仍以家庭为基本单位,因此个体化的农业生产者对物流需求量较小,难以形成规模。此外,不同农户由于种植的农产品不同,因此对农村物流的服务需求也不同。

(四)参与主体具有广泛性

在农村电商物流的实际运作中,农产品生产者、农产品加工者、农产品经营者、消费者、相关平台等都能够参与其中并且获得一定的利益。多类型主体的参与使得各方的需求都能得到更加准确的满足,各方的产品或服务都能更快地找到需求者。

对农民而言,他们通过电子商务平台可以获取更广泛的客户群,并通过逐步摸索弄清楚客户的消费喜好和行为特点,以此指导农产品的生产,从而更好地满足消费者的需求,并借此获取更高的消费者忠实度;消费者则可以通过完善的电商平台提出自己的要求,由电商平台将其与符合要求的农产品生产者进行匹配,实现买卖双方快速对接,促进交易达成。

二、农村电商物流面临的挑战

(一)农户对电商物流的情况知悉不足、参与度不高

在我国农村地区,特别是经济落后的偏远地区,农民平均文化水平较低、思想观念比较保守、信息相对闭塞,对新兴信息和新鲜事物需要更多时间和过程进行理解消化。并且由于农村地区的经济发展水平不高,收入较低,大多农民属于风险规避型群体,对农村电子商务交易这种跨越时空限制、通过网络购销和支付的新兴交易方式更加谨慎。在已经习惯传统实体店购销模式的情况下,许多农民对农村电子商务仍然比较漠然,甚至持怀疑态度,更愿意选择线下方式进行交易与销售,给农村电商物流的发展带来了较大的阻力。

(二)农村物流配送网络体系不健全

由于地理位置原因,部分农村电商发展地区人口分布稀少、物流运输困难、运输路线

长,多数快递点距离农户较远且运送频率低,不能满足电商发展的物流需求。目前大部分物流公司的配送网络只能覆盖到县级地区,而下属至镇、乡、村的配送则相对薄弱,对于一些较为偏远的地区更是难以送达,也因此产生了更高的物流成本。

农村电商物流的经营产品主要为各种农副产品,这类产品对加工、保鲜、储运等方面的要求非常严格,其对物流渠道建设的要求也更高。但目前我国农村电商物流中心、仓储配送中心等设施建设依然处于较低水平,大部分乡镇无法实现送货上门,一些物流企业甚至不愿意接受这些送货业务,因而阻碍了农村电商物流的发展。

(三)农村网络信息化程度不高

随着宽带中国战略的逐步深化,尽管互联网在镇、乡、村均发展迅速,但在农村地区网络覆盖率仍处于低位,且不同地区发展水平也不均衡,与城市网络信息化程度相比,农村的网络速率、技术维护、网络安装等都存在巨大差距。如今,电商物流运营离不开网络信息化系统的支持,因受地理位置偏远、路况欠佳、技术及运营人才制约,农村运营网络一旦出现问题,将严重影响正常的农村电子商务交易,尤其对时效性要求极高的生鲜农产品会造成更大影响。

此外,大部分农民网络应用技术知识薄弱,使用网络购物获取市场供求信息能力较差,大多数依靠移动电话及人际传播等单一渠道途径获取交易市场信息,交易流量零散,在农村没有建立相应的物流信息平台,无法实现供求双方交易主体信息及时共享,信息不对称严重,容易错过产品交易最佳时期,极大地浪费物流配送、仓储等资源。

(四)农产品储藏保鲜物流技术落后

作为农村电商物流出口的主要产品,大多农副产品均为时效产品,对储藏保鲜技术有着较高的要求。但目前农村地区的加工、冷藏、储藏、运输等物流基础设施建设滞后,缺乏先进的鲜活农产品低碳节能物流技术、水果适温物流辅助技术、水果节能适温储藏物流技术、果蔬移动真空预冷技术、冰温保鲜库及保鲜工艺技术、水产品无水保活技术等冷链物流技术作为支撑,因此水果、蔬菜及食品等农产品在运输期间无法保证新鲜性,容易出现农产品腐烂变质的情况。落后的储藏保鲜物流技术,造成农产品货物运输效率严重低下、物流成本过高,使得大多数农产品电商从业者出现亏损,严重制约了农村电商物流的发展。

(五)农村电商物流缺乏相关从业人才

推广农村电商物流业务,需要既懂电商网络知识,又懂农产品特点、市场行情、物流仓储管理、农产品保鲜技术等知识的复合型人才。目前,从事农村电商物流的大多数人员,普遍存在人口老龄化及接受文化教育程度低的现象,没有经过电商物流服务、网点管理、电商信息采集、营销手段等电商物流业务系统知识培训,缺乏对电商及物流系统的充分理解,导致对电商物流服务重视程度不足,影响了农村居民的网络购物体验以及农村电商物流业务的推广。

虽然我国很多普通高校已经开设了电子商务、物流管理、网络信息技术等相关专业,但大学生毕业后极少选择回到农村地区进行工作或创业,仅靠国家实施西部支援计划、三支一扶、精准扶贫等引进大学生进村工作的短期项目,难以满足我国广阔农村电商物流市场对人才的需求。

(六) 农村物流发展的制度与政策不完善

目前,我国农村电子商务物流发展尚处于起步阶段,相关的制度和政策还有待进一步健全。融资制度、人事制度、社会保障制度等远远满足不了物流企业发展的需求,有些企业虽然致力于提高农村电商物流效率,但在内部和外部双重压力之下,制度和政策的缺陷制约了物流资源的再分配,因此收效甚微。而对于输出的农产品质量以及物流过程的各个环节,也缺乏相应的监督管理措施,使得客户满意度较低,难以实现对"回头客"群体的吸引。

综上所述,我国农村电商物流仍面临诸多问题及挑战,农村电商物流的未来发展不仅需要国家政策的扶持,也需要企业及相关平台的模式创新及激励。

第四节　农村电子商务物流发展趋势

一、农村电商物流供应链一体化

目前,农产品、农资和日常生活用品的"上行"和"下行"都已出现电子商务企业的身影。例如,拼多多的"农货中央处理系统"以农户为颗粒度,实现了"山村直连小区"的新型农货上行模式;菜鸟乡村物流已进驻我国 29 个省份近 700 个县,建立了近 30 000 万个村级物流站点;京东物流目前已覆盖大陆地区所有区县,已经超过 55 万行政村。

随着电子商务在农村物流中的应用和发展,农村物流主体在电子商务技术的协助下,正在不断缩小与终端用户之间的隔阂,传统上游至下游的推式供应链被摒弃,出现了由需求主导的自下向上的拉式供应链。在供应链的改革过程中,由传统供应商控制供应链进行渠道控制向电子商务企业控制的供应链进行整合转变,由上中下环节中断式运转向上中下协同一体化演进。

在技术创新推动下,物流产业实现转型升级,物流产业将实现平台化与集成化运营,形成新的供应链组织形态。以电子商务为核心的电商物流供应链将会使整条供应链产生增值利润,使农村产业增加新价值。

在未来农村电商物流供应链的一体化发展中,新电商平台结合 AI(人工智能)、5G(第五代移动通信技术)、物联网等新技术,有望对农村电商部分物流供应链系统进行重构,并创造出农业产业新增值的有效方式。

二、农村电商物流纵向多样化

随着农村电商物流的发展,连接农户、经纪人和其他乡村资源的电商企业也如雨后春笋般发展起来。例如,拼多多在云南、四川和陕西等地的"多多果园"模式,通过农产品生产基地这一模式,融合农户、企业和政府等资源,实现分散农户纵向一体化。

这种连接乡村农户共建农村生态的电商企业的出现和发展,让农户们更能充分发挥主观创造能力,通过引入竞争机制来激发活力,在不同乡镇的优势基础上形成差异化、层级化格局,在区域、全国甚至世界范围内形成竞争有序、互通有无和共促繁荣的"三农"大格局。这一新型集体组织方式具有交易成本低、组织管理扁平化、时间地点无限制等优势,不但能形成组织优势还能融入竞争因素,在未来组织农户形成纵向一体化的竞争中具有较大的优势。

在生产层面,未来农户将会被各种各样的农村生态电商组织起来。在融入生态电商的同时,农户依然能够依据平台市场信息作出个人决策,不断发挥个人创造能动性,从而使生态组织充满活力和竞争力。另外,农户借助生态电商优势,通过整合各方资源,可以形成农村特色的品牌化产品,以极低的成本建设一村一品,同时借助生态电商的组织资源创建村庄服务站,开展标准化的包装、检验和分拣等,并利用县内物流传递至县城电子商务配送中心,开展第二次等级标准化分拣和复检,再在第三方物流的基础上迅速进入地级市分包中心以实现三次抽检,最后通过地级市区域物流实现社区、实体店配送。这种实现农户组织纵向化的生态电商不仅可以使乡村百姓增加收入,还能让城市居民对餐桌上的食品安全放心。

在农村电商物流纵向一体化层面,农村生态电商可以在各个乡村服务站进行布点,联合目前乡镇所拥有的商贸或配送中心等物流网络资源,创立一套新的物流配送支撑服务体系,例如,建立地级市区域内农村电子商务及农产品流通公共服务平台、全国农村电子商务平台,从而有效满足农村电子商务产业的发展需求。

三、农村电商冷链物流创新化

未来农村电商冷链物流创新化发展需要整合城乡物流资源,强化农村物流与城市物流的资源、环节的对接,建立布局合理、相互协调、分工协作的城乡一体化农产品冷链物流产业集群,形成农产品冷链物流的技术研发、信息共享、功能各异、运作专业化的冷链物流产业链条。

农产品冷链物流发展离不开企业的积极参与。近年来,相关电商、商超、农贸、第三方物流企业积极探索农产品冷链物流创新模式,并取得较大突破,其中有代表性的企业如下。

(一)京东自营果蔬冷链模式

京东通过自营物流体系,建设覆盖了300多个城市的冷链物流网络,解决农村基础设施薄弱问题。深冷、冷冻、干线冷链、冷藏、控温全程冷链发展迅猛。京东的全国冷仓有10个,分布在七大区域的10个城市。仓网布局网络覆盖近300个城市,其中次日达及当日达城市超过220个,全温层覆盖82个城市。整体生鲜冷链覆盖全国京东站点超50%。[1]

(二)菜鸟社会化冷链物流模式

菜鸟是"以数据化为驱动的社会化协同物流平台",在全国有11个中心仓,通过平台整合冷链物流资源,提供农产品冷链物流服务。阿里易果旗下的冷链物流安鲜达,专门对接各种B端的冷链配送,在十大城市有11个冷链物流基地。2018年6月,菜鸟国家智能物流骨

① 我国的果蔬冷链物流全链路建设概况与发展趋势[EB/OL].(2018-12-06).http://www.chinawuliu.com.cn/zixun/201812/06/336894.shtml.

干网首批在全球布局了六大 eHub 节点,分别位于杭州、吉隆坡、迪拜、莫斯科、列日和香港。

(三)顺丰全业态冷链物流

顺丰在冷链干线上,拥有 4 条省际干线、6 条城际干线;在冷链运力上拥有 120 辆自有冷运车、7 733 辆外包冷运车[①],提供冷运仓储、冷运干线、冷运宅配、生鲜食品销售、供应链金融等一站式解决方案。

除了上述企业,还有黑狗物流、快行线、码上配、九曳供应链、安家宅配、极客冷链、冷联天下、易流物流、越好冷链、闪电狗城市智能配送平台等,以多种模式积极探索农产品冷链物流的创新化发展。

四、农村电商物流协同标准化

目前,政府、电子商务企业和协会正在积极制定相关农村电商物流标准,推动农村电商物流标准化的实现。

(一)农村电商物流生产基地的标准化

农业农村部正在加强建设 100 个果菜茶全程绿色标准化生产示范基地、100 个现代化示范牧场、500 个以上水产健康养殖场。对全国 150 个大中城市基地、市场上的五大类产品以及 110 个品种开展质量监督与测量,并筛选出 10 个省份作为追溯示范试点,进一步优化建设 322 个农产品质量安全基地。

(二)农村电商物流中间环节的标准化

国家相关部门、各地政府、各行业协会预计将进一步推进农产品冷链物流的标准化建设。《关于开展 2018 年流通领域现代供应链体系建设的通知》提出积极推进冷链标准化,大力创建产地公用型预冷库和推广使用冷藏集装箱;2018 年 3 月,北京市地方标准《食品冷链宅配服务规范》征求意见时明确提出了冷链宅配的易腐食品贮藏温湿度要求的规定;冷链物流专业委员会和物联网技术与应用专业委员会则负责制定各类生鲜农产品在原材料采集、分类加工、标准包装、冷冻存储、冷藏运输、批发配送、分销零售等环节的标准操作流程,完善各环节的温湿度控制与效率能耗标准体系。

(三)农村电商物流消费市场的标准化

商务部已经开始着手建设"农产品冷链流通标准化示范城市"。2018 年 1 月,商务部公示了 4 个"农产品冷链流通标准化示范城市"、9 家"农产品冷链流通标准化示范企业"。2016 年以来,商务部已经在 10 个城市开展冷链物流试点工作。

五、农村电商物流数字信息化

信息化和数字化是农村电商物流发展的必然趋势,从宏观角度分析,未来农村电商物

---

① 我国的果蔬冷链物流全链路建设概况与发展趋势[EB/OL].(2018-12-06).http://www.chinawuliu.com.cn/zixun/201812/06/336894.shtml.

流企业将会普及信息技术和数字化,并在电子商务技术的基础上优化物流业务和业务路径、节点,最后实现管理效率上升与交易成本下降;资源的网络规划、资源的有效配置、资源共享、资源利用效率的提升将通过信息技术和电子商务得以实现。信息技术和电子商务技术的运用,不仅可以促进物流行业发展,还能提升上下游企业、横向相关企业的嵌入能力,使信息技术和数字经济在供应链中充分发挥整合效用。乡村经济新动能的转换有望在数字化、网络化、智能化与农村电商物流业有机结合下实现。

(一)构建农村物流信息平台

信息平台提供车货匹配、物流信息发布等功能,实现县、乡、村三级信息网络互联互通,消除信息壁垒,提升物流信息沟通效率。

(二)加快打造"无车承运人+农村物流"模式

引进农村智慧交通物流信息平台,融合订单管理、运输管理、车货交易、计费管理、路径优化、数据交互管理、大数据看板等功能,对社会闲散车辆、快递、物流、产品及电商等业务进行信息汇集和资源整合,使得农村物流实现降本增效。

(三)实现农村电商物流智能化

在大数据的协助下,物流商机、现代化水平、管理水平及服务水平都得到了提升。基于物联网、云计算等技术,可以迅速、有效地集聚并处理农村物流有关信息,使农村电商物流更加智能化。

此外,市场对农村物流的响应调节速度也提出了更高的要求。打造"科技型"物流企业,持续加大技术投入,构建智能化、自动化和可视化供应链运作体系将成为农村电商物流未来发展的主要方向。

思考题

1. 农村电子商务的概念和特征是什么?
2. 农村电子商务对精准扶贫有哪些影响?
3. 农村电子商务物流的模式有哪些?
4. 农村电子商务物流当前存在哪些问题?
5. 农村电子商务的未来发展趋势是什么样的?
6. 农村冷链物流未来的发展方向是什么?

即测即练

参 考 文 献

[1] 魏莺.电子商务物流管理[M].北京：清华大学出版社,2006.

[2] 杨路明,等.电子商务物流管理[M].北京：机械工业出版社,2007.

[3] 赵林度.电子商务物流管理[M].北京：科学出版社,2006.

[4] 严建援,方磊,张建勇.电子商务物流管理与实施[M].北京：高等教育出版社,2006.

[5] 刘业政,何建民.电子商务概论[M].北京：高等教育出版社,2007.

[6] 唐春林,杜朝晖.电子商务基础[M].北京：科学出版社,2009.

[7] 宋华,胡左浩.现代物流与供应链管理[M].北京：经济管理出版社,2000.

[8] 骆温平.第三方物流[M].上海：上海社会科学院出版社,2001.

[9] 祁洪祥.配送管理[M].南京：东南大学出版社,2006.

[10] 佛莱哲利.物流战略咨询：供应链一体化的方法论、工具和实践[M].任建标,译.北京：中国财政经济出版社,2003.

[11] 王淑云.物流外包的理论与应用[M].北京：人民交通出版社,2004.

[12] 张铎,林自葵.电子商务与现代物流[M].北京：北京大学出版社,2002.

[13] 桂学文.电子商务物流[M].武汉：华中师范大学出版社,2001.

[14] 张铎,周建勤.电子商务物流管理[M].2 版.北京：高等教育出版社,2006.

[15] 郑春藩.物流信息管理[M].杭州：浙江大学出版社,2004.

[16] 张宗成.物流信息管理学[M].广州：中山大学出版社,2006.

[17] 方轮.物流信息技术与应用[M].广州：华南理工大学出版社,2006.

[18] 李安华.物流信息系统[M].成都：四川大学出版社,2006.

[19] 于宝琴.现代物流信息管理[M].北京：北京大学出版社,2004.

[20] 李日保.现代物流信息化[M].北京：经济管理出版社,2005.

[21] 申金升,卫振林,纪寿文.现代物流信息化及其实施[M].北京：电子工业出版社,2006.

[22] 宋华.日本 7-11：为顾客提供最大的便利[M].北京：中国人民大学出版社,2001.

[23] 辛奇-利维 D,卡明斯基,辛奇-利维 E.供应链设计与管理[M].季建华,邵晓峰,译.北京：中国财政经济出版社,2004.

[24] 李芳,罗清明,叶春明.JIT 方式在冷链物流配送中的应用研究[J].工业技术经济,2007(1).

[25] 蔡临宁.物流系统规划——建模及实例分析[M].北京：机械工业出版社,2003.

[26] 魏修建,严建援,王焰.电子商务物流[M].北京：人民邮电出版社,2001.

[27] 汝宜红,田源,徐杰.配送中心规划[M].北京：北京交通大学出版社,2002.

[28] 王转,程国全.配送中心系统规划[M].北京：中国物资出版社,2003.

[29] 林立千.设施规划与物流中心设计[M].北京：清华大学出版社,2003.

[30] 鞠颂东,徐杰.物流网络理论的提出与探究[J].北京交通大学学报(社科版),2009(8).

[31] 鞠颂东,徐杰.物流网络理论及其研究意义和方法[J].中国流通经济,2007(8).

[32] 石桥.现代物流网络理论研究的创新性成果[J].中国流通经济,2008(10).

[33] 韩春霞,李海霞,张莉.电子商务下的库存管理[J].企业导报,2009(11).

[34] 李建民.供应链管理环境下的联合库存管理[J].现代物流,2009(1).

[35] 刘宏.供应商管理体系的建立[J].绿色质量与管理,2009(7).

[36] 张国生.规范供应商管理,降低采购成本[J].企业管理,2009(5).

[37] 许金华.基于供应链的库存成本控制[J].理财广场,2009(12).

[38] 张菊亮.联合促销与库存控制[J].系统工程理论与实践,2009(2).

[39] 段利民,崔传斌.B2C 电子商务物流配送模式研究[J].时代经贸,2009(10).

[40] 文龙光,余博.电子商务物流配送模式研究[J].中国物流与采购,2009(21).

[41] 刘龙政,焦岳红.电子商务下的物流配送流程分析[J].物流科技,2009,28(12).

[42] 邱洪权,罗建.配送中心的成本核算与控制[J].物流技术与应用,2009(12).

[43] 王思邈,冯耕中,李荔.美国配送中心的发展模式及其启示[J].国外物流,2004(3).

[44] 孙永林,李学工.国外物流配送中心发展的特点及启示[J].商品储运与养护,2000(12).

[45] 王苏敏,李述容.我国物流配送中心发展现状、问题及对策[J].湖北三峡职业技术学院学报,2006(12).

[46] 王淑云.基于核心能力的物流外包[J].企业经济,2004(2).

[47] 王淑云.物流外包的集成模型研究[J].企业经济,2004(6).

[48] 雷雯霏.连锁经营的物流配送及服务创新[J].科技与管理,2004(1).

[49] 彭鸿广.基于电子商务的连锁经营物流配送体系框架探讨[J].商业研究,2005(20).

[50] 赵磊,蔡瑞雷,崔媛.浅析电子商务中的物流配送[J].工业技术经济,2006(9).

[51] 汪敏,霍国庆.延迟策略及其在供应链中的应用分析[J].数量经济技术经济研究,2002(9).

[52] 吴健.电子商务物流管理[M].北京:清华大学出版社,2009.

[53] 邹辉霞.供应链物流管理[M].2 版.北京:清华大学出版社,2009.

[54] 马士华,林勇.供应链管理[M].2 版.北京:高等教育出版社,2006.

[55] 宋华.电子商务物流与电子供应链管理[M].北京:中国人民大学出版社,2004.

[56] 张铎,周建勤.电子商务物流管理[M].北京:高等教育出版社,2002.

[57] 李松庆.第三方物流论:理论、比较与实证分析[M].北京:中国物资出版社,2005.

[58] 燕春蓉,刘小卉,刘敏.电子商务与物流[M].上海:上海财经大学出版社,2006.

[59] 周泉良.电子商务的物流模式研究[D].长沙:湖南大学,2003.

[60] 李爱民.电子商务物流模式比较研究[D].天津:河北工业大学,2008.

[61] 刘婵媛,卢金鹏.B2C 电子商务企业的物流模式研究[J].物流技术,2005(1).

[62] 李娜.戴尔公司电子商务物流模式选择及构建案例分析[J].中国集体经济(下半月),2007(8).

[63] 邝贤锋.浅谈电子商务对包装的影响[J].商场现代化,2006(5).

[64] 郭云.平台演进视角下中小外贸企业转型跨境 E 贸易模式研究——以安徽省为例[J].长沙理工大学学报(社会科学版),2019,34(1).

[65] 常雪莹.电商经济助推乡村振兴探析 以陕西柞水木木耳为例[J].当代县域经济,2022(7).

[66] 郭超.乡村振兴背景下农村电商发展的现状、问题与对策研究[J].中国商论,2023(7).

[67] 程艺苑.农村电子商务发展意义及问题探究[J].太原城市职业技术学院学报,2018(1).

[68] 刘静娴,沈文星.农村电子商务演化历程及路径研究[J].商业经济研究,2019(19).

[69] 「智库圆桌」农村电商迈入兴农新阶段[EB/OL].(2022-07-08).https://baijiahao.baidu.com/s?id=1737730369282677004&wfr=spider&for=pc.

[70] 刘可.农村电子商务发展模式比较分析[J].农村经济,2020(1).

[71] 叶秀敏.三种模式惠"草根"——当前农村电子商务发展探析[J].信息化建设,2011(11).

[72] 姚庆荣.我国农村电子商务发展模式比较研究[J].现代经济探讨,2016(12).

[73] 刘亢,孙耘,连丽娟.农户 C2C 直销模式的价值、阻碍与突破[J].商业经济研究,2017(6).

[74] 蓝海涛,王为农,涂圣伟,等.我国农产品电子商务发展的现状、问题及政策建议[J].中国发展观察,2018(12).

[75] 人民网新电商研究院.《中国农村电商物流发展报告》(全文)[EB/OL].(2020-05-25).http://www.chinawuliu.com.cn/zixun/202005/25/505198.shtml#.ZTDzsKFAsMo.link.

[76] 李学工.我国农产品冷链物流现状及发展趋势[J].综合运输,2010(4).

[77] 洪涛.我国果蔬冷链物流全链路建设概况与趋势[J].物流技术与应用,2018,23(S2).

教师服务

感谢您选用清华大学出版社的教材！为了更好地服务教学，我们为授课教师提供本书的教学辅助资源，以及本学科重点教材信息。请您扫码获取。

≫ 教辅获取

本书教辅资源，授课教师扫码获取

104080

≫ 样书赠送

物流与供应链管理类重点教材，教师扫码获取样书

 清华大学出版社

E-mail: tupfuwu@163.com

电话：010-83470332 / 83470142

地址：北京市海淀区双清路学研大厦 B 座 509

网址：https://www.tup.com.cn/

传真：8610-83470107

邮编：100084